基礎からわかる

家相の完全独習

有山 茜

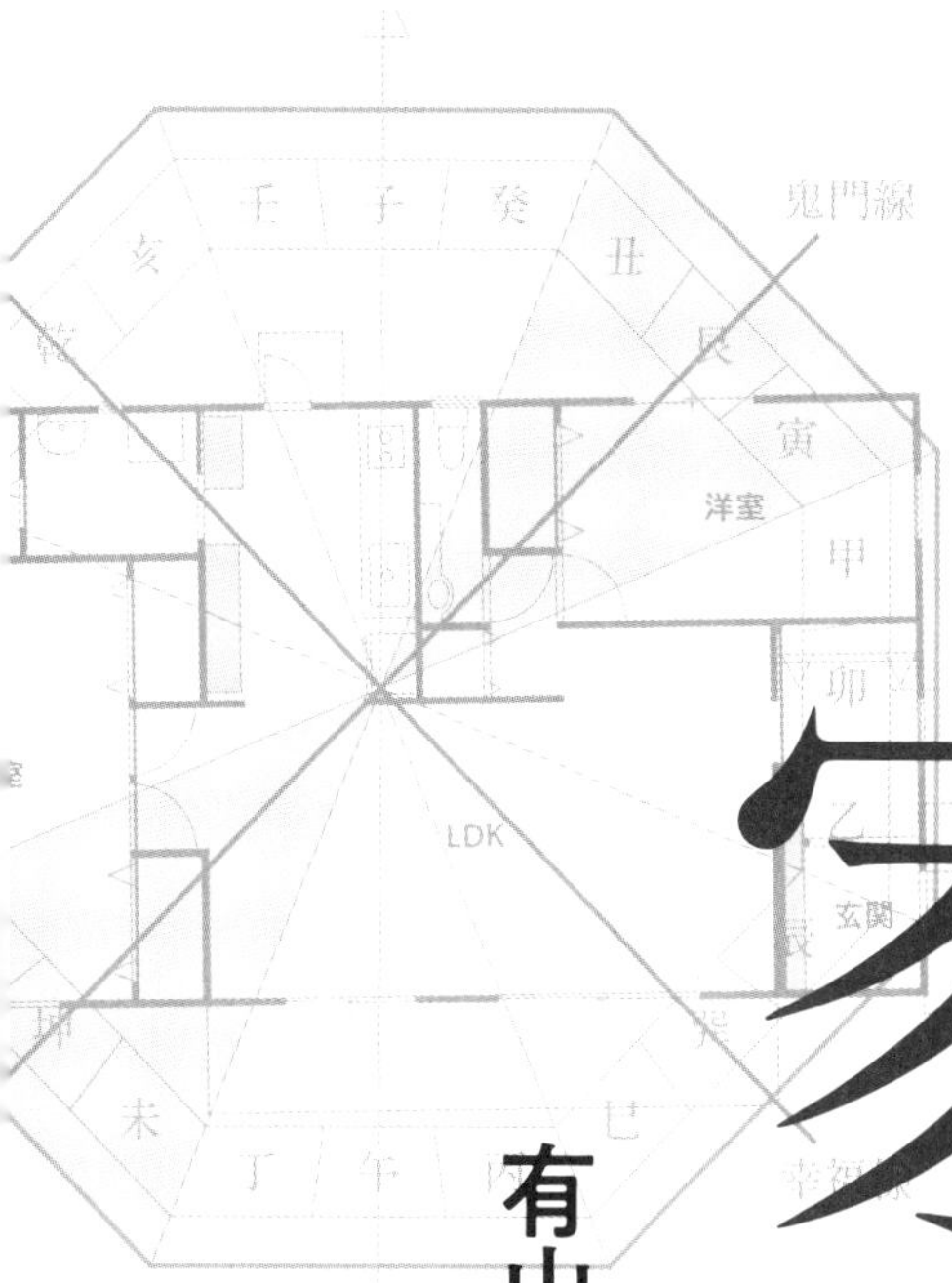

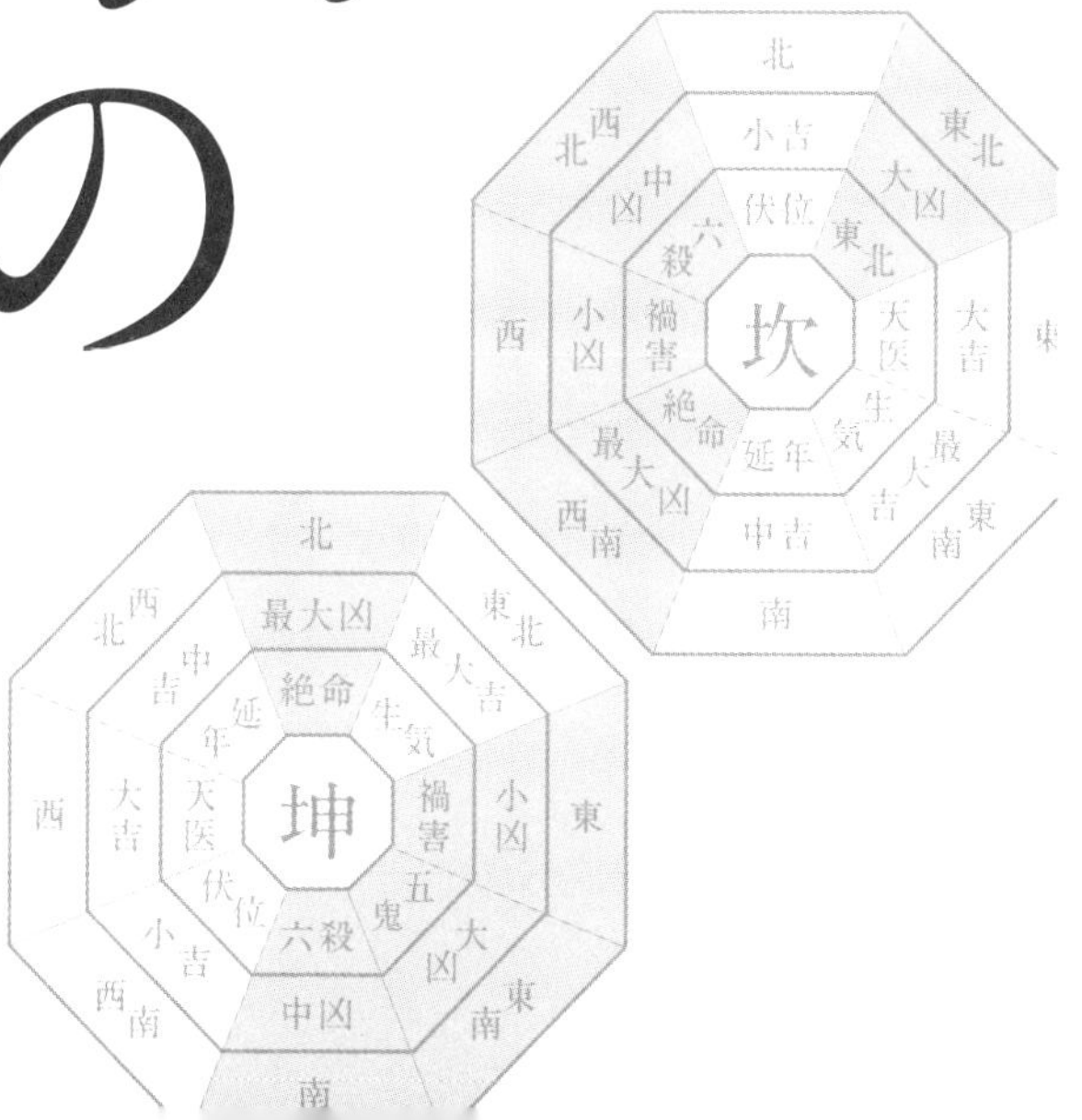

日本文芸社

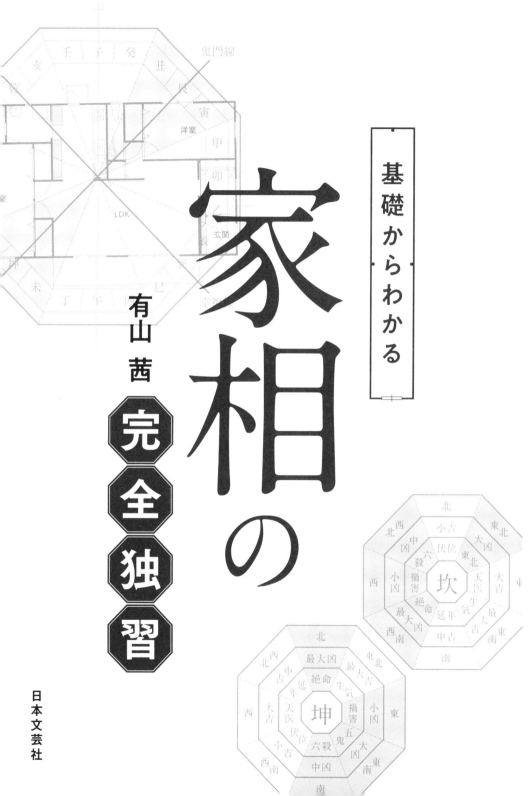

付録

家相盤

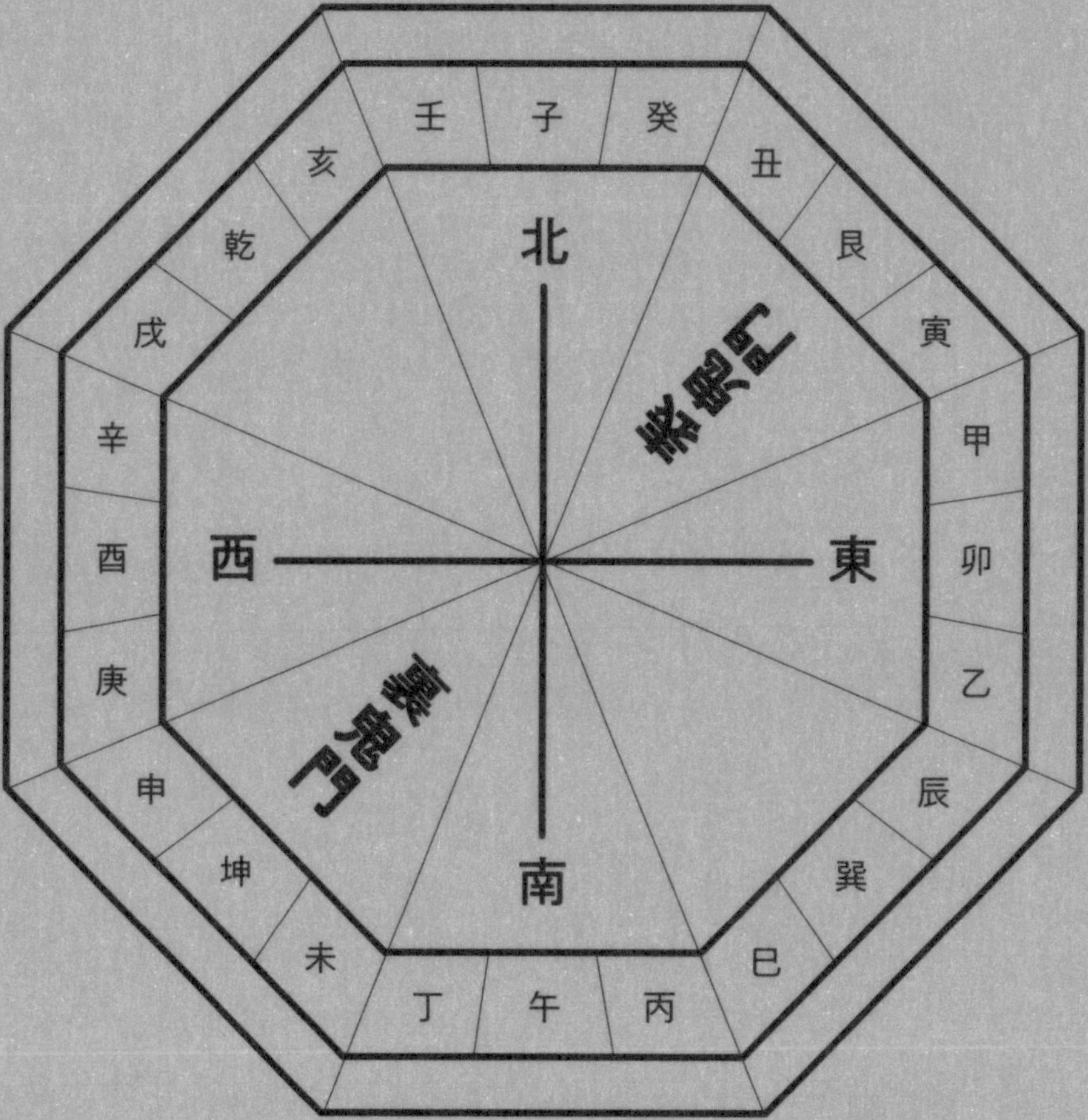

間取り図の中心を出し、その上に「家相盤」の
北と中心を重ねて方位を出してください。

キリトリ線

付録

家相盤

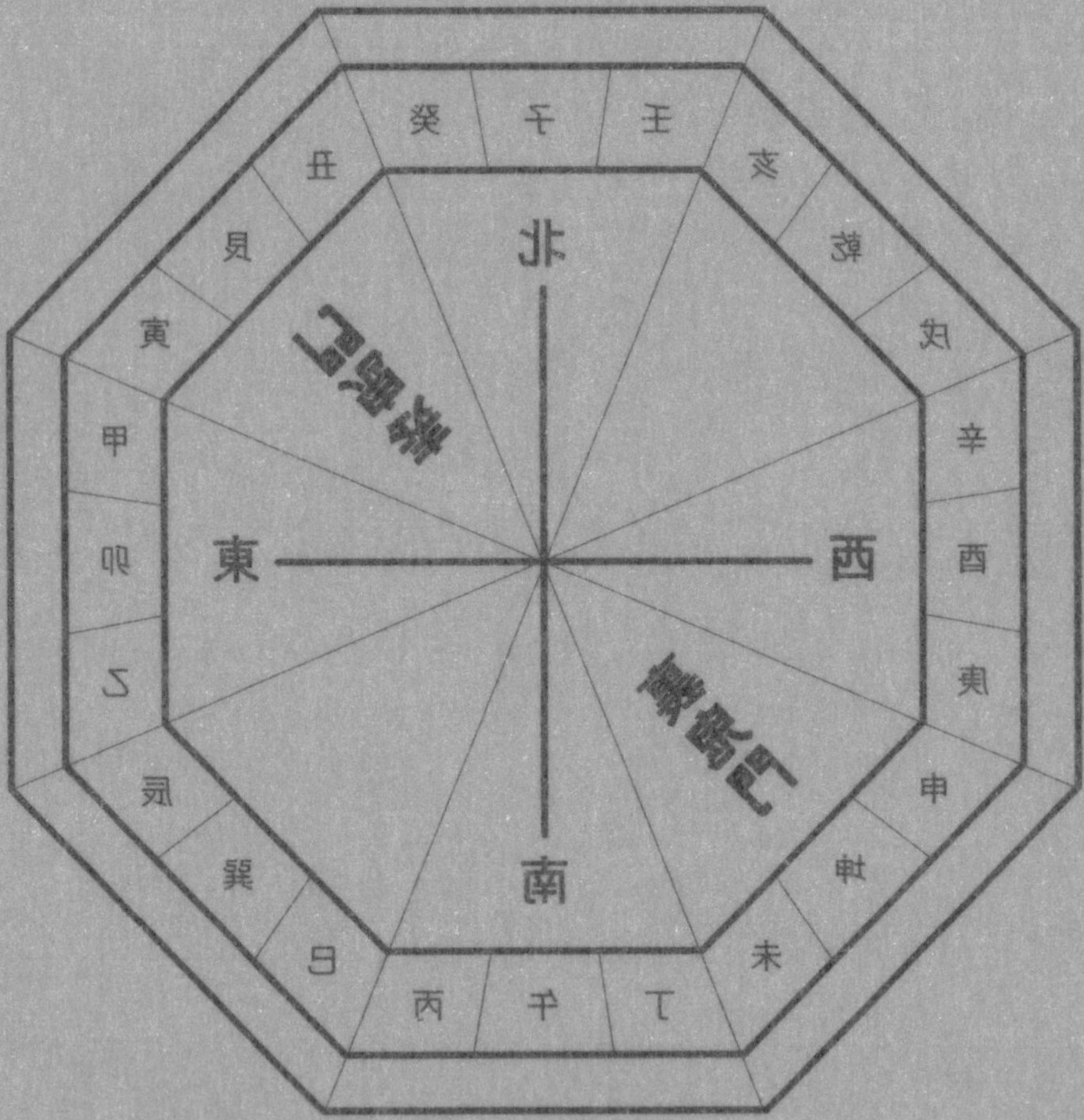

間取り図の中心を出し、その上に「家相盤」の
北と中心を重ねて方位を出してください。

キリトリ線

はじめに

幸運をつかみ、不運を避けたいという気持ちは、誰にもあるものです。なかには自分は「運が悪い」と嘆いている人も多いのではないでしょうか。

生まれつき「運が悪い人」は、この世に存在しません。それは「運の陰陽論」によって、運とは「プラスの運」と「マイナスの運」がセットになっているからです。

誰にでも、プラスの運とマイナスの運が繰り返し廻ってきます。プラスの運とマイナスの運の割合は、その人が生活する環境によって変わってきます。

家相とは、その家に住む人が幸せに暮らせるための環境学です。

本書は、古来の「日本の家相学」に加え実用性が高い風水学を取り入れて、誰にでも簡単に取り入れられる「運が良くなる技法」を示していくことにしました。

運を良くするにはまず、自分の生まれ星に合った家相の家にすることです。本当に運の良い人は自分の生まれ星に合った吉相の家に住んでいるから不思議です。

家相は、その家に住む人にとって吉相にならなければ意味がありません。

たとえば、東南の方角に玄関を置く「東南の玄関」は、誰にでも吉相になると思っている人が多くいますが、凶相になる人たちもいるのです。

このように、住む人によって吉凶の方角は違います。ですから、その家に住む人に合わせた「運が良くなる家相」が必要になるのです。

本書を活用して、幸せを呼ぶ環境づくりをしてみてください。

有山　茜

基礎からわかる
家相の完全独習
——目次

第1章 知っておきたい家相の基礎知識

第2章

実践 家相を始める

第3章 自分の生まれ星に合った家相で運気をアップ

第4章 間取りにも吉と凶がある

第5章 家を買うとき、建てるときの吉凶判断

第6章

マンションを購入するときの吉凶判断

第7章

凶を福に転ずる厄祓い方法

7 ラッキーカラーで運をつかむ

8 風水星別 部屋の模様替え

第8章 事例でわかる家相の吉凶

4 家相が語る人間模様

付録

100年方位盤と見方

序章

生まれ年と風水星

1 「八宅家相盤」とは何か

1 八宅盤の中心にある風水星

自分の風水星イコール本命星

風水の代表格と言える八宅風水は、家のなかを流れる気の状態から吉凶を判断するため、その気がどのように流れているか、建物の向きや家主の生まれ年などから見ていきます。

気の流れを良くする家具の配置や間取りは目で見てわかるので、日本のみならず世界でも人気があります。

八宅風水では、風水星別に方位の吉凶が違いますから、その人の部屋に適した家具やインテリアを配置する必要があります。そして、吉凶方位はその人の「本命星」から割り出します。

九星の本命星は男女ともに同じ星になりますが、風水では三碧木星の「震星」以外は、男と女の風水星が違いますから気をつけてください。

18ページに掲載した「生まれ年と九星・風水星の早見表」から自分の「風水星」を探してください。そこで出てきた風水星があなたの「本命星」になります。

23ページからの8つの風水星の「八宅盤とキーワード」をぜひ参考にしてください。

■生まれ年の九星別風水星

九星		一白水星	二黒土星	三碧木星	四緑木星	五黄土星	六白金星	七赤金星	八白土星	九紫火星
風水星	男星	坎星	坤星	震星	巽星	坤星	乾星	兌星	艮星	離星
	女星	艮星	巽星	震星	坤星	坎星	離星	艮星	兌星	乾星

■東四命＝坎星《かんせい》・震星《しんせい》・巽星《そんせい》・離星《りせい》の４つの星
■西四命＝坤星《こんせい》・乾星《けんせい》・兌星《だせい》・艮星《こんせい》の４つの星

自分の運気を良くする家相には、生まれ年の九星から風水星を割り出します。

それには、まず自分の生まれ星を知る必要があります。自分の生まれ星を 18 ページからの「生まれ年と九星・風水星の早見表」で確認してください。

風水星には男星と女星があります。しかも、星の種類によって「東四命」＝坎星・震星・巽星・離星と「西四命」＝坤星・乾星・兌星・艮星に分けられます。

くわしい解説は 70 ページ以降をご覧ください。

■生まれ年と九星・風水星の早見表

★生まれ年の始まりは、その年の立春からになります

生まれ年	立春	干支	九星	男星	女星
1950年	2/4	庚寅	五黄土星	坤星	坎星
1951年	2/5	辛卯	四緑木星	巽星	坤星
1952年	2/5	壬辰	三碧木星	震星	震星
1953年	2/4	癸巳	二黒土星	坤星	巽星
1954年	2/4	甲午	一白水星	坎星	艮星
1955年	2/4	乙未	九紫火星	離星	乾星
1956年	2/5	丙申	八白土星	艮星	兌星
1957年	2/4	丁酉	七赤金星	兌星	艮星
1958年	2/4	戊戌	六白金星	乾星	離星
1959年	2/4	己亥	五黄土星	坤星	坎星
1960年	2/5	庚子	四緑木星	巽星	坤星
1961年	2/4	辛丑	三碧木星	震星	震星
1962年	2/4	壬寅	二黒土星	坤星	巽星
1963年	2/4	癸卯	一白水星	坎星	艮星
1964年	2/5	甲辰	九紫火星	離星	乾星
1965年	2/4	乙巳	八白土星	艮星	兌星
1966年	2/4	丙午	七赤金星	兌星	艮星
1967年	2/4	丁未	六白金星	乾星	離星

生まれ年	立春	干支	九星	男星	女星
1968年	2/5	戊申	五黄土星	坤星	坎星
1969年	2/4	己酉	四緑木星	巽星	坤星
1970年	2/4	庚戌	三碧木星	震星	震星
1971年	2/4	辛亥	二黒土星	坤星	巽星
1972年	2/5	壬子	一白水星	坎星	艮星
1973年	2/4	癸丑	九紫火星	離星	乾星
1974年	2/4	甲寅	八白土星	艮星	兌星
1975年	2/4	乙卯	七赤金星	兌星	艮星
1976年	2/5	丙辰	六白金星	乾星	離星
1977年	2/4	丁巳	五黄土星	坤星	坎星
1978年	2/4	戊午	四緑木星	巽星	坤星
1979年	2/4	己未	三碧木星	震星	震星
1980年	2/5	庚申	二黒土星	坤星	巽星
1981年	2/4	辛酉	一白水星	坎星	艮星
1982年	2/4	壬戌	九紫火星	離星	乾星
1983年	2/4	癸亥	八白土星	艮星	兌星
1984年	2/5	甲子	七赤金星	兌星	艮星
1985年	2/4	乙丑	六白金星	乾星	離星
1986年	2/4	丙寅	五黄土星	坤星	坎星
1987年	2/4	丁卯	四緑木星	巽星	坤星
1988年	2/4	戊辰	三碧木星	震星	震星
1989年	2/4	己巳	二黒土星	坤星	巽星

生まれ年	立春	干支	九星	男星	女星
1990年	2/4	庚午	一白水星	坎星	艮星
1991年	2/4	辛未	九紫火星	離星	乾星
1992年	2/4	壬申	八白土星	艮星	兌星
1993年	2/4	癸酉	七赤金星	兌星	艮星
1994年	2/4	甲戌	六白金星	乾星	離星
1995年	2/4	乙亥	五黄土星	坤星	坎星
1996年	2/4	丙子	四緑木星	巽星	坤星
1997年	2/4	丁丑	三碧木星	震星	震星
1998年	2/4	戊寅	二黒土星	坤星	巽星
1999年	2/4	己卯	一白水星	坎星	艮星
2000年	2/4	庚辰	九紫火星	離星	乾星
2001年	2/4	辛巳	八白土星	艮星	兌星
2002年	2/4	壬午	七赤金星	兌星	艮星
2003年	2/4	癸未	六白金星	乾星	離星
2004年	2/4	甲申	五黄土星	坤星	坎星
2005年	2/4	乙酉	四緑木星	巽星	坤星
2006年	2/4	丙戌	三碧木星	震星	震星
2007年	2/4	丁亥	二黒土星	坤星	巽星
2008年	2/4	戊子	一白水星	坎星	艮星
2009年	2/4	己丑	九紫火星	離星	乾星
2010年	2/4	庚寅	八白土星	艮星	兌星
2011年	2/4	辛卯	七赤金星	兌星	艮星

生まれ年	立春	干支	九星	男星	女星
2012年	2/4	壬辰	六白金星	乾星	離星
2013年	2/4	癸巳	五黄土星	坤星	坎星
2014年	2/4	甲午	四緑木星	巽星	坤星
2015年	2/4	乙未	三碧木星	震星	震星
2016年	2/4	丙申	二黒土星	坤星	巽星
2017年	2/4	丁酉	一白水星	坎星	艮星
2018年	2/4	戊戌	九紫火星	離星	乾星
2019年	2/4	己亥	八白土星	艮星	兌星
2020年	2/4	庚子	七赤金星	兌星	艮星
2021年	2/4	辛丑	六白金星	乾星	離星
2022年	2/4	壬寅	五黄土星	坤星	坎星
2023年	2/4	癸卯	四緑木星	巽星	坤星
2024年	2/4	甲辰	三碧木星	震星	震星
2025年	2/3	乙巳	二黒土星	坤星	巽星
2026年	2/4	丙午	一白水星	坎星	艮星
2027年	2/4	丁未	九紫火星	離星	乾星
2028年	2/4	戊申	八白土星	艮星	兌星
2029年	2/3	己酉	七赤金星	兌星	艮星
2030年	2/4	庚戌	六白金星	乾星	離星
2031年	2/4	辛亥	五黄土星	坤星	坎星
2032年	2/4	壬子	四緑木星	巽星	坤星
2033年	2/3	癸丑	三碧木星	震星	震星

生まれ年	立春	干支	九星	男星	女星
2034年	2/4	甲寅	二黒土星	坤星	巽星
2035年	2/4	乙卯	一白水星	坎星	艮星
2036年	2/4	丙辰	九紫火星	離星	乾星
2037年	2/3	丁巳	八白土星	艮星	兌星
2038年	2/4	戊午	七赤金星	兌星	艮星
2039年	2/4	己未	六白金星	乾星	離星
2040年	2/4	庚申	五黄土星	坤星	坎星
2041年	2/3	辛酉	四緑木星	巽星	坤星
2042年	2/4	壬戌	三碧木星	震星	震星
2043年	2/4	癸亥	二黒土星	坤星	巽星
2044年	2/4	甲子	一白水星	坎星	艮星
2045年	2/4	乙丑	九紫火星	離星	乾星

■東四命・坎星の八宅盤とキーワード

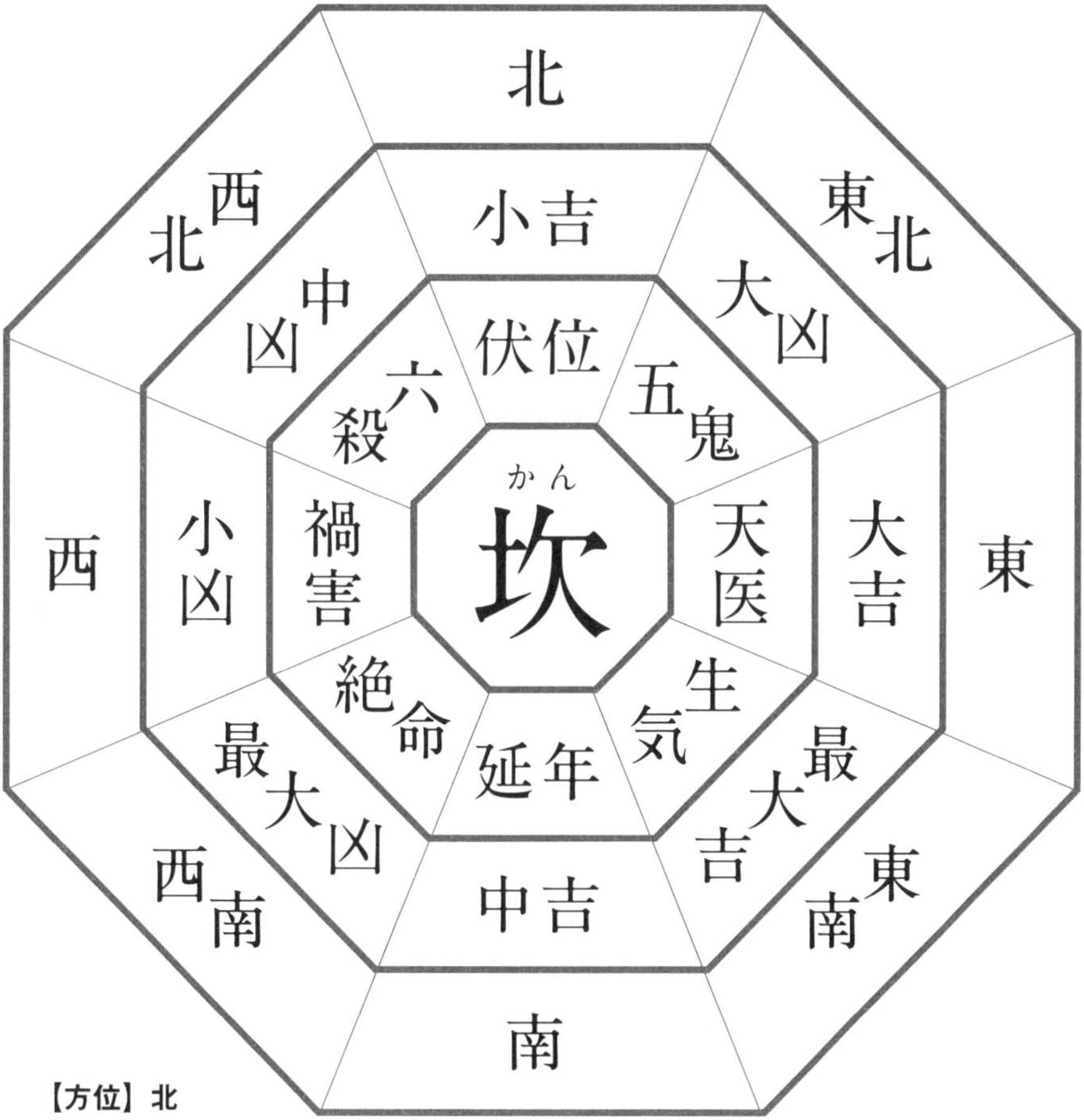

【方位】北
【五行】水性
【季節】冬
【自然】川、沼、池、湖、泉
【身体】耳、腎臓、生殖器、泌尿器
【親族】次男、中年男性
【色彩】黒、落ち着いた色
【雑象】胎、穴、裏、自由、和平、苦悩、危険

※雑象とは、その星から連想できるものや縁があるもの、関連したものを指します。

■東四命・震星の八宅盤とキーワード

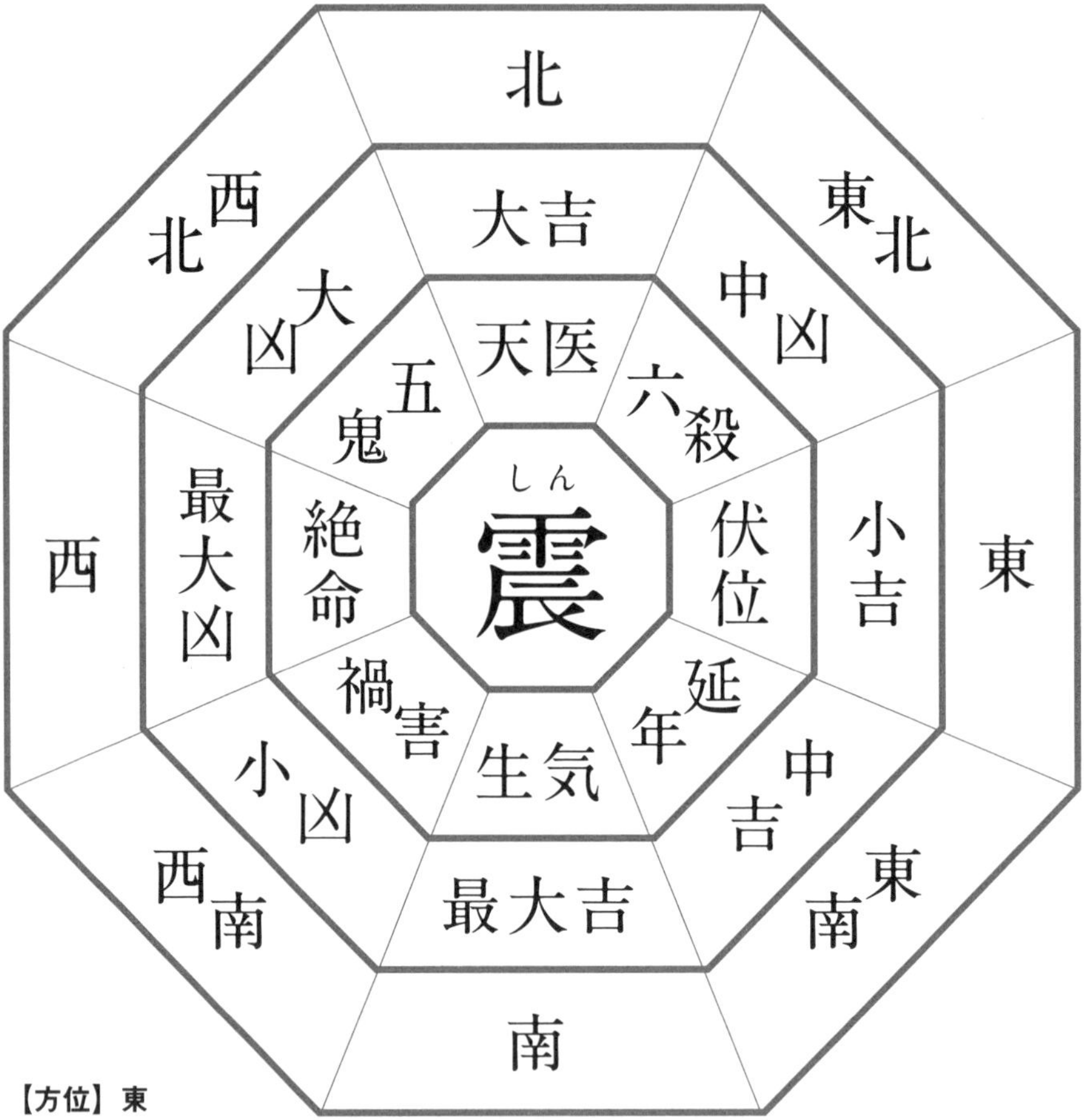

【方位】東
【五行】木性
【季節】春
【自然】地震、雷、噴火、樹木、芽、花
【身体】足、咽喉、肝臓
【親族】長男
【色彩】青、薄藍系
【雑象】音響、電気、光、火事、酸素、声、喧騒、激怒、虚にして名あり

■東四命・巽星の八宅盤とキーワード

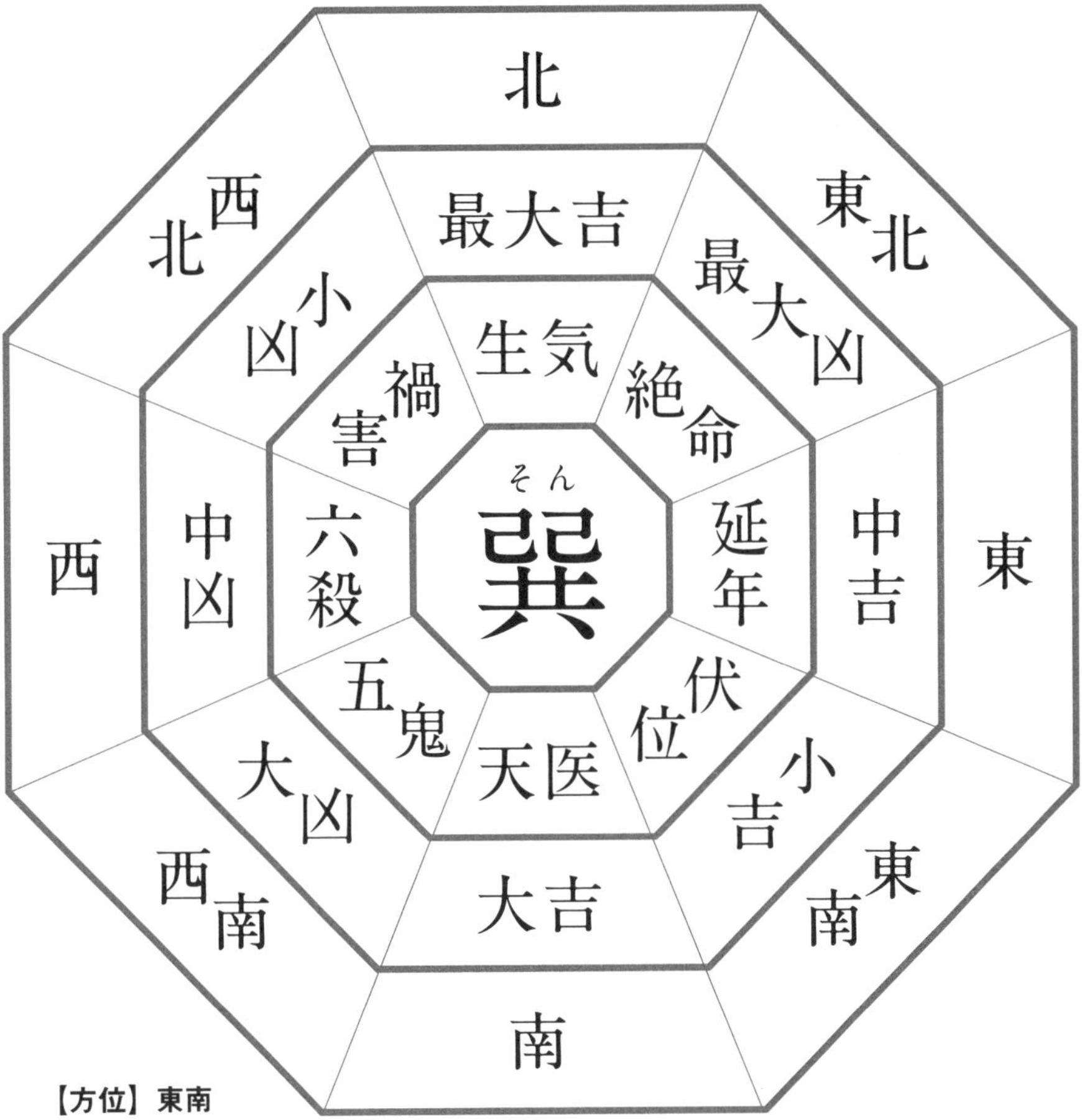

【方位】東南
【五行】木性
【季節】晩春から初夏
【自然】田園、草原、林、洞窟、海岸
【身体】太腿、臀部、腸、毛髪
【親族】長女
【色彩】緑
【雑象】風、臭い、来訪、織物、扇風機、木製品、遠方、旅行

■東四命・離星の八宅盤とキーワード

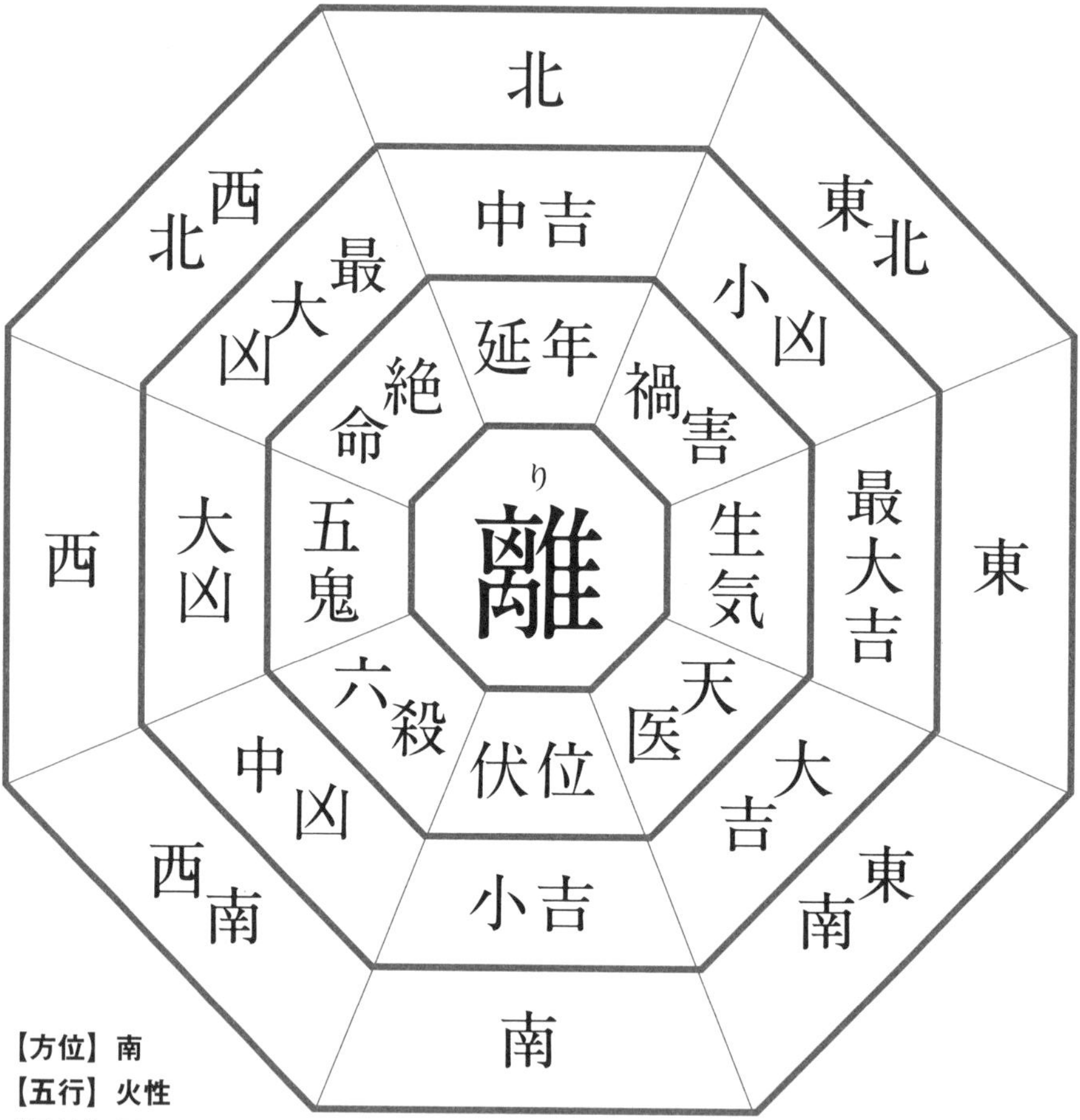

【方位】南
【五行】火性
【季節】夏
【自然】景勝地、噴火口、日輪
【身体】眼、心臓、血
【親族】次女、中年女性
【色彩】赤、紫
【雑象】火災、表、薬、美術品、劇場、美容室、音楽会、学校、教会、日、光、発揮、快速、性急

■西四命・坤星の八宅盤とキーワード

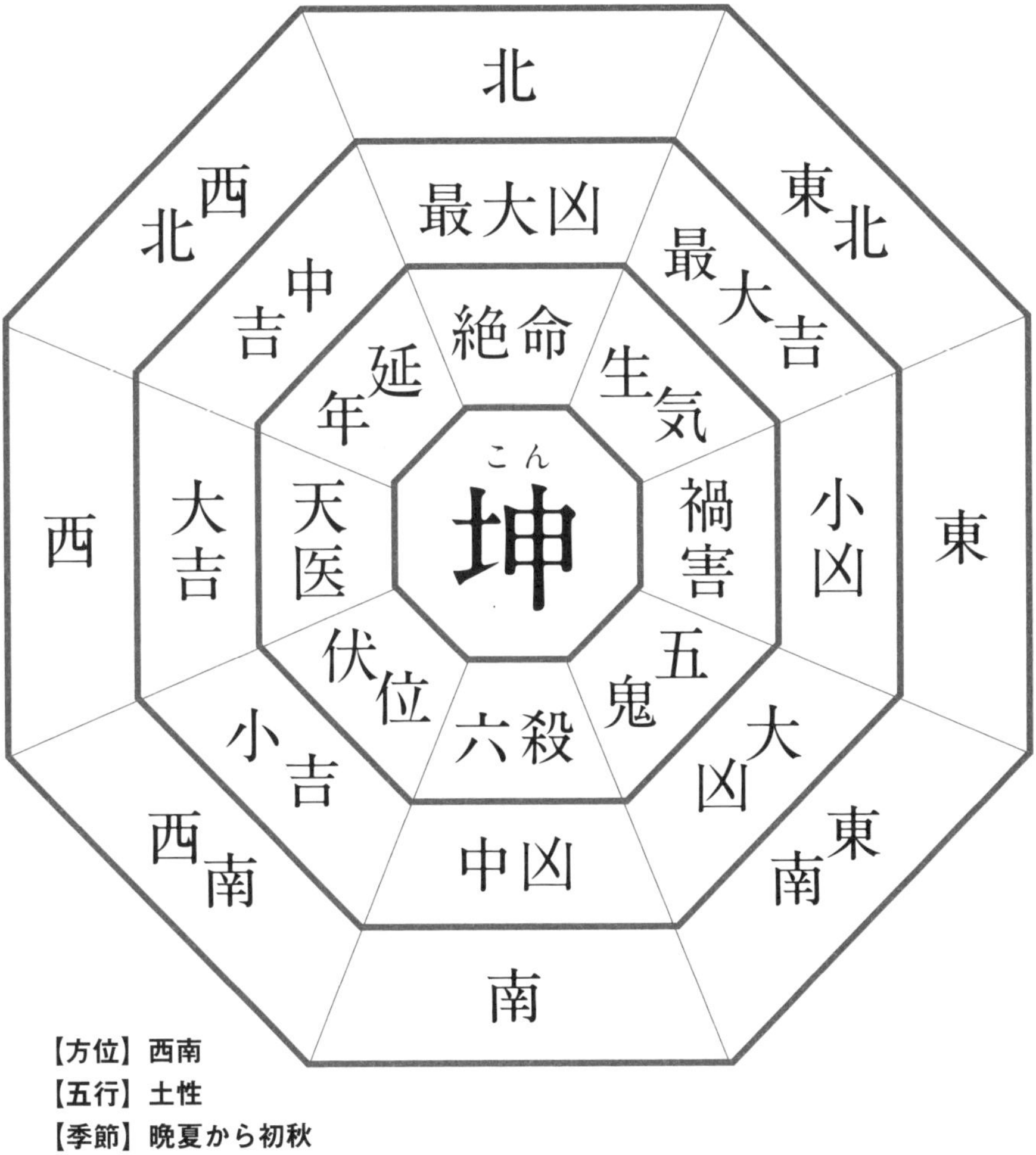

【方位】西南
【五行】土性
【季節】晩夏から初秋
【自然】平野、大地、林、農地、月
【身体】胃、脾臓、腹部
【親族】母親、主婦、老婦人
【色彩】黄色、黄土色
【雑象】勤勉、固執、偏見、卑賎、台、床、平坦、地、暗、低、下、四角

■西四命・乾星の八宅盤とキーワード

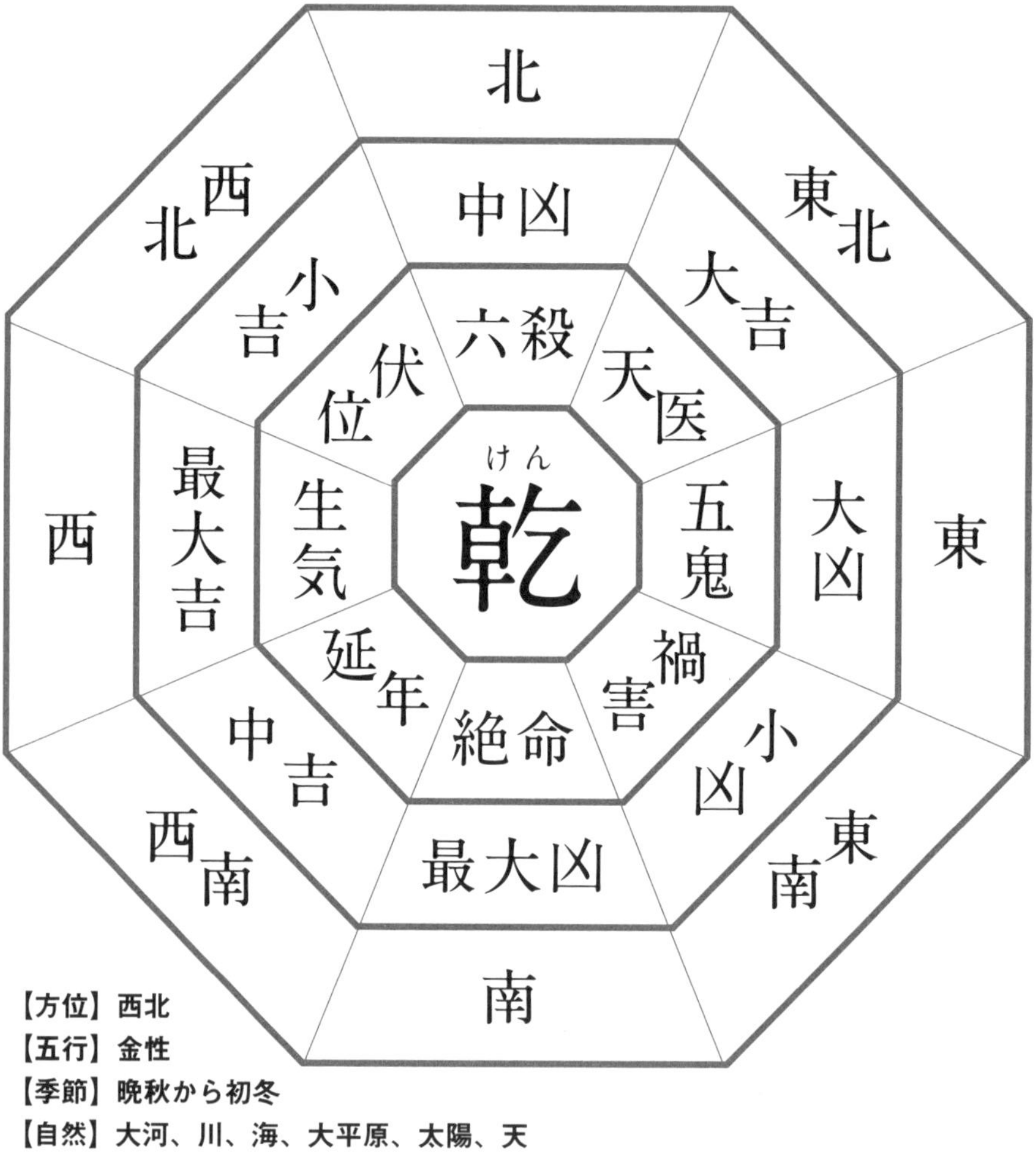

【方位】西北
【五行】金性
【季節】晩秋から初冬
【自然】大河、川、海、大平原、太陽、天
【身体】頭部、骨格
【親族】父親、家長、老人
【色彩】白
【雑象】剛健、尊貴、勇敢、威厳、決断、驕傲《きょうごう》、凶暴、過酷、大通り、広場、円、広大、首都、本店、本社、機械、交通機関

■西四命・兌星の八宅盤とキーワード

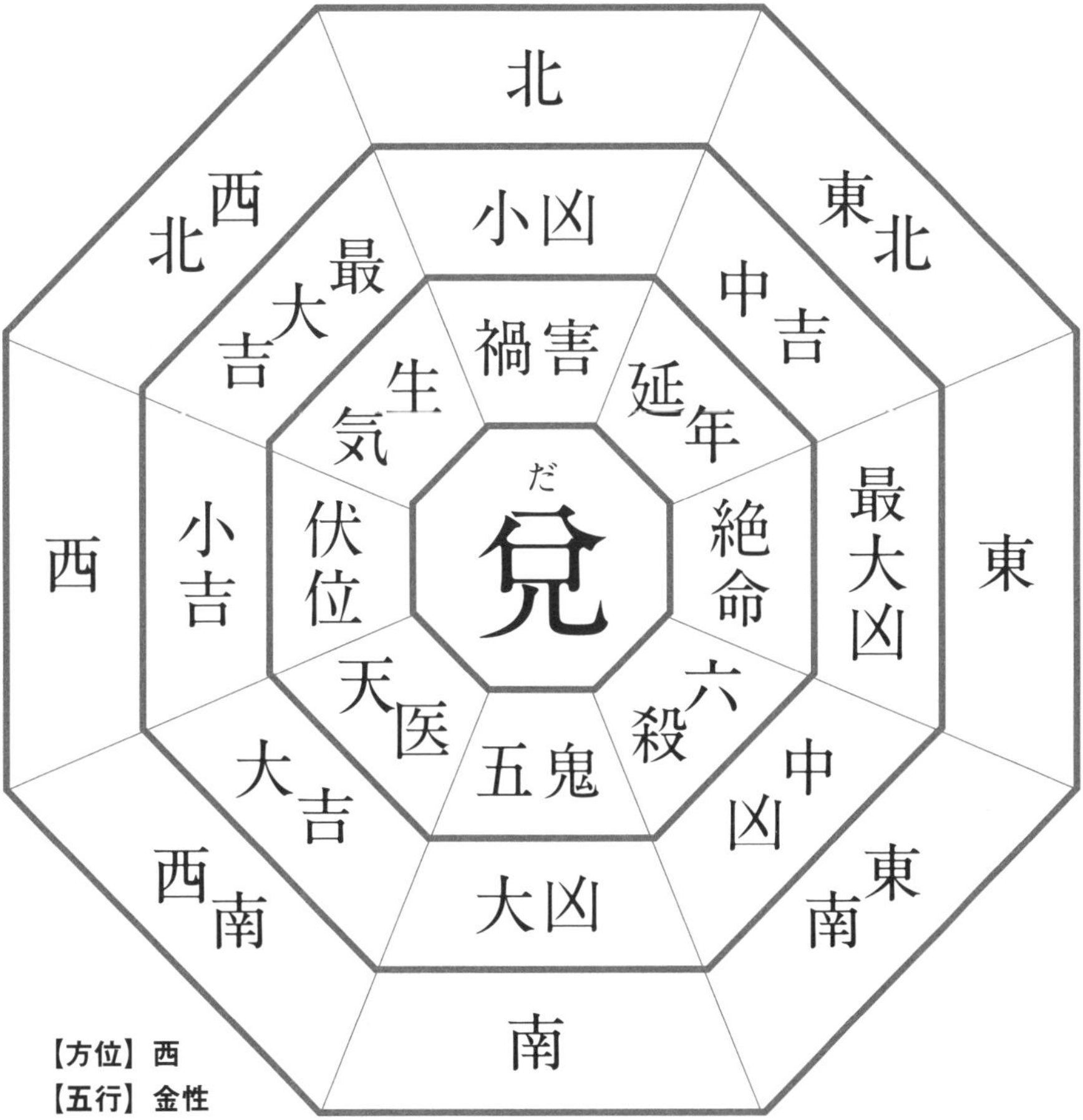

【方位】西
【五行】金性
【季節】中秋
【自然】谷、低地、湿地、沢、沼地、星
【身体】唇、歯、肺、気管支
【親族】少女、末娘
【色彩】白、金色
【雑象】悲傷、憂愁、色情、宴会、金属、廃物、貨幣、料理屋、食料品、音楽、談話、商売、娯楽

■西四命・艮星の八宅盤とキーワード

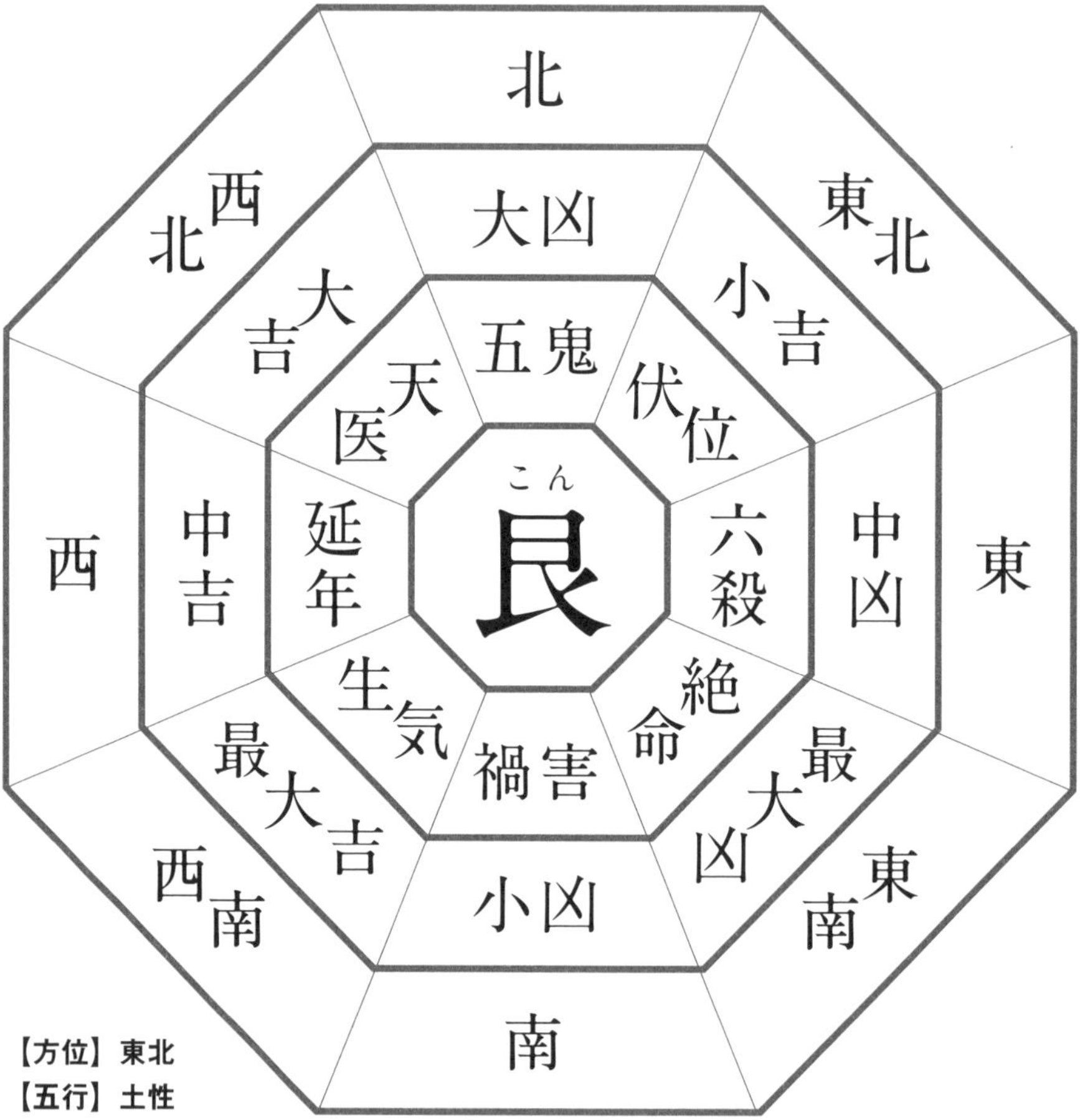

【方位】東北
【五行】土性
【季節】晩冬から初春
【自然】山岳、丘、高台、土手、山林、小星、北斗星
【身体】腰、背、鼻、手指
【親族】少女、末息子
【色彩】黄色、焦茶色
【雑象】保守、頑固、慎重、実直、停止、連帯、節、家屋、広小路、箱類、貯蓄、変わり目、継ぎ目

2 八宅盤の意味と現象

1 八宅盤が示す吉現象と凶現象

4つの吉現象

①生気（最大吉）：生命力・エネルギーをアップさせる働きがあります。旺盛な活力と精神力、指導力が養われます。

②天医（大吉）：健康がアップし、生活のリズムが安定します。規則正しい生活ができ、疲れにくくなります。

地道な努力が報われ、着実に実を結ぶことができます。

③延年（中吉）：粘り強さが出てきて、人間関係が円滑になります。「もう少し頑張ってみよう」という気持ちが生まれ、中途で投げ出すことがなくなります。思考力が養われ、物事の処理がうまくなります。そのため、人間関係も良くなっていくでしょう。

④伏位（小吉）：未来の能力開発や未来への夢が広がります。頭をこの方角に向けて寝ると、家族関係が良くなり、家族に対する思いやりや責任感が強くなります。

そして、家族の連帯感が強まってきます。将来への計画性も養われ、経済的な基盤ができてきます。

４つの凶現象

①絶命（最大凶）：憂鬱、失望、矛盾を内に呼び込み、自信喪失になっていきます。精神的に落ち込みます。

ありもしないことで疑われたり、他人から誹謗中傷されたりと悩み苦しむことになります。先天的に運気の弱い人は、悪霊による霊障害を受けることがあります。

②五鬼（大凶）：「五の鬼」と言われる「衝突・焦燥・喧嘩・反抗・激怒」の気がたかぶります。不安定な心理状態に陥ってしまいますから、自分から人間関係を破壊してしまいます。親族や仲間などとも対立しがちです。

ひどい場合は、妄想に取り憑かれて犯罪に走る場合もあります。

③六殺（中凶）：６つの災い（トラブル・冒険・過失・錯覚・不眠・不倫）によって下降運になります。感情のもつれからトラブルを招いたり、見込み違いから過失を招いたりします。

また、文書の偽造や保証人で社会的な信用を失うことがあります。

④禍害（小凶）：虚飾・虚名に溺れて、偽善者にいいように扱われその気にさせられてしまい、油断をしたところで足をすくわれてしまいます。

騙されやすく詐欺に遭いやすくなります。知らぬ間に疲労がたまり病気になりやすくなります。

たとえば、自分の生まれ星の「風水星が巽星」の人だったら、その場所を移動しない限り、巽星が持つ吉方位と凶方位は変わりません。

巽星の人は、西南が五鬼の大凶方位になります。その西南に住んでいる人と付き合うようになったら、五鬼の禍を受けることになります。早々と別れたほうが良いでしょう。

第1章

知っておきたい家相の基礎知識

1 気の流れと方位で吉凶が決まる

1 「陰陽五行論」が家相学のベース

家相の原点は神社仏閣

「田地善ければ稲よく茂り、家宅吉相なれば家運栄ゆ」という言い伝えがあるように、大自然の五気のパワーを受け入れることで、その家に住む人を豊かにしてくれるのが家相の理論です。

家相の原典は、古代中国の「陰陽五行論」を基軸にして、十干、十二支、九星が重なり合ってでき上がったものが「家相学」になります。

その代表的なものが「伊勢神宮の三合構相建築《さんごうこうそうけんちく》」です。

三合とは十二支のうちの3つの干支の引き合う力を利用したものです。3つの干支が団結してこそ1つの強い力を発揮できることを意味しています。家相における三合構想建築は古来よりこの考えに基づいたもので、いわゆる三角形の配置が建造物などに多く用いられてきました。

この三合構相は正三角形の形になりますから、安定感があり、崩れにくい仕組みになっています。そのために、家相でもよく利用される建築法となっています。

このように家相の原典は神社仏閣に始まり、あらゆる都市計画や建造物に活用されています。今では個人の住宅にも活用されるようになりました。

本書では住環境を良くするために、自然のエネルギーの「気」をうまく取り入れて健康で活力が出る家相学を伝授します。

自然の気を取り入れた住環境に

家相は、気の流れと方位で吉凶が決まります。ここでは、「気」について説明しましょう。

気とは、宇宙に存在するエネルギーのことで、大きく5つに分類することができます。それが「五行」のことです。

五行とは「木の気・火の気・土の気・金の気・水の気」で、同じ5つの気が人間にも流れています。だから、自然がいっぱいの森林の中に行くと癒されるのです。自分に足りない気を自然界から受けとり、多すぎる気を自然界に返すことで、体内の気がうまく循環するからです。

この原理を住環境にも活用しようというのが風水家相学なのです。

気の流れを良くするには、換気が良くなければなりません。

最近の住宅は冷暖房の効率を上げるため、密閉性が良くなってきています。

そのため、自然界の気を取り入れるには、意識的に窓を開閉しないと気を取り込むことができません。健康でいるためには、森林浴に励むことにしましょう。

2 家相と方位の関係

1 陰と陽の2つの要素と5つの元素

基本となる「陰陽五行論」の考え方

家相を判断するときの基軸になるのが「陰陽五行論」の考え方です。陰陽五行というのは、古代中国の春秋戦国時代ごろに無関係に生まれた陰陽説と五行説が、後に結合した思想と言われています。

陰陽五行思想は、自然界のすべてのものが「陰」と「陽」の相反する2つの要素と5つの元素（木・火・土・金・水）に分けられるという考え方です。

この陰と陽の相反する2つの要素と5つの元素が、相互に対立・依存しながら絶えず変化している関係のことを言います。

たとえば、「太陽が陽で、月が陰」「奇数が陽で、偶数が陰」「男性が陽で、女性が陰」「表が陽で、裏が陰」「光が陽で、闇が陰」のように、自然界のあらゆるものは陰と陽の2つに分かれており、一方がなければもう一方も存在しないとする考え方のことを「陰陽思想」と言います。

二分するということは、「善悪」や「優劣」で区分するのではありません。「右」という概念がなければ、「左」も存在しないように、片方があることによって、はじめてもう片方も成立するという考え方です。

2

「相生関係」と「相剋関係」

自然界のすべてに当てはまる法則

自然界に存在するすべてのものは、5つの元素（木・火・土・金・水）から成り立っています。

五行がお互いに影響し合う関係を「相生関係《そうじょう》」と言い、剋《こく》し合う関係を「相剋関係《そうこく》」と言います。また、木と木、水と水のように、同じもの同士の関係を「比和《ひわ》」と言います。

38ページに相生関係を図に表しました。図を見ると以下のサイクルが理解できるでしょう。

「水」を吸って「木」が育ちます。「木」を燃やして「火」が栄えます。「火」が燃え尽きると「土」になります。「土」の中から「金」が生じます。「金」は溶けると水に戻ります。

この繰り返しが、相生関係になります。

39ページに「相剋関係」を図に表しました。「水」は「火」を消します。「火」は「金」を溶かします。「金」は「木」を切り倒します。「木」は「土」から養分を吸い取ります。「土」は「水」をせき止めることができます。

この関係を「相剋関係」と言います。

また、40ページには「相生」と「相剋」をまとめた「相生・相剋関係」を図に表しています。

■相生関係図

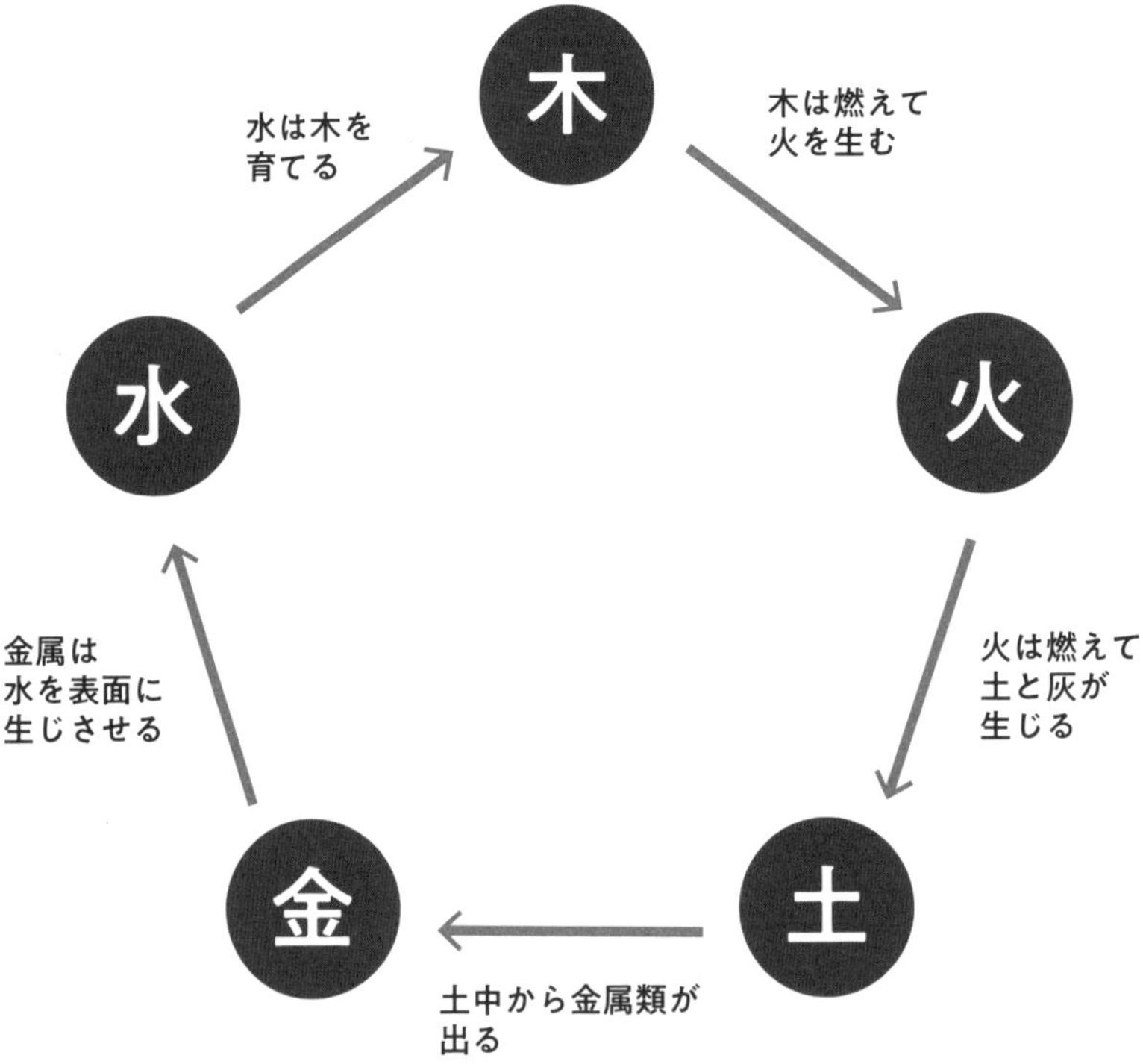
木
木は燃えて
火を生む
火
火は燃えて
土と灰が
生じる
土
土中から金属類が
出る
金
金属は
水を表面に
生じさせる
水
水は木を
育てる

■相剋関係図

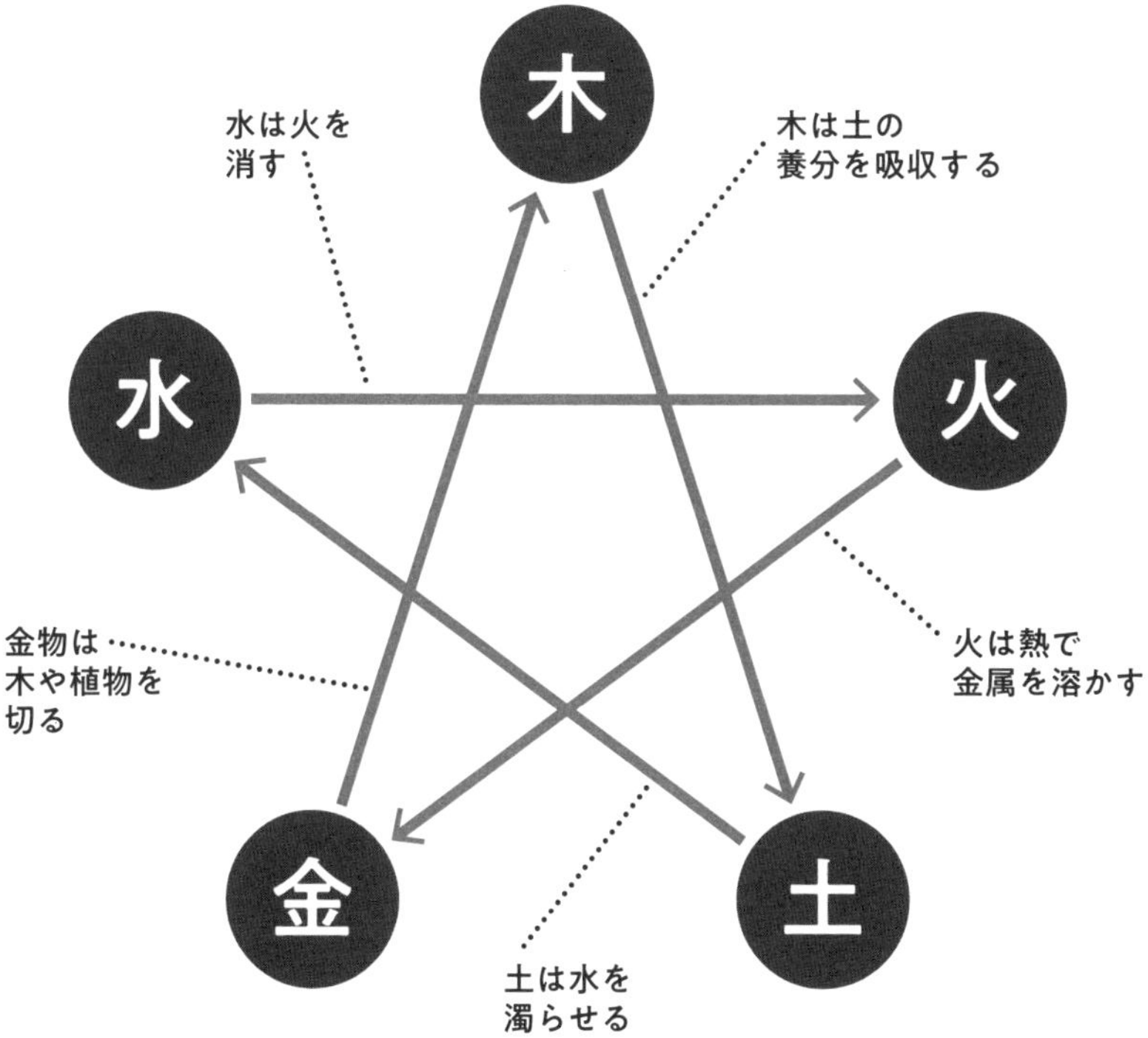
木
火
土
金
水
木は土の
養分を吸収する
火は熱で
金属を溶かす
土は水を
濁らせる
金物は
木や植物を
切る
水は火を
消す

■相生・相剋関係図

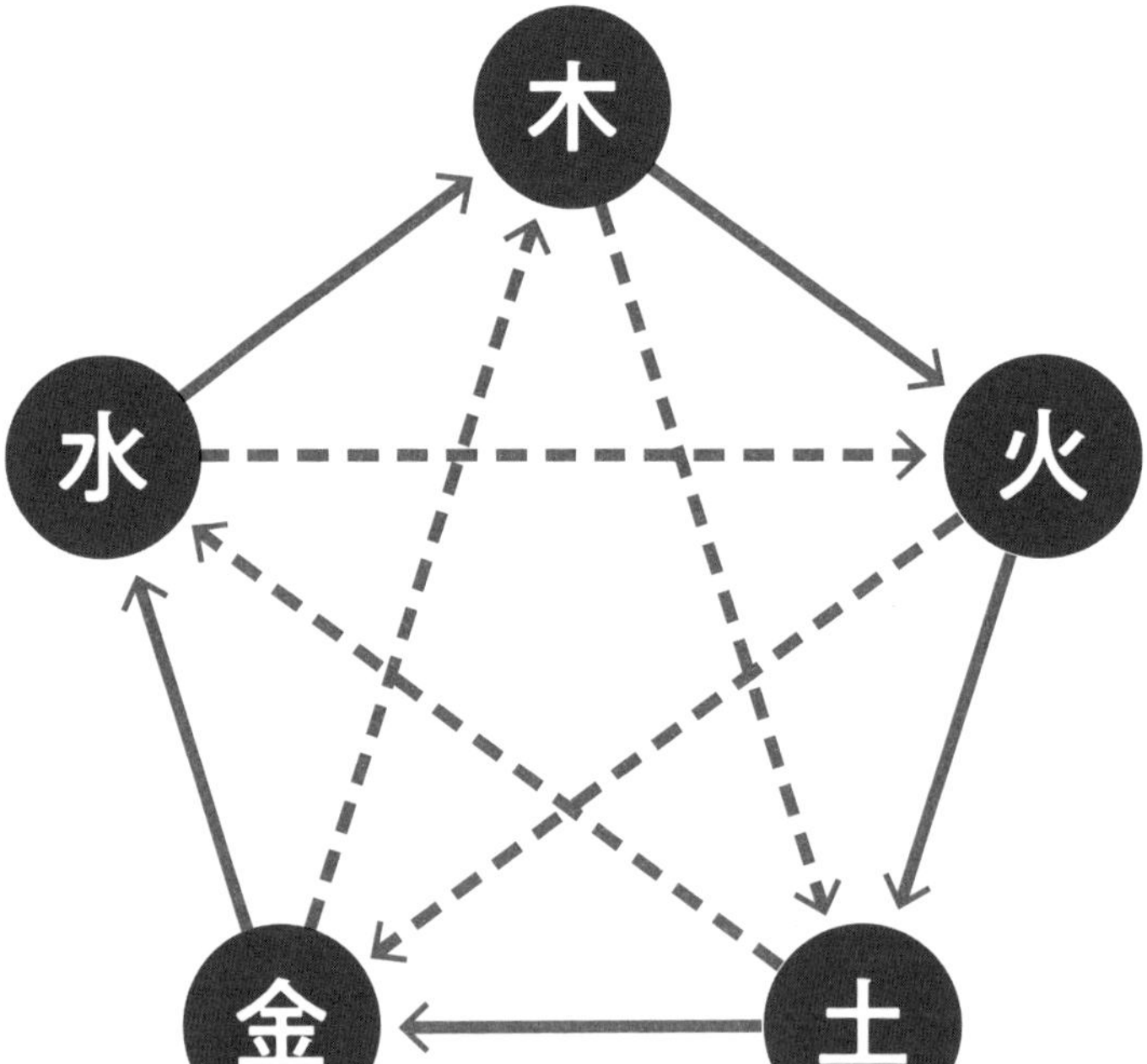

比和の関係とは

比和の関係は、同じ気が重なることです。「木と木」「火と火」「土と土」という組み合わせです。気が重なることによって、さらにその気が強くなります。

良い方向に働けば、ますます良くなりますが、悪い方向に働けば、ますます悪くなる組み合わせです。そのため、比和になるときは、それが悪い方向になっていないか気をつける必要があります。

この「相生関係」と「相剋関係」と「比和の関係」の3つの関係によって自然界の摂理が守られ、五行のバランスが守られているのです。

人間も同様で、この自然界の「相生・相剋・比和」の摂理によって五行のバランスが守られているから、健康が保たれて、恵まれた生活ができているのです。

3 「家相盤」と「九星方位盤」の違い

家相には方位を知ることが重要

家相の吉凶の判断に役立つもう一つの技法が方位になります。家相を見るには、方位を知ることが重要になります。

方位盤には、家相を見るときに使う「家相盤」と移動するときに使う「九星方位盤」の2種類があります。家相盤は、十干と十二支が入った二十《にじゅう》四山法《しざんほう》が使われていますが、九星方位盤は、移動のみに使われますから、十干の精神面は除き、十二支の時間だけで見る方位盤になっています。

「家相盤」で家相を診断し、家を見つけるときや引っ越しするときは、十二支だけの「九星方位盤」で方位を出してください。

■九星方位盤

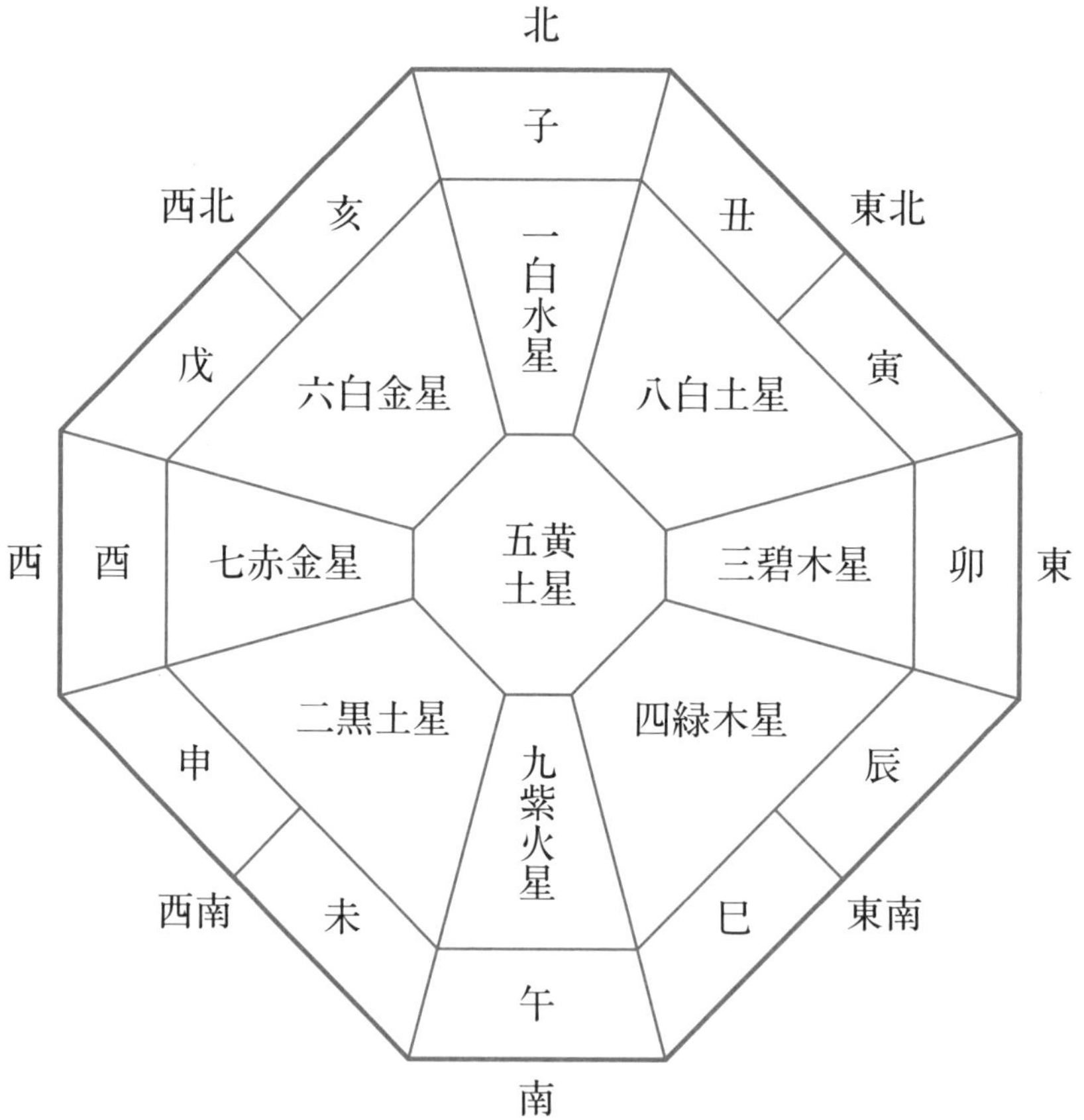

九星方位盤は、移動するときに使う方位盤で、時間を表す十二支だけを使ったものです。

家相盤とは

家相盤は、十干・十二支・九星が配置された二十四山八方位になります。

二十四山法は、東西南北の「四正《しせい》」とし、残りを「四隅《しぐう》」として等間隔に区分し、二十四の方位としたものです。

つまり、十二支と凶線になる「鬼門線《きもんせん》」の坤《こん》と艮《こん》、福線になる「幸福線」の乾《けん》と巽《そん》を加え、それに十干のうち土性の戊《つちのえ》と己《つちのと》を除く8つの干が加わって二十四山が形成されています。戊と己は土性に属するので、中央に配置されて、二十四山方位のなかには入っていません。

「三所に三備を設けず」の意味

家相ではよく「三所《さんじょ》に三備《さんび》を設けず」と言われます。

三所とは、東北の「艮」と中央（「宅心《たくしん》」と言う）と西南の「坤」の3カ所のことです。この3つを結んだ線を凶線と言い、「鬼門線」のことです。

これに対して、東南の「巽」と中央の「宅心」と西北の「乾」を結んだ線を幸福線と言います。つまり吉の方位になりますから「幸福線」と言われるようになったのです。

三備とは、玄関、便所、台所のことです。「三所に三備を設けず」が家相の原則になっていますから、この三所となる鬼門と家の中心に、玄関とトイレと台所を設置しなければ吉相の家になるというのが家相の原則になっています。

現在の建造物では、この「三所に三備を設けず」だけでは吉相の家にはなりません。気の流れを良くするための換気も必要です。健康には太陽光も必要です。つまり、自然界の五行のエネルギーを、たっぷり受け取れる家こそが、吉相の家です。

■家相盤

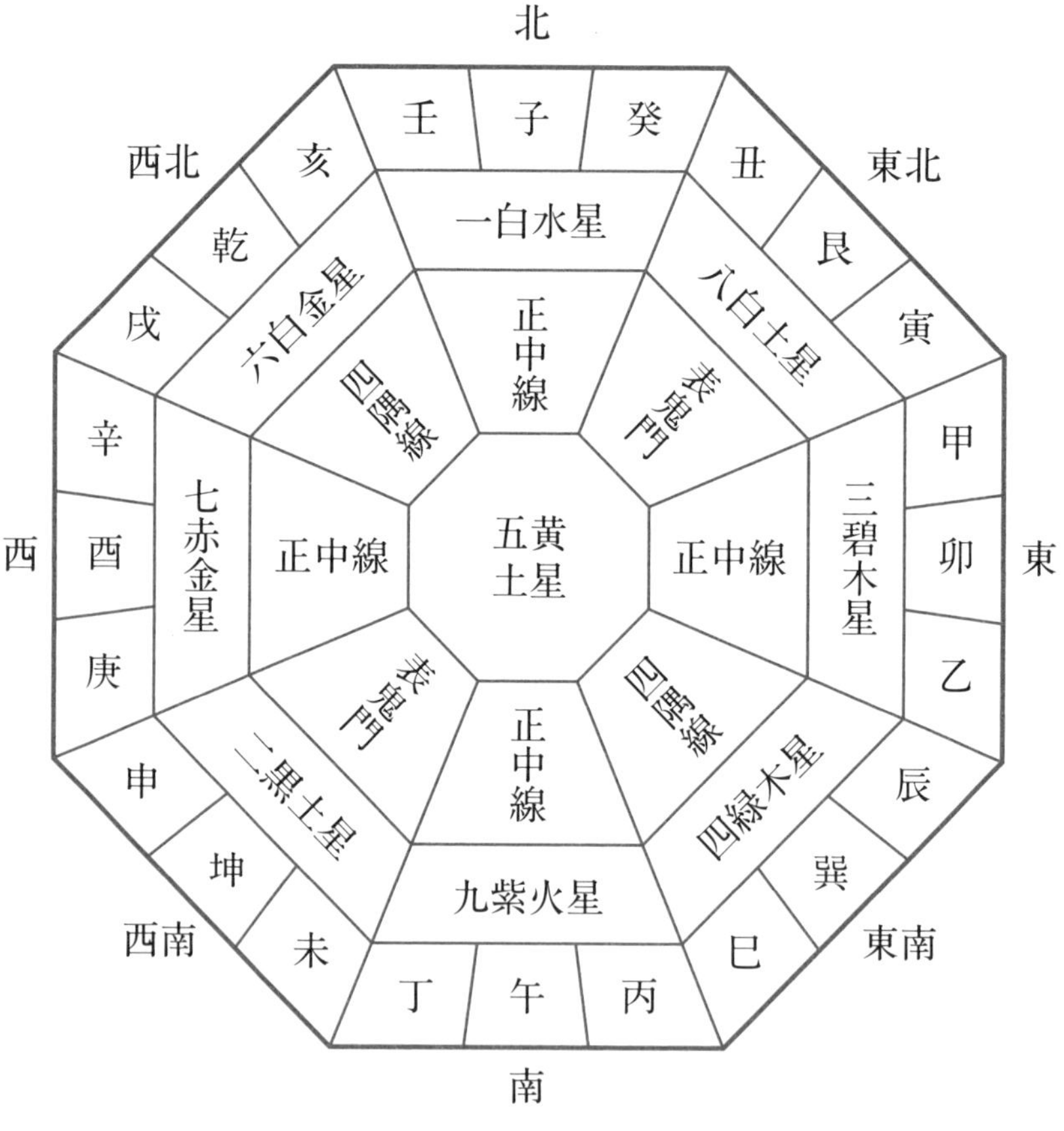

家相盤は、二十四山方位盤で家相を見るときに使うものです。

3 幸福線と鬼門線

1 幸せを呼び込む幸福線

幸福線の意味

ここでは、幸福線と鬼門線についてくわしく解説していきましょう。

まずは、幸福線です。

西南（裏鬼門）と東北（表鬼門）を結ぶ線の四隅線を「鬼門線」、西北の「乾《いぬい》」と東南の「巽《たつみ》」を結ぶ線を四隅線と言い、その別名が「幸福線」になります。

家相には、昔から「巽の玄関に乾の蔵」は幸せを呼び込むと言われています。巽の象意《しょうい》（象徴するもの）は「風」で、「玄関から龍が風に乗って幸運を運んできてくれる」と言い伝えられています。

このことから、巽と乾のラインを幸福線と言い、このライン上に机があると仕事がうまくいく、試験に合格する、成績が上がる、座っていれば元気になれるなどと言われています。乾の西北方位は主人の場所で、この場所が「張り」になると吉相になります。

吉相になると財力の蓄積や社会的な信用、地位の向上、指導力など、家庭内でも生活力があります。それゆえに優しくなることができますから家族にも慕われ、平和な生活を送ることができます。

また、運勢的にも大きく飛躍することができます。

乾の運気は、財運、出世運、援助運、夫運、結婚運（男性）、資金運、権力運のすべてが良くなります。

巽の東南方位は長女の場所で、この場所が「張り」になると吉相になります。吉相になると、自分の願い事が叶えられると言われています。

巽の運気は、事業運、取引運、信用運、結婚運（女性）、交際運、成長運のすべてが良くなります。

2 陽から陰に変わる鬼門線

鬼門線の意味

次に鬼門線について説明しましょう。

鬼門の「艮《こん》」の場所が忌み嫌われる理由は、表鬼門の丑寅《うしとら》の「艮」の位置は、陰の気から陽の気に変わる場所になるからです。陰の気が去り、陽の気が始まると気圧の変化により、自律神経の調整がうまくいかない時期になるのです。

一般的には、「季節の変わりめは、体調の変化に気をつける」と言われています。これが鬼門の嫌われる理由です。

裏鬼門の未申《ひつじさる》の「坤《こん》」の位置は、陽の気から陰の気に変わる場所になるからです。陽の気が去り、陰の気が始まる場所になりますから、気の変化により体調も変化します。

したがって、病気、事故が多くなるため、鬼門が悪いということになっています。

中国算命学では、鬼門の原理は「天門論」から生まれたとされています。これによると、立春のころに丑寅の方向に現れる星座が二十七宿星座のなかの「鬼宿」という星座です。

この鬼宿から「鬼門」と言われるようになり、自然界の神が通る道ということで神聖な場所とされ、不浄なものを置くことを禁じたということです。

■幸福線と鬼門線

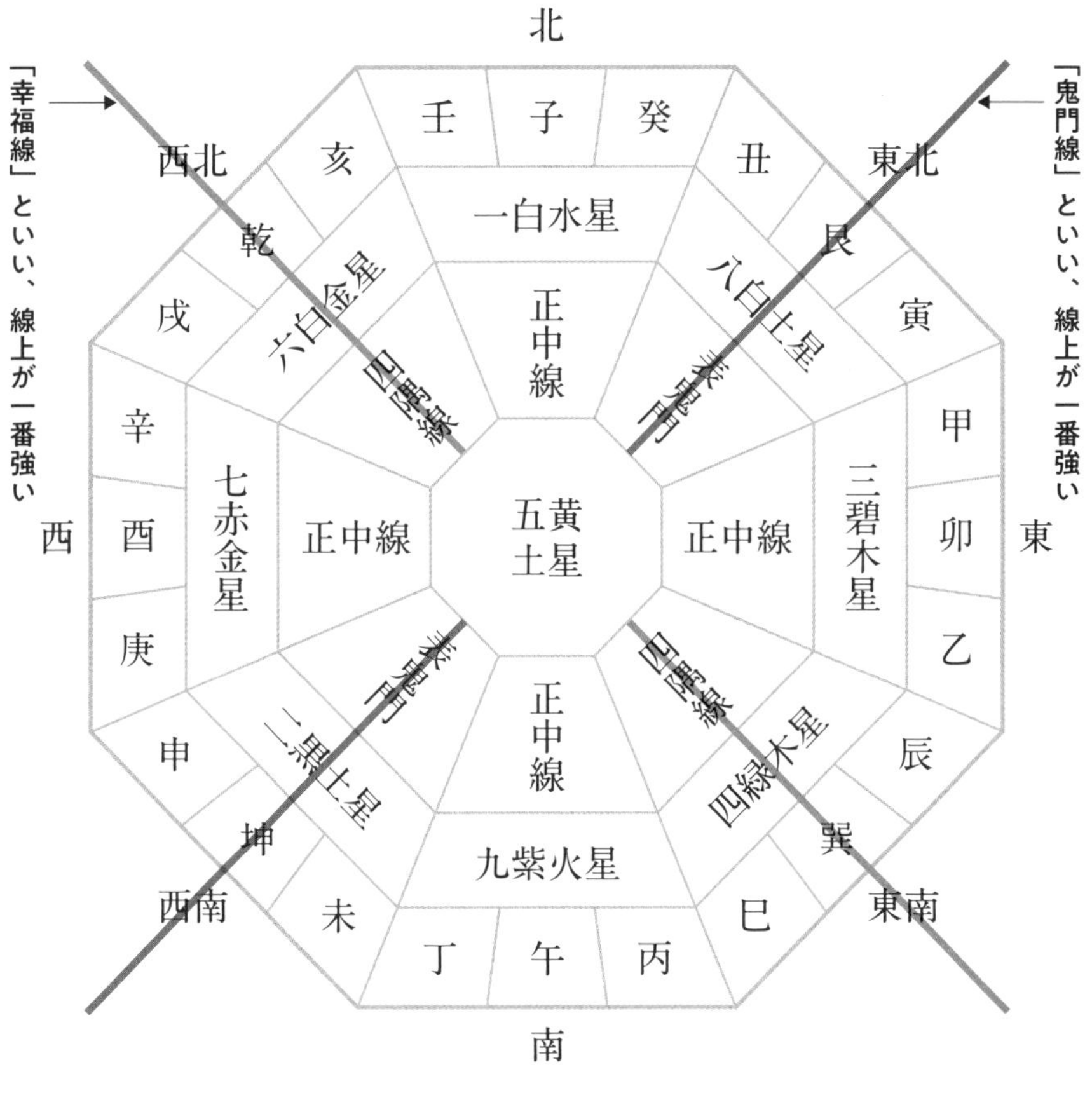
「幸福線」といい、線上が一番強い
「鬼門線」といい、線上が一番強い
北
南
東
西
西北
東北
西南
東南
壬
子
癸
丑
艮
寅
甲
卯
乙
辰
巽
巳
丙
午
丁
未
坤
申
庚
酉
辛
戌
乾
亥
一白水星
八白土星
三碧木星
四緑木星
九紫火星
二黒土星
七赤金星
六白金星
五黄
土星
正中線
正中線
正中線
正中線
四隅線
四隅線
表鬼門
表鬼門

4 八方位とは何か

1 8つの方位のそれぞれの意味

陰陽五行説から生まれた八方位

八方位は「陰陽五行説」の思想から生まれたものです。十干は天の気のエネルギー、十二支は地の気のエネルギーを表したものです。

そして九星は、両方を組み合わせた天地のエネルギーになります。

①北の方位

九星＝一白水星・坎星の位置

五行＝水の気、季節＝冬、色＝黒

方位＝子の北

十二支＝子

子は草木の種が地中で、芽を出す季節をじっと待っている状態を言います。

運気＝健康運、子宝運、愛情運、夫婦運、部下運、交際運

北の方位を吉相にすると、交友、取引、夫婦、部下との関係が良くなると言われています。

②南の方位

九星＝九紫火星・離星の位置
五行＝火の気、季節＝夏、色＝赤
方位＝午の南
十二支＝午

午は草木が成長の頂点にある状態を言います。
また、成長の頂点と同時に衰退の分岐点になることも示しています。

運気＝才能運、目上運、出世運、人気運、有名運、アイデア運

南の方位を吉相にすると、有名運と人気運が上昇すると言われています。

③東の方位

九星＝三碧木星・震星の位置
五行＝木の気、季節＝春、色＝青
方位＝卯の東
十二支＝卯

卯は地中で生を受けた草木が、いよいよ地面をかき分けて地上に姿を現そうとする状態を言います。草木の芽が堅い殻をかぶっている状態を意味しますから、若さと未熟さを意味します。

運気＝事業運、交際運、友人運、才能運、発展運、開発運

東の方位を吉相にすると、物事をスタートさせるとき有利になります。また、スタートがスムーズです。

④西の方位

九星＝七赤金星・兌星の位置
五行＝金の気、季節＝秋、色＝白・金色
方位＝酉の西
十二支＝酉

酉はお酒の意味が濃く、物の実りや成熟を意味します。さらに熟成することから、悦びに繋がり、飲食、宴会、贅沢、金銭に繋がっていく方位になります。

運気＝金運、交際運、勝負運、結婚運、恋人運、レジャー運、ギャンブル運

西の方位を吉相にすると、これまでの成果を刈り取るという意味がありますから、今までの努力が報われます。頑張れば頑張っただけの成果を上げることができる方位です。

⑤東南の方位

九星＝四緑木星・巽星の位置
巽は風を表し、風はさまざまな情報を遠くまで運ぶという意味もあります。
五行＝木の気、季節＝晩春から初夏、色＝緑
方位＝巽の東南
十二支＝辰と巳

辰は草木が地上に芽を出し、どんどん伸びていき、巳は、次代の種を作ることを意味しています。
東南の正中は巽になり、風を表しています。

運気＝旅行運、取引運、信用運、事業運、結婚運、交際運、成長運

東南の方位を吉相にすると、女性の結婚運が強くなります。

⑥西北の方位

九星＝六白金星・乾星の位置

乾は太陽、宇宙、支配、権力を意味します。特に、男性にとって大切な方位になります。

五行＝金の気、季節＝晩秋から初冬、色＝白

方位＝乾の西北

十二支＝戌と亥

戌は滅びゆくこと、亥は閉じこもることを意味します。

運気＝財運、株運、出世運、援助運、夫運、資金運、男性の結婚運

西北の方位を吉相にすると、一家の主人が健康で活力旺盛、家業隆盛、子孫繁栄の傾向が強まります。

⑦西南の方位

九星＝二黒土星・坤星の位置

坤は大地を表し、すべてのものを養い、育てるという母なる豊かさを意味します。特に、女性にとって大切な方位になります。

五行＝土の気、季節＝晩夏から初秋、色＝黄土色

方位＝坤の西南

十二支＝未と申

未は曖昧、果実が熟し切っていない未熟な状態を表しています。

西南の中心は坤になり、坤は物事を公表する前の準備期間を言います。

運気＝母運、妻運、家庭運、不動産運、仕事運、就職運、健康運

西南の方位を吉相にすると、今まで勤勉に努力を続けてきたことが、充実し成果が形となって出てきます。

⑧東北の方位

九星＝八白土星・艮星の位置

艮は山を表します。すべてのことが一段落し、新しいことが始まるという「新旧交代」の意味があります。たとえば、相続や事業の拡大縮小のことです。

基本は山を意味する方位になるため、発展・変化・躍動よりも静止、抑制の気が強くなります。

五行＝土の気、季節＝晩冬から初春、色＝焦茶色

方位＝艮の東北になります。

十二支＝丑と寅

艮は山岳、高台など山のイメージが強くなりますから、静止、動かない、蓄える、といった意味合いもあります。

東北の中心は艮で鬼門の中心になります。

運気＝相続運、後継者運、不動産運、家族運、兄弟運、財運、健康運、マイホーム運

東北の方位を吉相にすると、相続でもめることなく、後継者も順調に育って新旧交代もうまくいきます。

第2章

実践　家相を始める

1 家相の考え方

1 家相学と風水学の違い

家相学は学問的要素、風水学は環境学

家相学と風水学、ここでは学を取って家相、風水と称していきます。

2つの大きな違いは、家相は建築学や住居学の学問的要素によるもので、風水は、戦いに勝つために用いられた環境学になり、自然界の木や水や土地などが持つパワーである「気」の流れをコントロールし、運気の良い環境を作るのが目的です。

風水では「北＝玄武《げんぶ》」「南＝朱雀《すざく》」「東＝青龍《せいりゅう》」「西＝白虎《びゃっこ》」の四神が東西南北を守る「四神相応《しじんそうおう》」の土地が良いとされています。

この形は北に山、南に海や河川、東西に丘や小さな起伏があり平坦でない土地のことを言い、その場所に都を定めれば、その国は大いに繁栄すると説かれています。

龍は、山脈の生気が躍動する形態を指し、その生気が1カ所に収集した場を「穴」と言います。まさにその地形が「四神相応」の土地で、皇居が東京の中心に当たる場「へそ＝龍穴《りゅうけつ》」になっているのが興味深い現象です。

家相は中国から伝わった「陽宅《ようたく》（生きている人の建物や土地）風水」を日本の「神仏習合《しんぶつしゅうごう》」の独自の世界観のなかで日本人が改良したものと言わ

れています。

一方、風水は中国で生まれ、中国で育ったもので、儒教や道教を中心とした考え方になっています。

家相の基本は「家相盤」が定めた方位の良し悪し

家相の基本となるのが、方位別に良し悪しを盛り込んだ「家相盤」です。家相盤には住まいのどの方向に何を配すれば良いのか、何を配してはいけないのかなどが定められています。

特に強調されているのが東北方角にある「表鬼門《おもてきもん》」です。この方角は日当たりが悪くジメジメとし、冬は寒い場所になります。そこで先人たちは、「そこにトイレや浴室を配置してはいけない」と言ったわけです。

また、北方位は神聖なものとされ、トイレなどの不浄物を造ることはタブーとされていて、仮にそこにトイレを配置すると、病気になる恐れがあるといった家相書もあります

個人を優先するなら風水、家族の調和には家相

家相には、九星気学が深くかかわっていますから、家族の定位置が八方位によって決められています。幸せで平和な家庭を守るためには、家族がそれぞれの役目を果たせるようにバランスの取れた構造の家にしなければならないということです。

ただし、この場合は風水とは違い個人の生まれ星の定位置は考えないので、住み心地が良いとは言えません。個人を優先するには「風水」の技法を使い、家族の調和を優先するには「家相」の技術を駆使することです。どちらを重視するかは各家族で話し合って決めるしかありません。このように、家相と風水が自分の居場所の吉凶に大きく影響します。

自分で家を建てるときに家相で間取りを設計し

■家相での家族の定位置

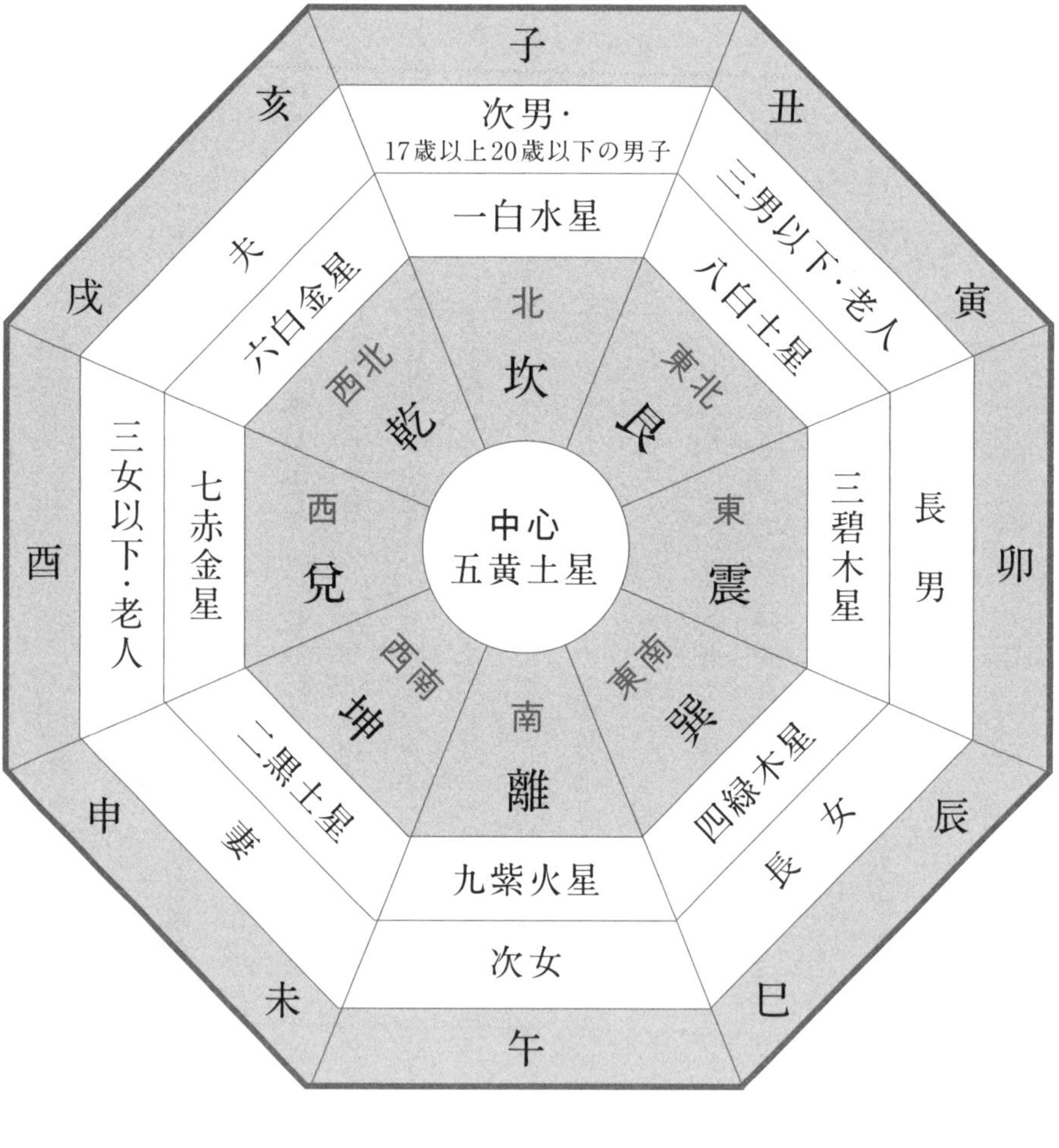
子
丑
寅
卯
辰
巳
午
未
申
酉
戌
亥
次男・
17歳以上20歳以下の男子
三男以下・老人
長男
長女
次女
妻
三女以下・老人
夫
一白水星
八白土星
三碧木星
四緑木星
九紫火星
二黒土星
七赤金星
六白金星
北
坎
東北
艮
東
震
東南
巽
南
離
西南
坤
西
兌
西北
乾
中心
五黄土星

た場合は、自分の生まれ年の星（風水星）が定位置にならない場合があります。そのときは、寝るときの「頭の向き」だけは吉方位を守りましょう。そうでないと、あなたの運気は上昇しません。

頭の向きを自分の風水星の天医・伏位（大吉）、生気・延年（吉）になるようにベッドを配置するだけでも、自分の運気をアップさせることができます。くわしくは、１０５ページを参照してください。

2 鬼門の由来

今も残る「風水師・南光坊天海」の功績

東北（丑寅）の八白土星、西南（未申）の二黒土星の方角を鬼門という風習は、今も根強く残っています。特に家相では、前述したように鬼門にトイレ・バスルームなどの水回りはタブーとされています。

東北鬼門を忌み嫌うわけは、徳川三代将軍に仕えた南光坊天海《なんこうぼうてんかい》（１５３６年?〜１６４３年）の存在があったからだと言われています。鬼門説は、平安時代までさかのぼることができます。

太田道灌が築城した江戸城（皇居）に家康が幕府の拠点を置いたのが、天台宗の大僧正だった天海の献策があったからだと言われています。

中国の学問、特に易学に通じていた天海は、陰陽道や風水に基づき、三代将軍（家康・秀忠・家光）に仕え、約２７０年もの長い間続いた江戸時代の礎を築くことになります。

天海は、江戸城の東北である上野（鬼門）に寛永寺を開き、そこの住職となり江戸城の鬼門除けとして最強のパワーを発揮したと言われています。

■陰陽の気と九星気学と十二支との関係

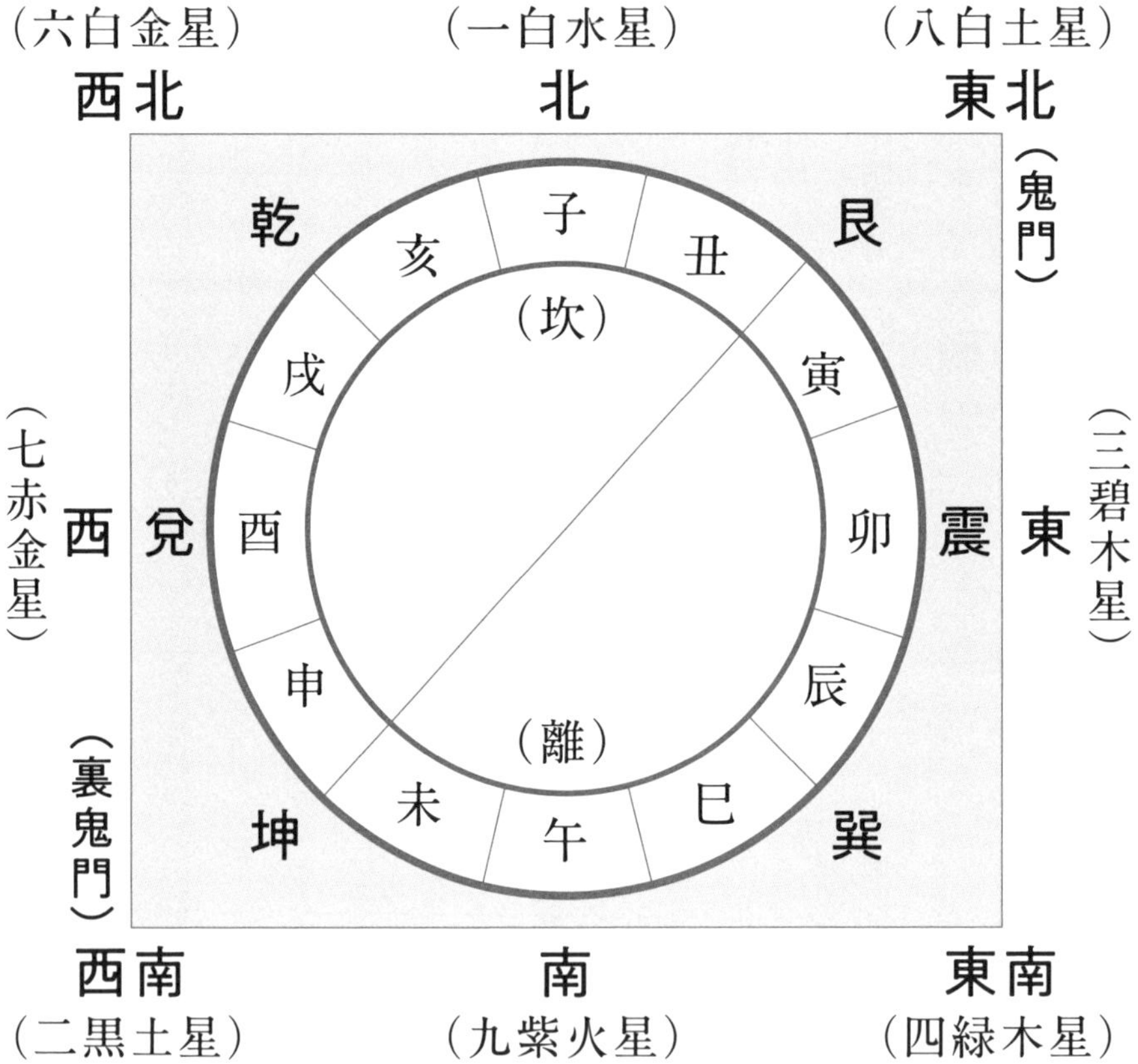

2 家相を見る前に知っておくべきこと

1 真北と磁北の違い

磁石が指す北は真北ではない

家相を見るときの基本になるのが、家の中心と真北になります。この2つが正確でないと家相の八方位に狂いが出てしまいます。このように狂った方位で家相を見ても、何の意味もありません。

家相で言う真北とは、地球の北極点と南極点とを結ぶ子午線の子の方位のことです。磁石が指す北は真北ではないので気をつけてください。

普通に考えると、子の方位の北と磁石の北はピタリと一致するのではないかと思いますが、実際に測ってみると誤差があるのがわかります。それは、地磁気（磁場）の影響によるものです。ここにできた誤差を「偏差」、その角度を「偏角」と言います。

この偏角は、地域によって異なります。東京では6・17度、大阪では6・18度、高知では5・52度というように誤差が出ます。つまり、磁石の指す磁北から、それぞれ東に傾いた方位が家相の「真北」になります。

このくらいの誤差は問題ないのではと思われがちですが、家相を判定する場合は、真北を基準にして八方位を割り出していきます。わずかな誤差でも影響を受けるのは、八方位が不正確だと吉凶の判定に狂いが出てしまうからです。

■正確な真北の取り方

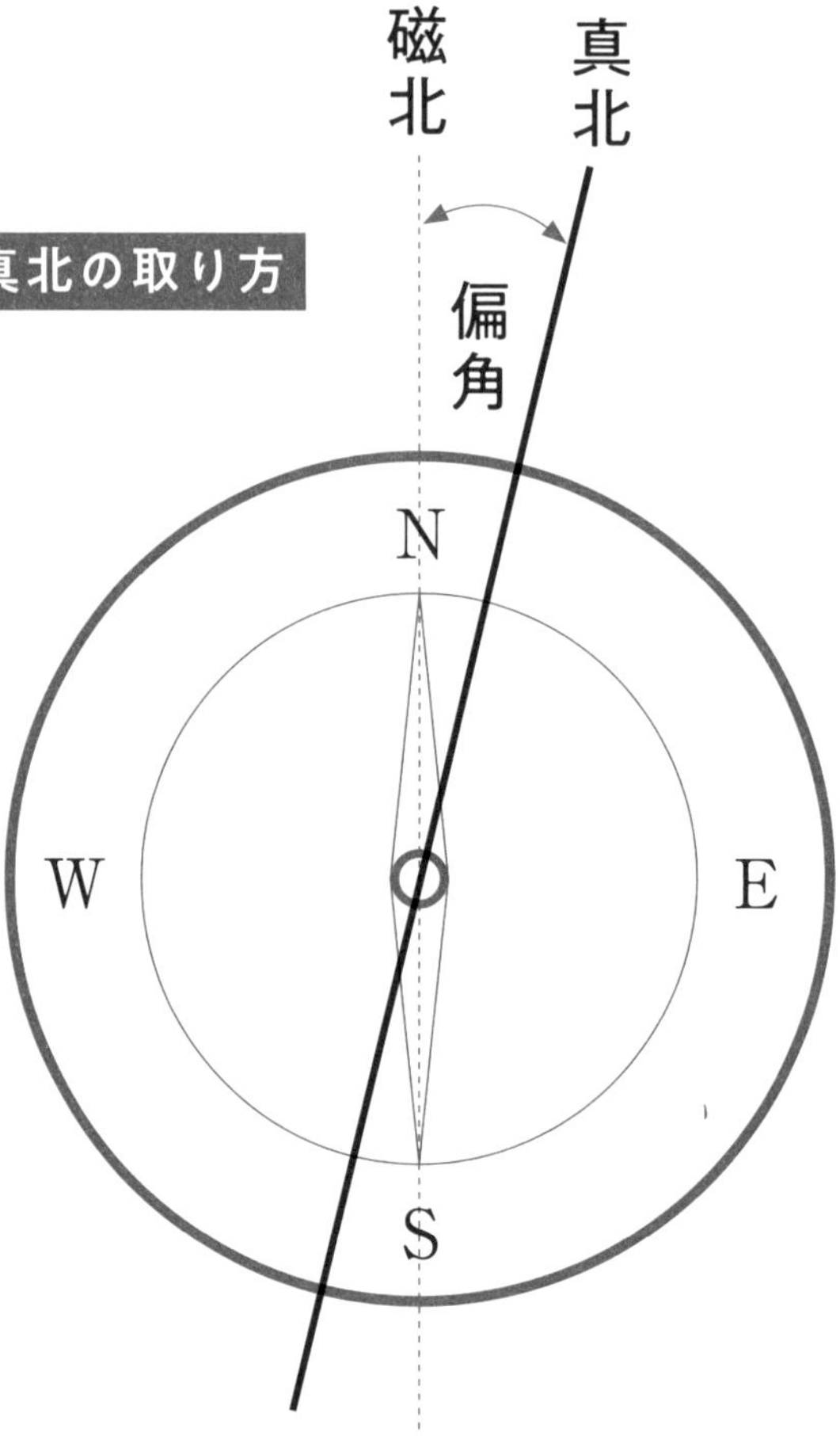

■主な都市の偏角

地名	東京	大阪	岡山	名古屋	福岡	鹿児島	高知	長野	盛岡	札幌
偏角	6.17	6.18	6.23	6.22	5.53	5.05	5.52	6.52	7.34	8.58

ではなぜ家相の真北は、磁北でなく子午線の子の方位（真北）になるかです。それは家相の原点である「陰陽五行説」という宇宙の法則によって生まれた十干・十二支・九星が基軸になっているからです。右ページに、主な都市の偏角を記しておきますので正確な真北で家相を占ってください。

2　家の中心の求め方

中心を出すには設計図を長方形に整える

家相を見るときに、まずしなければならないことは、家の中心を出すことです。

家の中心を出すときは、原則として張り出した部分は除外して、欠けた部分は含めて中心を求めます。そして、中心を出しやすいよう長方形に整えます。

❶正方形の場合

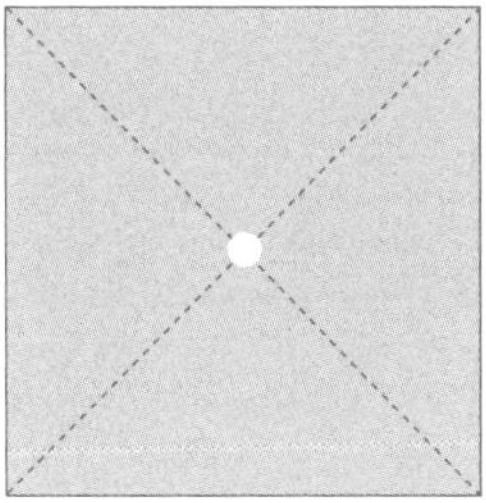

❷長方形の場合

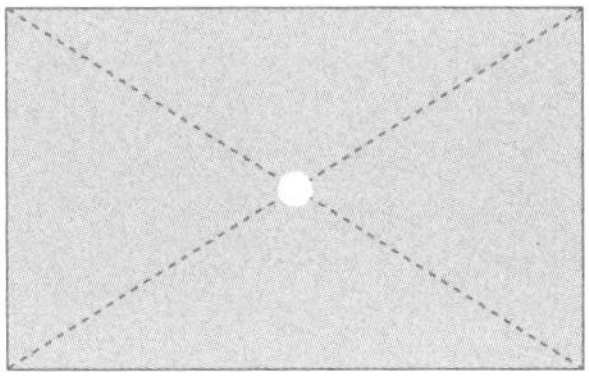

❸三角形の場合

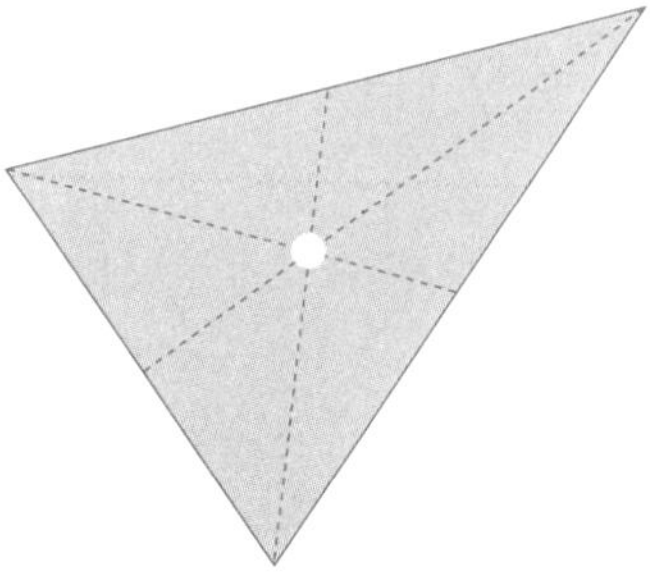

❹張りがある場合

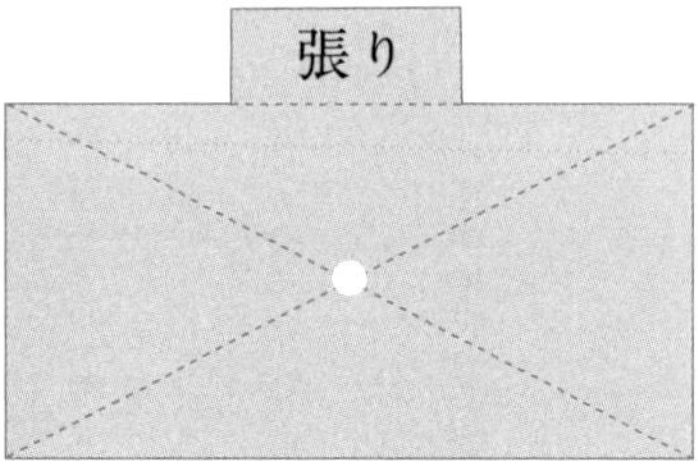

❺欠けがある場合

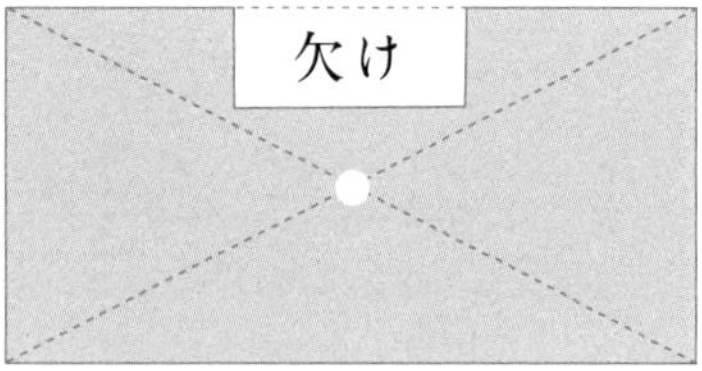

❻張り、欠けの部分を平均した場合

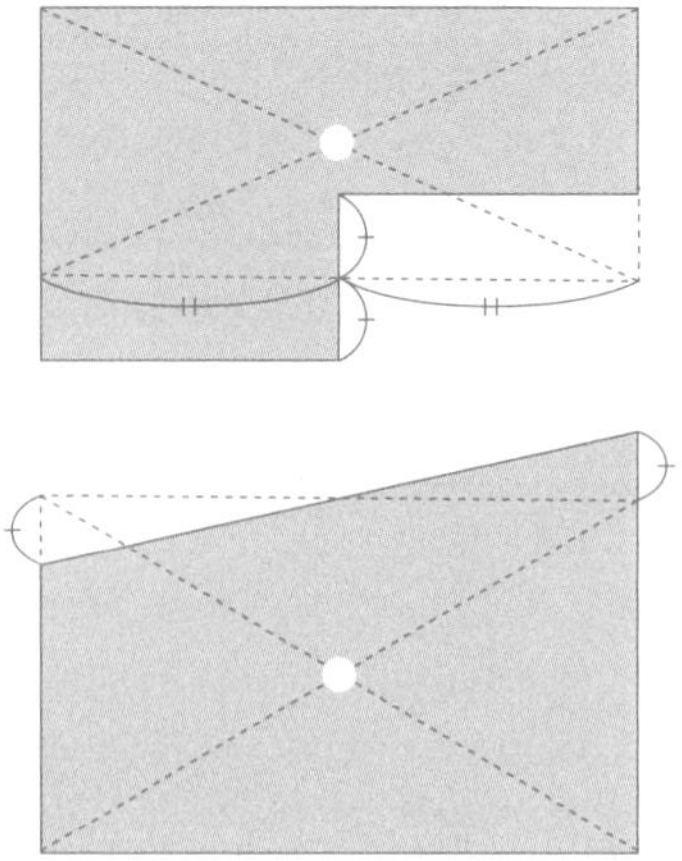

重心点を求めるには糸を使う

また、複雑すぎる形をしている場合は、重心点を使い家の中心を求めます。

重心点は、下の図のような方法で出していきます。厚紙に縮小した家の設計図を写し、図面どおりに切り抜きます。次に切り抜いた厚紙の設計図の2カ所の角に重りのついた糸を吊るします。

2本の線が図面上に描かれますので、交点が設計図の重心になります。

すなわち、家の重心点ということです。

家の重心点が決まったら、設計図の上に正しく家相盤をのせて、家相の判断をしてください。

❼重心を求める場合

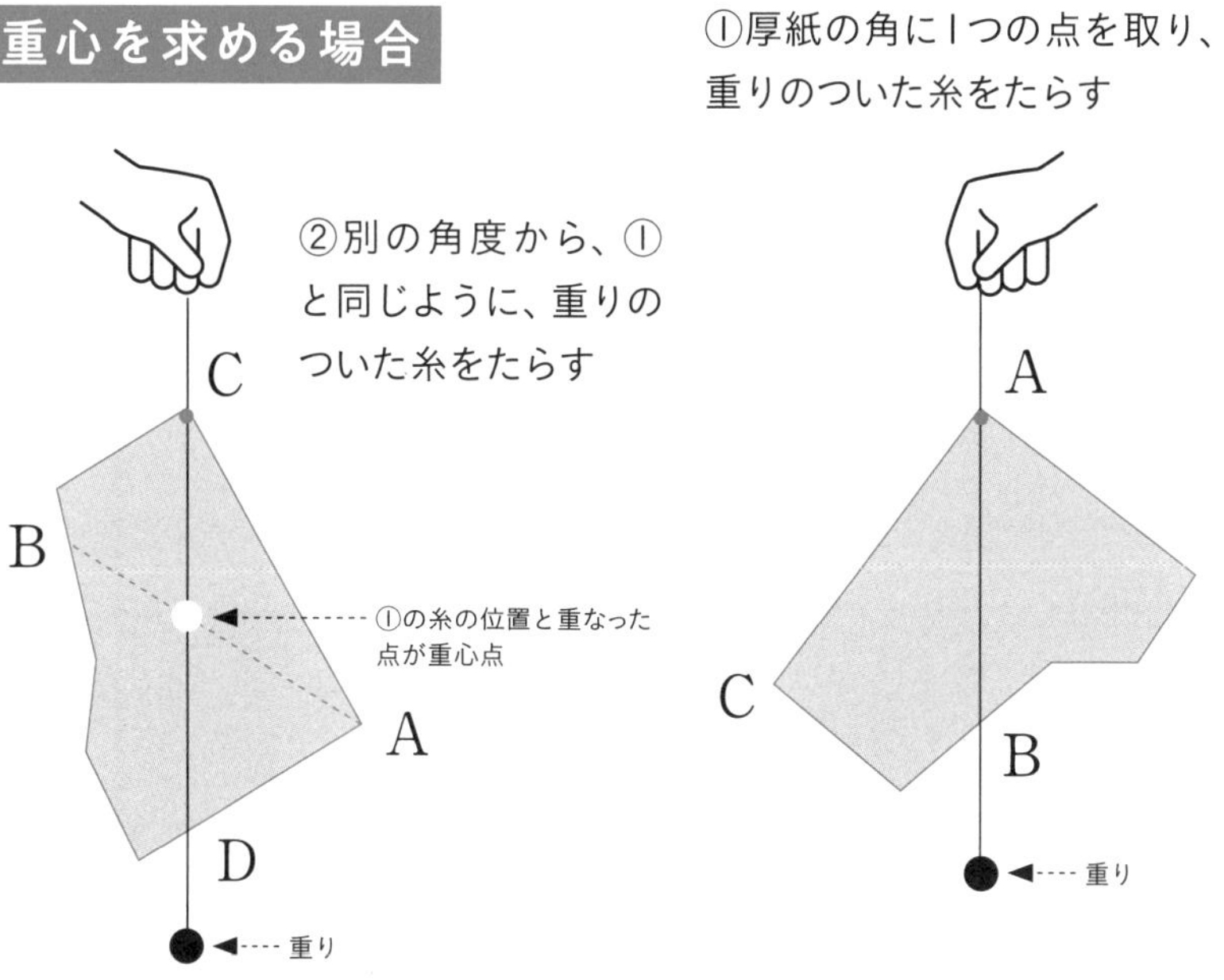
①厚紙の角に1つの点を取り、重りのついた糸をたらす
A
B
C
重り
②別の角度から、①と同じように、重りのついた糸をたらす
C
B
A
D
①の糸の位置と重なった点が重心点
重り

3 家相のポイント「張り」「欠け」「八方位」

1 「張り」と「欠け」の考え方

強運を望む人には「張り」のある家がおすすめ

土地や建物の「張りと欠け」は、家相の吉凶を判断するときの重要なポイントになります。土地が欠けている場合は、家の建て方を工夫すれば吉相の家にすることができますが、家の欠けは直接的に家運に影響するので気をつけましょう。

家相では「張りと欠け」を判断する場合の基準が定められています。

次ページに図解したように、建物の一部分が張り出している部分を「張り」、逆に引っ込んでいる部分を「欠け」と言います。

「張り」とは、建物の一辺の長さの1／3以内の出っ張りです。張りは大きいほうがいいと思っている人もいますが、そうではありません。基準以上に張り出すと両隣が反対に「欠け」になってしまうので気をつけましょう。

「欠け」も同じく建物の一辺の長さの1／3以内の凹みを言います。その場合、正確に測定しないと張り出したつもりが、反対に欠けになってしまう場合がありますから注意してください。

ただし、鬼門の張りは凶相になりますから気をつけてください。

では、吉相の家としての張りは、どういう場合

■家の張り・欠けの算定法

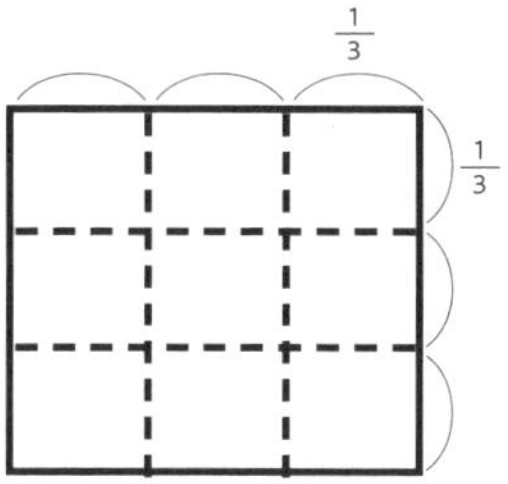

●基本の1／3の
目安を出す

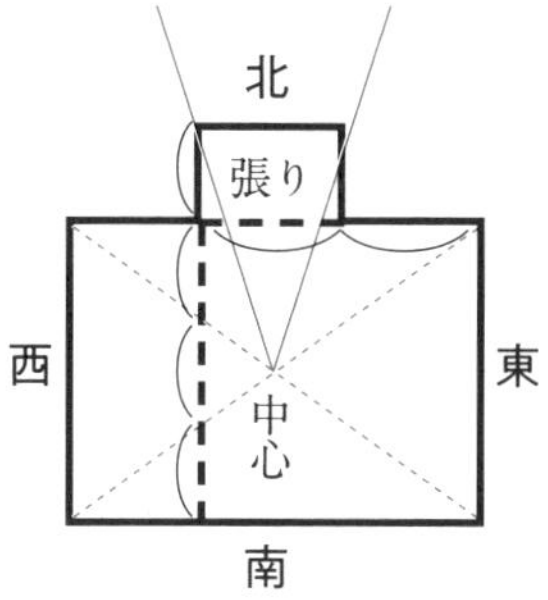

●北の張り

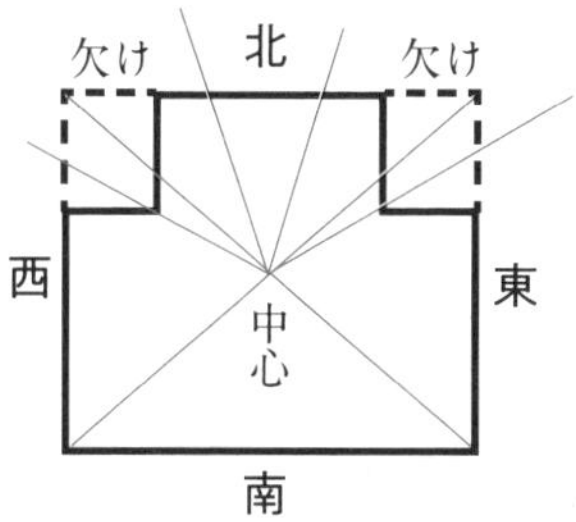

●北の張りでなく、西北
と東北の欠けになる

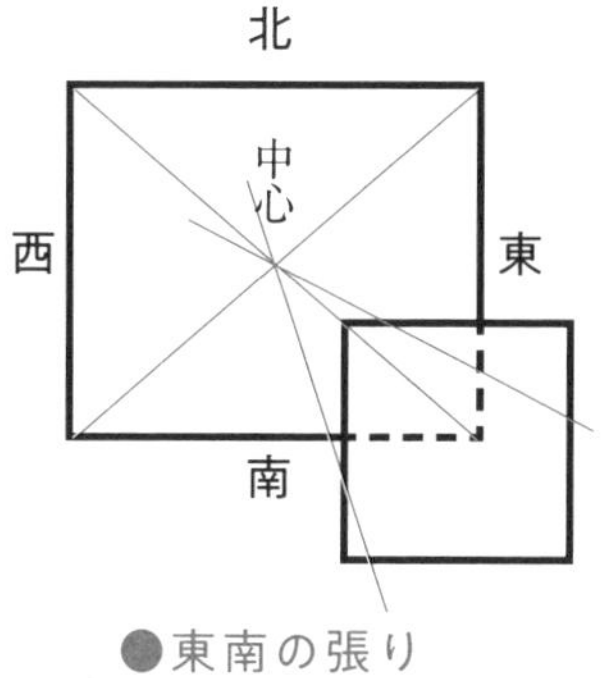

●東南の張り

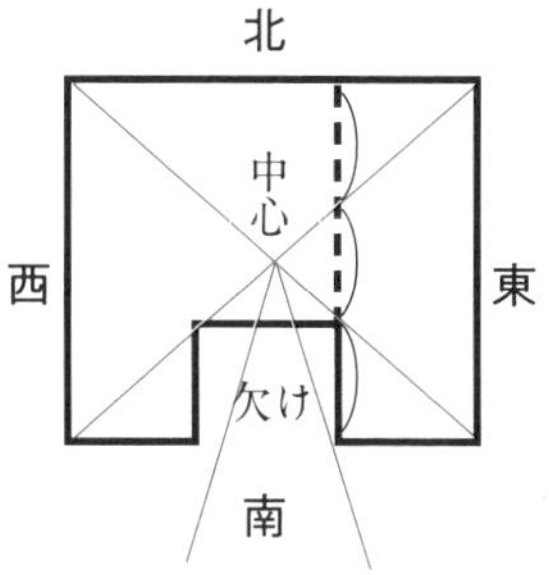

●南の欠け

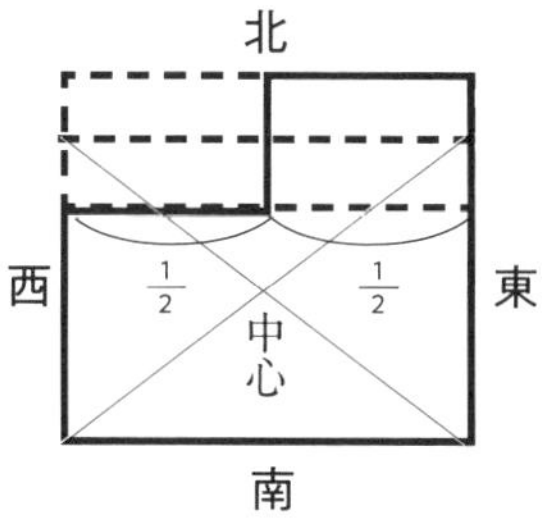

●張りにも欠け
にもならない

を指すのでしょうか。いちばん良いのが自分の生まれ星（風水星）を張りにすることです。

たとえば、酉年生まれの七赤金星（兌星）の人なら、西の方位を張り出せば金運が強くなるということです。

逆に、西の方位に欠けがあったら、借金で苦しむことになるかもしれません。建物の「張りと欠け」は、健康面よりもむしろ運勢に大きく影響するので、強運を望む人は「張り」のある家に住むようにしましょう。

2 家の八方位の取り方

1つの方位だけを良くしても運は強くならない

家相の八方位には、方位によってそれぞれ異なった役割があります。北の方位には子宝運、南の方位は人気運、西の方位は金運といったように、方位によって運の取り方が違ってきます。

くわしいことは、68ページの「八方位の〝運〟の取り方」の図を調べてください。

ここで注意していただきたいことがあります。たとえば、金運を強くしたいからといって、西の方位だけを吉相にしても金運は強くなりません。どの運も1つの方位だけを吉相にしても強くなりません。反対にツキを落とすには、1つの方位だけで十分です。

ツキを落とすのは簡単ですが、運を良くするためには、いろいろな要素が必要になります。

自分の金運を良くしたいなら、まず西の方位を吉相にします。

さらに自分の生まれ年の九星と十二支の方角も吉相にしなければ金運は良くなりません。

運を良くするためには、第一に自分が望む運の方角を吉相にすることです。

第二に自分の生まれ年の十二支の方角を吉相にします。

第三は自分の生まれ年の九星の方角を吉相にすることです。

この3つの条件のすべてが吉相にならないとツキを呼び込むことはできません。

家族構成に合った設計が強運を呼ぶ

結婚運と家相の関連性は仕事運と違い、努力して得られるものではないので、家相の影響力が大きくなります。結婚適齢期になっても結婚が決まらない人は、一応家相を調べてみると良いでしょう。

原因はいくつかありますが、自分の努力ではどうにもならない結婚運も、家相の良し悪しは無視できません。

これまでは、東南の方位が吉相なら結婚運に恵まれるというのが一般的でしたが、最近では自分の生まれ年の十二支の方位も吉相でないと良縁には恵まれないと言われています。

どんな運でも自分の力でつかみ取るのが基本ですから、まずは自分の生まれ年の十二支の方位が吉相にならなければなりません。

次に、欲しい運の方位を吉相にすれば、その運を呼び込むことができます。

強運を呼ぶ家相にするには、その家に住む家族構成に合った設計図でなければならないということです。

■八方位の〝運〟の取り方

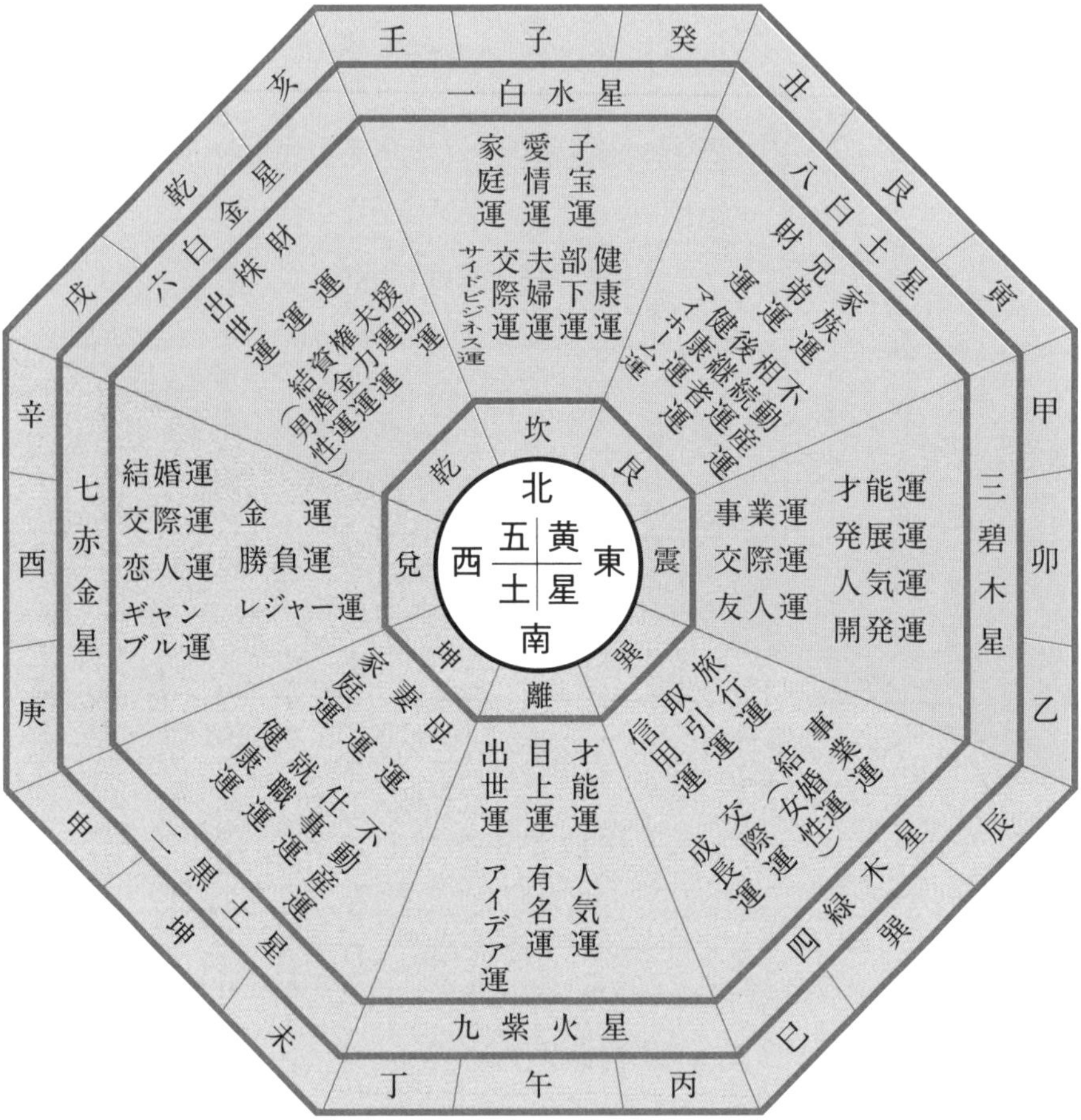

の方位が凶相の場合は、男性の運が悪くなる傾向があります。

の方位が凶相の場合は、女性の運が悪くなる傾向があります。

第3章

自分の生まれ星に合った家相で運気をアップ

1 家相と風水の深い関係

1 住む人の風水星で家相を見る

まず自分の生まれ星を知る

従来の日本の家相は、そこに住んでいる人を無視して、家の形だけで吉凶を判断してきた向きがあります。しかし本書では、その家に住んでいる人に焦点を合わせて、運が良くなる家相にすることをテーマにしています。

家の形が吉相でも、そこに住んでいる人の星と家相が吉にならなければ運は良くなりません。

それには、まず自分の生まれ星を知る必要があります。自分の運気を良くする家相を出すために、生まれ年の九星から風水星を割り出す必要があります。あなたの生まれ星は18ページの「**生まれ年と九星・風水星の早見表**」で確認できます。

風水星には男星と女星があります（17ページ参照）。

しかも、星の種類によって「**東四命《とうしめい》＝坎星《かんせい》・震《しん》星《せい》・巽星《そんせい》・離星《りせい》**」と「**西四命《せいしめい》＝坤星《こんせい》・乾星《けんせい》・兌《だ》星《せい》・艮星《こんせい》**」に二分されます。運気を良くするには自分の生まれ星に合った家相の設計図で家を建てる必要があるのです。

ここでは、風水星別にくわしく、しかも具体的に玄関の位置とベッドの向きを配置していきます。

2 風水星＝東四命のグループ

1 東四命の八宅盤

坎星の八宅盤の見方

坎星の人が運を良くするために守ってもらいたいことは2つあります。1つめは、玄関の位置と向きが吉相であること。2つめは、ベッドの位置と枕の向きが吉になることです。これが運を良くするための最低の約束事です。

「坎星」①東南＝生気　②東＝天医　③南＝延年　④北＝伏位

生気方位（最大吉）＝生命力・エネルギーをアップさせる働きがあります。

天医方位（大吉）＝健康がアップし、生活のリズムが安定します。

延年方位（中吉）＝人間関係が円滑になります。

伏位方位（小吉）＝家族関係が良くなり、家族に対する思いやりや責任感が強くなります。

生気に玄関を、伏位にベッドを配置することです。「坎星の人」の運が良くなる間取り図は、次ページとなります。

玄関が吉＝①生気の東南　②天医の東

ベッドが吉＝寝るときの頭の向きが、吉である①伏位の北　②天医の東になるようベッドを配置。

玄関は、主人の「坎星」の大吉方位の生気（東

■坎星の八宅盤

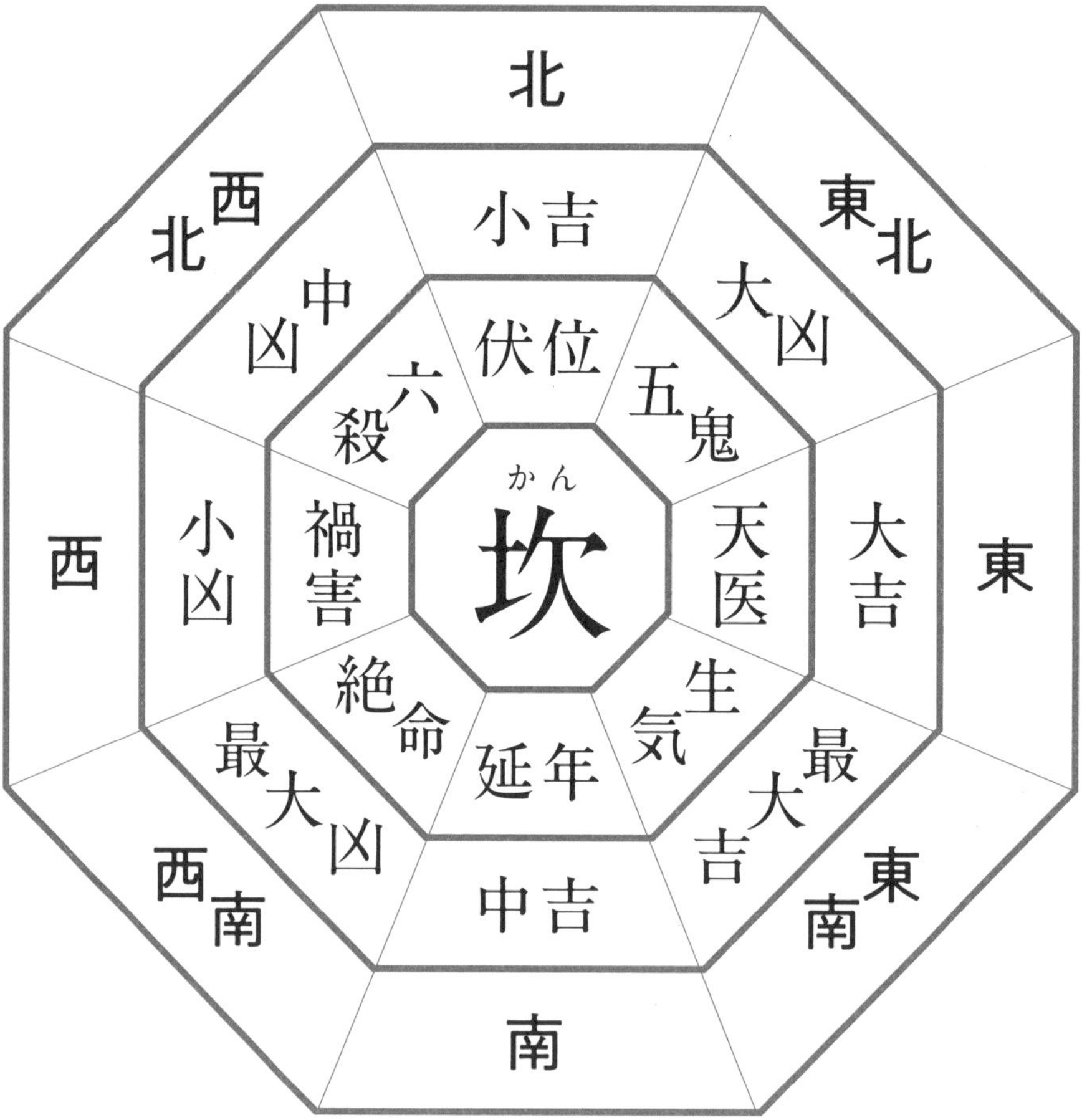

■坎星の運が良くなる間取り図

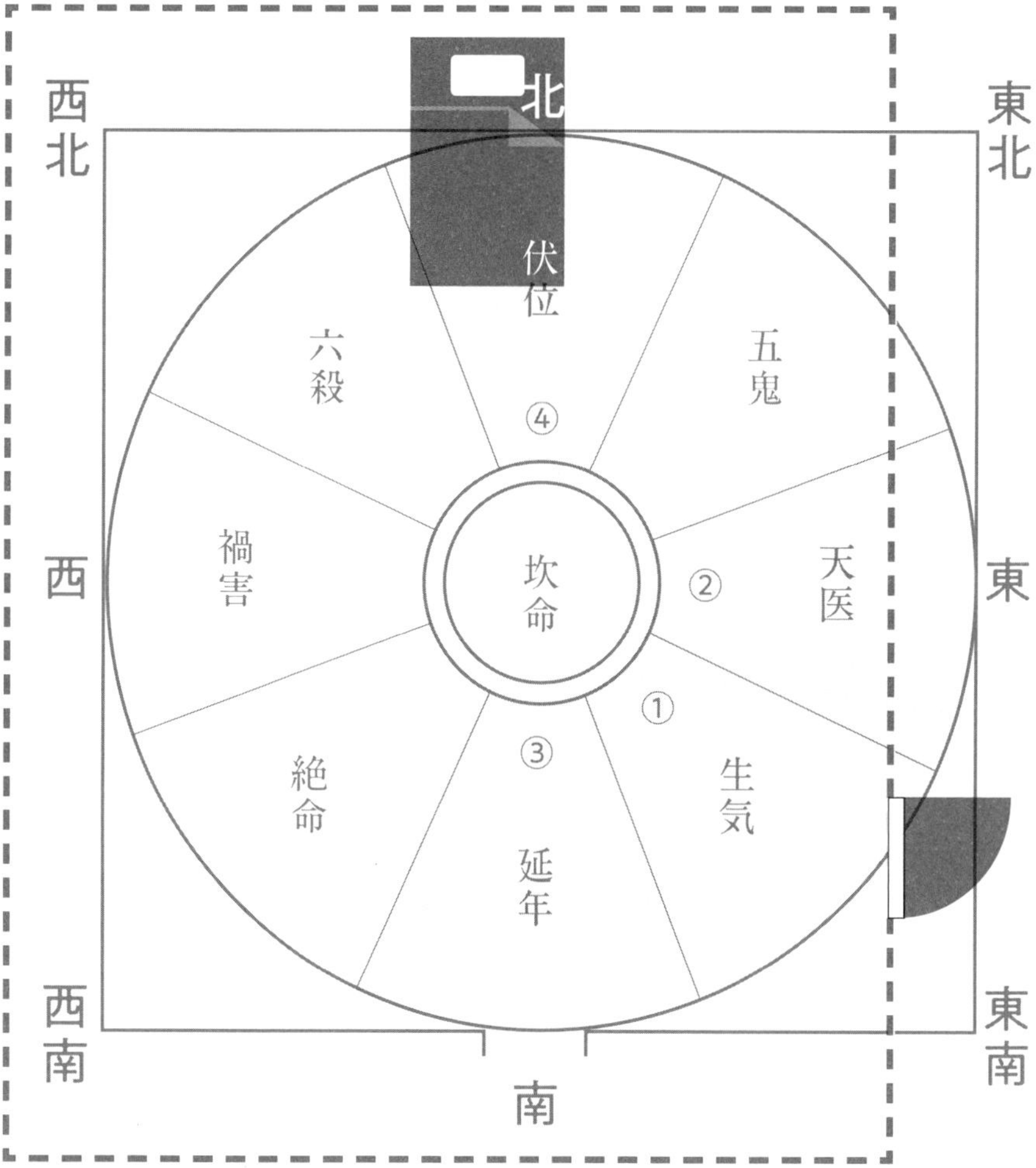

「坎星」のポイント

①東南＝生気②東＝天医③南＝延年④北＝伏位。
生気に玄関を、伏位にベッドを配置することです。

南方位）にあるのが理想的です。家族の繁栄が望める玄関になります。

坎星と一致しない間取りの場合は、対策法がありますので大丈夫です。住んでいる家の玄関が主人の「坎星」と一致しない場合は、玄関マットの色を、藍色か黒色、もしくは灰色にして邪気を祓うようにしてください。

震星の八宅盤の見方

　震星の人の運が良くなるために守ってもらいたいことは2つあります。1つめは、玄関の位置と向きが吉相であること。2つめは、ベッドの位置と枕の向きが吉になることです。これが運を良くするための最低の約束事です。

「震星」①南＝生気　②北＝天医　③東南＝延年　④東＝伏位

生気方位（最大吉）＝生命力・エネルギーをアップさせる働きがあります。
天医方位（大吉）＝健康がアップし、生活のリズムが安定します。
延年方位（中吉）＝人間関係が円滑になります。
　生気に玄関を、伏位にベッドを配置することです。
伏位方位（小吉）＝家族関係が良くなり、家族に対する思いやりや責任感が強くなります。

「震星の人」の運が良くなる間取り図は、76ページの図となります。

玄関が吉＝①生気の南　②延年の東南
ベッドが吉＝寝るときの頭の向きが、吉である①伏位の東　②天医の北になるようベッドを配置。

　玄関は、主人の「震星」の大吉方位の生気（南方位）にあるのが理想的です。家族の繁栄が望める玄関になります。

■震星の八宅盤

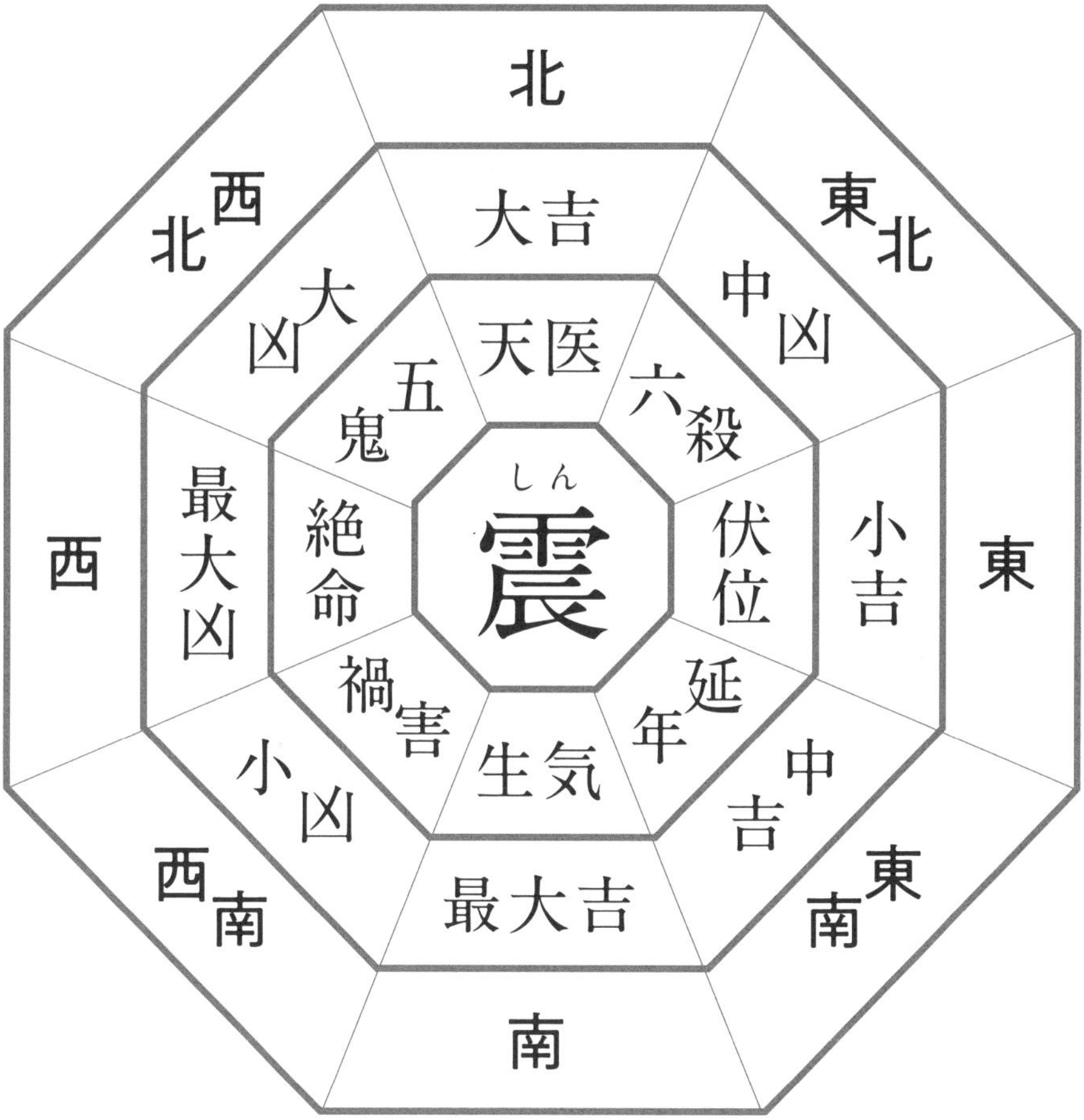

■震星の運が良くなる間取り図

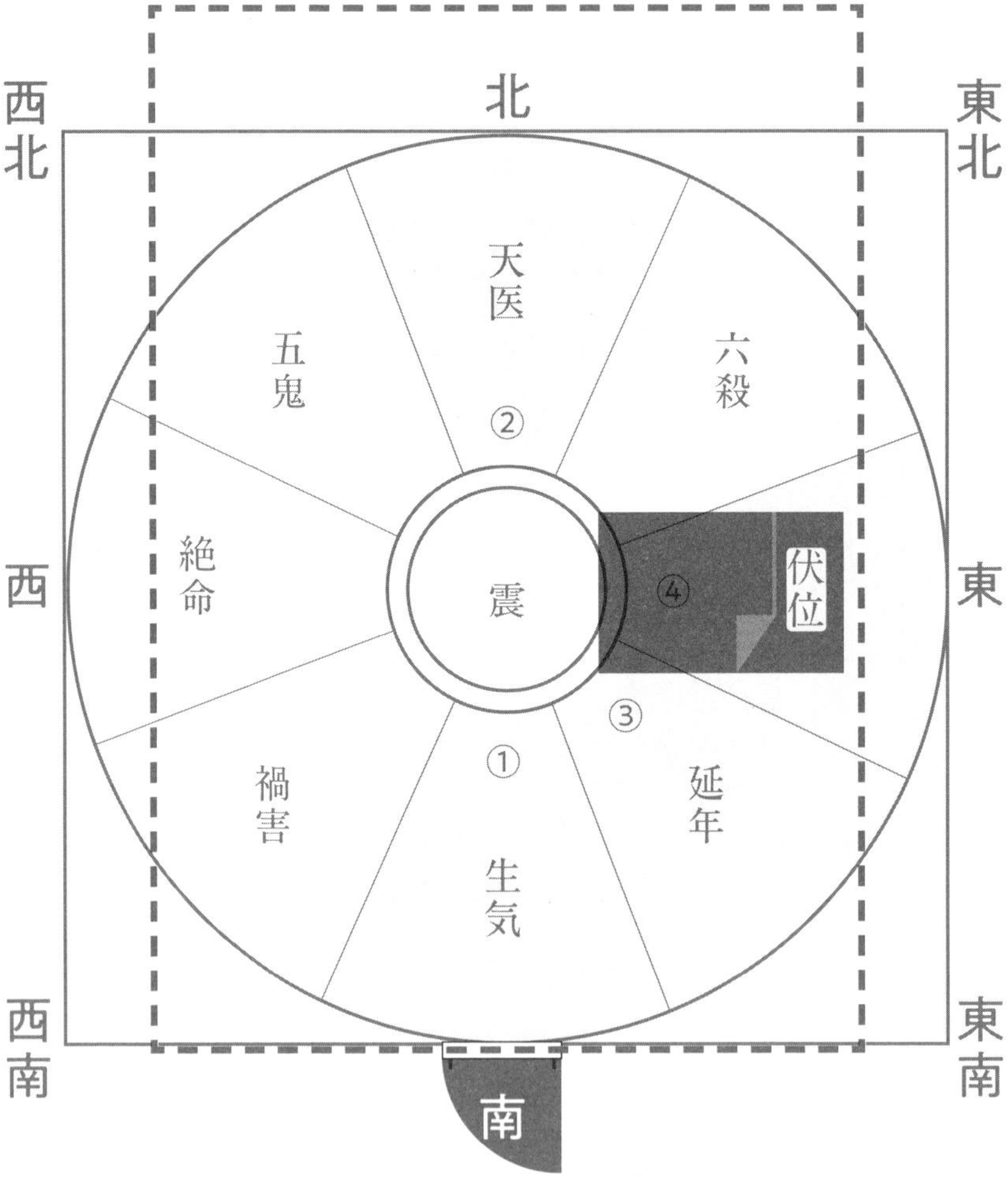

「震星」のポイント

①南＝生気②北＝天医③東南＝延年④東＝伏位。
生気に玄関を、伏位にベッドを配置することです。

震星と一致しない間取りの場合は、対策法がありますので大丈夫です。住んでいる家の玄関が主人の「震星」と一致しない場合は、玄関マットの色を、青色か緑色にして邪気を祓うようにしてください。

巽星の八宅盤の見方

巽星の人の運が良くなるために守ってもらいたいことは2つあります。1つめは、玄関の位置と向きが吉相であること。2つめは、ベッドの位置と枕の向きが吉になることです。これが運を良くするための最低の約束事です。

「巽星」①北＝生気　②南＝天医　③東＝延年　④東南＝伏位

生気方位（最大吉）＝生命力・エネルギーをアップさせる働きがあります。

天医方位（大吉）＝健康がアップし、生活のリズムが安定します。

延年方位（中吉）＝人間関係が円滑になります。

伏位方位（小吉）＝家族関係が良くなり、家族に対する思いやりや責任感が強くなります。

生気に玄関を、伏位にベッドを配置することです。

「巽星の人」の運が良くなる間取り図は、79ページとなります。

玄関が吉＝①生気の北　②延年の東

ベッドが吉＝寝るときの頭の向きが、吉である①伏位の東南　②天医の南になるようベッドを配置。

玄関は、主人の「巽星」の大吉方位の生気（北方位）にあるのが理想的です。家族の繁栄が望める玄関になります。

住んでいる家の玄関が主人の「巽星」と一致しない場合は、玄関マットの色を、緑色か若草色にして邪気を祓うようにしてください。

■巽星の八宅盤

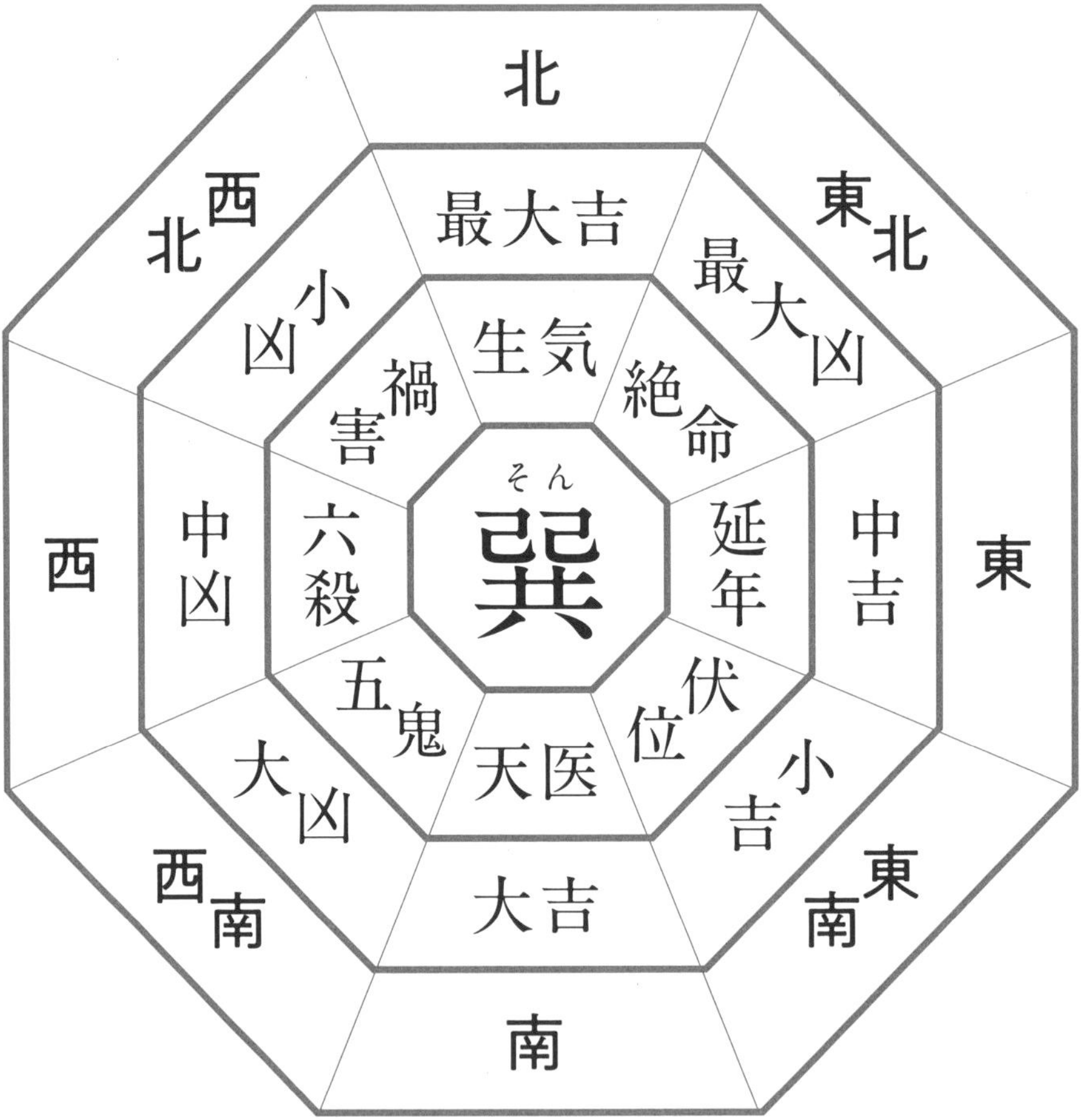

■巽星の運が良くなる間取り図

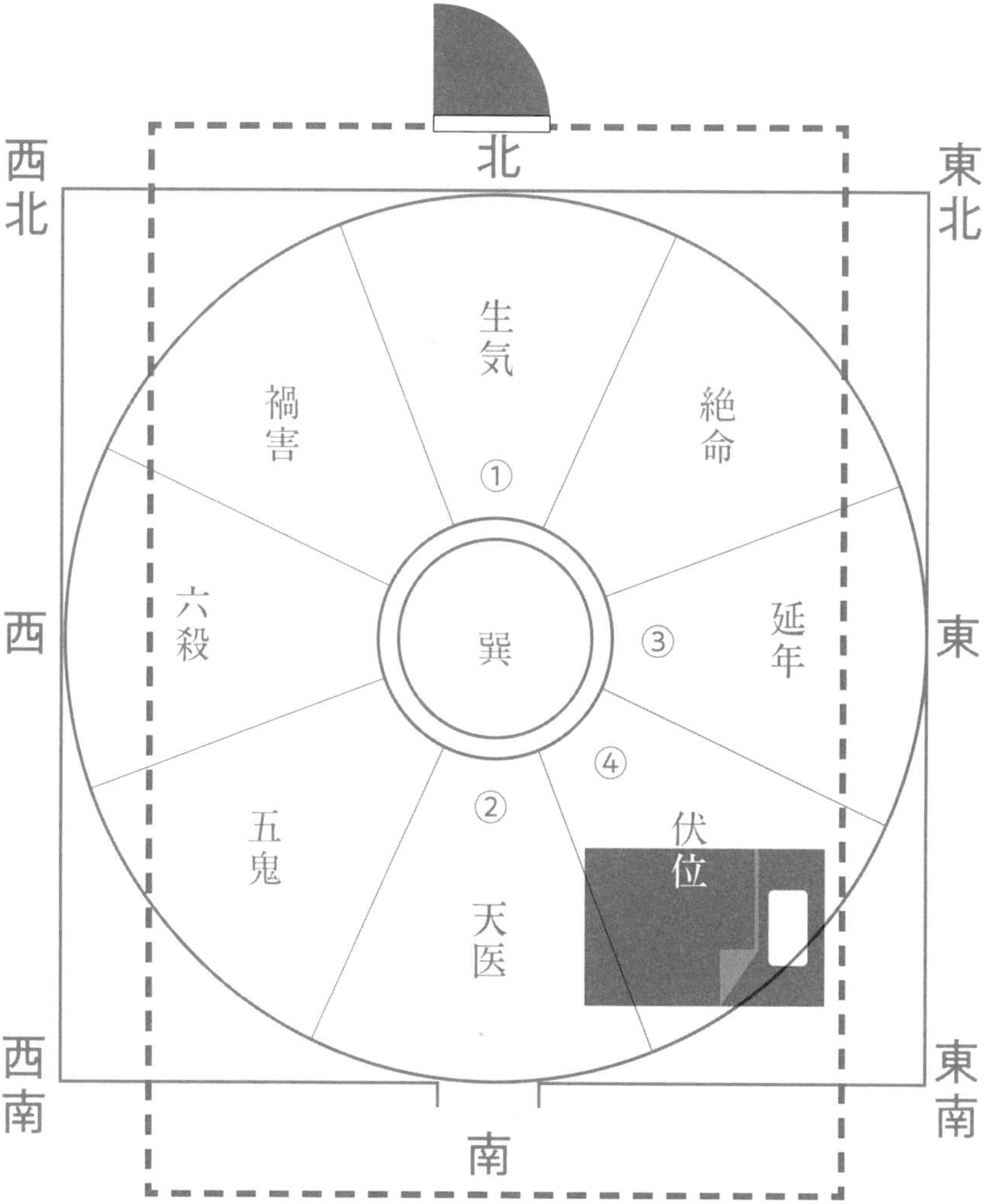

「巽星」のポイント

①北＝生気②南＝天医③東＝延年④東南＝伏位。
生気に玄関を、伏位にベッドを配置することです。

離星の八宅盤の見方

離星の人の運が良くなるために守ってもらいたいことは2つあります。1つめは、玄関の位置と向きが吉相であること。2つめは、ベッドの位置と枕の向きが吉になることです。これが運を良くするための最低の約束事です。

「離星」①東＝生気　②東南＝天医　③北＝延年　④南＝伏位

生気方位（最大吉）＝生命力・エネルギーをアップさせる働きがあります。

天医方位（大吉）＝健康がアップし、生活のリズムが安定します。

延年方位（中吉）＝人間関係が円滑になります。

伏位方位（小吉）＝家族関係が良くなり、家族に対する思いやりや責任感が強くなります。

生気に玄関を、伏位にベッドを配置することです。「離星の人」の運が良くなる間取り図は、82ページとなります。

玄関が吉＝①生気の東　②延年の北

ベッドが吉＝寝るときの頭の向きが、吉である①伏位の南　②天医の東南になるようベッドを配置。

玄関は、主人の「離星」の大吉方位の生気（東方位）にあるのが理想的です。家族の繁栄が望める玄関になります。

離星と一致しない間取りの場合は、対策法がありますので大丈夫です。住んでいる家の玄関が主人の「離星」と一致しない場合は、玄関マットの色を、赤色か紫色にして邪気を祓うようにしてください。

■離星の八宅盤

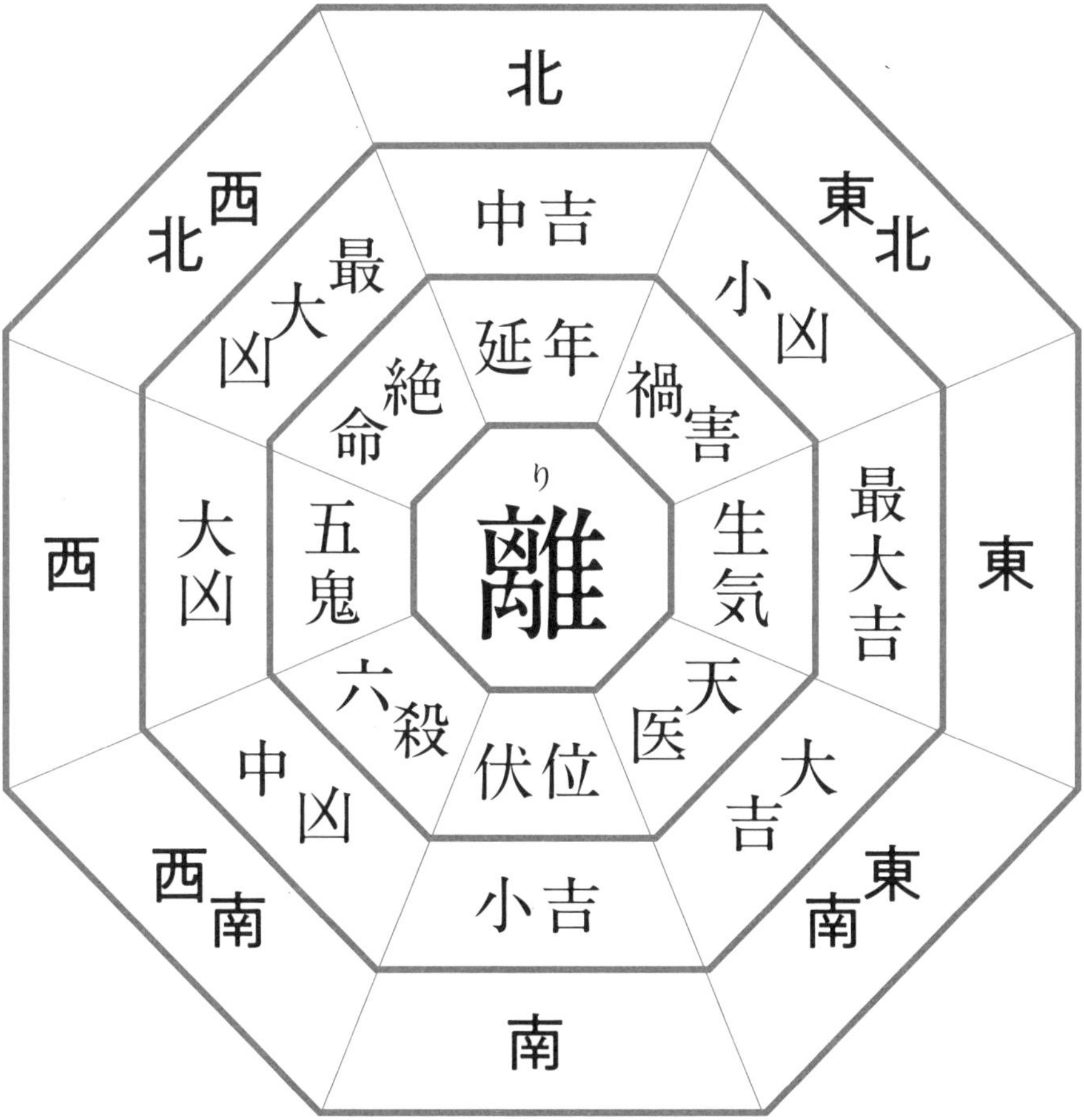

■離星の運が良くなる間取り図

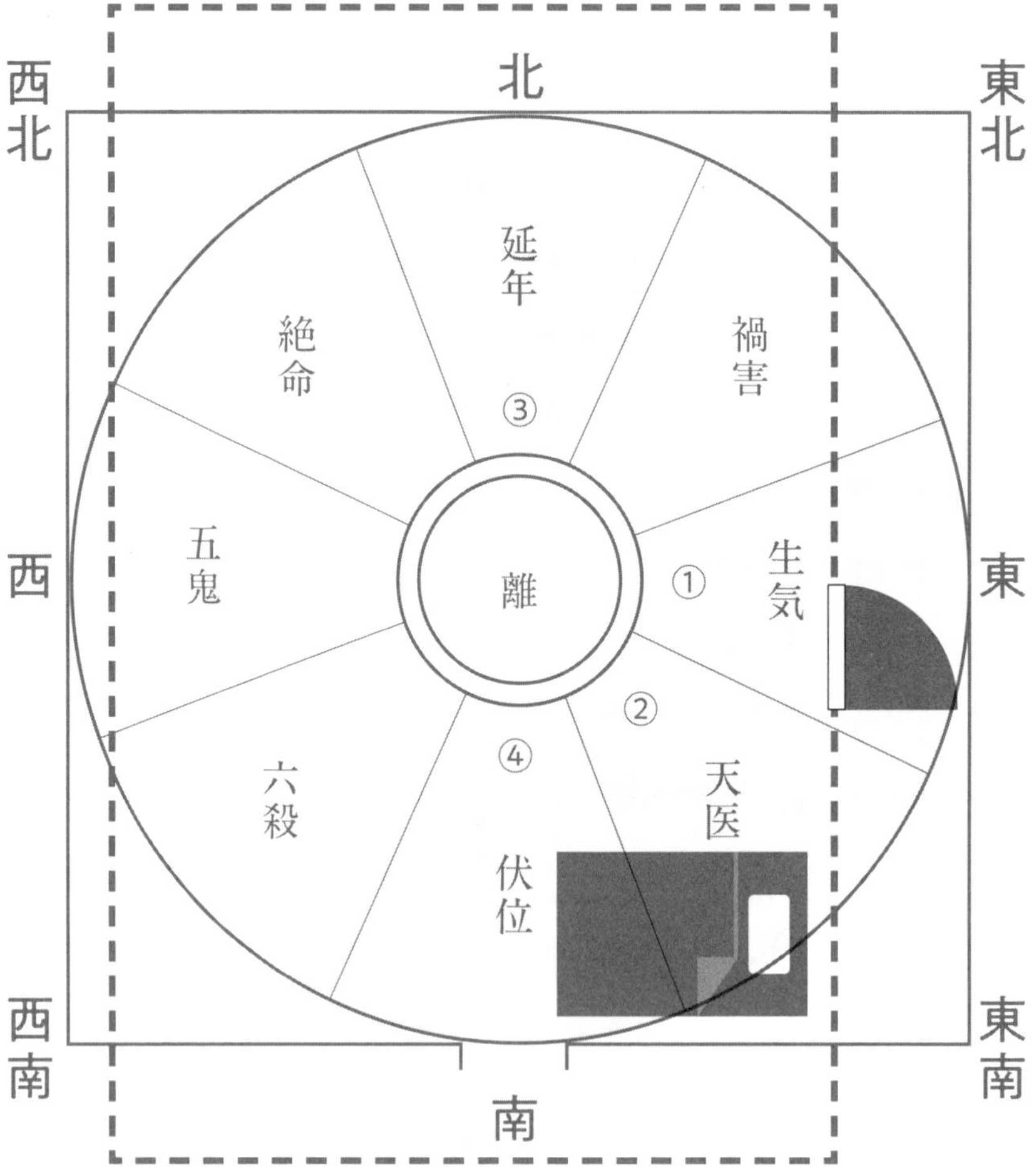

「離星」のポイント

①東＝生気②東南＝天医③北＝延年④南＝伏位。
生気に玄関を、伏位にベッドを配置することです。

3 風水星＝西四命のグループ

1 西四命の八宅盤

坤星の八宅盤の見方

坤星の人の運が良くなるために守ってもらいたいことが2つあります。1つめは、玄関の位置と向きが吉相であること。2つめは、ベッドの位置と枕の向きが吉になることです。これが運を良くするための最低の約束事です。

「坤星」①東北＝生気 ②西＝天医 ③西北＝延年 ④西南＝伏位

生気方位（最大吉）＝生命力・エネルギーをアップさせる働きがあります。

天医方位（大吉）＝健康がアップし、生活のリズムが安定します。

延年方位（中吉）＝人間関係が円滑になります。

伏位方位（小吉）＝家族関係が良くなり、家族に対する思いやりや責任感が強くなります。

生気に玄関を、伏位にベッドを配置することです。

「坤星の人」の運が良くなる間取り図は、85ページとなります。

玄関が吉＝①生気の東北 ②延年の西北

ベッドが吉＝寝るときの頭の向きが、吉である①伏位の西南 ②天医の南になるようベッドを配置。

玄関は、主人の「坤星」の大吉方位の生気（東

■坤星の八宅盤

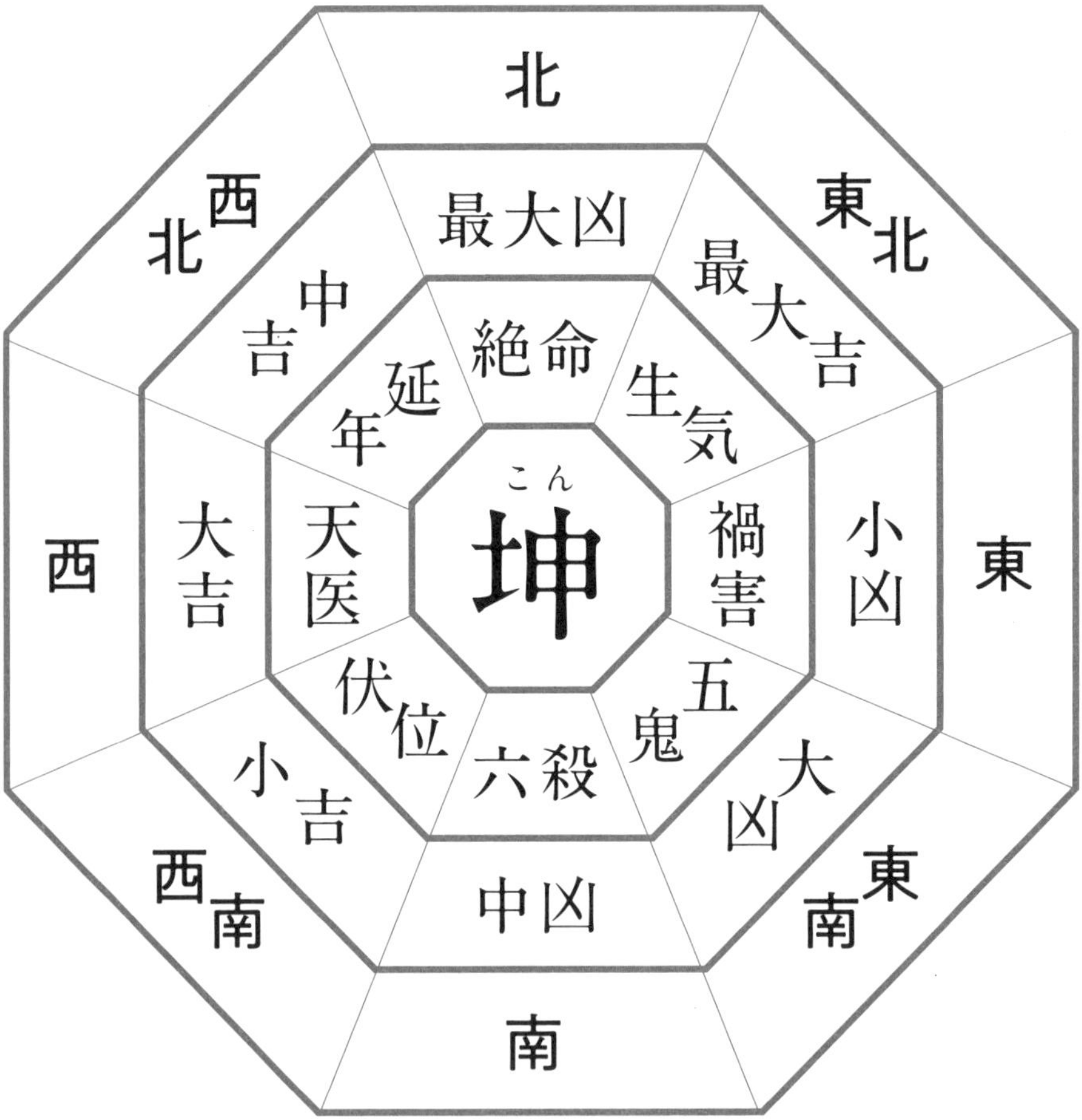

■坤星の運が良くなる間取り図

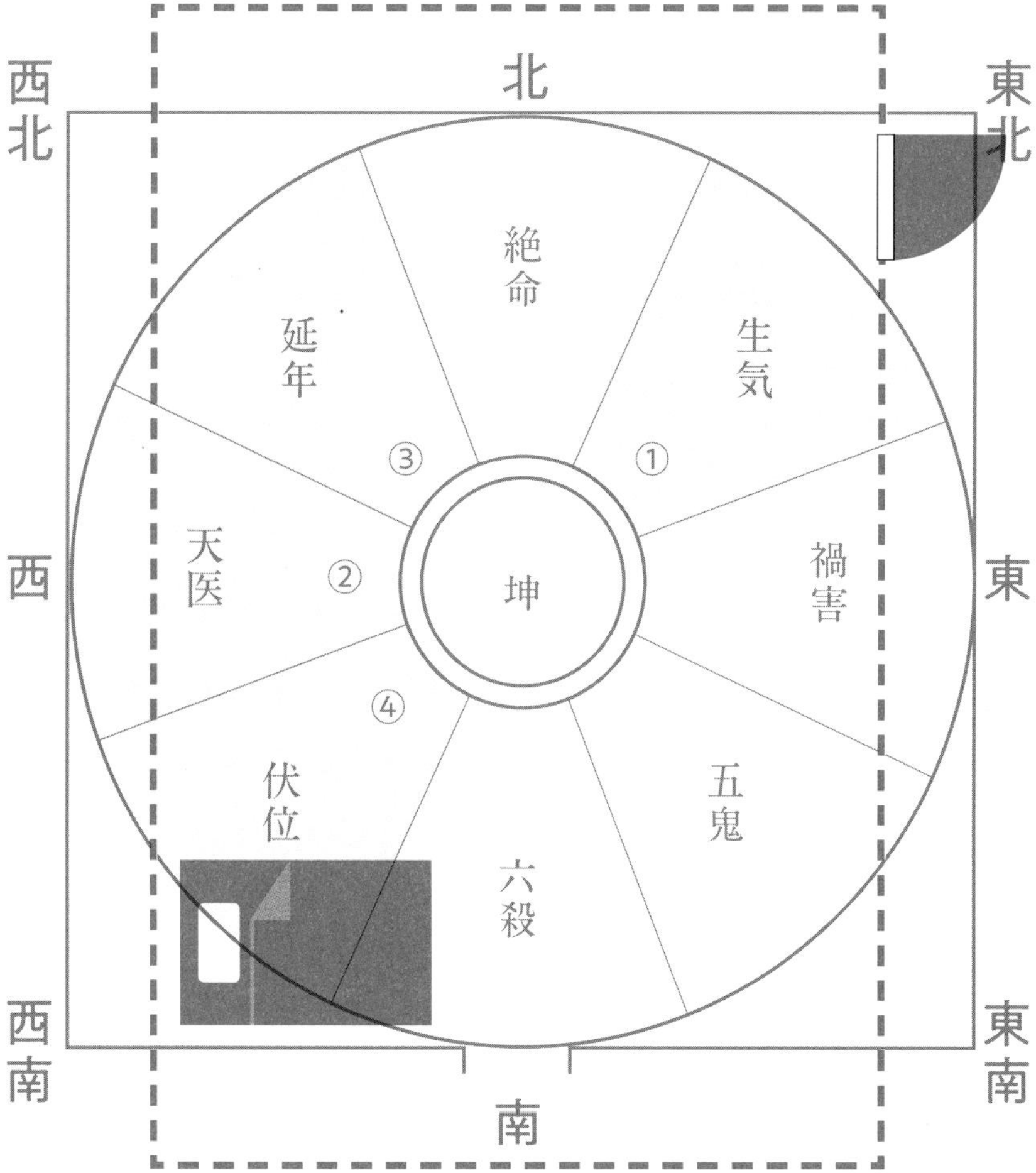

「坤星」のポイント

①東北＝生気②西＝天医③西北＝延年④西南＝伏位。
生気に玄関を、伏位にベッドを配置することです。

北方位）にあるのが理想的です。家族の繁栄が望める玄関になります。

坤星と一致しない間取りの場合は、対策法がありますので大丈夫です。住んでいる家の玄関が主人の「坤星」と一致しない場合は、玄関マットの色を、茶色か黄色にして邪気を祓うようにしてください。

乾星の八宅盤の見方

乾星の人の運が良くなるために守ってもらいたいことが2つあります。1つめは、玄関の位置と向きが吉相であること。2つめは、ベッドの位置と枕の向きが吉になることです。これが運を良くするための最低の約束事です。

「乾星」①西＝生気　②東北＝天医　③西南＝延年　④西北＝伏位

生気方位（最大吉）＝生命力・エネルギーをアップさせる働きがあります。

天医方位（大吉）＝健康がアップし、生活のリズムが安定します。

延年方位（中吉）＝人間関係が円滑になります。

伏位方位（小吉）＝家族関係が良くなり、家族に対する思いやりや責任感が強くなります。

生気に玄関を、伏位にベッドを配置することです。

「乾星の人」の運が良くなる間取り図は、89ページとなります。

玄関が吉＝①生気の西　②天医の東北

ベッドが吉＝寝るときの頭の向きが、吉である①伏位の西北　②天医の東北になるようベッドを配置。

玄関は、主人の「乾星」の大吉方位の生気（西方位）にあるのが理想的です。家族の繁栄が望める玄関になります。

乾星と一致しない間取りの場合は、対策法がありますので大丈夫です。住んでいる家の玄関が主人の「乾星」と一致しない場合は、玄関マットの色を、白色か杏色にして邪気を祓うようにしてください。

兌星の八宅盤の見方

兌星の人の運が良くなるために守ってもらいたいことが2つあります。1つめは、玄関の位置と向きが吉相であること。2つめは、ベッドの位置と枕の向きが吉になることです。これが運を良くするための最低の約束事です。

「兌星」①西北＝生気　②西南＝天医　③東北＝延年　④西＝伏位

生気方位（最大吉）＝生命力・エネルギーをアップさせる働きがあります。

天医方位（大吉）＝健康がアップし、生活のリズムが安定します。

延年方位（中吉）＝人間関係が円滑になります。生気に玄関を、伏位にベッドを配置することです。

伏位方位（小吉）＝家族関係が良くなり、家族に対する思いやりや責任感が強くなります。

「兌星の人」の運が良くなる間取り図は、91ページとなります。

玄関が吉＝①生気の西北　②延年の東北

ベッドが吉＝寝るときの頭の向きが、吉である①伏位の西　②天医の西南になるようベッドを配置。

玄関は、主人の「兌星」の大吉方位の生気（西北方位）にあるのが理想的です。家族の大いなる繁栄が望める玄関になります。

兌星と一致しない間取りの場合は、対策法がありますので大丈夫です。住んでいる家の玄関が主人の「兌星」と一致しない場合は、玄関マットの

■乾星の八宅盤

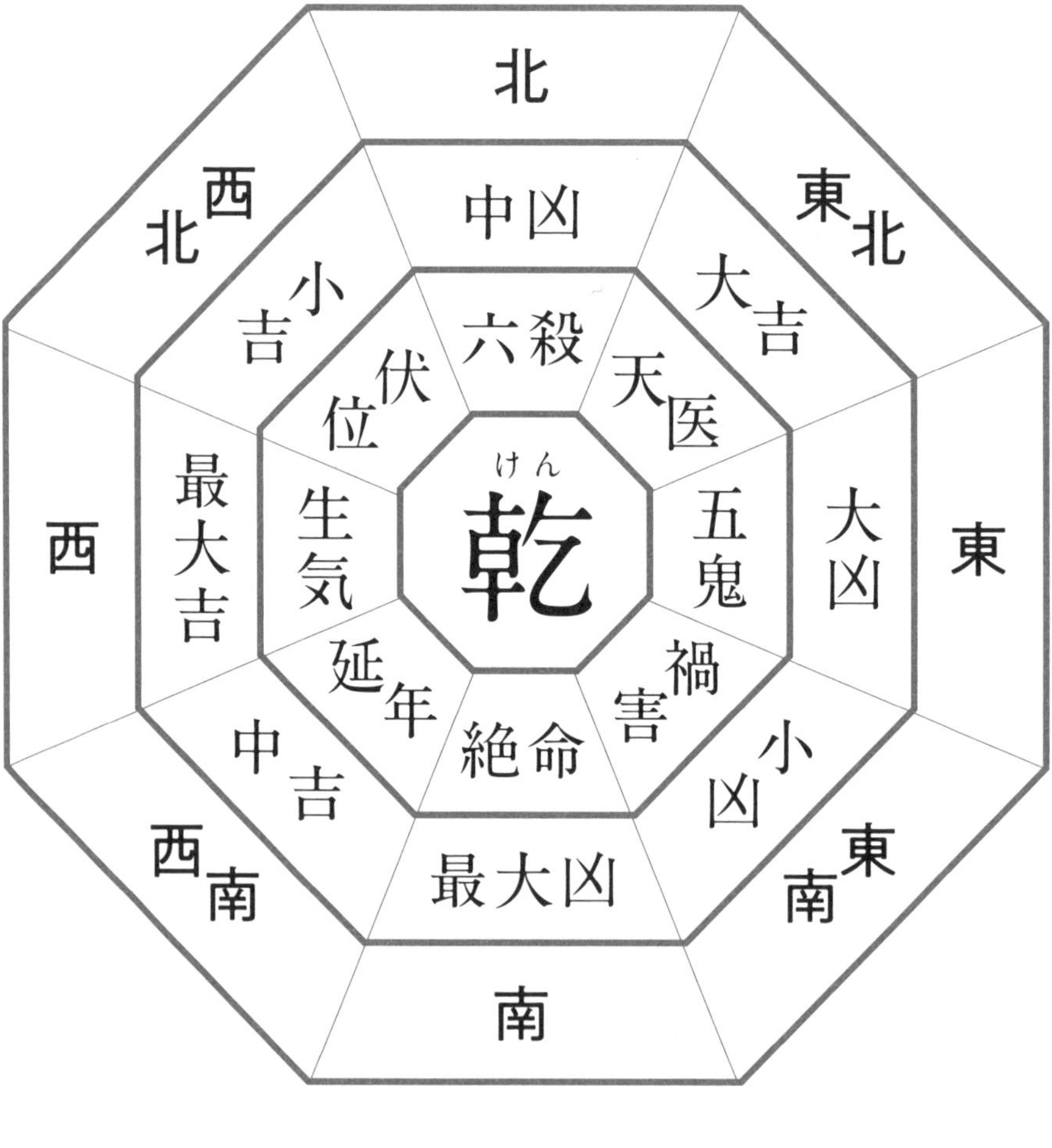

■乾星の運が良くなる間取り図

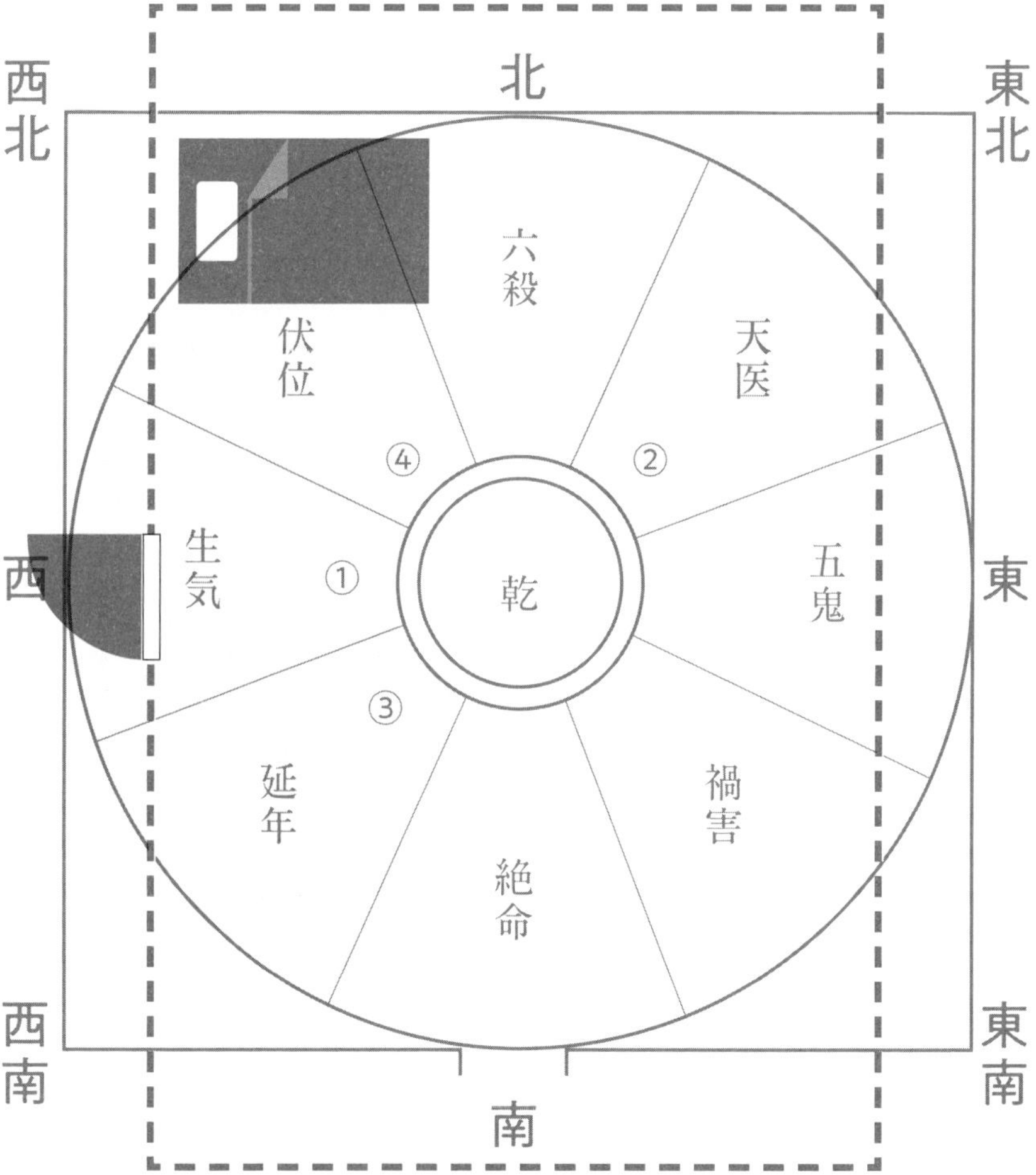

「乾星」のポイント

①西＝生気②東北＝天医③西南＝延年④西北＝伏位。
生気に玄関を、伏位にベッドを配置することです。

■兌星の八宅盤

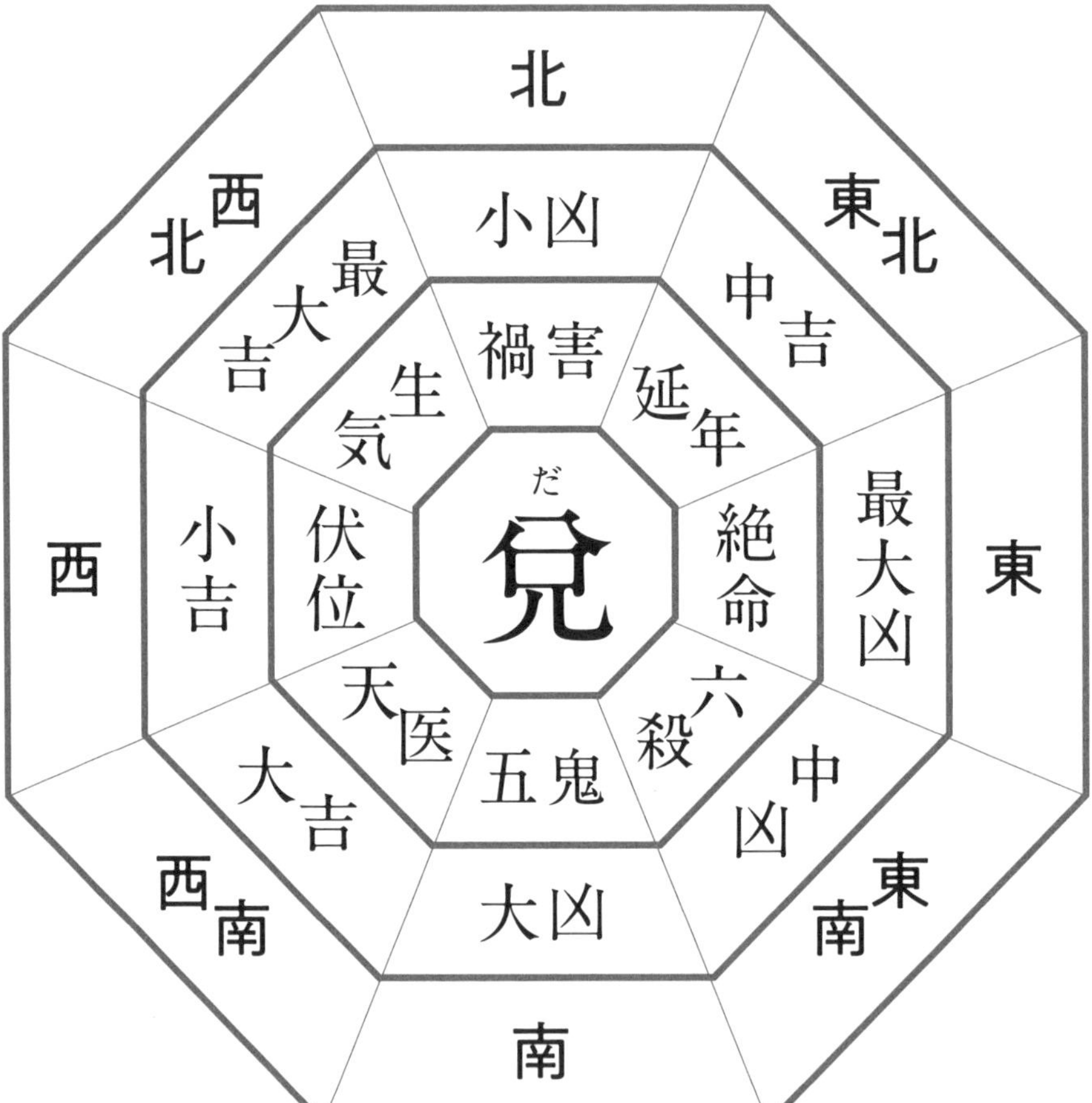

■兌星の運が良くなる間取り図

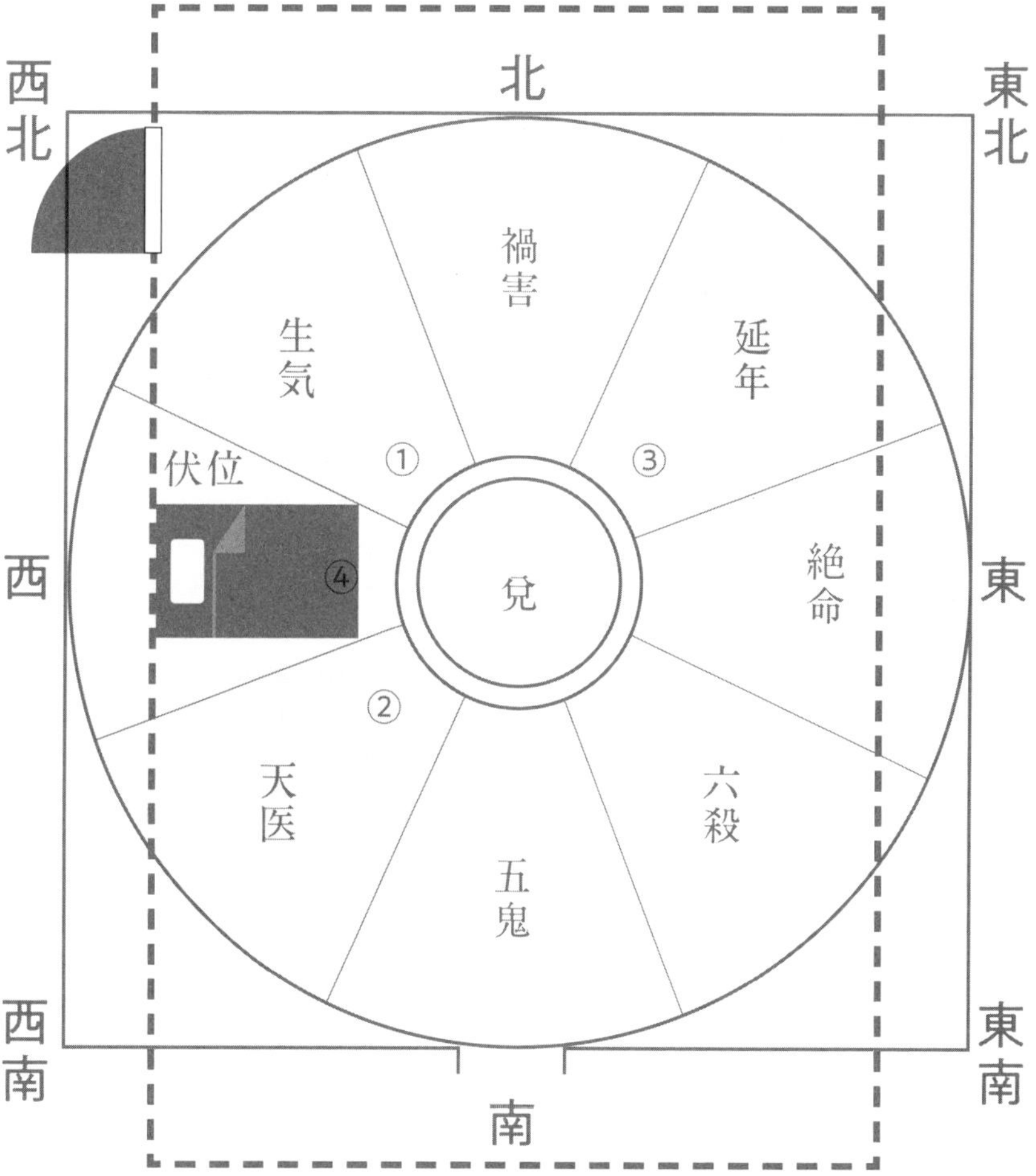

「兌星」のポイント

①西北＝生気②西南＝天医③東北＝延年④西＝伏位。
生気に玄関を、伏位にベッドを配置することです。

色を、白色か金色にして邪気を祓うようにしてください。

艮星の八宅盤の見方

艮星の人の運が良くなるために守ってもらいたいことが2つあります。1つめは、玄関の位置と向きが吉相であること。2つめは、ベッドの位置と枕の向きが吉になることです。これが運を良くするための最低の約束事です。

「艮星」①西南＝生気　②西北＝天医　③西＝延年　④東北＝伏位

生気方位（**最大吉**）＝生命力・エネルギーをアップさせる働きがあります。

天医方位（**大吉**）＝健康がアップし、生活のリズムが安定します。

延年方位（**中吉**）＝人間関係が円滑になります。

生気に玄関を、伏位にベッドを配置することです。

伏位方位（**小吉**）＝家族関係が良くなり、家族に対する思いやりや責任感が強くなります。

「艮星の人」の運が良くなる間取り図は、94ページとなります。

玄関が吉＝①生気の西南　②天医の西北

ベッドが吉＝寝るときの頭の向きが、吉である①伏位の東北　②天医の西北になるようベッドを配置。

玄関は、主人の「艮星」の大吉方位の生気（西南方位）にあるのが理想的です。そうすると家族の繁栄が望める玄関になります。

艮星と一致しない間取りの場合は、対策法がありますので大丈夫です。住んでいる家の玄関が主人の「艮星」と一致しない場合は、玄関マットの色を、黄色か焦げ茶色にして邪気を祓うようにしてください。

■艮星の八宅盤

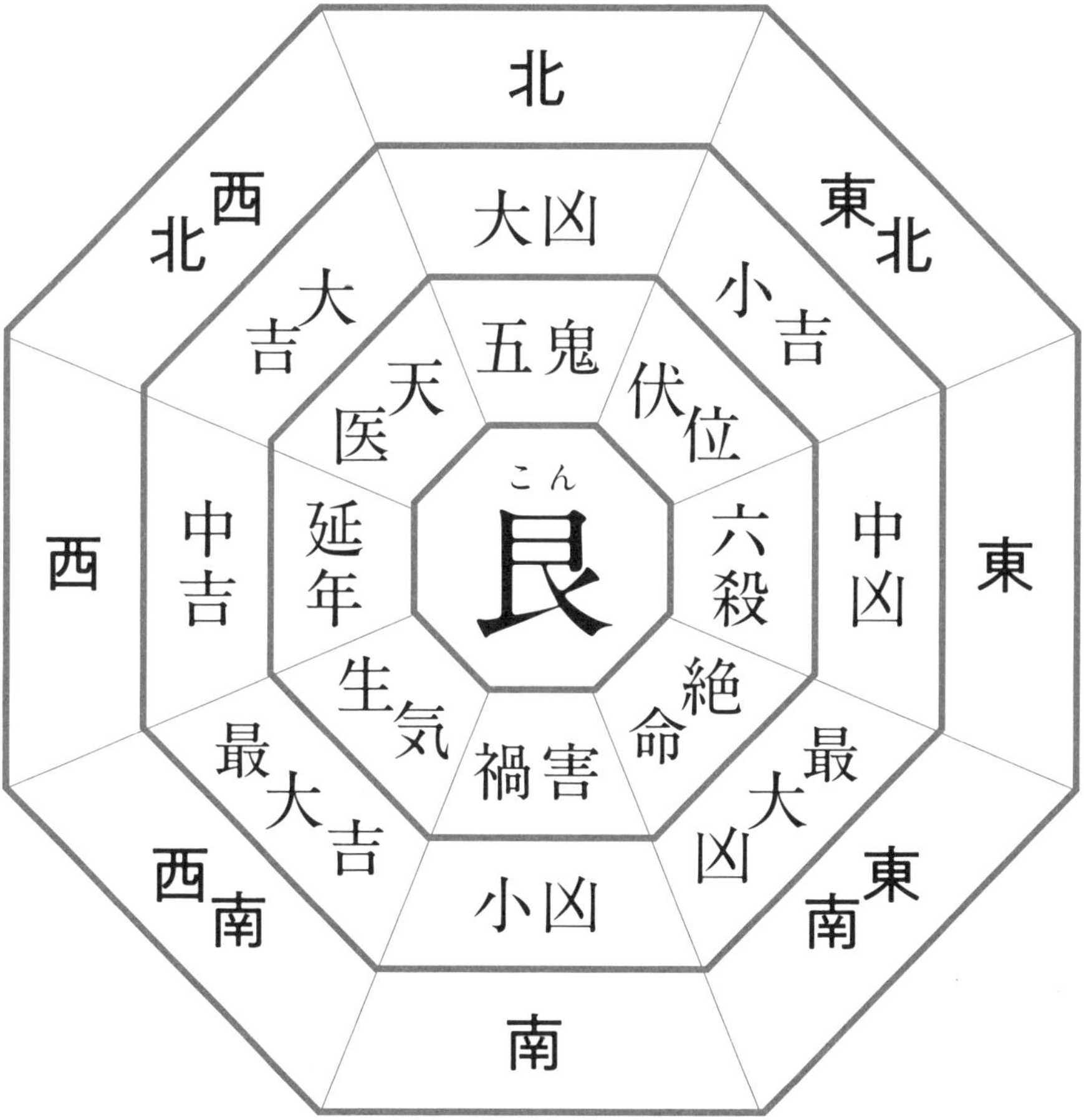

■艮星の運が良くなる間取り図

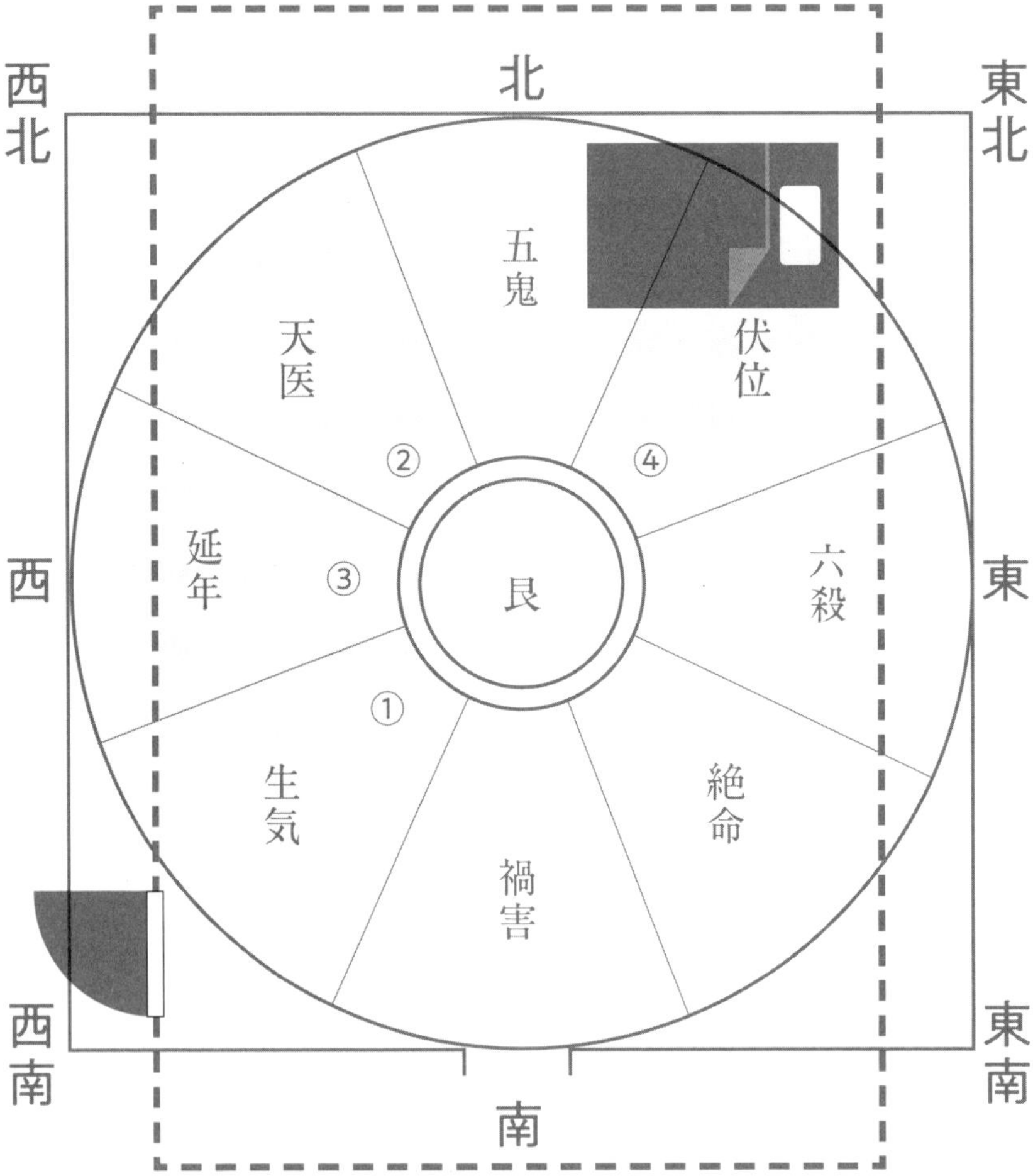

「艮星」のポイント

①西南＝生気②西北＝天医③西＝延年④東北＝伏位。

生気に玄関を、伏位にベッドを配置することです。

第4章

間取りにも吉と凶がある

1 おろそかにできない間取りの吉凶

1 間取りの配置による吉凶

吉相でも間取りが悪ければ禍を受ける

家相を知らない人でも「巽の玄関に、乾の蔵」「北のトイレは大凶」といった家相に関する言い伝えは聞いたことがあると思います。

このように、家相には建物の形だけでなく、間取りにも吉凶があります。

たとえば建物に「欠け」がなく、小さな「張り」が東南と西北の幸福線上にある吉相の家であっても、間取りが悪ければ禍を受けることになります。

間取りの配置による吉凶は、健康面に大きな影響を与えます。建物の形も大切ですが、間取りもおろそかにはできません。

まずは「欠け」のない家にすることです。

そして、間取りにも気を使って吉相になるようにしましょう。

本書は、マンション住まいの方にも活用していただきたいので、環境学を重視した風水学の技法も取り入れていきます。

マンションの場合は、間取りを簡単に変えるわけにはいきませんので、家具の配置や自分の生まれ星の基本色を活用して幸運を呼び込みます。

くわしいことは「部屋の模様替え」の項（204ページ）を参考にしてください。

2 部屋の広さと吉凶の関係

1 大きな家に少人数は凶相

広い家だからこそ陽気が減少する理由

日本最古の家相本の1つである『実地経験家相極秘伝』（木村茂市郎著）に「宅大にして住む人少なきは、しだいに貧窮（ひんきゅう）になる相となせり」とあるように、住む人が少ないと陽気が乏しくなって、だんだんと活力がなくなり、次第に衰退していってしまいます。このことは現代にも当てはまることです。

家が必要以上に広いことで考えられるいちばんのデメリットは、維持費がかかりすぎることです。広すぎる家だと当然使わない部屋が出てきます。家は使わないと傷みやすくなるので、きれいに維持するためには管理費や修理費がかかります。

空き部屋は、使わなければいつまでも新しいままと思い込んでいる人がいるかもしれませんが、使わない部屋は日光の不足や通気の悪さから湿気が溜まり、通常に使っているよりも傷みが早いと言われています。

広い家は住む人の不安の種になる

次に考えられることは、掃除を主とした家事の負担が重くなることです。以前専門家が、住宅管理の実状を調べたことがあるそうです。実験では、

18坪〜38坪（59・5㎡〜125・6㎡）があまり負担のかからない面積という結果になったとのことです。

家事労働のなかでもいちばんの負担が掃除になっていますから、家を建てるときには掃除などの手間も頭に入れておく必要があるでしょう。

必要以上に広い家は、住む人の不安をも掻き立てます。広い家のなかにポツンと1人でいたら誰でもが不安感に襲われます。

このように、昔から言われている格言の中には理に叶ったものが多くありますので、現代でも当てはまるものは活用しましょう。

2 小さな家に大勢は吉相

陽気に満ちあふれいずれ裕福になる

前述の『家相極秘伝』には小さな家についての格言もあります。「宅小に住む人多きは、漸次富貴繁昌の相なり」とあり、広すぎる家の反対を考えれば、納得できることと思います。

家が小さくて家族が多いと「陽気」に満ちあふれていますから、生気も活力も盛んになり、次第に発展して裕福になっていきます。

狭いところで生活していると、のんびりしている人も周囲の活力に刺激されて「やるぞー」という気持ちになってきます。

また、狭い所に住んでいると、広い家に住みたくなるものです。お金持ちになりたいという欲も出てきます。

この欲や不満が活力となって、成長発展していくわけです。

3 家相で見る理想的な広さの求め方

夫婦の基本スペースには50㎡

家相から見た理想的な住まいの広さの決め方には、２つの方法があります。

１つめは、夫婦を基準にして、子どもが１人増えるごとに広くしていく加算方法です。

まず、夫婦の基本スペースとして50㎡、これに学齢期前の子どもが１人増えるごとに10㎡を加えていきます。子どもが成長して小中学生になったら、15㎡を加算していきます。

高校生や大学生になると１部屋（20㎡）が必要になるでしょう。両親と同居となると、もう２部屋（20㎡）増えることになります。

２つめの方法は、家族全員の満年齢をプラスした数を平方メートルにする方法です。

夫が40歳＋妻が35歳＋子供２人（10歳＋７歳）＝92歳の場合は、92㎡の広さが必要だということになります。

これが快適な生活をするための条件になります。

3 間取りの吉凶診断

1 神棚《かみだな》

神棚は宗教とは無関係

「東四命（坎星・震星・巽星・離星）の人」が、神棚を設置する際は、北を背にして南向きに設けるのが定位置です。

高さは、鴨居より上に設置するようにしましょう。

「西四命（坤星・乾星・兌星・艮星）の人」が、神棚を設置するときは、西北を背にして東南向きに設けてください。

そもそも、神棚とは家の中で神様をおまつりする特別な場所、または神社で受けたお神札《ふだ》をおまつりする神聖な場所のことを言います。宗教的な意味合いはありません。

「うちは神道ではないので神棚はありません」と言う方もいますが、家の神棚はその家の家族の暮らしを守る神様をおまつりする場所であって、宗教とはまったく関係ありません。

朝夕に神仏へ手を合わせることで、神様の恵みに感謝する心を養い、優しさや思いやりの心を育むことができる唯一の場所になります。

最近は神棚のない家が多くなりましたが、神社で受けたお神札や破魔矢《はまや》を気持ちよくおまつりするためにも、家を新築した場合は神棚の場所を設けるようにしましょう。

■「東四命」の神棚の理想的な配置

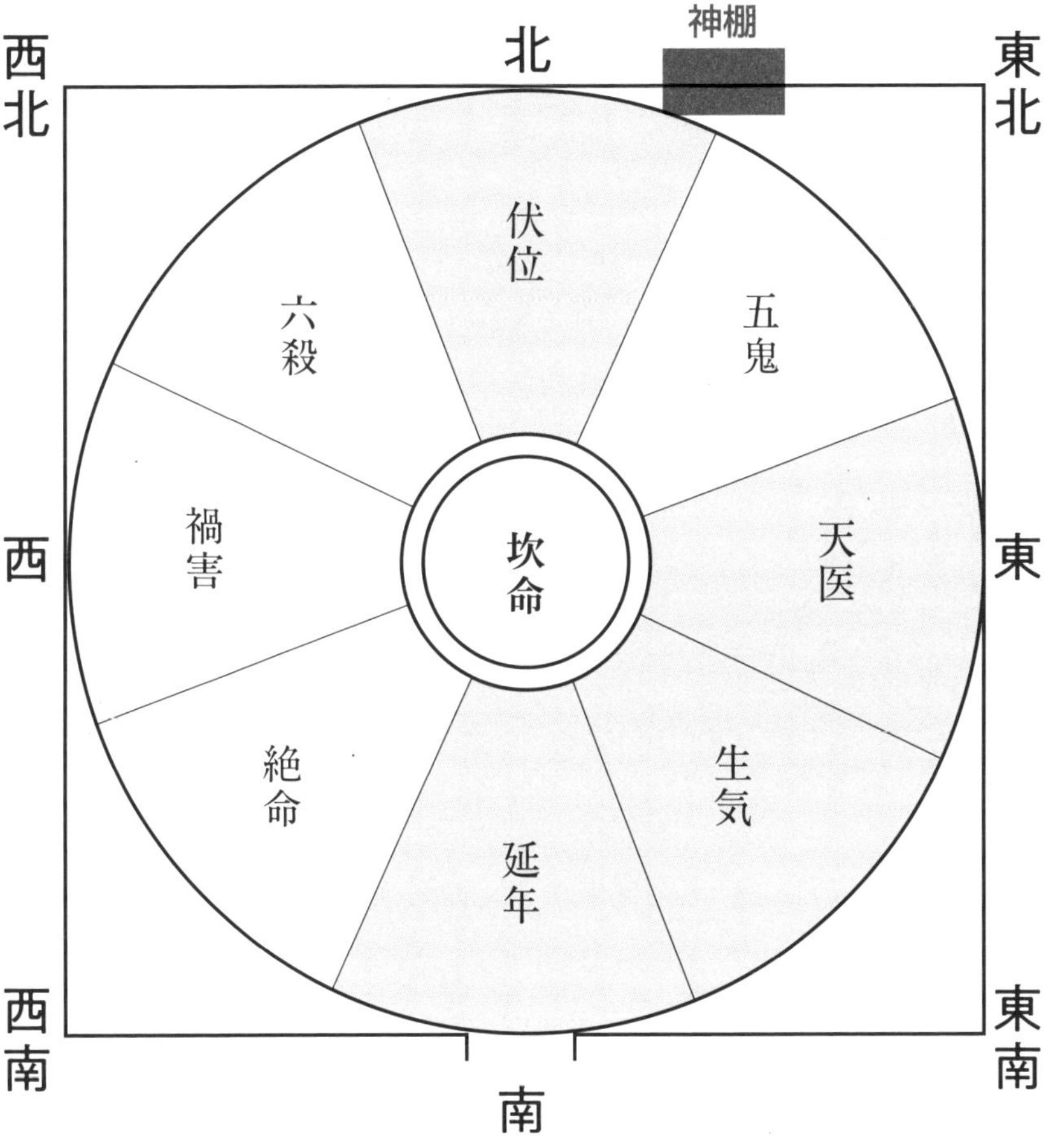

■「西四命」の神棚の理想的な配置

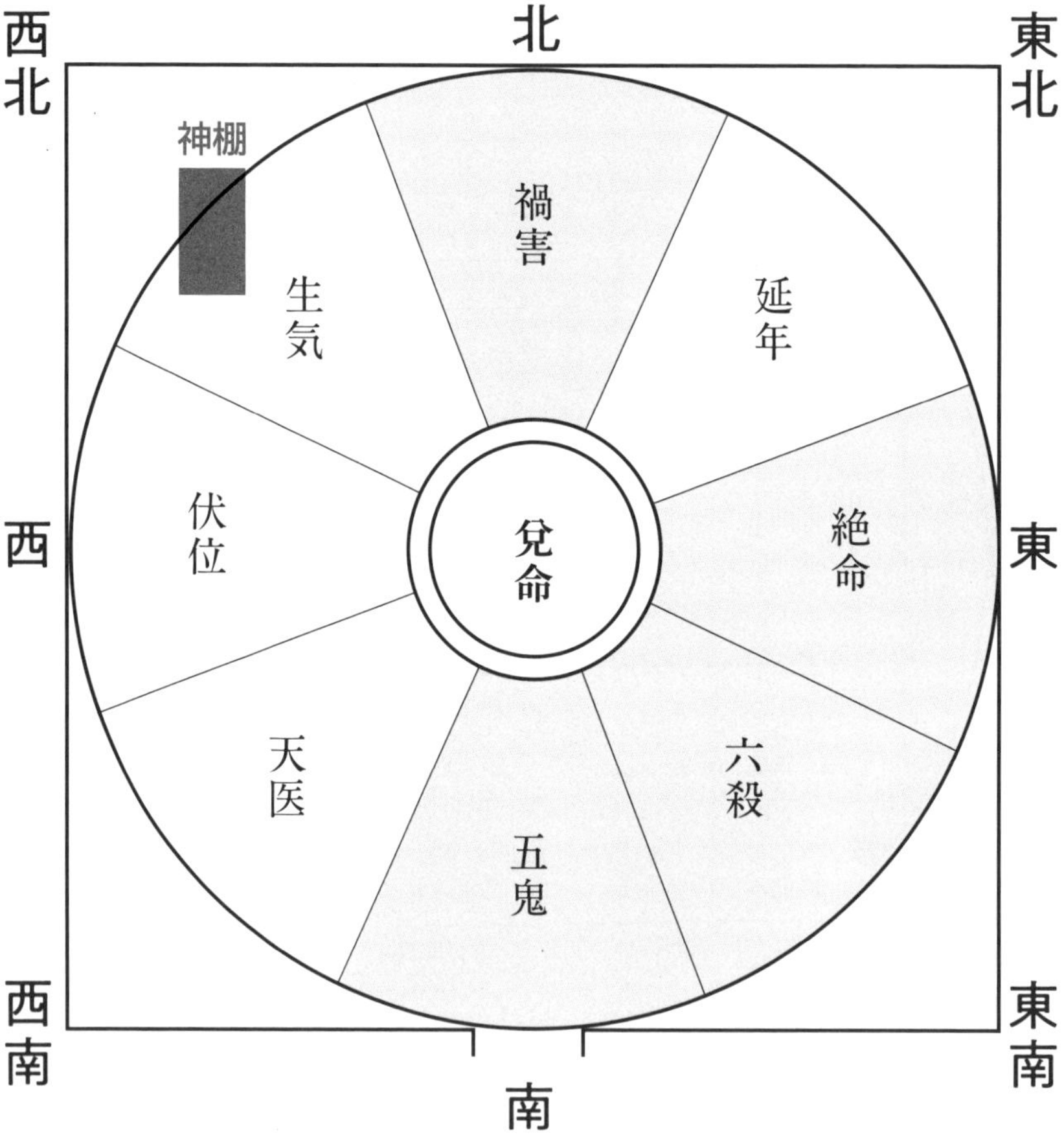

2

仏壇

家族の目線と同じ高さに

仏壇は神棚と違って先祖の霊を安置し、朝夕に香華を供えて手を合わせる場所になりますから、応接間や家族の出入りが少ない場所は避けてください。

むしろ、家族と身近に接することができる場所、家族が集まる居間に設けるのが良いと言われています。

そして、仏壇は家族の目線と同じ高さになるような位置関係に置くのが良いと言われています。

仏壇の設置場所は、居間の中心から見て東西南北を出し、西を背にして東向きに置ける場所を見つけてください。

「東四命（坎星・震星・巽星・離星）の人」も「西四命（坤星・乾星・兌星・艮星）の人」も同じく西を背にして東向きに置いてください（104ページの図）。

仏壇はお参りする側の目線に合わせて高さを決めます。

椅子に腰かけてお参りする場合と正座でお参りするときでは目線の高さが違いますから調整してください。

■「東四命・西四命」の仏壇の理想的な配置

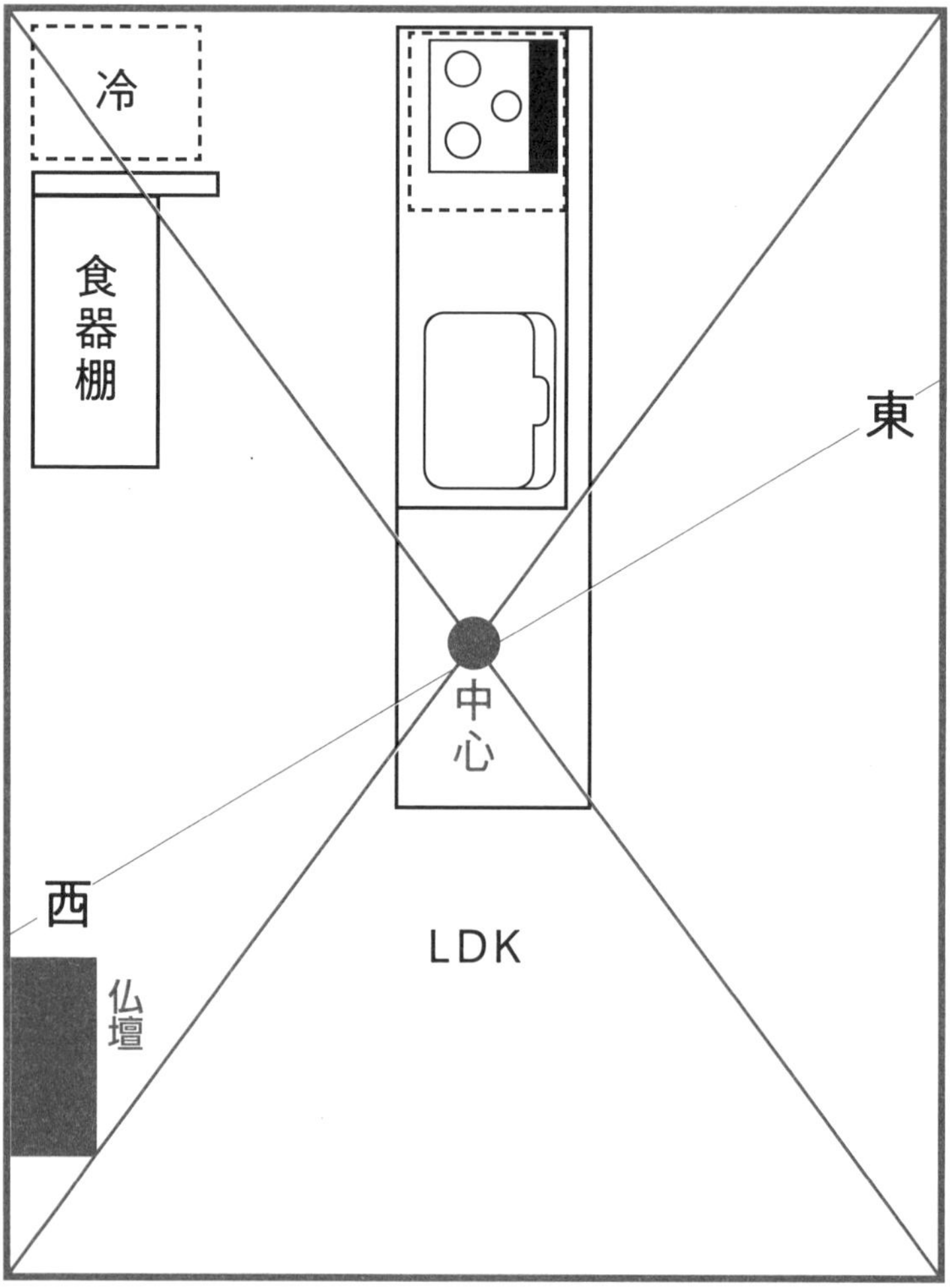

家具の配置は1つの例です。

3 寝室

「東四命（坎星・震星・巽星・離星）の人」は「東四床」（107ページから）に、「西四命（坤星・乾星・兌星・艮星）の人」は「西四床」（111ページから）に寝るようにすると、ぐっすり眠れて目覚めもすっきりと目覚めることができます。

したがって、一日を快適に過ごすことができます。

ここで言うベッドの位置は、睡眠時の頭の向きが吉になることが条件です。

頭の向きによる効果

頭の向きは、星別によって「4つの方位」に分かれます。

以下は「東四命」・「西四命」両方の人に当てはまりますから、自分の四命に従って頭の向きを決めます。

質のいい睡眠をとりたい場合

「伏位」の方向に頭を向けて寝ると快眠できます。

病気や体調の良くない場合

「天医」の方向に頭を向けて寝ると回復が早くなります。

子どもを望む夫婦の場合

「生気」の方向に頭を向けて寝ると望みが叶えられると言われています。

コミュニケーション力をアップしたい、人間関係を良くしたい場合

「延年」の方向に頭を向けて寝ると周囲の人と仲良くなります。

寝るときの頭の向きは、10分以内に眠りに入り、朝の目覚めがすっきりする感じが最適な方角になります。

ベッドの位置と頭の向きについて、間違いやすいので説明しておきましょう。

ベッドの位置とは、睡眠時に「頭が向く方角」になります。

図Aの頭の向きは東向きとなります。

図Bの頭の向きは西向きとなります。

頭の向き

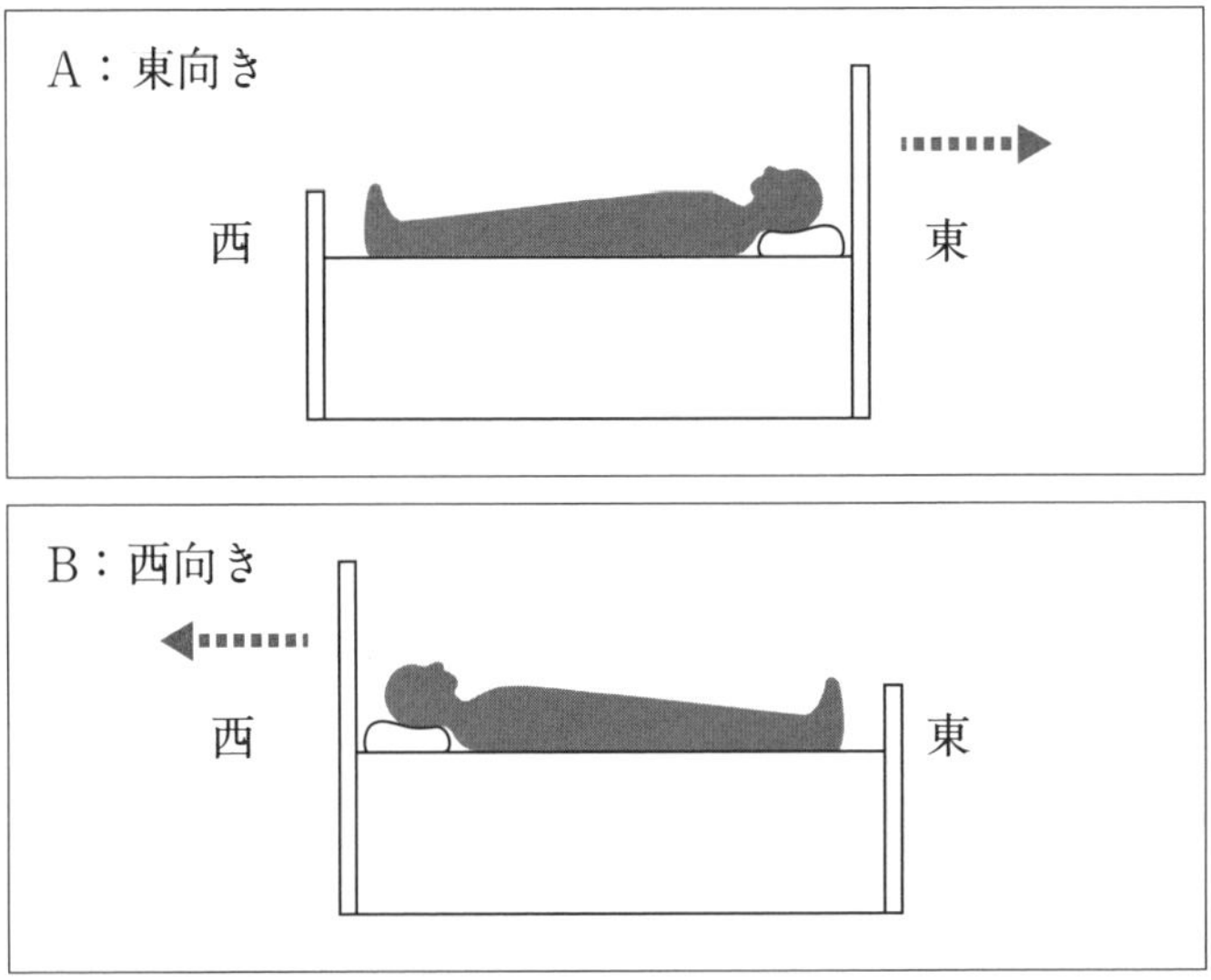

頭の向きの測り方は、
方角に直角になるように行なってください。

■坎星の東四床

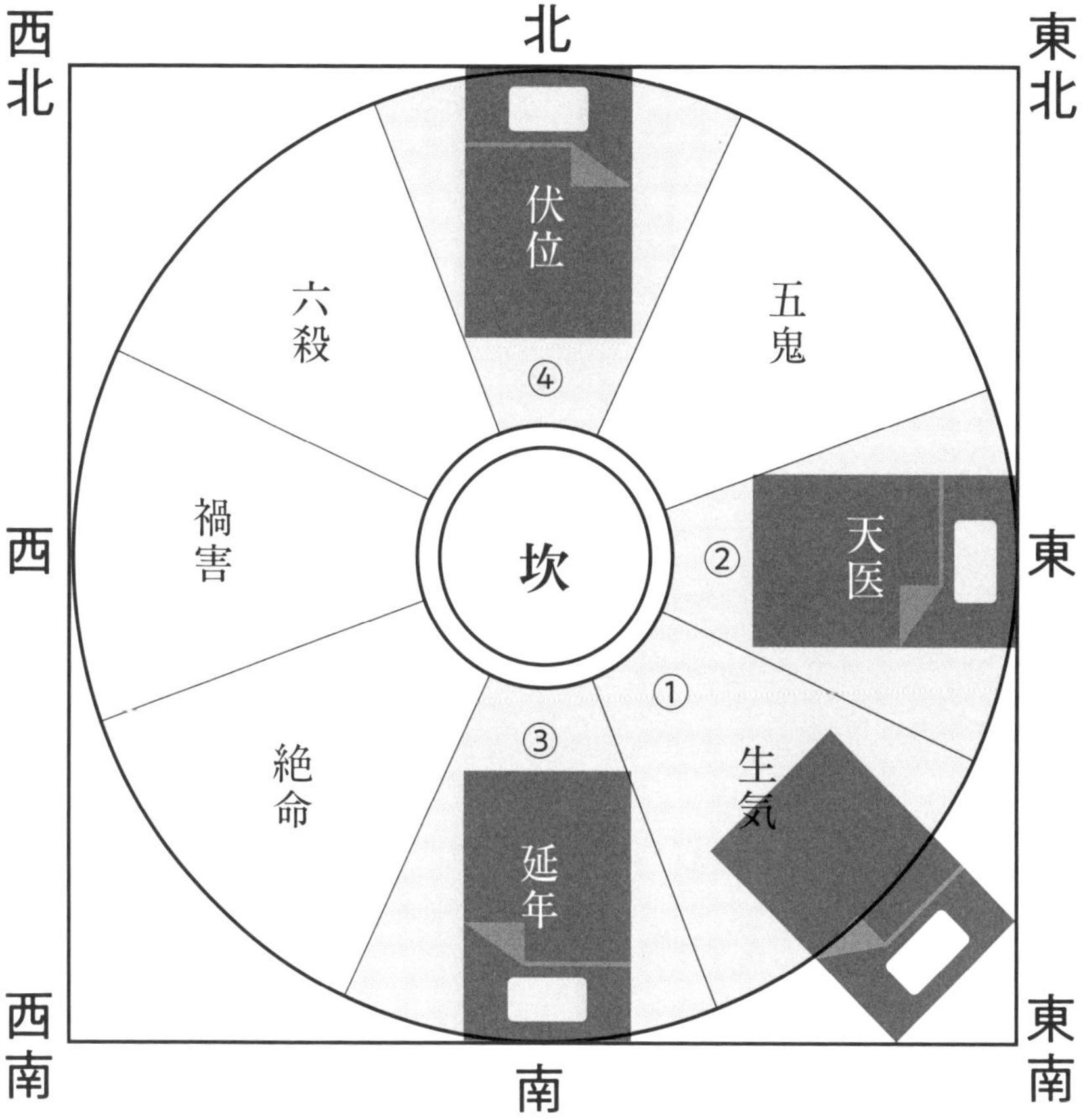

■震星の東四床

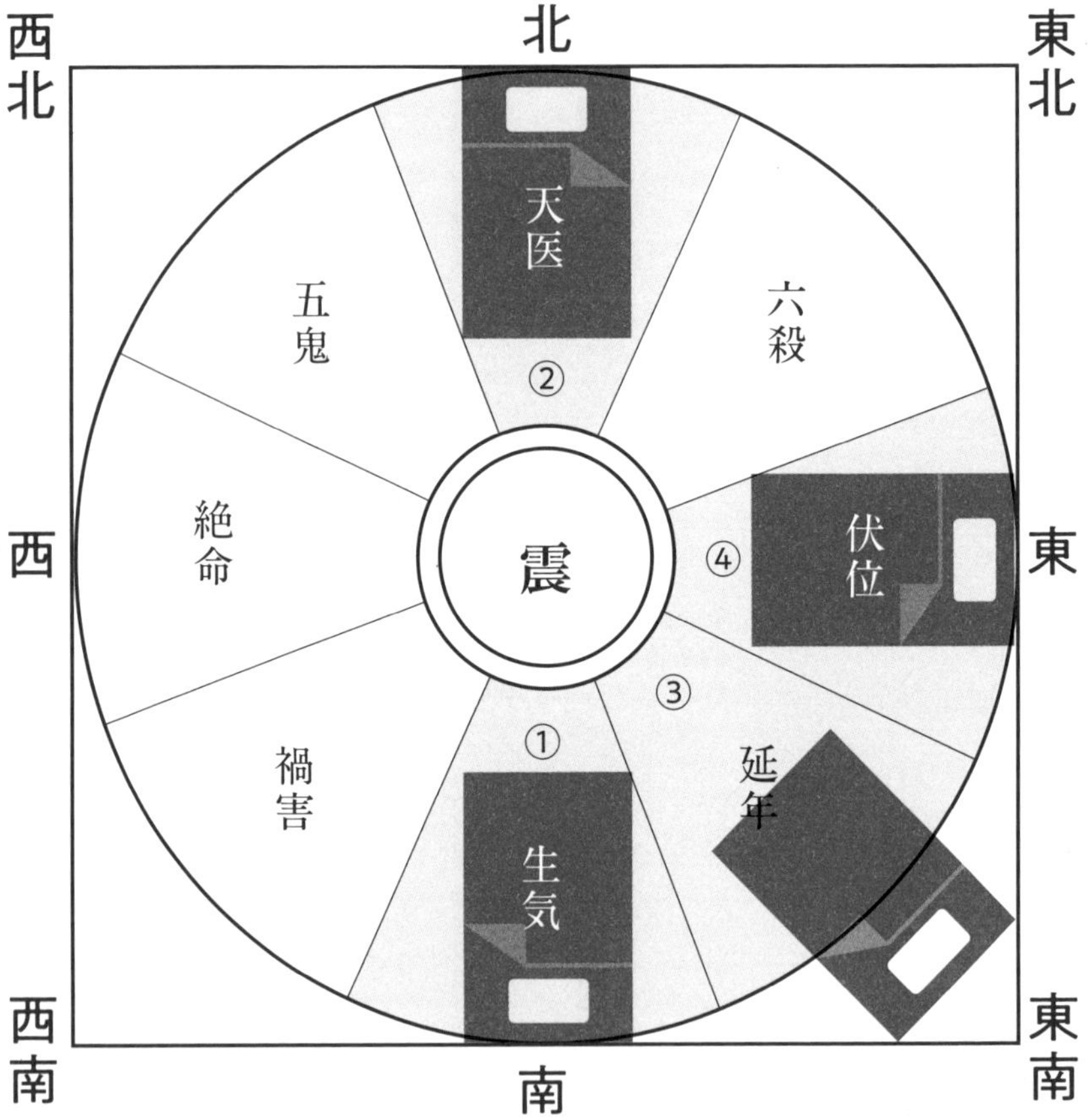

■巽星の東四床

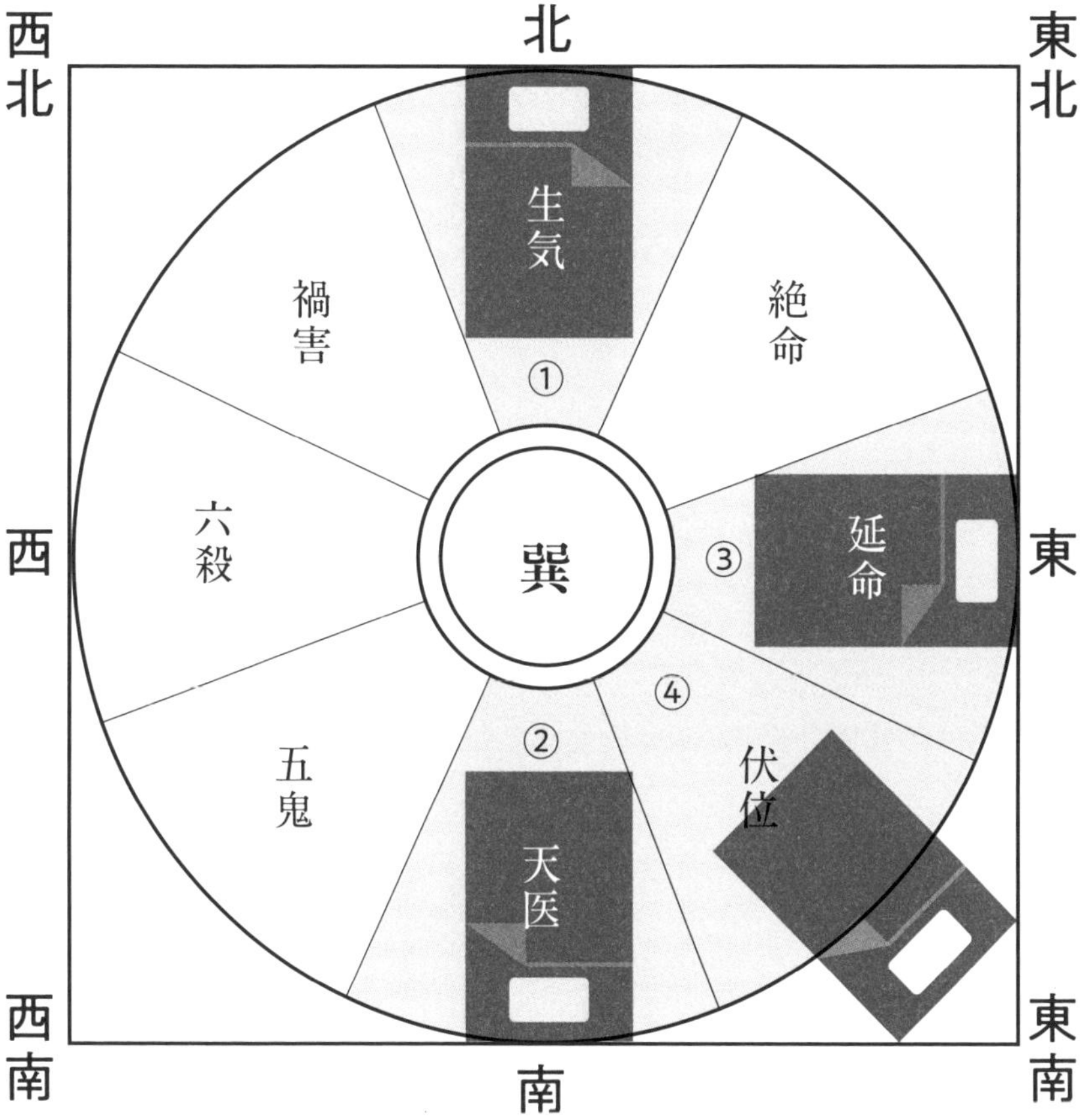

■離星の東四床

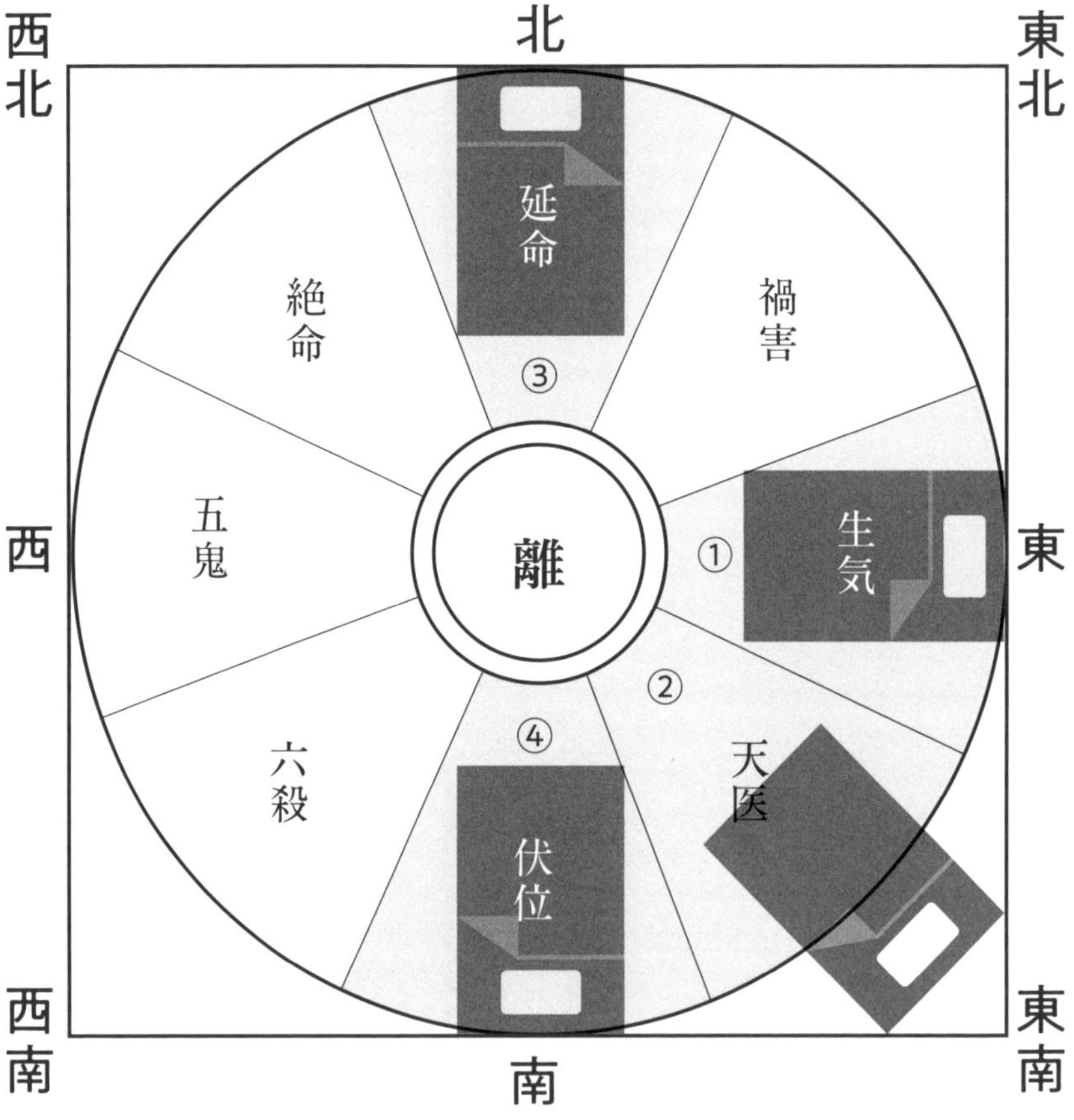

■坤星の西四床

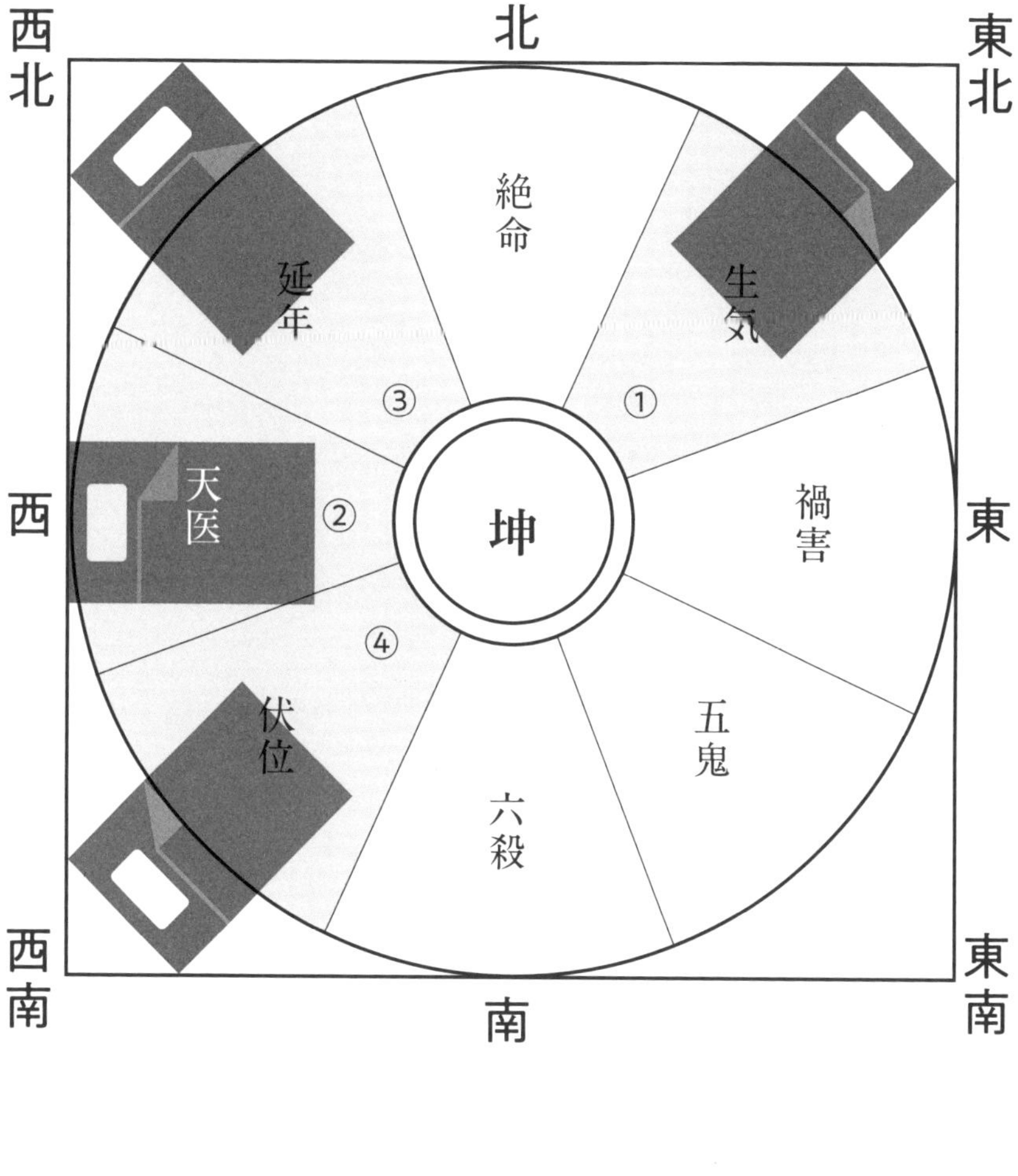

■乾星の西四床

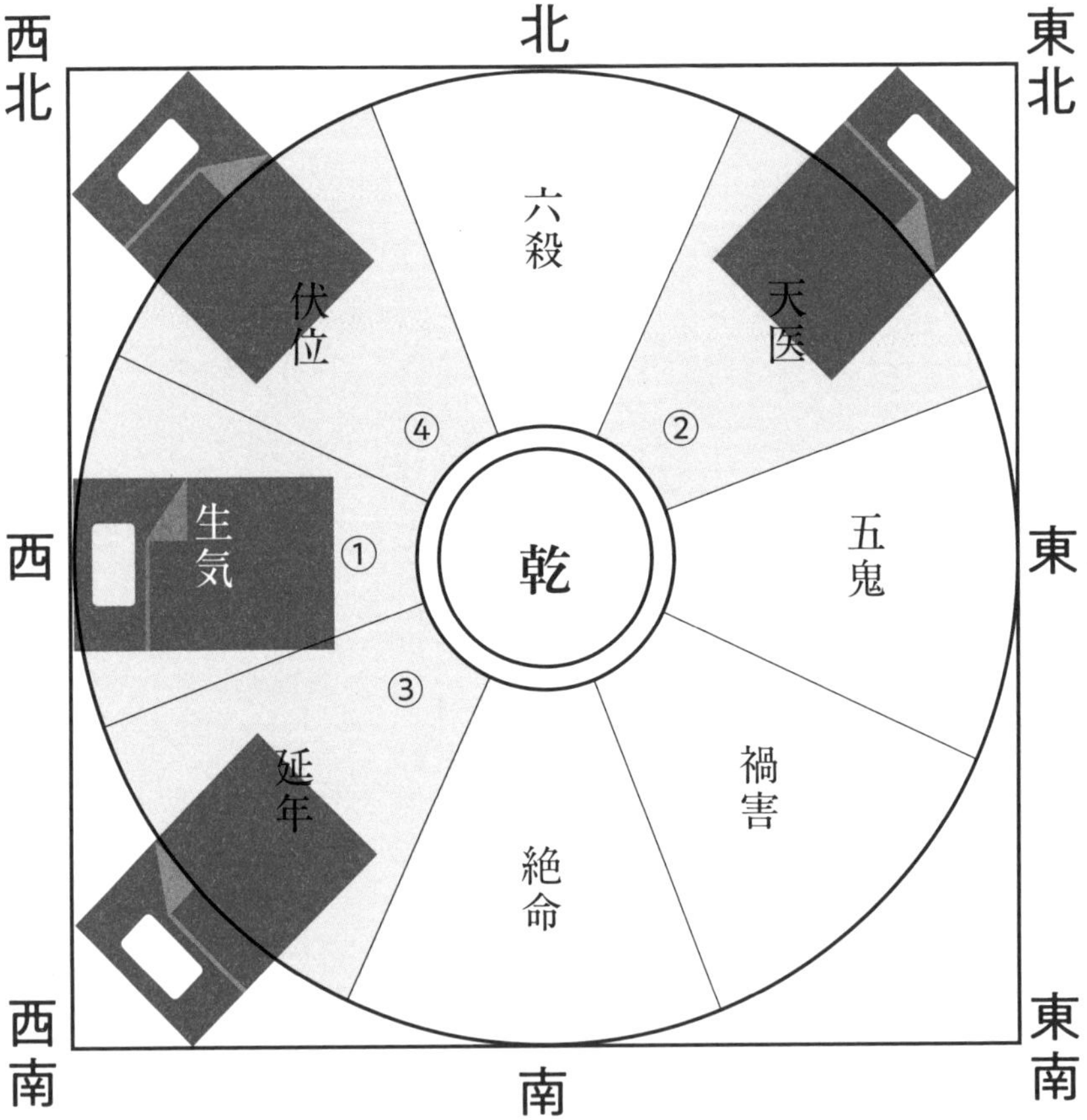

■兌星の西四床

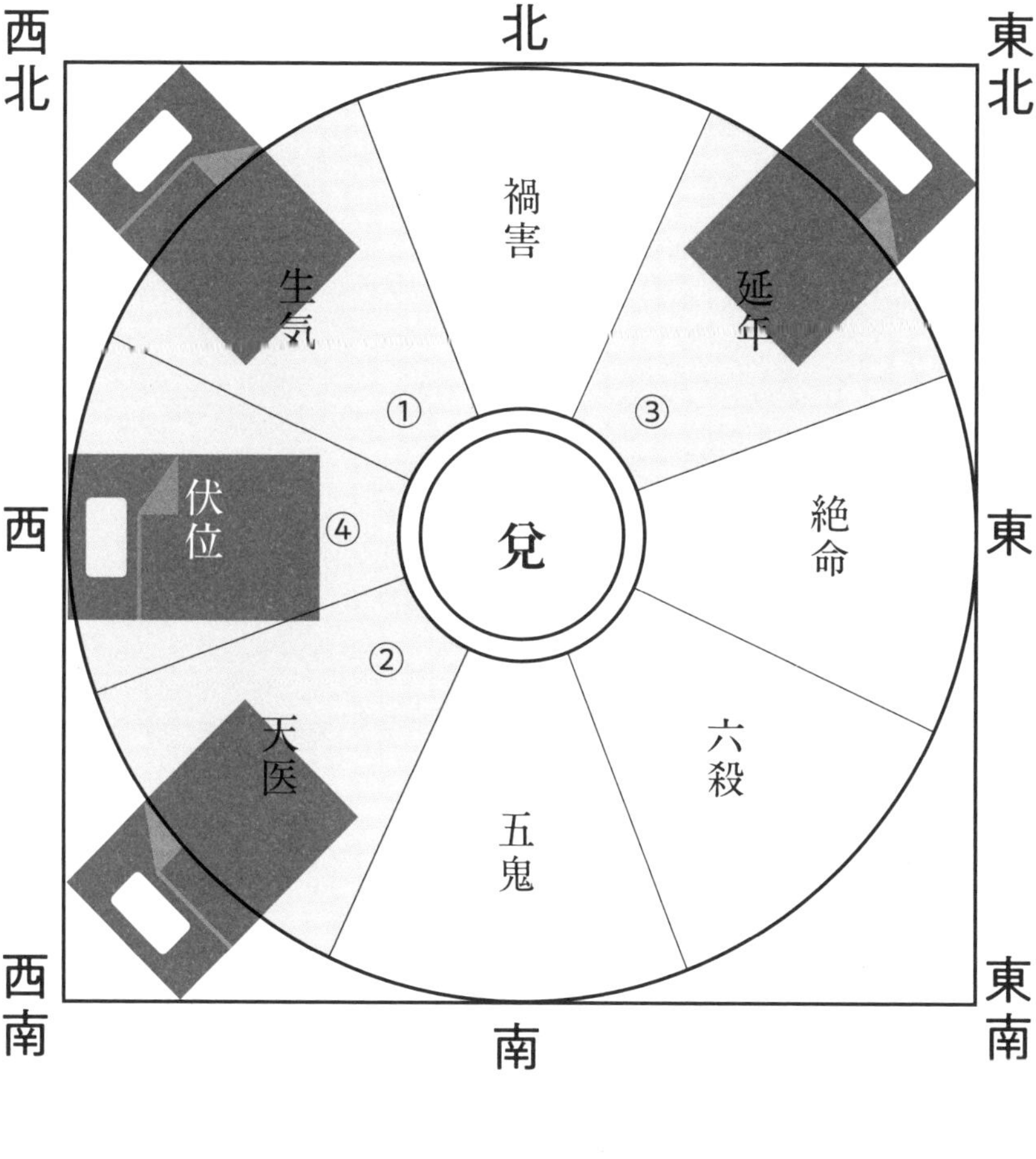

■艮星の西四床

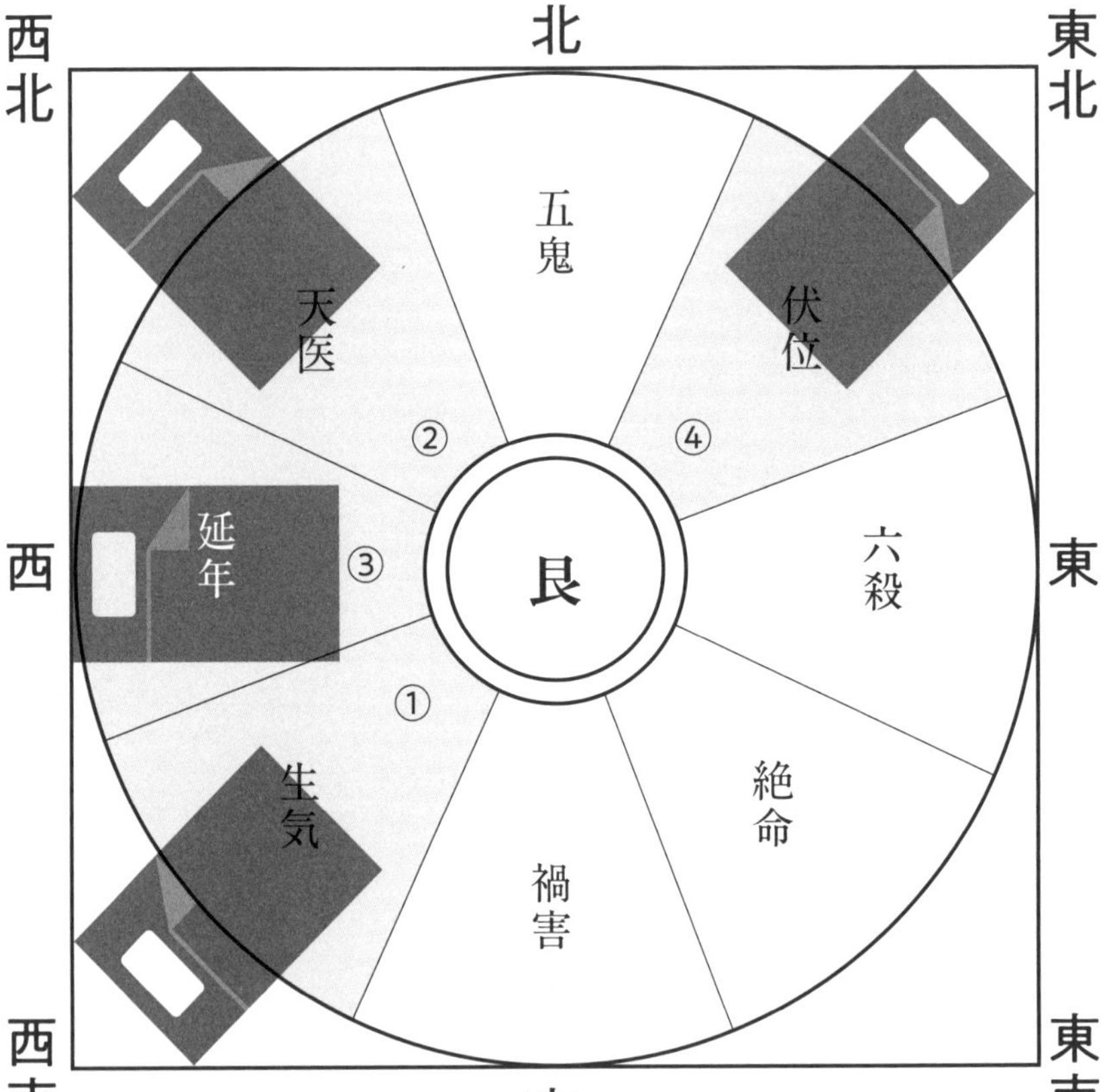

1 書斎

書斎にふさわしい場所とは

家相から見て書斎(勉強や仕事に専念できる場所)は、どこに設けたらいいのか調べてみることにしましょう。

自分の生まれ星別に解説していきます。

■「東四命」書斎の机の位置と向き

「東四命」の人=坎星・震星・巽星・離星

風水から見て書斎の目的は、仕事や勉強に専念できる環境を整えることです。

ここでは個別に示すのではなく、大きく2つのグループ「東四命」と「西命星」に分けて解説していくことにします。

どんなに風水的に良い環境を整えても、勉強をせず怠けていたら効果はありません。努力は「人間(自分)の領域、結果は神の領分」という格言があります。このことを忘れず努力を惜しまないことです。

書斎に必要な机と本棚の配置場所は、部屋の中心に八宅盤(23ページ以降参照)を置き吉になる方位(生気・天医・延年・伏位)に机を置き、残りの方位に本棚を置いてください。

書斎の壁の色は、淡い緑色か淡い藍色を基本とします。緑色は目にも優しい色で、視力の低下を防ぐ色とされています。

書斎に常緑の植物を置くのは、生気を増加することになりますから吉とされています。

書斎に良いと言われる特定の植物はありませんが、竹を愛好する人が多く見られます。

ただし、サボテンやとげのある植物は置くのを避けたほうがいいでしょう。

■「東四命」の書斎の理想的な配置

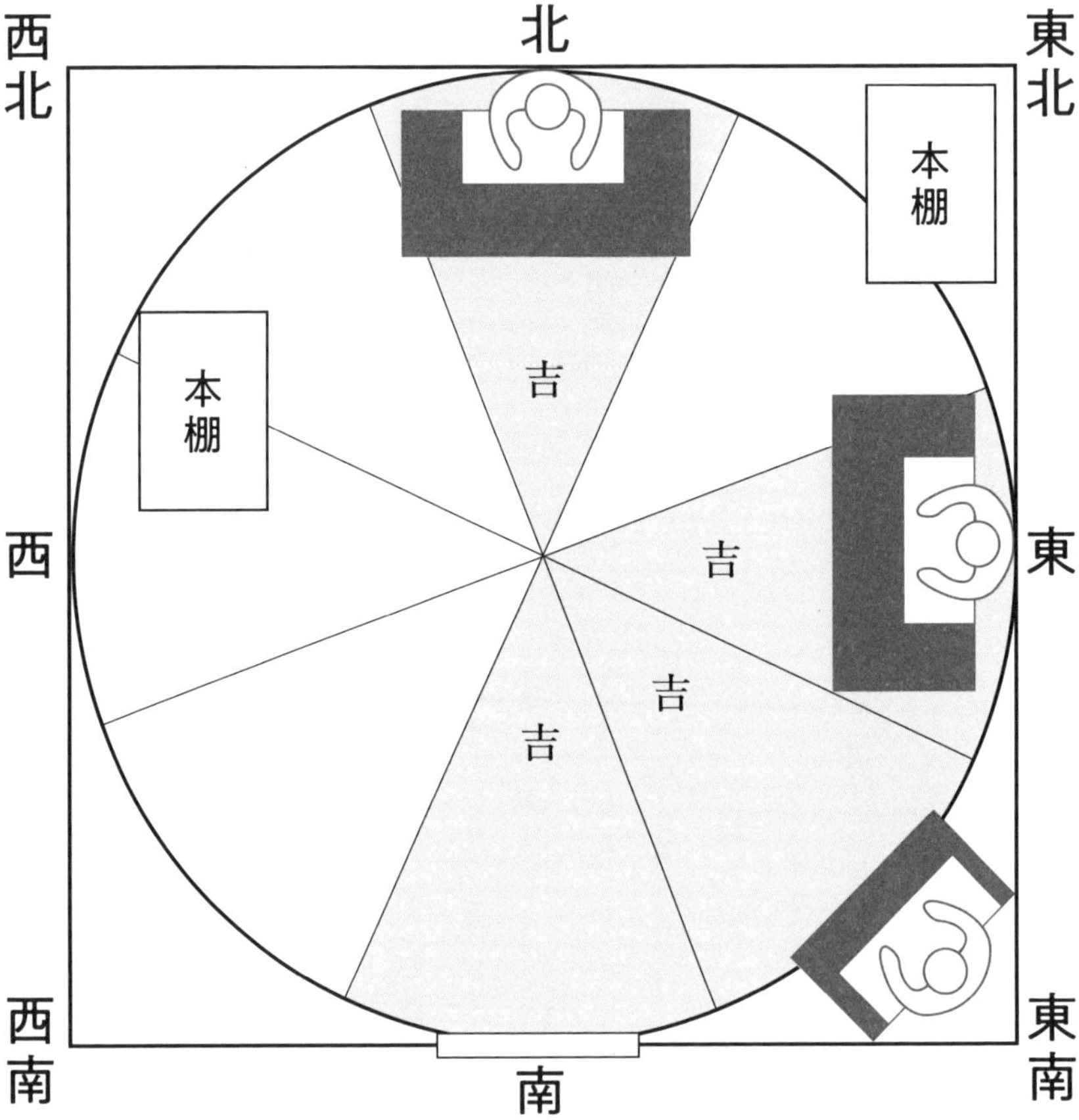

気は背中から受けるほうが
パワーは強くなります。

■「西四命」の書斎の理想的な配置

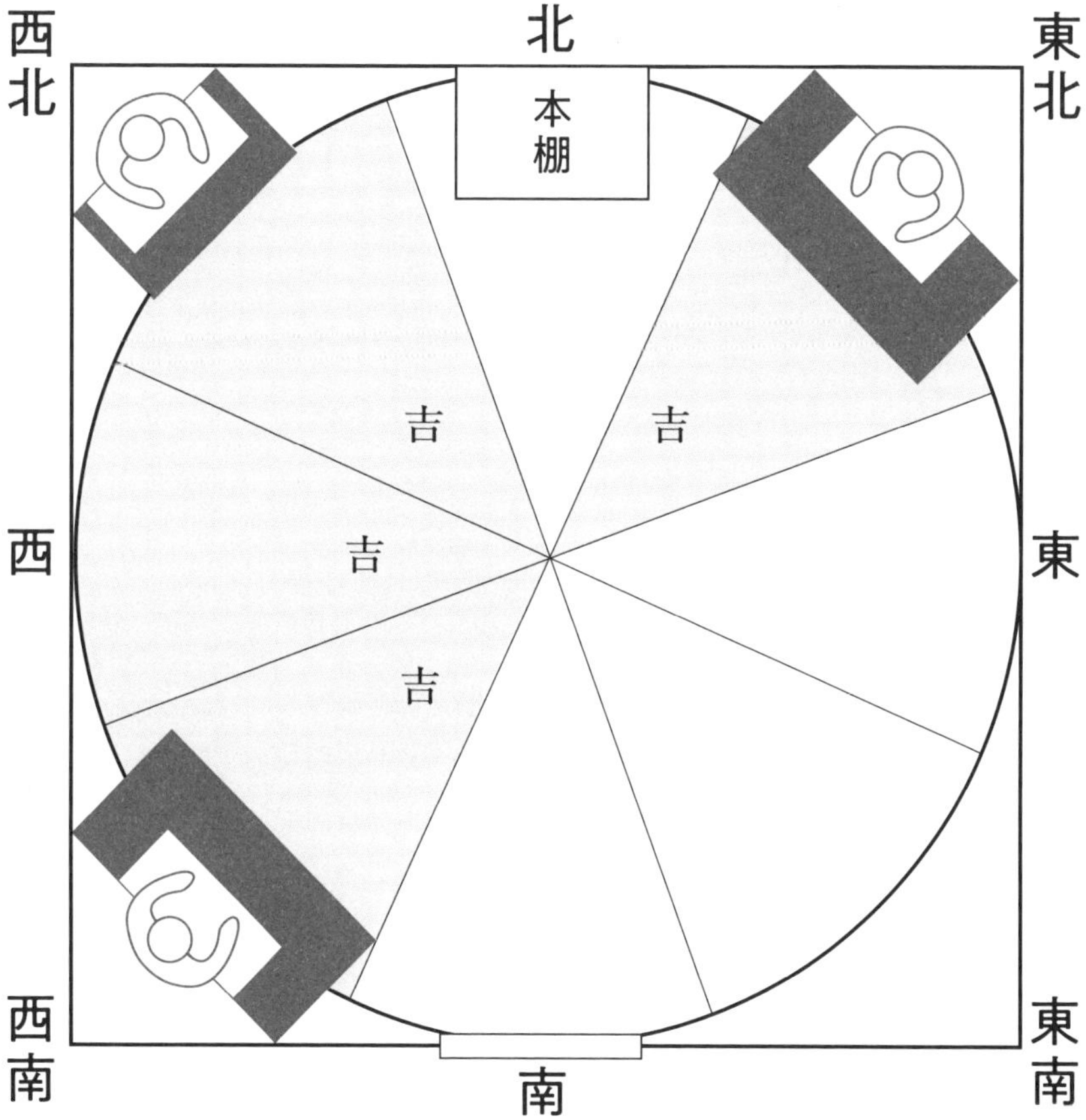

気は背中から受けるほうが
パワーは強くなります。

■「西四命」書斎の机の位置と向き

「西四命」の人＝坤星・乾星・兌星・艮星

書斎に必要な机と本棚の配置場所は、部屋の中心に八方盤を置き吉になる方位（生気・天医・延年・伏位）に机を置き、凶になる方位に本棚を置いてください。

書斎の壁の色は、淡い茶色か乳白色を基本とします。

書斎に常緑の植物を置くのは、生気を増加することになりますから吉とされています。

東四命の人と同じく、特に書斎に良いと言われている植物はありませんが、竹を愛好する人たちが多いようです。竹は吉祥の植物で「平安のシンボル」として親しまれてきた植物です。

ただし、サボテンやとげのある植物は、避けたほうがいいでしょう。

1

子ども部屋

子ども部屋の吉凶診断

子ども部屋といっても、小学生から大学生までと、年齢に幅がありますので、その点を考慮して場所を選ぶ必要があります。

小学生までは両親の目が届く範囲で、寝室も子どもと一緒でも構いません。

ただし、「東四命」の子どもは両親のベッドの東側に置き、「西四命」の子どもは西側になるように設置してください。こうすることで、夜泣きもせず安眠できると言われています。

子どもが高学年になると、自分の部屋を欲しがるようになります。その際は子どもの生まれた年の風水星の吉方位にある場所を子ども部屋にしてください。風水星によって、子ども部屋の位置は

■ベッドを置く位置（東四命の子・西四命の子）

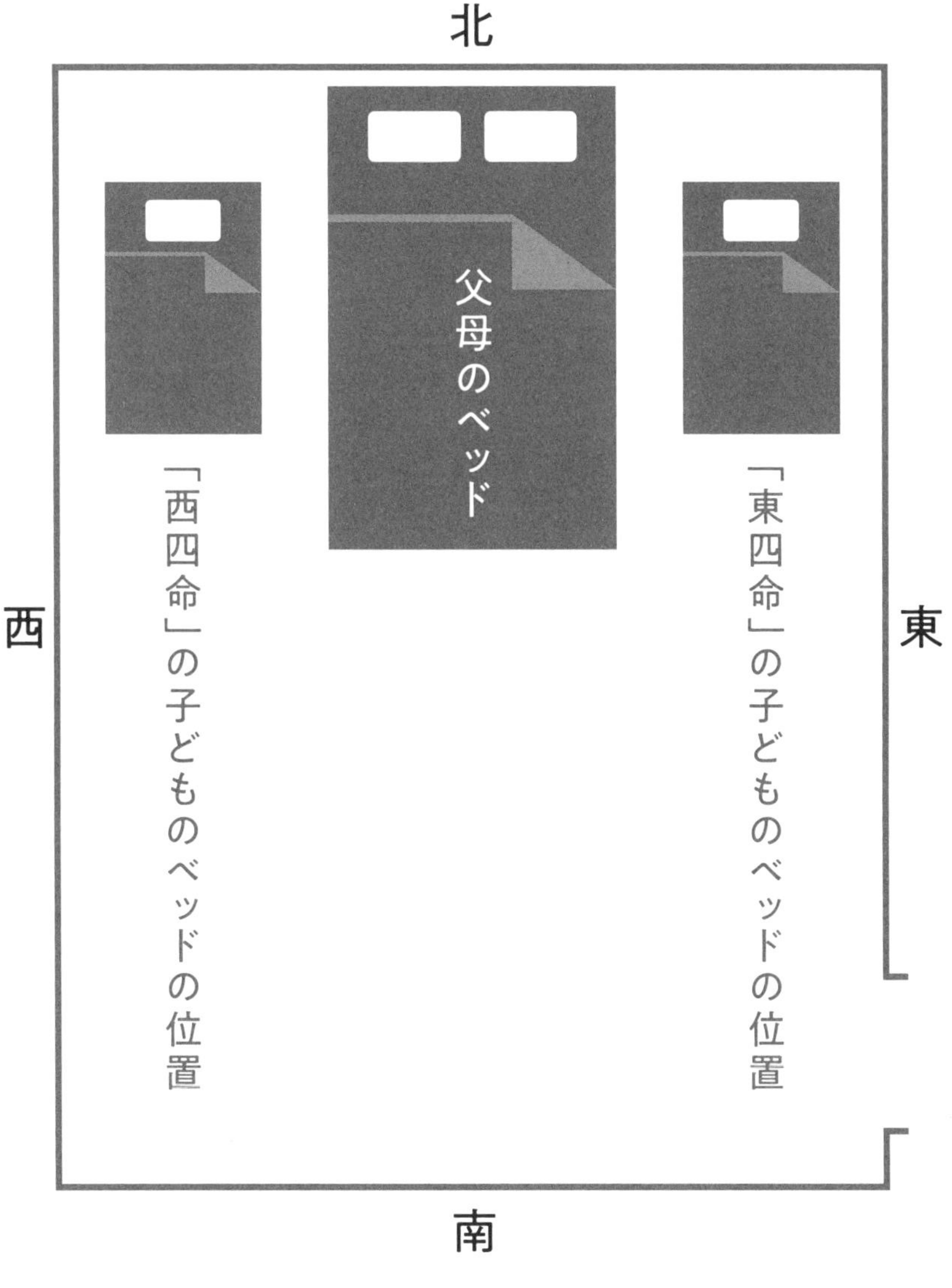

2つに分けられます。

■子ども部屋の位置「東四命」

23ページからの八宅盤を使い、家の中心から見て吉になる位置に子ども部屋を設けるようにしましょう。

■子ども部屋の位置「西命星」

27ページからの八宅盤を使い、家の中心から見て吉になる位置に子ども部屋を設けるのが理想的と言われています。

子どもの勉強部屋は「天医」の位置に設けると集中力が長時間続きますから、成績アップが望めます。

子ども部屋の室内の色

明るい色のほうが活発で朗らかな気分になります。

反対に、沈んだ暗い色を使うと、ふさぎ込んで不活発になっていきますから気をつけましょう。

子ども部屋は、オレンジ色、明るい黄色、乳白色、淡い藍色、淡い緑色などの鮮明な色が適しています。

灰色、濃い藍色や濃い茶色などが配色のメインになる部屋は、重苦しい雰囲気にさせてしまうので避けたほうが無難でしょう。

五行別に「主色」になる色を示したので、参考にしてください。

「主色」とは、部屋の配色の中心となる色彩で、全体の65％程度を占める色を指します。残りの35％を他の色にすれば単調にならずにすみます。

木性＝震星・巽星→淡い緑色

火性＝離星→オレンジ色

土性＝坤星・艮星→淡い黄色
金性＝乾星・兌星→乳白色
水性＝坎星→淡い藍色

たとえば、木性（震星・巽星）の子ども部屋は淡い緑色を主色にすると、吉相になるということです。

最近の壁紙は、いろいろな色があるうえ、きれいな花柄、童話の主人公をモデルにしたものまでありります。

子どもにとっても魅力的で創造力が刺激されるという効果があります。

カーペットの色

マンションの場合は、階下に影響するからといってカーペットを敷く家庭が多くあるということです。

子どもの部屋にカーペットを敷く場合、毛足の短いものにするといいでしょう。

カーペットの色は、壁の色を選ぶのと違って子ども部屋の位置によって色の違いが出てきます。

家の中心から見て、色は以下のようになります。

北＝濃い藍色　北東＝黄土色
東＝青色　南東＝緑色
南＝オレンジ色　南西＝黄土色
西＝淡い黄色　北西＝乳白色

カーペットの色は、子どもの部屋の位置によって色を選ぶことになります。

その場合、壁の色と調和する色にするように心がけましょう。

【例題】離星の子ども部屋の家具の配置

例題として、離星の子ども部屋を見ていきましょう。

■例題・東四命　離星の子ども部屋配置図

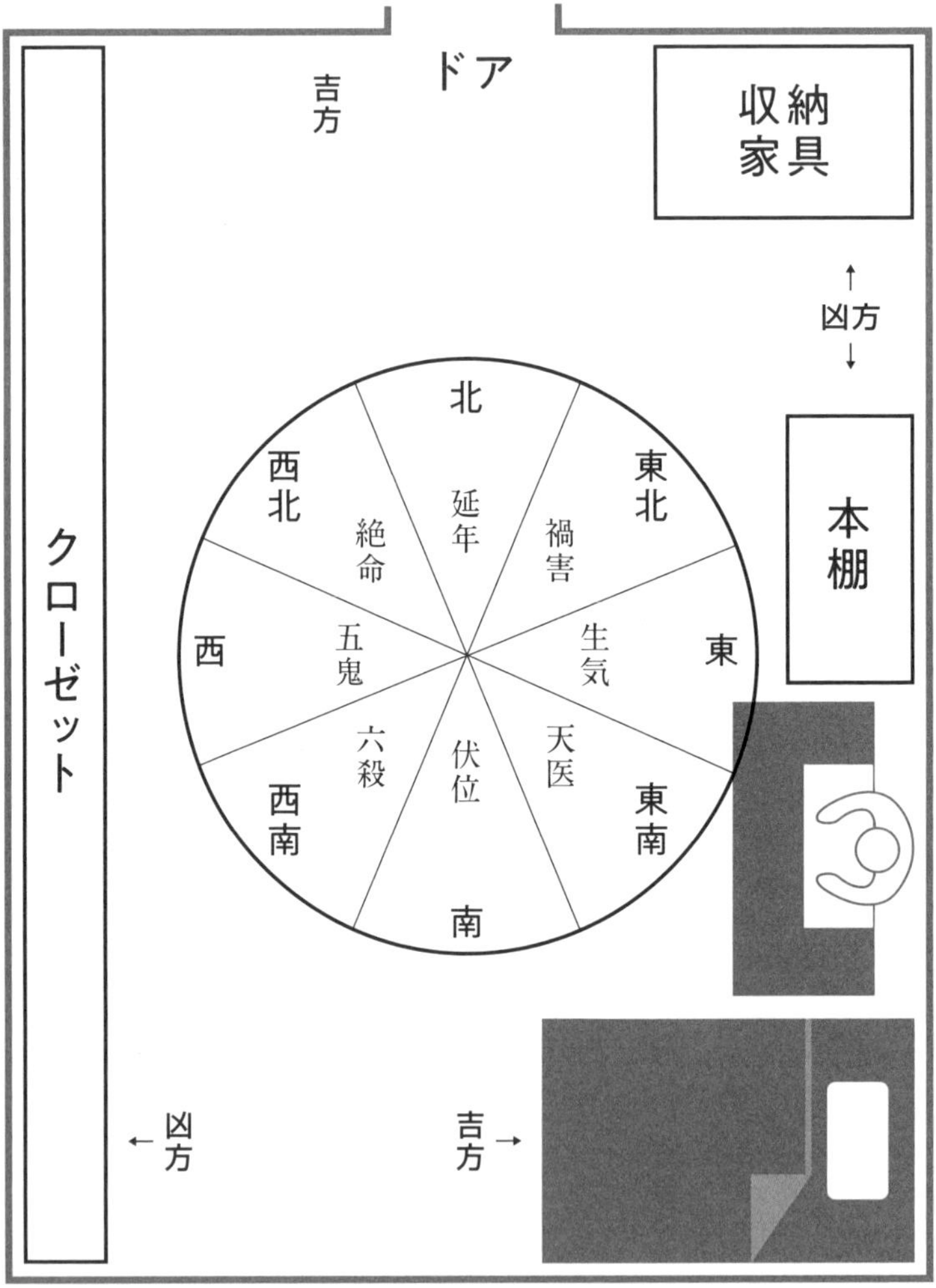

※東四命、西四命の２人の子どもが１つの部屋を使う場合は、机とベッドを個々に用意します。

右ページは、風水星で見た「離星の子ども」の理想的な家具の配置図です。

クローゼット、収納家具、本棚は凶方に、ドア、ベッド、机は吉方に配置した理想の部屋になっています。

たとえば、この部屋を「2人の子どもが使う」ことになったら、どうすればいいでしょう。しかも1人は「東四命」①、もう1人は「西四命」②の子どもとします。

机とベッドは、個々に用意します。ベッドを2台置くスペースがあれば、2台のベッドを置くのがいいでしょう。2台のベッドが置けない場合は、2段ベッドにします。

机は個々に配置します。当人にとって吉になる場所に置きます。

東四命の子は、東の位置に西向き。西四命の子は、東北の位置に西南向き。本棚は机と机の間の間仕切りに使います。両方から使える本棚にすると使いやすくなります。

大切な3つのポイント（ドア・机・ベッド）が解決したので、部屋のカラーを見ていきましょう。

個々のラッキーカラーは前文で示しましたので、ここでは、個々の気を「衰退させる色」を示しておきます。2人の子どもの五行を出して、個々の衰退する色を使わなければ良いということになります。

衰退させる色は以下となります。

木性→乳白色
火性→淡い藍色
土性→淡い緑色
金性→オレンジ色
水性→淡い黄色

6 キッチン

水回りの約束事

水回りとは、キッチン、バスルーム、トイレのことで、設置場所として守らなければならない原則があります。

生活する上でキッチンの場所は重要なポイントになります。

特に、キッチンの設置場所が悪いと女性（主婦）の健康面に影響を与えますので気をつけましょう。

キッチン場所の吉凶については、風水星が「東四命＝坎星・震星・巽星・離星」の人と「西四命＝坤星・乾星・兌星・艮星」の人ともに次のことを気をつけてください。

「東四命」の人、「西四命」の人の凶方位は128〜129ページのとおりです。

「絶命・五鬼・六殺・禍害」の凶方位の場所に設置して、水で汚れを洗い流すことで、その場所の邪気を浄化させることができると言われています。

風水では鬼門という概念はありませんから、「東四命」の人は鬼門になる北東（五鬼）方位にキッチン・バスルームを設置しても禍はないと言われています。

ただし、常に清潔にしておくことが災いを避ける重要条件になっています。

日本の家相では長年にわたり、鬼門には汚物とされている「キッチン・バスルーム・トイレ」を設置すると災いを招き、住む家族は病気になるとも言われています。

鬼門が気になる人は、鬼門にキッチンを設置しないようにしましょう。理由は、鬼門を汚しているという思いがその人の「念の力」になり禍を引き寄せてしまうからです。

吉方位にキッチンを置くと招く災い

「東四命」の人、「西四命」の人がともに吉方位（生気・天医・延命・伏位）にキッチンを設置すると災いを招くと言われています。

現われる禍の現象は次のようになります。

①**生気方位**＝子どもが授かりにくいと言われています。

②**天医方位**＝健康面に障害が現われ、慢性的な病気で悩むことになります。

③**延年方位**＝結婚運、配偶者運、金運に恵まれないと言われています。

④**伏位方位**＝物事がスムーズに運ばず、悩みやストレスが多くなります。

家相学も風水学もその家に住む人の運気をアップするための「環境学」になりますから、活用できるものは活用して、より良い環境で自分の才能を開花させていただきたいものです。

7 トイレとバスルーム

手強いトイレの凶意

家相のなかでもっとも問題になるのが、バスルームとトイレの設置場所です。

最近は水洗トイレの普及によって、従来のトイレに比べると衛生面では向上しています。

さらに「ユニットバス」がホテルだけでなく一般家庭でも、工事が速く漏水事故が少ないメリットを理由に受け入れられています。

ラグジュアリーな空間で、テレビ、電話、本棚まで用意されているトイレもあるようです。

もちろん、このようなトイレは特別でしょうが、普通の家庭でも壁紙を花柄の明るい壁紙に張り替えたり、生花を飾ったりして清潔感を引き出す工夫をするようになりました。

従来の「汚れた場所」というイメージから清潔なトイレにイメージチェンジし、少しでも凶意を弱める工夫をしているのです。家相上から見ても喜ばしい現象です。

しかし、どのような工夫をしてもトイレがある限り、凶意はなくなりませんので、トイレの設置位置は、慎重に選ぶ必要があります。

避けるべきトイレの場所とは

もっとも避けたいトイレの位置は、家の中心付近です。

次に避けるべきは、自分の生まれ年の十二支の場所に設置しないことです。

最低でも、この2つだけは守っていただきたいことです。

万一知らずにこの方位にトイレを設置したら、病気で悩まされるだけでなく、事故に遭ったり金銭で困ったり、名誉が傷つけられることになります。

最近多く見られるようになったのが2階のトイレです。

2階のトイレを安全な方位に設置しても、1階の神棚の上になったり、玄関やリビングの上になったりすると凶相になってしまいます。

このように2階のトイレは、1階のトイレよりも凶意が強く表れますから気をつけてください。

2階にトイレ設置の場合は、いちばん安全な場所は1階のトイレの真上になります。

その場合、1階のトイレが吉相であることが条件になります。

次に浴室や洗面所の上になるように設置します。

水回りは、なるべく1ヵ所にまとめるよう設置することが良いとされています。間違っても配水管が家の中心を横断しないようにしてください。

バスルームの吉方位と凶方位

バスルームは身体を洗い汚水を流す意味がありますから、大体がトイレと同じ吉凶方位となります。ですから、十二支にあたる方位は避け、十干の方位、つまりは甲・乙・丙・丁・戊・己・庚・辛・壬・癸の方位になるように設置すると良いでしょう。

浴室の方位は、火の気と水の気の両面から考えなければなりません。湿気が家のなかにこもらないように間取りに注意が必要です。家の中心に近い場所は避けてください。できれば、トイレと浴室を一緒にして少し張り出すようにするのが良いでしょう。

特に気をつけたいことは、2階にバスルームを設置しないことです。ビルやマンションの場合は別で、排水や換気の面を十分に考えて設計しているからです。

しかし、なかには中心に近い場所にバスルームとトイレがあるマンションがあります。このようなマンションは避けるのが賢明です。

■「東四命」の人の凶方位

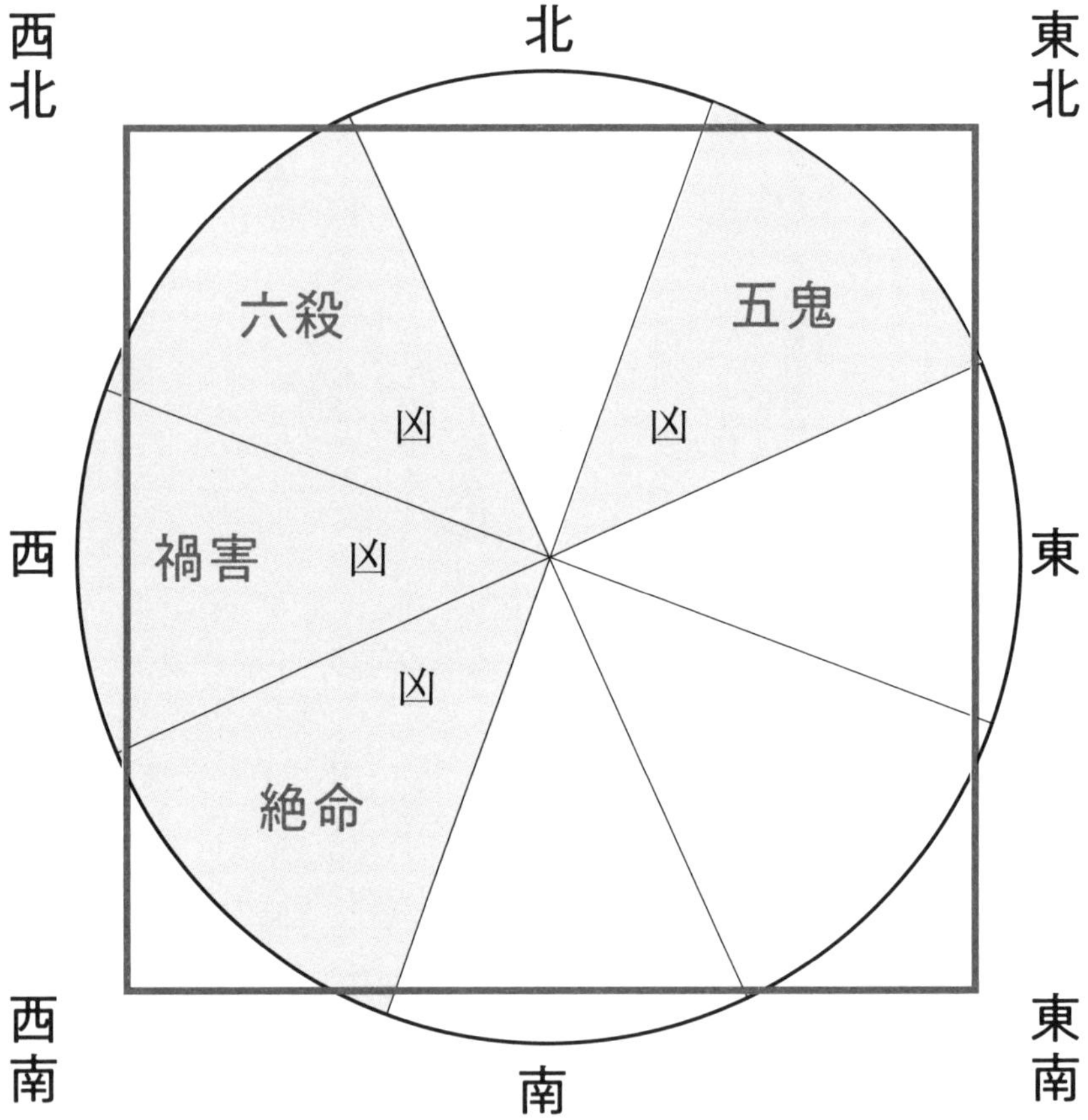

■「西四命」の人の凶方位

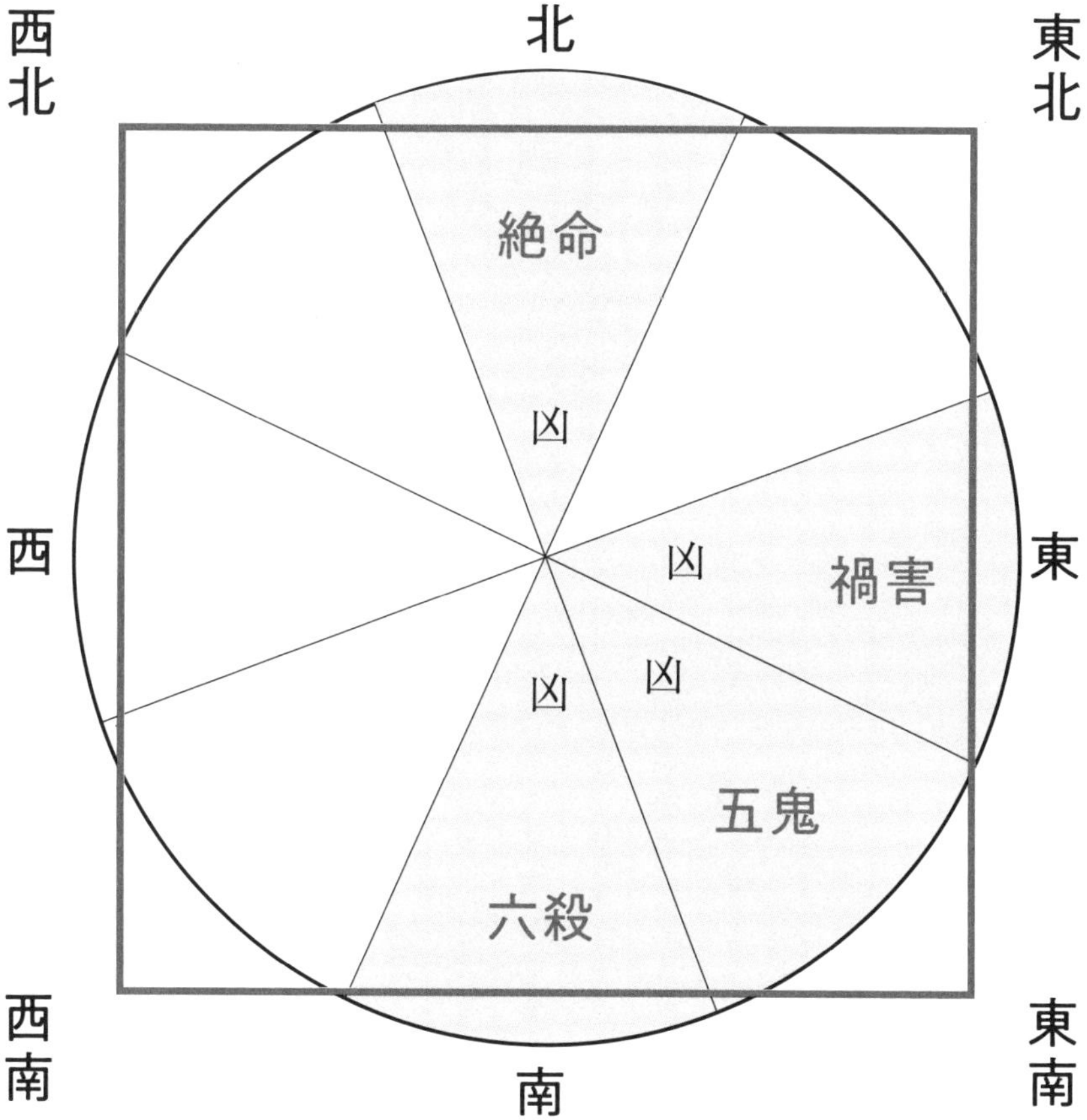
西北
北
東北
絶命
凶
西
凶
禍害
東
凶
凶
五鬼
六殺
西南
南
東南

4 家のその他の吉凶診断

1 階段

家の中心の階段は凶相になる

家相では、階段と廊下は吉相になりにくいものの一つになっています。

その理由は、家のなかの空気の流れが変わってしまうからです。廊下は風や空気が平面的に流れますが、階段は、立体的に上下に流れるため、設置の方位や位置が重要になってきます。

換気の面から考えると、きわめて便利なアイテムになりますが、設置場所を間違えると、非常に危険になりますので気をつけましょう。

階段を設置する場合、いちばん注意する点は家の中心に設置しないことです。

階段が家の中心に当てはまっているかを調べる必要があります。階段といっても広いスペースのなかのどこの部分が、1階の家の中心に当てはまっているかになります。

2階建ての場合は、2階に昇り切った踊り場の位置が、1階の家の中心に当てはまっているかどうかになります。3階建ての場合は、3階に昇り切った踊り場の位置と1階の家の中心が一致した場合です。

くわしくは左の図を参考にしてください。

■階段の中心の測り方

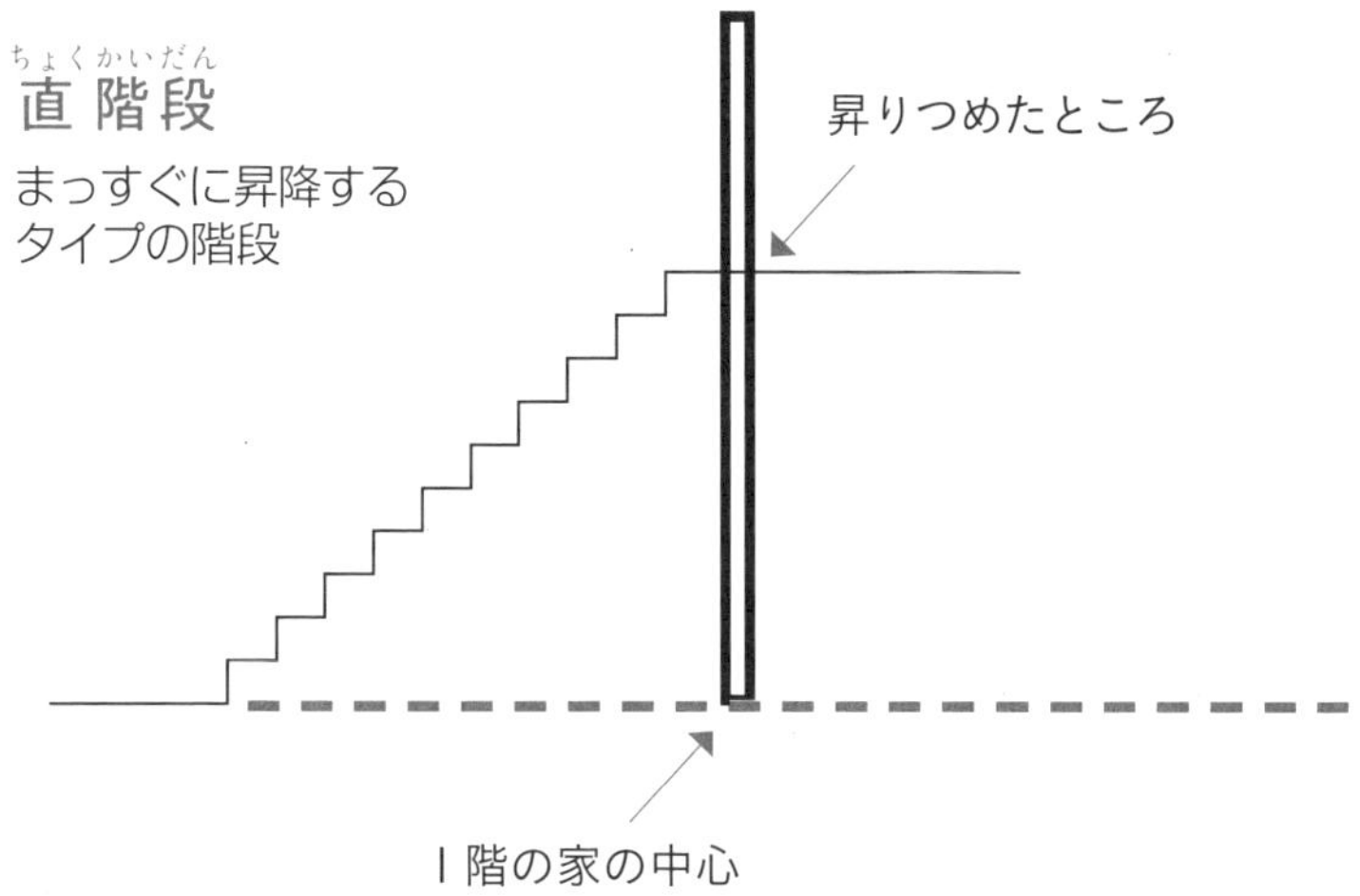
直階段《ちょっかいだん》
まっすぐに昇降する
タイプの階段
昇りつめたところ
1階の家の中心

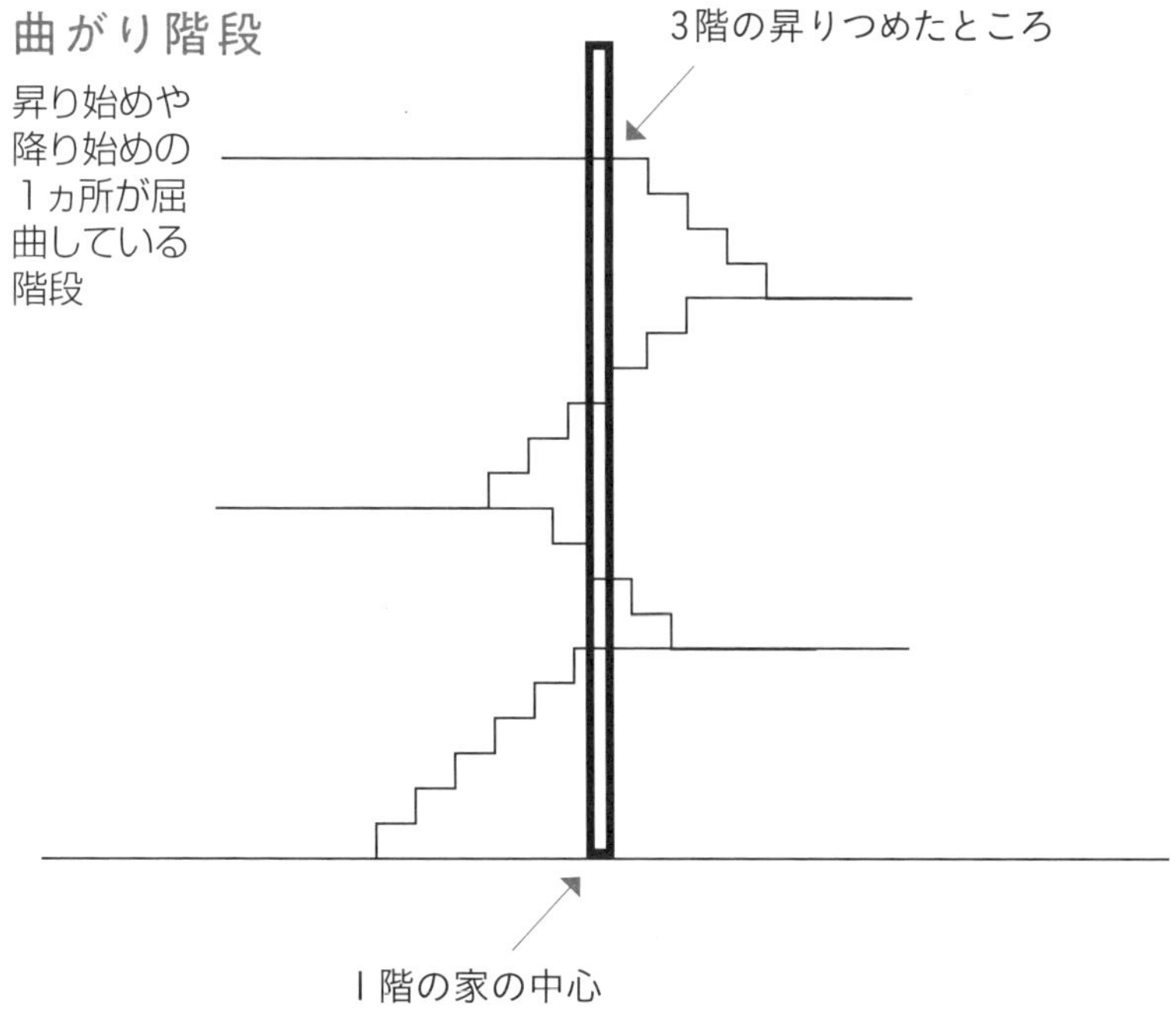
曲がり階段
昇り始めや
降り始めの
1ヵ所が屈
曲している
階段
3階の昇りつめたところ
1階の家の中心

この条件に当てはまるのは、1階と2階を一家族で使う場合に限ります。

禍を受けるのは内階段の場合であって、マンションのような形式で、各フロアを個々の世帯が使う場合はまったく関係ありません。

ただし、階段が家の中心にあるからといって、簡単に直せるものではありません。

唯一できる改善法は、家の中心を移動させるための増築しかありませんので、設計図の段階で確認していただきたいものです。

2 車庫

車庫の欠けに注意

家庭を持ち、家族が増えれば、よほど都心に住まない限り、車なしの生活は考えられないという人が少なくないでしょう。

郊外に一戸建ての住宅を建てるのであれば、車庫についても注意が必要です。住宅の一部を車庫にする家が多く見られるようになりましたが、その場合は欠けにならないように気をつけてください。

車庫のスペースを大きく取るようにすれば、反対側が張りになります。張りにしたほうが、家相的には吉相になります。

車庫は、道路の位置関係が重要になってきますから、家を建てる場合には、玄関の位置と車庫の位置を決めてから家の設計をしたほうが、吉相の家を作りやすくなります。

また、住宅の一部を車庫にする場合は、車庫を半分にして欠けや張りをなくすか、スペースを大きく取り、奥を張りにしたほうが家相的には吉相になります。

■車庫の取り方

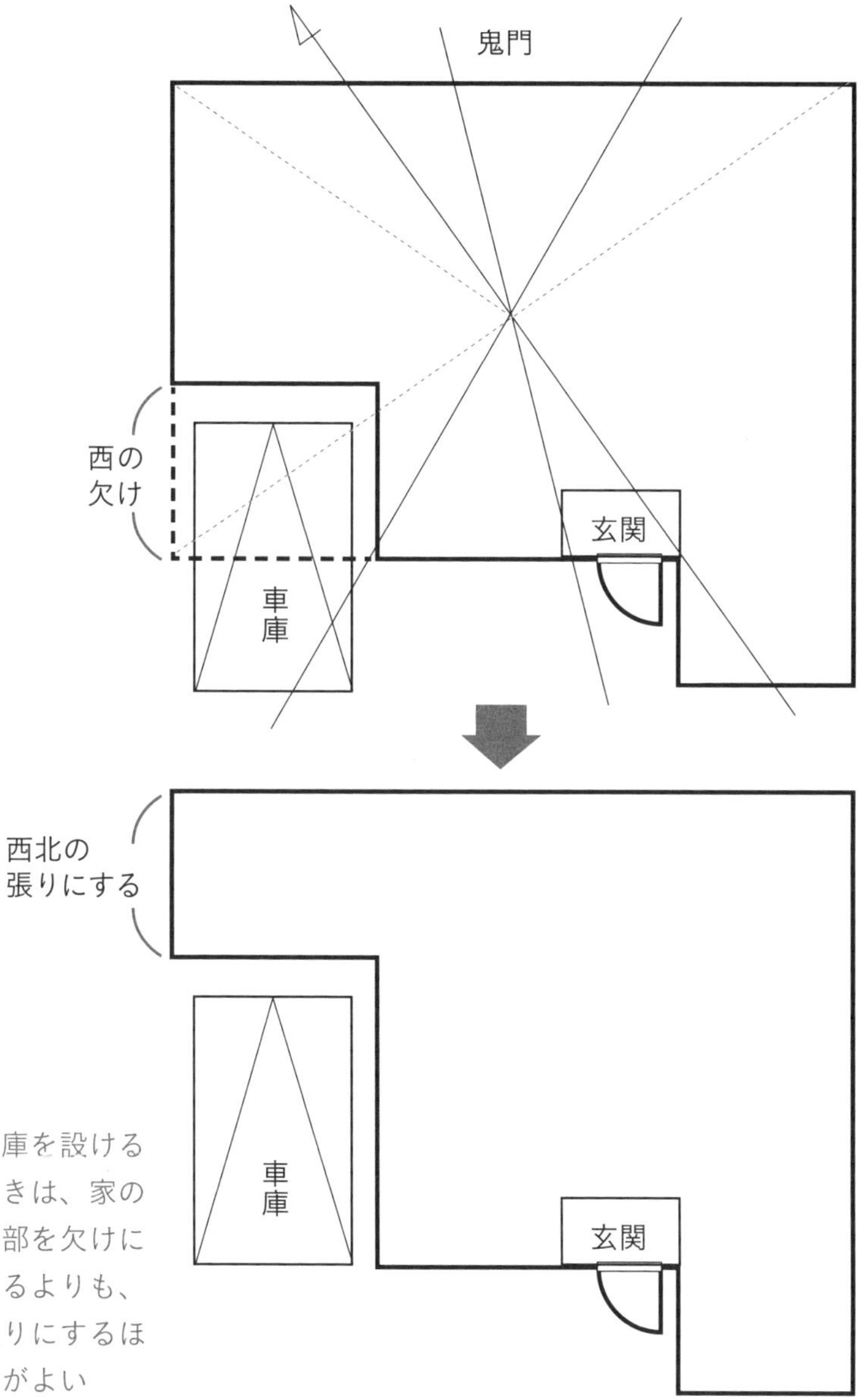

車庫を設けるときは、家の一部を欠けにするよりも、張りにするほうがよい

3 門

幸運を呼び込む入り口

門は玄関と同じく、道路の位置関係によって決まってしまいます。敷地に対してどの方向に道路が通っているかで、門の位置が決まってしまうからです。

家相で吉相の門といえば、辰巳（東南）の門と乾（西北）の門になります。

次に吉相になるのが東と南の門になります。

北と西の門は、正中線（家の中心から南北・東西に引いた線）上に構えなければ差し支えありません。

門と玄関は、幸運を呼び込む入り口になりますから、その家に住む人にとって吉の気が入る門や玄関でなければなりません。

一戸建て住宅に現在住んでいる方は、吉の気が入る門や玄関か否かをチェックして見てください。基準になる人は、その家の主（夫）になるので、夫の生まれ年から割り出してください。

吉の気が入る方角は「生気・天医・延年・伏位」の四方角になります。

この四方角から気が入る玄関・門であれば、家運は安泰となります。

万一凶相の玄関や門の場合は、吉相に改善するのも、それほど面倒なことではありません。

たとえば、北門は「西四命」の人にとっては凶の気が入る門になりますから使えません。

この門を吉に変える改善法は、北門を入ってから東北に向かって通路を作り、そこに中門を作って出入り口にすれば「西四命」の人に合う「東北の門」が完成します。

門についての言い伝え

門については、いろいろな言い伝えがあります。

それだけ、門の吉凶は家運に大きな影響を与えるからです。

ここに代表的な文言を列記しておきますから参考にしてください。

◎門の両側は平行でなければ夫婦仲が悪くなる
◎門と塀を同じ高さにすると火難を招く
◎門柱が地についていなければ主人を失う
◎石の上に門柱を据えれば妻が逃げ出す
◎門のそばに井戸があると難病を招く
◎門の前に柳の木を植えると凶相になる
◎門に栗の木を用いると盗人を防ぐ
◎門柱を中途で継ぐと子孫に障害が出る
◎門柱に節が多いと皮膚病を招く
◎門柱が傾くと願望叶わず家運が傾く
◎門前に大石があると胸の病気を患う
◎門前に三角石があると争いごとを招く
◎門前に平たく丸い石があると出世する
◎家屋より門を先に作ると凶相になる
◎門とトイレが相対している場合は凶相になる
◎門が大きく家が小さいのは凶相になる
◎門と門が真正面に向き合うのは凶相になる
◎門の真正面に玄関があるのは凶相になる
◎門から玄関まではなだらかな上りになると吉
◎門が高く玄関が低いのは凶相になる

門構えは、そこに住む人の人柄を表わすと言われています。

したがって、立派すぎる門は歓迎されません。あくまでも、家屋と調和のとれた門にすることです。

家屋に比べて、門がやや小さいかなと感じるくらいが、謙虚さがあって好感を持たれます。門は、人を迎えるものであって、拒むものではありません。

4

庭

ほとんどの池は凶相になる

一般家庭の庭に作る池は、ほとんどが凶相になると思っていたほうがいいでしょう。ずばり1000坪以下の宅地ならあきらめることです。

1000坪もある広壮な邸宅なら、池のある日本庭園も風情があっていいものですが、狭い庭に作る日本庭園は、ミニ版であっても禍のほうが大きすぎるのであきらめましょう。

小さくてもいいから、池のある家に住みたいというのは、人間の本能かもしれません。人間は「水のなか（羊水）から生まれ、水に帰る」と言われるように、水と接していると心が落ち着きます。

池を作る場合、いろいろな約束事がありますから、気をつけてください。

小さな池は、手入れを怠るとすぐ水が腐敗してしまうので、水はいつもきれいにしておくか、循環しておく必要があります。

池は一般家庭には不要なアイテムですが、どうしてもという方は、東と南を避けて、東南か西北に設けるとよいでしょう。

ただし、水面からの反射を避けるために、池と住居の間に樹木を植えることも忘れないことです。

庭石は陰の気を強くする

石の好きな人は、戸外で形のいい石を見つけると持ち帰る人が多いのも事実です。石はすべて陰性になりますから、石の多い庭は陰の気が強い庭になるので、家運は衰退していきます。

本来は、家の周りは常に「陽の気」を強くしておかなければ家運は強くなりません。わざわざ庭石を入れてしまうと「陰の気」を強くして、家運まで悪くしていることになります。

本当は、庭石などないほうが安全で、家運もよくなります。どうしても庭石がほしいという人は、小さくて平らで丸い石、しかも新しい石を入れるようにしましょう。

大石で高さがある石や尖った石は、家庭内に争いごとが起こりやすくなるので、間違っても庭石にしないことです。災いを抑えるためには、西北と西の方位が石を置く適所になります。

庭木には「陽の木」を選ぶ

庭の周りに植える樹木は、すべて「陽の木」にするのが吉相です。「陰の木」を植えると凶相になります。家の周りは常に陽の気を強くしておかなければ、幸運を呼び込むことはできません。

家の周りに適度な緑があることは、精神的にリラックスするだけでなく、空気の浄化作用の役目も果たしてくれます。そのうえ、陽の気の助けを借りて強運にもなることができるありがたい役割もあります。

樹木が持つエネルギーが、人間にとってどれだけありがたいものかわかってもらえたと思います。

ただし、どんな樹木でもいいというわけではありません。また、たくさん植えればいいというものでもありません。あくまでも、家との調和がとれていないと吉相にはならないのです。

「陽の木」であっても、植えすぎると逆に凶木に転じるので7分目あたりで止めておくことが肝要です。樹木の成長は、思ったより早いので、5年、10年先を考えて、庭造りを心がけましょう。

次に、個人の家の庭に植えてもいい陽木と、植えてはいけない凶木を示しておきます。

・幸運を呼ぶ陽木

ねむの木、あららぎ、くちなし、つつじ、なつめ、あおぎり、かえで、にれ、まき、ぼたん、紫陽花《あじさい》、桜、柿、もくせい、松、杉、竹、梅、桃、あおき、しゃくなげ、おもと、菊、蘭、ひいらぎ、樫、桐、月桂樹《げっけいじゅ》など。

・災いを招く凶木

芭蕉《ばしょう》、しゅろ、そてつ、ぼけ、楠《くすのき》、むくげ、ざくろ、梨、ぶどう、柳、もみ、苔《こけ》類、つた類、百日紅《さるすべり》、榎《えのき》、藤《ふじ》など。

その他に、庭木にはいろいろな言い伝えがあるので、参考のために列記しておきます。

◎敷地の中心に樹木があると凶

◎芭蕉、そてつ、しゅろは、寺院にあるのはよいが、普通の家の庭に植えるのは凶

◎南天が家のひさしより高くなると金が集まる

◎家の前に竹藪を作ると貧乏になる

◎ざくろを南に植えると運が悪くなる

◎いちじくを家の前に植えると病人が絶えない

◎庭にあおぎりを植えれば、学問を好む者が出る

◎庭にぼたんを植えれば、その家は繁栄する

◎竹と柿の木が勢いよく茂るときは、家運は隆盛

◎次のような木を植えると、凶相を吉相に転じることができる

①東に流水がないときは、桃、柳を植える

②西に往来がないときときは、にれ、くちなしを植える

③南に低地がないときは、梅、なつめを植える

④北に山がないときは、あんず、すももを植える

第5章

家を買うとき、建てるときの吉凶判断

1 地相が吉相であること

1 強運になるための土地選び

土地の因縁には注意が必要

家を建てたり買ったりするときに、家そのものの間取りや方位が吉相なら安全だと信じている人がいます。しかし、家の間取りが悪い場合は改良できますが、敷地が悪い場合はどうすることもできません。その土地についている因縁は、簡単な方法で取り除くことができないからです。

普通は、近くの神社にお願いして「お祓《はら》い」をしてもらうのですが、因縁が強い土地はこのような安易な考えでは、土地の因縁は取り除くことは出来ません。それだけ土地の因縁というものは厄介な存在なのです。

ただし、土地の因縁が恐ろしいものとわかっていても、素人目には因縁のある土地か、そうでないかの区別がつかないのが普通です。親戚や知人から譲り受けた土地なら、土地の履歴がわかっているので問題はありません。

しかし、不動産業者にきれいに整地された土地の履歴は知ることはできません。

広い分譲地の場合は、その土地の県庁や市役所で土地の台帳を調べれば容易に調べることができますが、個別の土地になると、その土地の履歴を知ることは不可能に等しいかもしれません。

2 土地を見分けるチェックポイント

家運が伸びない土地のいろいろ

土地について、誰でも簡単に見分けられるチェックポイントを列記しておきますので、参考にしてください。

◎三角形の土地・凸凹になっている土地

長く住んでいると精神が不安定になってきます。

◎火事に遭った土地

家運が伸びません。火事に遭うということは、たとえそれがもらい火であっても、その家や土地の運気が落ちている証拠です。火事で焦土化した土地に家を建ててしまうと家運は伸びません。

昔から「火事の恨みは七代たたる」と言われ恐れられているくらいです。まして、死者が出た焼け跡なら、なおのことその人々の恨みがこもっている場所になりますから家を建てることはやめましょう。

◎墓の跡、庚申塚や地蔵尊塚の跡地

突発的な事故に遭いやすいのでやめましょう。墓や庚申塚《こうしんづか》、地蔵尊《じぞうそん》、道祖神《どうそじん》などが祀られていた土地は、古戦場跡や自殺者を出した土地よりは、因縁による禍は弱くなります。

しかし、現在、何もなくても、いつかは現象が現われますから気をつけることです。知らずに家を建ててしまったら、後は毎年「お祓い」を続けるしかありません。

◎法外な安さで売り出される土地

用心に越したことはない土地の場合が少なくありません。法外に安い価格で売り出された土地は、まずその土地に何か悪い因縁があると思って間違いありません。

ただし、正当な理由があった場合は別ですが、

確認する必要はあります。

◎草木が育たない土地

パワーが弱い土地になります。草木が育たない土地に家を建てると、家運がだんだん落ちてきます。このような土地は、地の気のエネルギーが弱いため、活力や気力が湧いてきません。

強運になるためには、天の気と地の気が十分に取れる場所に家は建てましょう。

◎水のおいしい場所は吉相の土地

水のおいしい場所は吉相の土地になります。なかでも香ばしい味が最高で、甘い味は富貴となる土地になります。

しかし、酸味と苦味のある水が出る土地は凶相になります。

ただ現在は、ほとんどの家庭が水道を使用するようになっているので、その土地の水の味を知ることができませんが、知識として知っておくと便利です。

では、吉相の土地はどんな土地なのか。代表的な吉相の土地を解説します。

◎前低後高の傾斜のある土地は吉

南がやや低く、後ろの北が高くなっている土地を「晋土《しんど》」と言い、反対の場合を「楚土《そど》」と言います。家相では「晋土は吉」「楚土は凶」とされています。

晋と楚は古代中国の国名で、晋は黄河流域の「前低後高」の土地に建国され非常に繁栄したのに対し、楚の国は北面が低くなっていたため栄えなかったことが「晋土と楚土」の由来となっています。

これは現代建築の考え方と一致するもので、南が低いと日光を得やすくなり、北が高いと冷たい北風を防ぐことができます。

そのために、未だに理想的な吉相の土地と言われ続けているのです。

2 道路と敷地の相性がいいこと

1 家に入る最初の入り口は吉相に

家運を上げるには道路と敷地の関係が重要

家運を良くするためには、家に入る最初の入り口が吉相でなければなりません。それには、道路と敷地の関係が重要になってきます。

家の主が東四命の人の玄関が吉相になるには、東南、東、南、北の方位に玄関を設け、西四命の人の玄関が吉相になるには、西北、東北、西南、西に玄関を設けます。

これを「門・命適合」と言い、門（玄関）と命（自分の生まれ星）との組み合わせが吉である（適合）ことを意味し、風水の基本原則です。

■東四命の人

東四命の人が吉相になる玄関は、東、東南、北、南の玄関になりますから、道路は北・東・南のいずれかの道路でないと吉の玄関にはなりません。

また、吉相の家を建てるには、自分に合った吉の方位に門と玄関を設けることができる土地でなければ、吉相の家を建てることができません。

■西四命の人

西四命の人が吉相になる玄関は、西、西北、西南、東北になりますから、道路は北・南・西のいずれかの道路でないと吉の玄関にはなりません。

また、吉相の家を建てるには、自分に合った吉の方位に門と玄関を設けることができる土地でなければ、吉相の家を建てることができません。

分譲住宅や建売住宅など既成の建物は勝手に玄関を変えることができませんので、自分は「東四命」になるか、「西四命」になるかを調べてから、購入するようにしてください。

2 ほかにもある門と道路の吉凶

北の門の主人は異性問題で苦労しがち

門と道路が関係する吉凶方位をもう少し見てみましょう。

家相では、北の門や玄関は凶相となると言われています。北の門は、そこに住む家族をあらゆる事件に巻き込むだけでなく、主人が勤労意欲を損ね異性問題に苦しむとされています。

家を購入、あるいは建てる際にはくれぐれも注意が必要です。

また、3方面に道路が通っている土地も、凶相になります。この場合は北側に樹木を植えて壁を造ることで禍を防ぐことが可能になると言われています。

ただ、難しければ土地が広い場合に限りますが、2つに区切って利用するのがいいでしょう。

4方が道路に囲まれた4方囲みの土地も同じく凶相となります。4方囲みの場合も北を含む2方位に樹木を植えて壁を造る、あるいは家庭菜園にすることで禍を防ぐことができるでしょう。

■「東四命」の吉相の道路

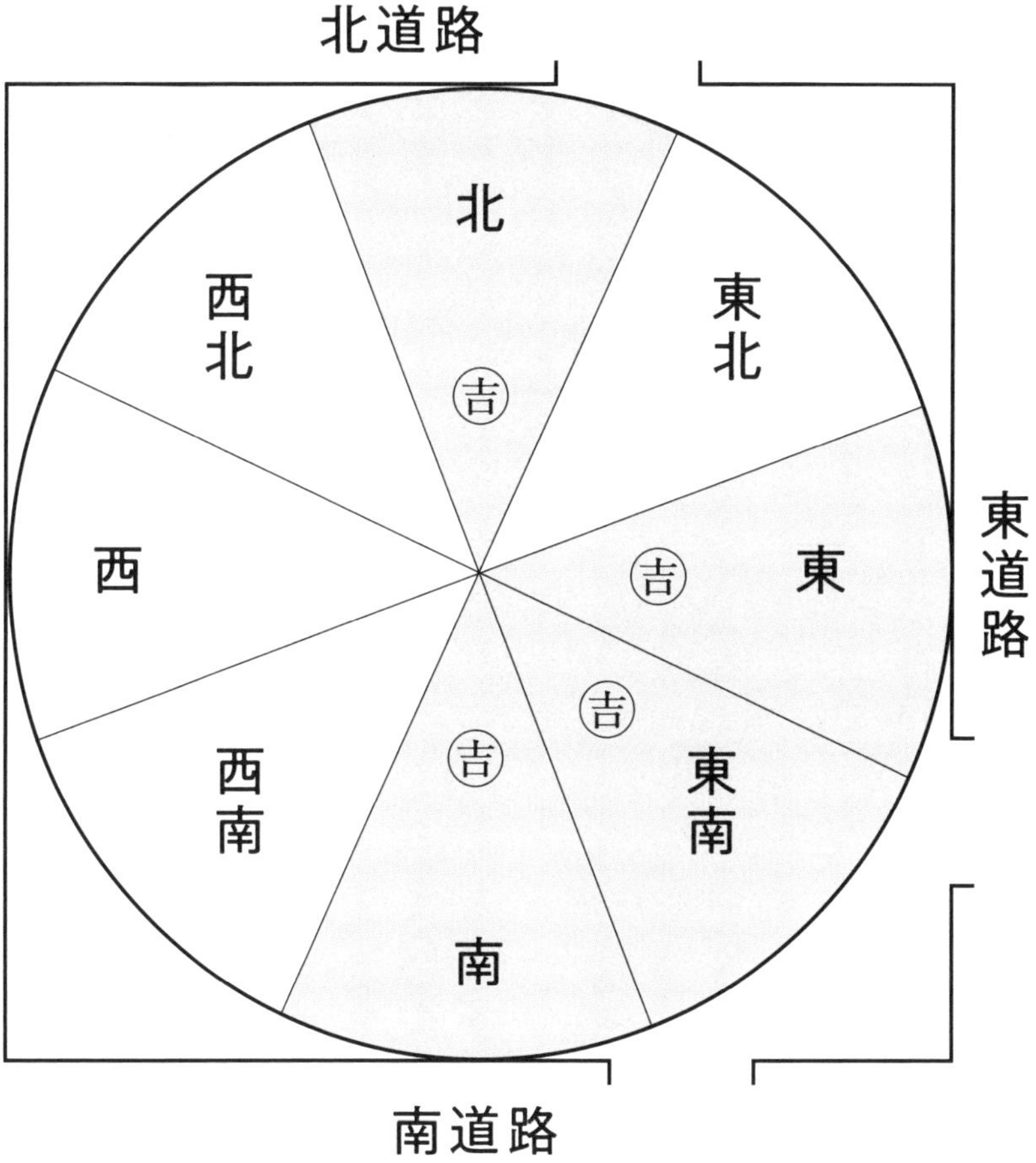

「東四命」の人が、門と玄関が吉相になる家が
建てられる道路の位置です。

■「西四命」の吉相の道路

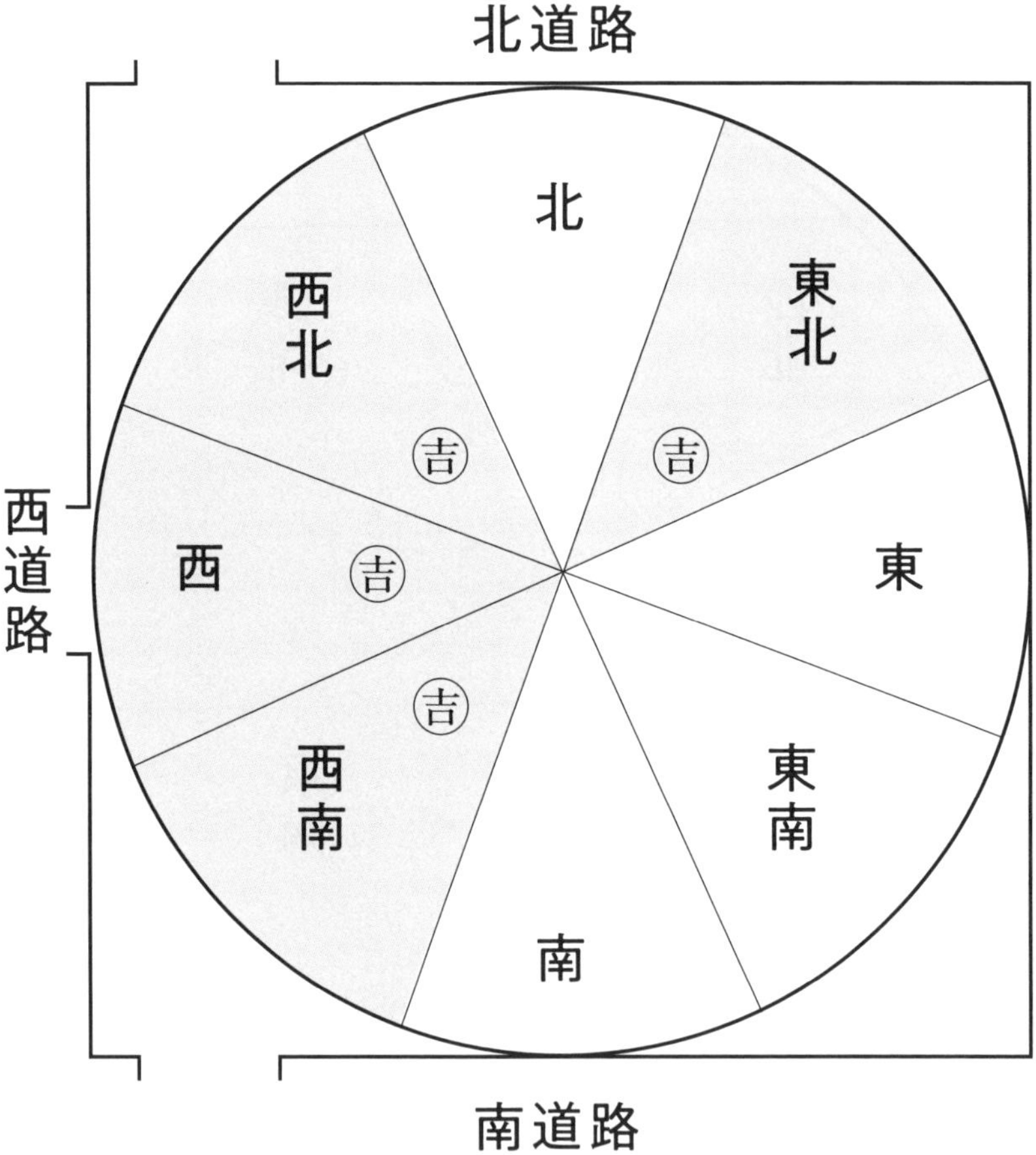

「西四命」の人が、門と玄関が吉相になる家が
建てられる道路の位置です。

3 家の購入に良い年、悪い年

1 「吉方位」に「吉相」の家が幸せへと導く

家相と方位の深い関係

「思い立ったが吉日」とあわてて家を購入するのは、軽率すぎるような気がします。家を購入することは、どこの家庭でも一生に一度の大仕事だと思います。

楽しいはずのマイホームが、病人が続出したり、不慮の事故にあったりと不幸が続くことがあります。

こういう場合のほとんどの原因は、あなたにとって悪い方位の家を購入してしまった、自分の運気が悪い年に購入してしまった、家相が悪い物件を購入してしまったということが多いのです。

幸せをつかむためには「吉方位に吉相の家」を購入する必要があります。家相だけが良くても、ベストとは言えないのです。

それだけ家相と方位は密接につながっています。ですから、あなたにとって、どの方位が吉方なのかを知る必要があります。

それには、「方位学」の仕組みを知らなければなりません。

方位学は、家相だけでなくあらゆる分野で活用することができます。たとえば、旅行をするとき、病院へ行くときにも活用できます。

吉方位に向かって行動すれば、いい結果が得られ、凶方位に向かって行動したときは、さまざまな障害にぶつかるということです。

行動する方位の良し悪しによって、うまくいったり、うまくいかなかったりするということです。

自分の吉方を知るには、まず自分の生まれ星を知らなければなりません【17ページ「生まれ年の九星別風水星」参照】。

2 すべての人に共通する凶方位とは

生まれ星との相性を見る

自分の生まれ星がわかったら、今度は自分の生まれ星と相性の良い星と悪い星を見つけます。相性の良い星のある方向が吉方位で、相性の悪い星のある方向が凶方位になります。

ということは、あなたにとって相性の良い星が北にあれば、北の方位があなたにとって吉方位ということになります。

凶方位のなかには、すべての人に共通の凶方位があります。

それは「五黄殺《ごおうさつ》・暗剣殺《あんけんさつ》・歳破《さいは》」の三大凶方位です。そのほかに、自分の生まれ星が入っている方位（本命殺《ほんめいさつ》）とその正反対側になる方位（本命《ほんめい》的殺《てきさつ》）の2つの方位があります。

この五大凶殺方位に向かって家を建てたり、買ったりした場合は、家相が吉相であっても必ず禍を受けることになります。家庭の幸せを願うなら、吉相の家だけでなく、吉方位にある家を買うようにしてもらいたいものです。

ここに、五大凶殺方位の取り方をくわしく書いておきます。

■**五黄殺**（ごおうさつ）＝五黄土星のある方位で、すべての人に共通の凶方位になります。

■暗剣殺（あんけんさつ）＝五黄の星の反対側にあたる方位で、すべての人に共通の凶方位になります。

■歳破（さいは）＝その年の十二支と向かい合う方位で、すべての人に共通の凶方位になります。

■本命殺（ほんめいさつ）＝自分の生まれ星が入っている方位で、自分だけの凶方位です。

■本命的殺（ほんめいてきさつ）＝自分の生まれ星が入っている方位の正反対側にあたる方位になります。自分だけの凶方位になります。

吉方位と凶方位は、その年の九星方位盤を見て出してください。

自分の吉方位と凶方位は「九星の相生相剋関係表」（151ページ）を見ればわかります。

吉方位、凶方位の出し方

では、吉方位、凶方位の出し方を次の例題をとおして解説してみましょう。

【例題】1989年7月15日生まれ
男性　二黒土星

二黒土星生まれの人が吉方位になる方位は、次のとおりです。

・大吉方位＝九紫火星が回座する方位
・中吉方位＝八白土星が回座する方位
・小吉方位＝六白・七赤金星が回座する方位

凶方位になる方位は、次のとおりです。

・凶方位＝一白水星が回座する方位
・大凶方位＝三碧・四緑木星が回座する方位
・すべての人が大凶方位になるのは、五黄殺・暗剣殺・歳破の3方位
・自分だけが大凶方位になるのは、本命殺と本命的殺の2方位

例題の「1989年7月15日生まれ」の男性が、2023年に吉方位に家を購入する場合は、次の

■【例題】1989年7月15日生まれ　男性　二黒土星

2023年　癸卯年　四緑木星

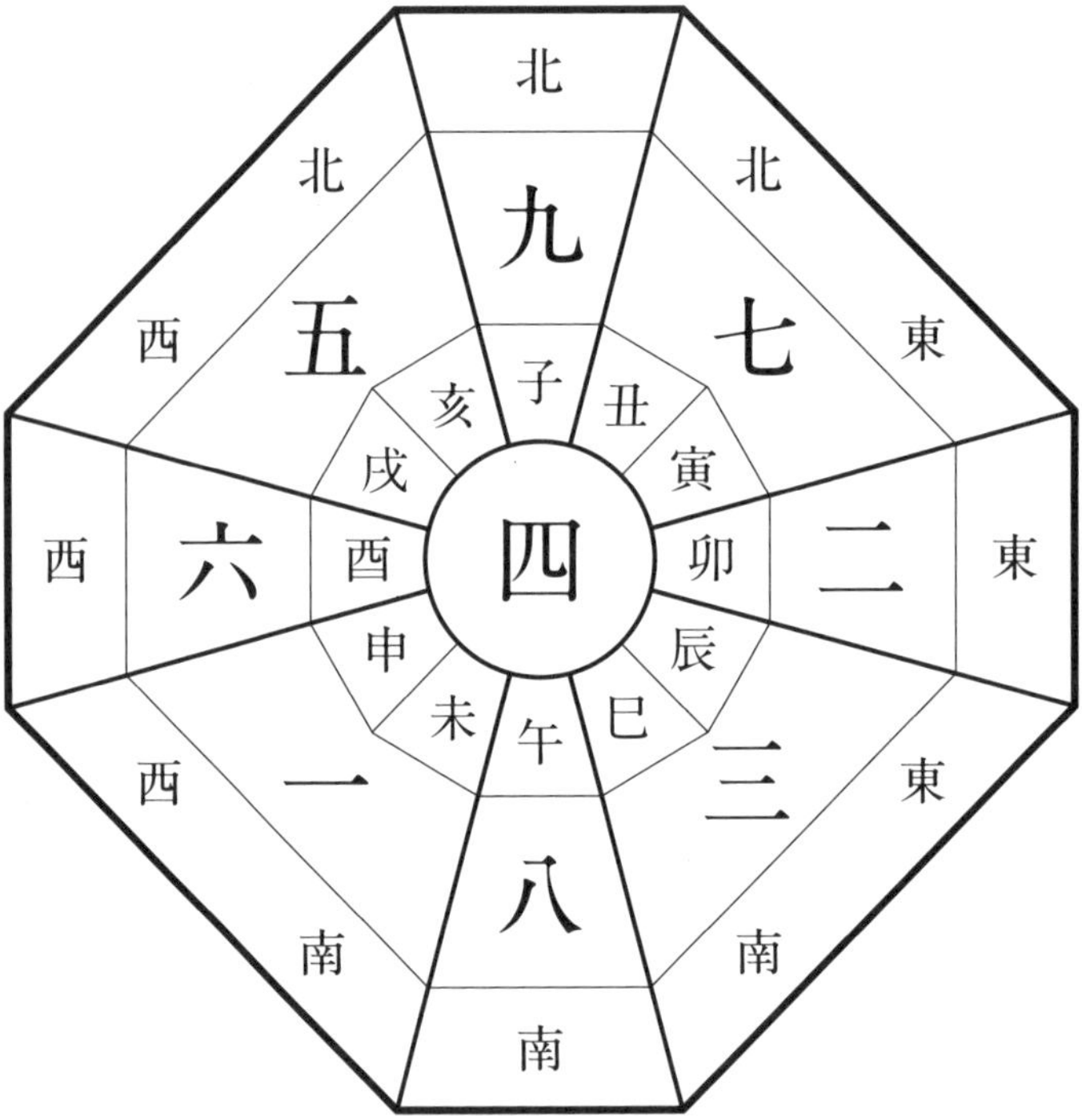

五黄殺：西北
暗剣殺：東南
歳　破：西

■九星別の相生相剋関係表

九星＼吉凶	大吉（生気）	中吉（比和）	小吉（退気）	凶（死気）	大凶（殺気）
一白水星	六白 七赤		三碧 四緑	九紫	二黒 八白
二黒土星	九紫	八白	六白 七赤	一白	三碧 四緑
三碧木星	一白	四緑	九紫	二黒 八白	六白 七赤
四緑木星	一白	三碧	九紫	二黒 八白	六白 七赤
五黄土星	九紫	二黒 八白	六白 七赤	一白	三碧 四緑
六白金星	二黒 八白	七赤	一白	三碧 四緑	九紫
七赤金星	二黒 八白	六白	一白	三碧 四緑	九紫
八白土星	九紫	二黒	六白 七赤	一白	三碧 四緑
九紫火星	三碧 四緑		二黒 八白	六白 七赤	一白

ようになります。150ページの2023年の方位盤で確認してみましょう。

二黒土星の男性は、風水では坤星になり「西四命」のグループに入りますから、2023年が吉方位になる方位は、七赤金星の東北方位だけになります。

2023年に家を購入する場合は、現在の家から見て「東北の方角にある物件」で、家相が自分に合っている家なら、まず大丈夫でしょう。

この男性は「坤星」の人ですから玄関は、西から西北の気が入る玄関であることが条件です。

二黒土星の女性の人は、風水星は巽星になりますから、「東四命グループ」になります。

このように男性と女性では逆転しますので気をつけてください。

例題と同じ「1989年7月15日生まれ」二黒土星でも、女性が2023年に家を購入する場合は、男性と同じにはなりませんから気をつけてください。

同じ二黒土星生まれでも、男性と女性では風水星が違います（三碧木星を除く）。風水星が違うと吉凶星も当然違います。

したがって、吉方位も違ってきますから気をつけてください。

■男性＝「西四命」の坤星で相生の良い星は、九紫火星・八白土星・六白金星・七赤金星になります。

吉になる方位は、七赤金星が回座する「東北方位」だけになります。

■女性＝「東四命」の巽星で相生の良い星は、一白水星・三碧木星・九紫火星になります。

吉になる方位は、九紫火星が回座する「北方位」だけになります。

同じ九星でも、男性と女性では吉相の家も方位も真逆になる場合がありますから気をつけてください。

条件を1つ1つクリアして、吉方位にある物件を探していく必要があります。すべての条件に当てはまる物件を、根気よく探さないとなかなか見つからないものです。

家を購入するときに、これだけは守ってもらいたい条件があります。

1つは、玄関の位置と向き。吉の気が入る向きの玄関であること。

2つめは、頭を吉に向けて寝られるベッドが置ける部屋があることです。

この2つを守ってもらえば、極端に自分の運気が悪くなることはありません。

3 九星方位盤の運行パターン

2023〜2031年までの運行パターン

次ページに示した「九星方位盤」は、中心の星がその年の九星の星になります。そして、ある一定の規則に基づいて、9つの運行パターンが繰り返されることになっています。

たとえば、今年が四緑木星の年なら、方位盤の中央に四緑木星が入っている方位盤になります。

9つの九星方位盤から、その年を支配する方位盤を出して、吉方向に向かって行動すれば、大きな禍を受けることはありません。

次ページからは、2023年から2031年までの運行パターンを見ていきましょう。

■九星方位盤・星の運行パターン

2023年　癸卯年　四緑木星

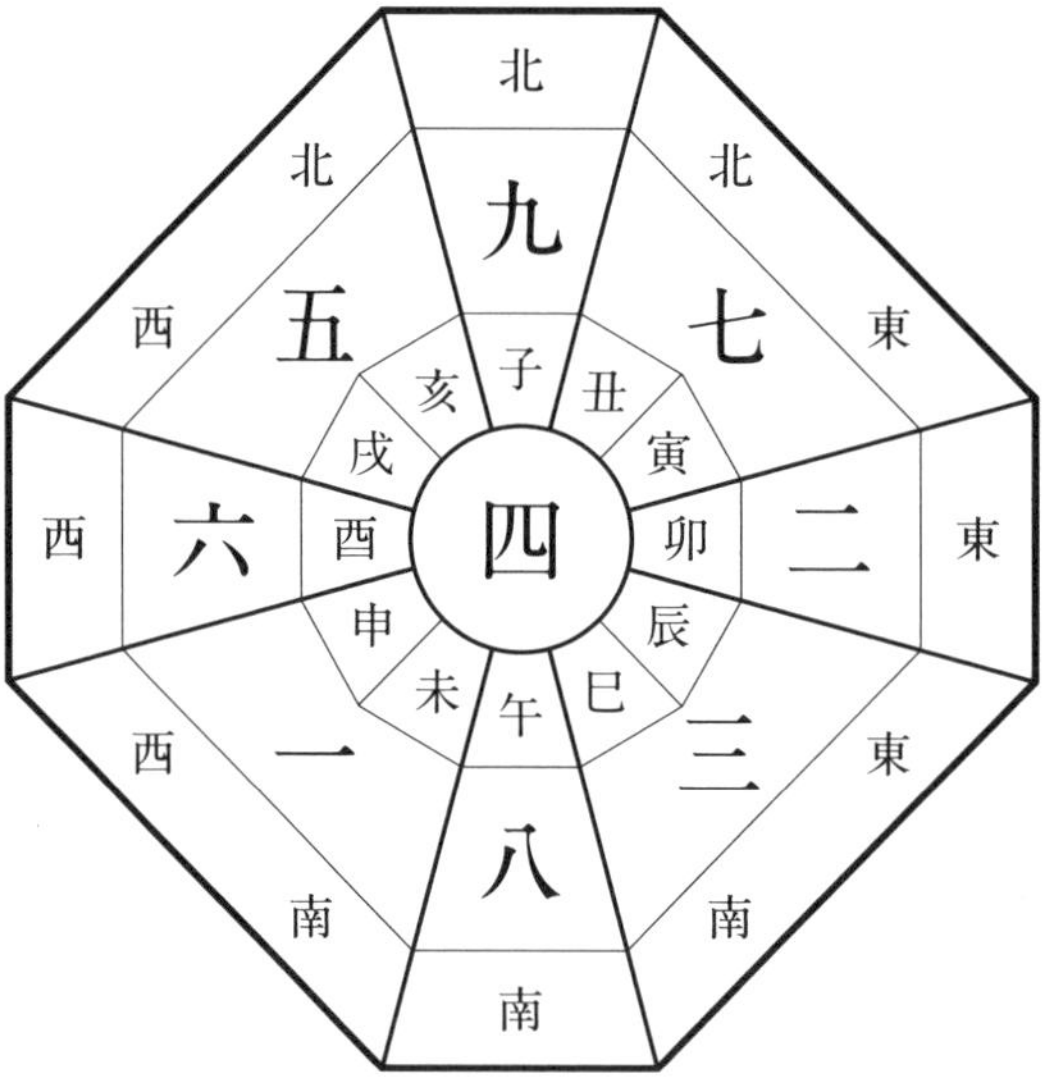

五黄殺：西北
暗剣殺：東南
歳　破：西

2024年　甲辰年　三碧木星

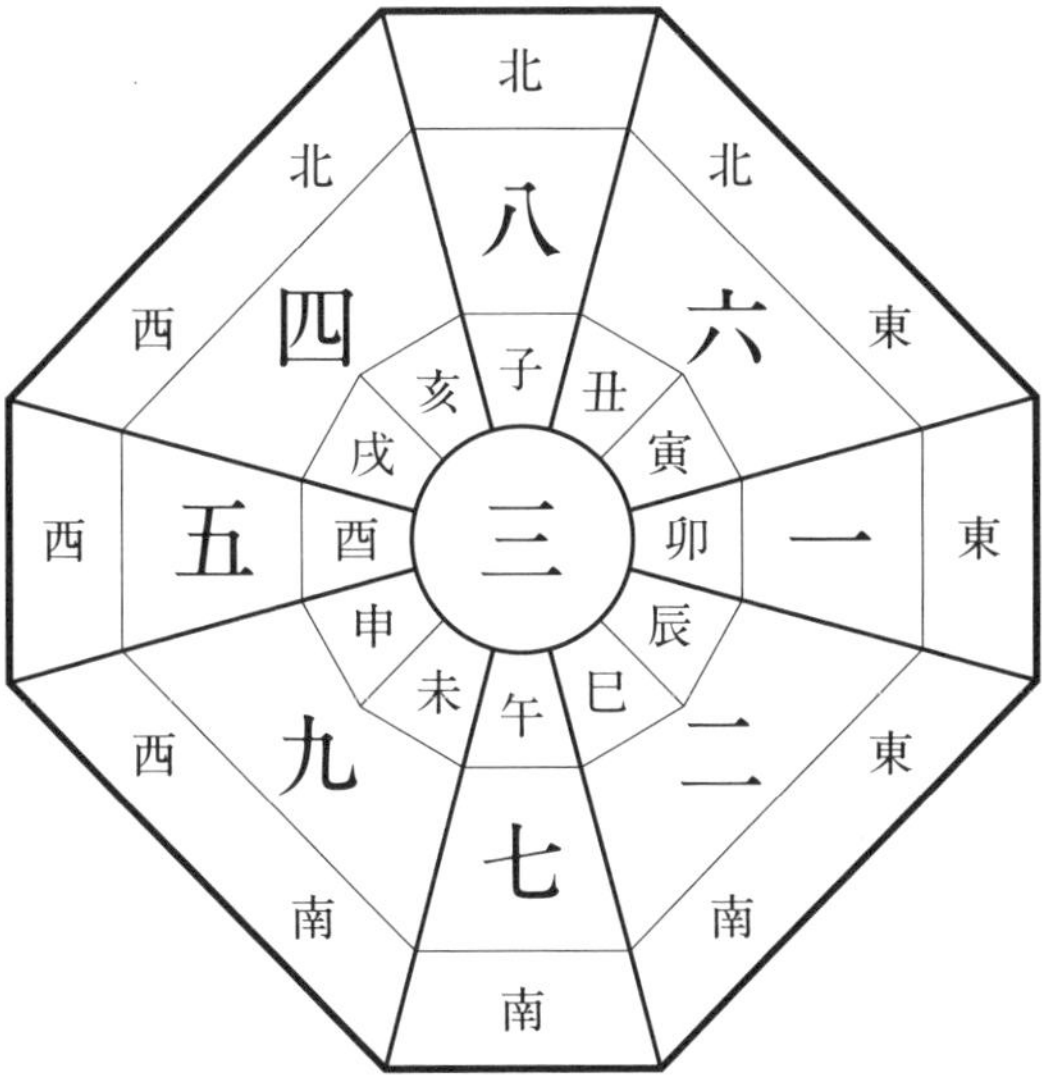

五黄殺：西
暗剣殺：東
歳　破：西北

2025年　乙巳年　二黒土星

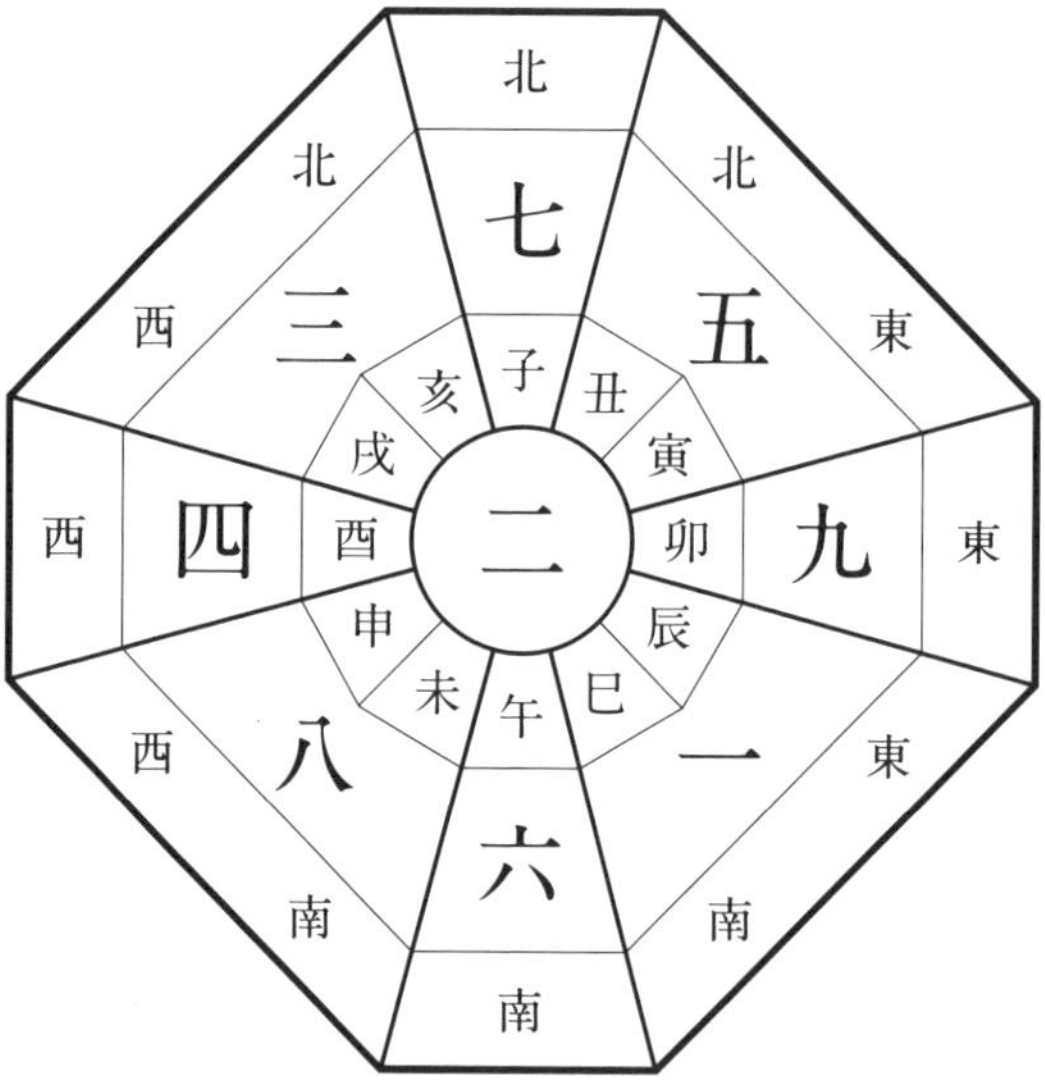

五黄殺：東北
暗剣殺：西南
歳　破：西北

2026年　丙午年　一白水星

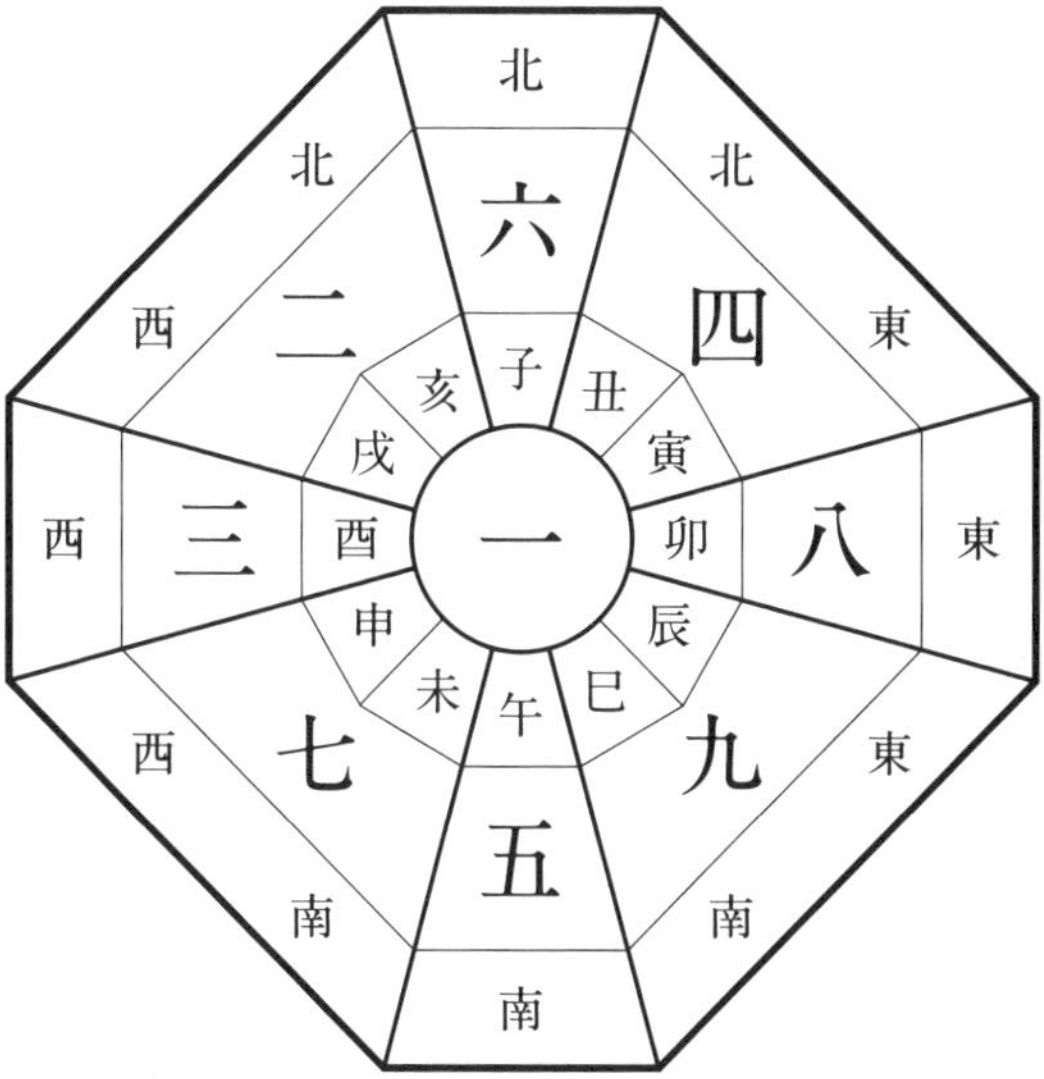

五黄殺：南
暗剣殺：北
歳　破：北

2027年　丁未年　九紫火星

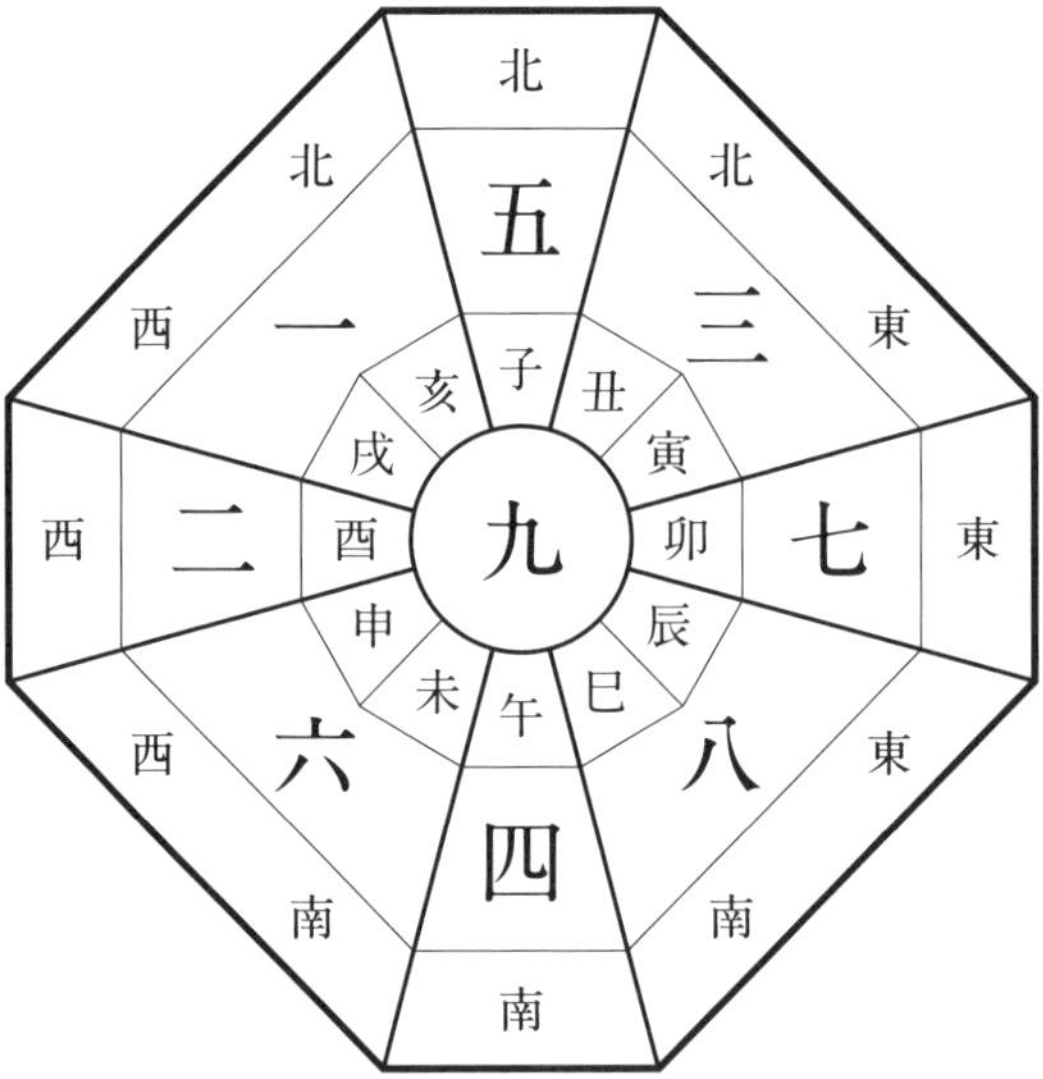

五黄殺：北
暗剣殺：南
歳　破：東北

2028年　戊申年　八白土星

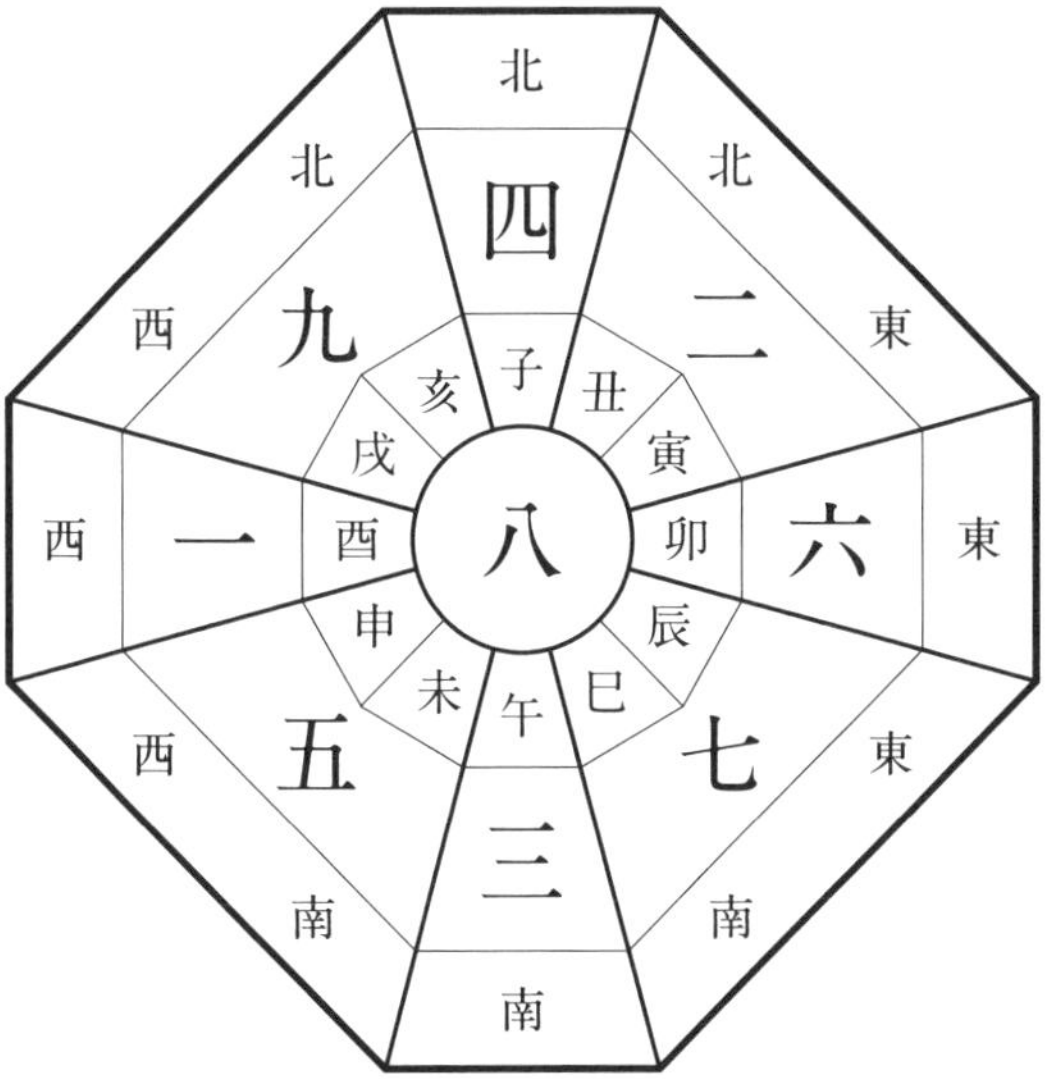

五黄殺：西南
暗剣殺：東北
歳　破：東北

2029年　己酉年　七赤金星

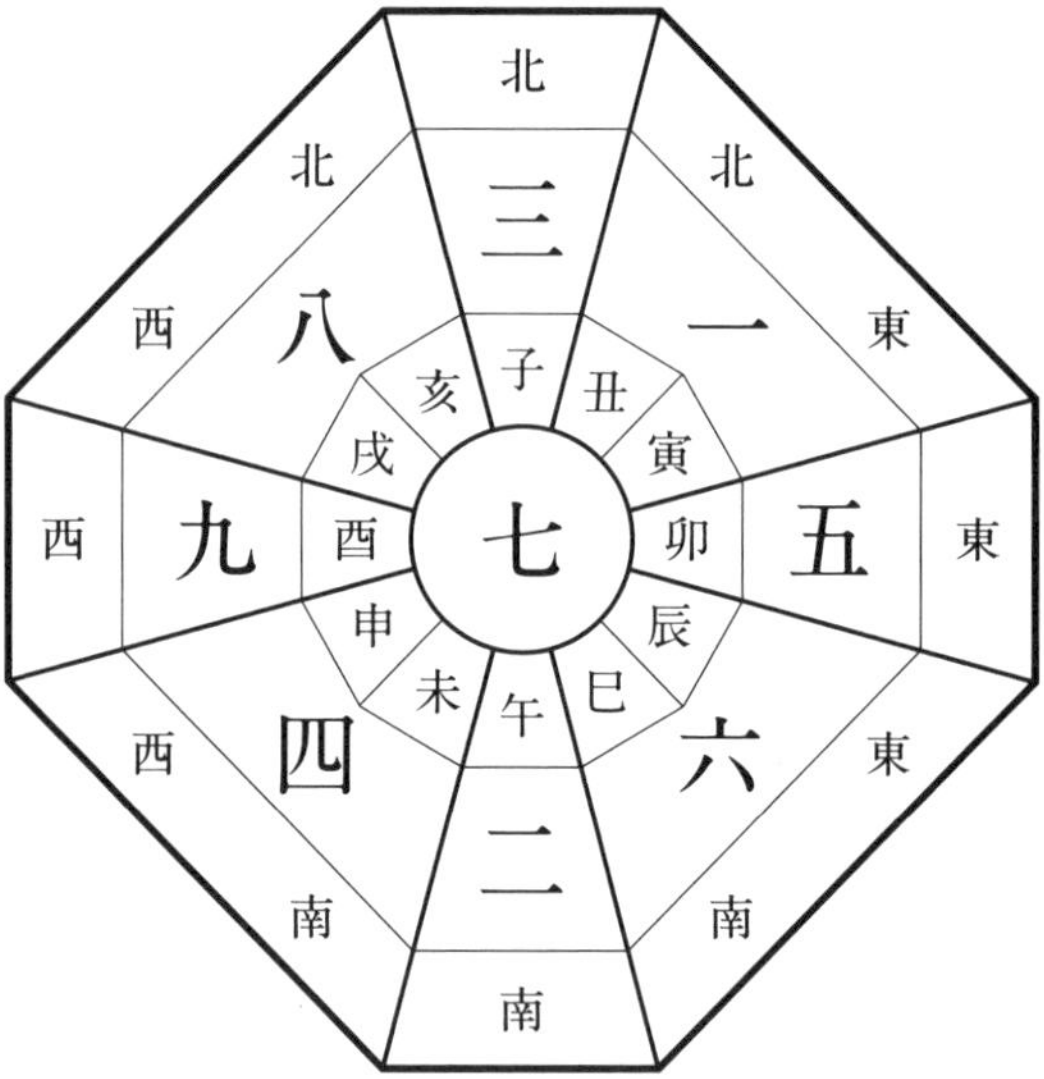

五黄殺：東
暗剣殺：西
歳　破：東

2030年　庚戌年　六白金星

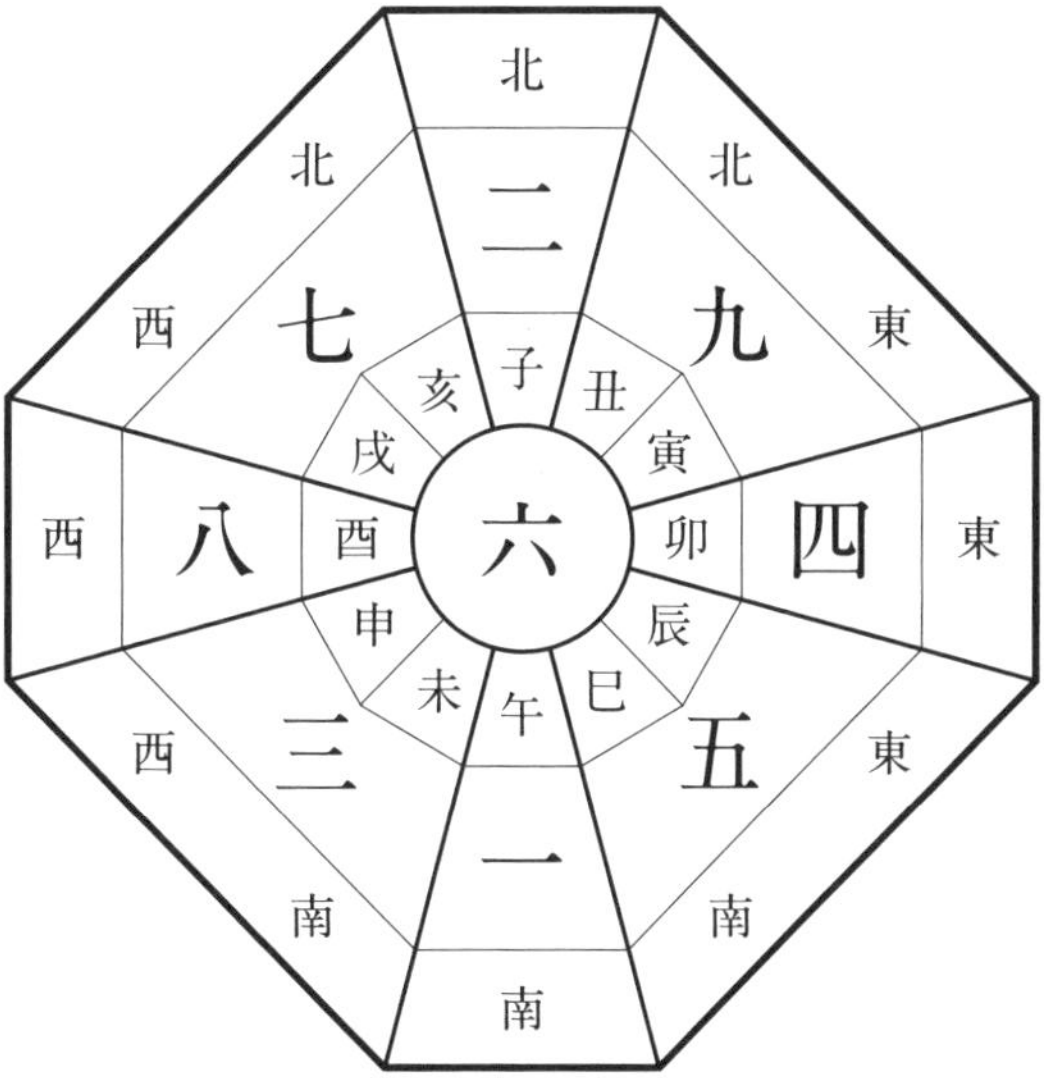

五黄殺：東南
暗剣殺：西北
歳　破：東南

2031年　辛亥年　五黄土星

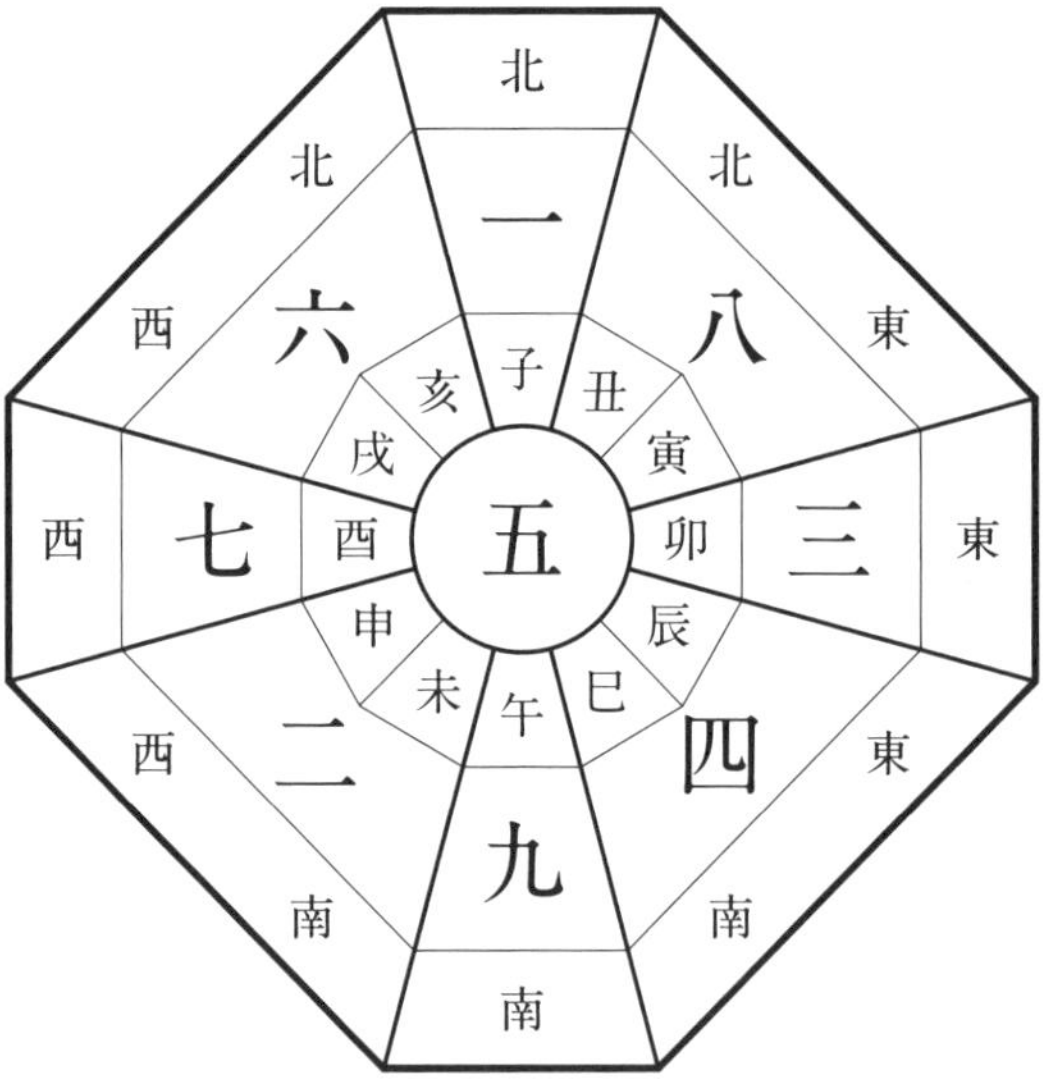

五黄殺：―
暗剣殺：―
歳　破：東南

4 吉方位にある建設会社を選ぶ

1 凶方位の建築会社でトラブル頻発

会社選びは至難の業

家を建てようと決断して困るのが、どこの建築会社にしようかということです。

洋服なら、いろいろ試着して選べますが、家を買うとなるとそうはいきません。苦労して建てた家が、気に入らないからといって、簡単に建て替えられるものではないからです。

建築に関するどの本を見ても「家を建てる際には、信頼できる建築会社に依頼すること」と書いてあります。

しかし、一般の人が信頼できる建築会社を選ぶといっても、家を初めて建てる人には、建築会社の信頼度の良し悪しなどわかるはずがありません。知人や友人に紹介してもらえる人は別として、建築会社を選ぶのは至難の業といえるでしょう。

それなら、大手の建築会社なら安心かというと、一概には言えません。むしろ、地元の住宅をたくさん手がけた建築会社のほうが、悪いことができないので安心という人もいます。

また、アフターケアの面でも有利になる場合があります。

家づくりは、最終的には建築会社の良し悪しで決まってしまうところがありますから、実際に建てた家を見せてもらい、そこに住んでいる人に住み心地やアフターケアの対処の仕方などを聞いてみるのもいいでしょう。

住んでいる家から見ての吉方位

たとえば、五黄殺・暗剣殺・歳破の三大凶殺方位にある建築会社に依頼した場合は、何らかのトラブルがついて回ることになります。

洋服や家具のように、気に入らないからといって返品はできませんので、建築会社は慎重に選ぶ必要があります。多額のお金を投入するわけですから、あなたにとって吉方位にある建築会社を選んでもらいたいです。

あなたにとっての吉方位は、その年の九星方位盤を見ればわかります。その場合、基準になるのは現在住んでいる家から見て吉になる方位が吉方位になります。

あなたの生まれ星は17ページの「生まれ年と九星・風水星の早見表」で探してください。九星と風水星がわかたら、151ページの「九星別の相生相剋関係表」で大吉・中吉・小吉の星をメモしておきます。

たとえば、あなたの生まれの九星が「三碧木星」ならば、大吉＝一白、中吉＝四緑、小吉＝九紫火星になります。

次に、家を購入する年の方位盤で大吉の一白の方位を調べます。

2023年に家を購入する予定であれば、大吉の一白＝西南、中吉の四緑＝中央、小吉の二黒＝東、八白＝北の方位になります。三碧木星の人は「東四命」グループになりますから、小吉の東と北が吉方で、自宅から見て「東か北」にある物件がおすすめです。

5 着工日と入居日が吉日である

1 地鎮祭《じちんさい》よりも重要なのは着工日

基礎工事に着手する日が大事

どんなに良い家相であっても、着工日と入居日が吉日で、しかも吉方でなければ家相の効力は発揮されないことになります。

着工日とは、地鎮祭の日ではなく、基礎工事に着手する日のことです。土地に着手する日が大事な日で、その日が起点になって吉現象が現われたり、凶現象が起こったりするのです。

そのため、この日が吉方で吉日でなければならないということです。

地鎮祭が吉日になるように考えている人が少なくありませんが、起点はあくまでも着手する日です。もちろん、地鎮祭も吉日に行なうほうがより良いでしょう。地鎮祭よりも重要なのが着工日であるということを覚えておきましょう。

入居日は、年盤、月盤ともに吉日でなければなりません。「吉相の家を、吉方に建てて、吉日で入居する」のがもっとも良いことですが、実行するのは難しいことです。

家の購入、あるいは引っ越しの予定がある人はその年の暦（たとえば「高嶋易断・神宮館運勢暦」）で方位と吉日を調べてから、行動すると良いでしょう。

6 地鎮祭と上棟式は行なう

1 禍を排除するための地鎮祭

工事の無事を祈る儀式は必須

個人で家を建てる場合は、必ず地鎮祭と上棟式《じょうとうしき》は行ないますが、企業が売り出している建売住宅の場合は、2つを総括して行なう場合がほとんどです。なかには、地鎮祭を行なわないで建てることもあります。

地鎮祭は、その土地の神様である「産土大神（ウブスナノオオカミ）」と「大地主大神（オオトコヌシノオオカミ）」に家を建てることを許し願う儀式になります。加えて、工事の無事安全をお願いするための儀式です。

この地鎮祭を行なわないで家を建てると、どんなに良い家相であっても、その土地の神様に許しを得ていないわけですから、禍を受けやすいと言われています。

また、建築中に起こる事故も地鎮祭をきちんと行なわなかった場合に起こりがちです。

いずれにしても、その土地の神様に許しを得ないで住むことは避けてもらいたいです。家族が禍を受けるかもしれないことは、排除しておくことが重要です。

新しい住宅やマンションを購入するときは、建築会社が地鎮祭を行なって建てたものかどうかを確認してください。

もし、地鎮祭を行なっていない建物でしたら、入居する際に、その土地の産土神社に祈祷をお願いするといいでしょう。

家を清めることの重要性

幸せな家庭を築くためには、まず家を清めることが先決です。

中古住宅を購入した場合は、同じく「家祓い」を済ませてから入居してください。

その家に住み着いていた、もろもろの邪気を祓い清めてくれますから、必ず行なってください。決して、神様を侮ってはいけません。

地鎮祭に良い日は、一般には暦の中段にある「建《たつ》」と「満《みつ》」の日が大吉になります。

その他の干支では、甲子《きのえね》、甲寅《きのえとら》、甲辰《きのえたつ》、乙未《きのとひつじ》、乙酉《きのととり》、戊申《つちのえさる》、庚子《かのえね》、庚午《かのえうま》、庚辰《かのえたつ》、庚戌《かのえいぬ》、辛卯《かのとう》、壬子《みずのえね》、壬寅《みずのえとら》、癸丑《みずのとうし》、癸卯《みずのとう》の日が吉日になります。また、天赦日《てんしゃび》、大安の日も吉日になります。ただし、三隣亡《さんりんぼう》と重なる日は凶日になりますから避けてください。

賃貸マンションやアパートの場合でも、入居する前に先住者の気を抜くために「家祓い」が必要になります。

大手の会社は、先住者が引っ越した後、畳を入れ替えたり、壁紙を張り替えたりと、内装工事に1週間かけて清掃をしてから、新しい入居者に引き渡すというルールになっている場合がほとんどです。このようにきれいになった住まいに入居する場合は「家祓い」の必要はありません。

気をつけていただきたいのは、先住者が引っ越したあと、何もしないですぐに入居した場合です。先住者の因縁をまともに受けることになりますから注意してください。

7 近所の噂話を軽んじない

1 土地の吉凶判断の目安とは

土地の因縁は噂話から知ることができる

近所の噂は、案外的を射ている場合が多いのです。その土地に長く住んでいると、人の出入りやその土地にまつわるいろいろな出来事がわかってきます。ちょっとした噂話から、その土地にまつわる因縁を知ることができます。

土地の因縁は、外見からでは判断しにくいものです。

しかし、因縁の怖さは誰もが知っていることでしょうが、知るすべを知らないのも現実です。不動産業者も近所の住人も、よっぽど親しくならないと、なかなか話してくれません。

では、どのようにしてその土地にまつわる因縁を調べればいいのでしょうか。確実なのは、その土地の過去帳を手に入れることです。それができない場合は、地元の図書館にある郷土史をひも解いてみるのもいいでしょう。

そんな面倒なことはできないという人のために、土地の吉凶判断の目安になることを上げておきましょう。

霊の禍がある土地は、その土地の上に立ったとき「なんとなく」嫌な気持ちになったり、頭が重くなったりすることもあります。

あるいは、その場所に行こうとすると、必ず何か事情ができて行けなくなることです。不動産業者や銀行の契約書を些細なことで何回も書き直すことになったりもします。

このような現象は、一種の「危険信号」または「お知らせ現象」になりますから、中止しましょう。自分自身の魂が、土地の霊力に気づいて「やめなさい」と予知しているからです。

雨の日や夜に「何か」を感じる土地には注意

そのほかの現象としては、「塚」とか「跡」といった地名も、一応チェックしてみる必要があります。また、隣近所のお付き合いがないというのも危ない現象の1つですから気をつけましょう。

どこの建設会社や不動産業者も、大規模な土地や家を売り出すときは、現地見学ツアーを行なうのが通常のやり方です。応募者を募ってバスで現地を案内する方法です。それも昼間1回だけ現地を見て契約するというケースです。

「家相が悪い」と言われたら、ある程度は改良することができますが、「地相が凶相」と言われたら、その土地に住むことができなくなります。

家を購入することは、一生に何度もあることではありません。ほとんどの人は、一生に一度あるかないかです。

このような重大なことを、たった1回の見学で決めてしまうのは、ちょっと軽率すぎるのではないでしょうか。

もし因縁のある土地に建てた家だったら、いくら家相が吉相であっても、必ず凶現象が現われます。これでは幸せな家族どころか不運続きの生涯になってしまいます。

因縁のある土地は、どんな「お祓い」をしてもらっても恨みを残して死んでいった人の霊を鎮めることはできません。このような土地は、結局は手放すよりほかに方法はありません。

家や土地を購入するときには、「面倒だ」と思わないで、最低でも3回は現地に足を運んでいただきたいものです。

最初は、見学バスツアーでも構いません。2回めは雨の日。3回めは、夜に現地に行ってみることです。

因縁が強い土地は、昼間は何も感じなくても、雨の日や夜になると「何か」を感じることができるからです。

人によって、それぞれ感じ方が違いますが、なんとなく嫌な感じがする、寒気がする、ぞっとするといった独特な感じがするときは、その土地に家を建てることをあきらめてください。

第６章

マンションを購入するときの吉凶判断

1 一戸建てとマンションの家相の違い

1 共有部分を除外して家相判断

マンション家相の決め手は専有部分

一戸建て住居の場合は、張りの部分は除外し、欠けの部分を含めて家の中心を出す方法で家相を判断し、合わせて敷地の地相も判定します。さらに、両方を合わせて総合的に判断します。

しかし、マンションの場合は、基本的には共有部分を除外して、専有部分だけで家相の判断を行ないます。

残りの共有部分になっている廊下、階段、エレベーター、フロアなどは、一戸建て住宅の道路と同じように考えてもらえばわかりやすいでしょう。

マンションの場合の家相の判断は、専有部分だけを取り出して家の中心を出します。太い鉄筋の柱や家のなかに食い込んでいるコンクリートの壁の部分は、当然のことながら欠けになります。

あとは、一戸建て住宅と同じ要領で家相の判断を行なってください。

一戸建て住宅とマンションの大きな違いは、外気に面している部分が限られていることです。そのために、通気、換気、湿気、臭気、採光などに弊害が出やすいということです。

快適な住環境にするためには、湿気、通気、換気がよい住環境になるように工夫してください。

2 マンション全体の家相の吉凶

1 L字型、コの字型、ロの字型には注意

運気が不安定なマンションとは

マンション全体の形にも吉凶があります。8階以下のマンションに多く見られる形で、L字型、コの字型、ロの字型になっている建物です。

このような形のマンションは、マンション自体が中心の取れない建物になりますから、マンション自体に活力がありません。しかも運気が不安定なマンションになるので、凶相です。

もう1つ気をつけてもらいたいマンションがあります。

それは、1階が駐車場になっているマンションです。土地の有効利用という点から見たらよいかもしれませんが、家相上では吉相にはなりません。

凶相マンションを吉相にする方法

では、この凶意から逃れるためにはどうすればよいか考えてみましょう。

1階が駐車場になっているマンションに住む場合は、なるべく上の階に住むようにしましょう。できれば3階以上に住むことです。

さらに家のなかに観葉植物の鉢植えを置いて、空気の浄化をしてください。

また、小さい子どもがいる家庭は、努めて公園

■中心の取れないマンション

❶コの字型マンション

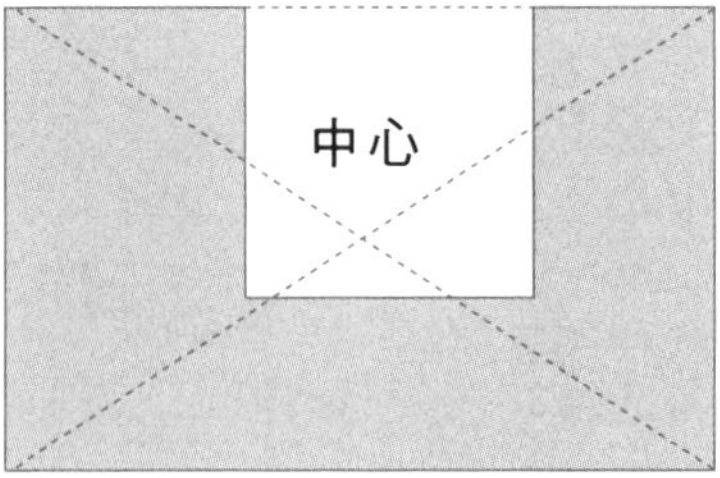

❷L字型マンション

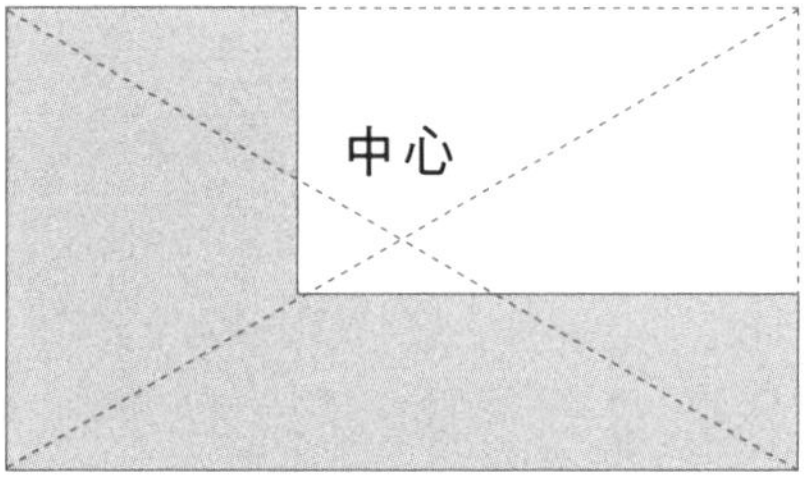

❸ロの字型マンション

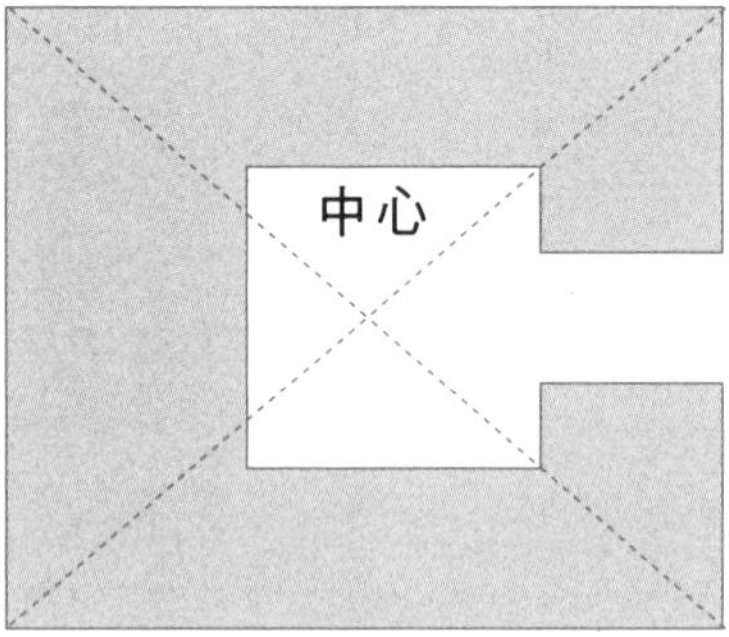

などに行って土と親しむようにしましょう。

普通のマンションの場合は、地上に近い5階までに住むようにすると、土の気を十分に取り入れることができます。

5階以上に住むと、土壌からの土の気が取り入れにくくなります。

土の気が受け取れる範囲に住まなければ、体内の五行のバランスが崩れてしまいます。その結果、精神的に不安定になって、体調不良を引き起こしやすくなってしまうからです。

マンション全体の出入り口が、普通の住宅の門にあたり、部屋の入り口が玄関になることを覚えておくといいでしょう。

建物の中心から太陽光が入るか

最近、建築や地震対策などの技術の急速な進歩によって、ビルやマンションがどんどん高層化してきました。そのなかで、はたしてどんなマンションに住めばよいかを考えてみることにしましょう。

家相上から言えば、マンションの建物全体の中心から見て太陽光（陽の気）が入る、東・東南・南の方角にある部屋を選ぶのが最高です。

マンションの場合は、間取りが均一化されていますから、選びにくいのは事実です。唯一違うのが、玄関（出入り口）になります。

2 玄関の向きで吉凶を判断する

そこで、部屋の玄関（出入口）の向きの方角によって、吉凶を判断する方法をお伝えします。

■「東四命」の人

東・東南・北・南の気が入る玄関を選ぶと吉相になります。

■「西四命」の人

西・西北・東北・西南の気が入る玄関を選ぶと吉相になります。

3 部屋の入口の向きの判断方法

風水盤で方角を示す

自分の部屋番号の前に立ちます。厚めの本に方位磁石を乗せて、北の方位を合わせてください。そのままの状態で胸の前まで持ってきて、部屋のドアと直角になる方角が、その「部屋の向き」になります。

方位磁石の場合は、度数で出てきますから、その度数を用い「風水盤」（下図）で方角を出してください。

下の図の白色の範囲は「東四命」の人、茶色の範囲は「西四命」の人が吉になる玄関となります。

風水盤

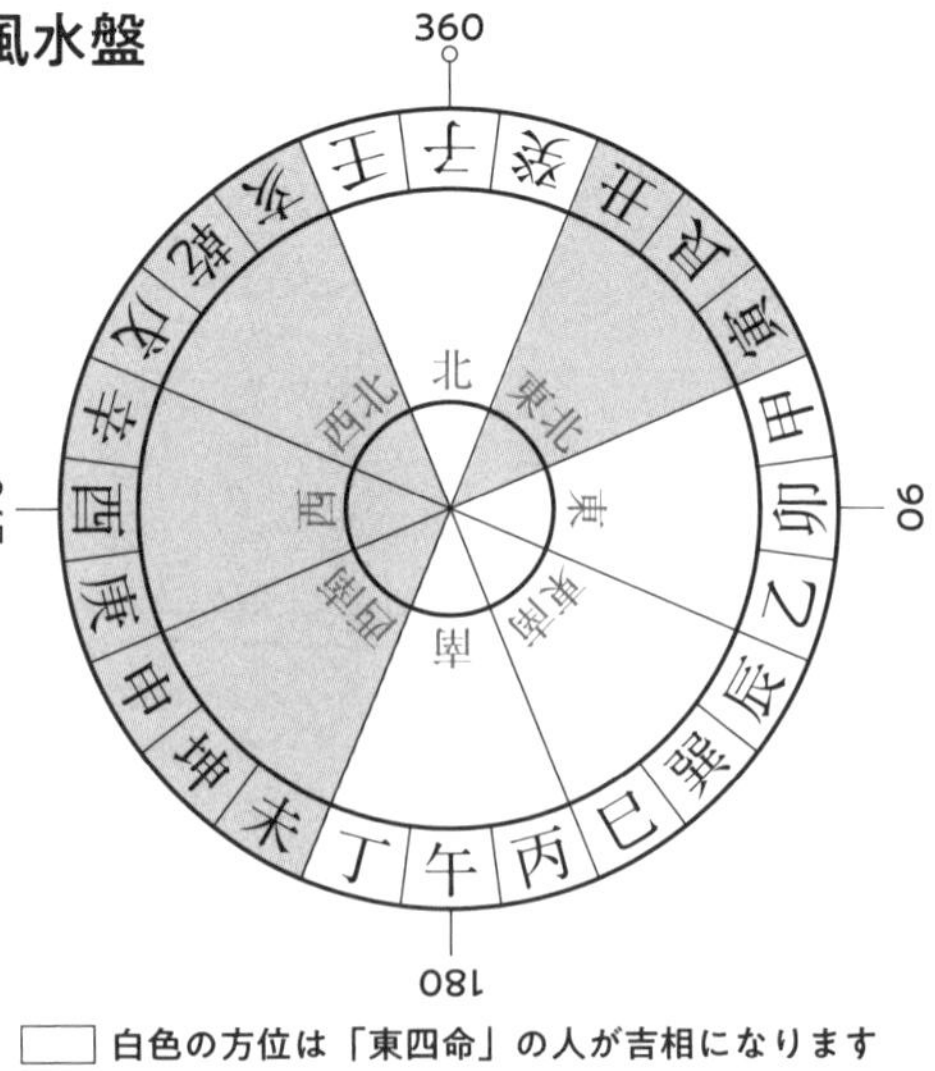

白色の方位は「東四命」の人が吉相になります
茶色の方位は「西四命」の人が吉相になります

3 階数と部屋番号で吉凶を見る方法

1 数の吉凶で部屋を選ぶ

数字にはそれぞれ意味がある

これまでは、マンションの形状や方角で家相を判断してきましたが、数の吉凶でも選ぶことができます。それは、建物の階数や部屋番号の数によって見分ける方法です。

家相学から言えば、邪道とお叱りを受けるかもしれませんが、基準になるものが何もないときには、簡単に家相の吉凶を知る手段として、数字で選ぶこともできるということを知っておくと便利です。

数字の吉凶判断は、次のようになっています。

◎**大吉＝16　23　32**
◎**吉　＝1　3　5　6　8**
◎**半吉＝7**
◎**凶　＝2　4　9　10**

マンションの階数で選ぶ場合は、3階建て、5階建て、6階建て、8階建てのマンションが吉相になります。

凶相になるマンションは、4階建て、9階建て、10階建てになります。特に、4階建てと10階建てのマンションは、トラブルが多いので避けたほうがいいでしょう。

次に、部屋番号を選ぶ場合は、番号を全部足して1桁の数にします。

1桁の場合は、そのままの数で、2桁以上の場合は、それぞれの数をプラスして1桁にします。

たとえば、15号は1＋5＝6……吉

805号は、8＋0＋5＝13→1＋3＝4……凶

となります。

また、16・23・32・10は、後にも書きますが、特別な数字になりますから、例外として扱います。

2 具体的な数字の意味を知る

1から9までの数字の意味

参考までに、1から9までの数字が持つ意味を説明しておきます。

「**1**」すべての物の始まり、希望が広がり願望達成の吉数です。

「**2**」人から遠ざかるという孤独数。常に精神的な苦労がつきまとい、不安定な生活になります。人間関係のトラブルが多くなります。

「**3**」社会的な信用もあり、大衆の人気者として可愛がられます。子孫繁栄、大いに発展する吉数です。

「**4**」家庭縁が薄く、病難が出やすい凶数です。また、苦労が多く、波乱万丈の人生になります。

「**5**」堅実な家庭生活を営むことができる吉数です。家庭円満、子孫繁栄と長寿に恵まれます。

「**6**」コツコツと努力するため、財運にも恵まれ生涯安泰という吉数です。

「**7**」出費が多く財が残らない運。偏屈な性格と強情さを取り除けば吉数になり得る数です。

「**8**」真面目に努力して、初心貫徹する吉数です。最初はあまりよくありませんが、晩年は安泰になる吉数です。

「9」狙いが当たれば大成功するが、安定感のない凶数。刑罰に関する難に合いやすい凶数です。

「10」1と0の2つの運命を持つ極端な凶数。良いときと悪いときの明暗がはっきりしています。競輪、競馬といったギャンブルに凝る凶数。

「16・23・32」ともに一躍大発展を成し遂げるという大吉運数です。

統領運もあり、名声は天下に及ぶと言われるほど強いものです。強運のため女性には適さない吉運数になります。

4 マンションは高い階ほど人間関係が悪化

眺望が素晴らしいからといって、マンションの高層階に住んでいると、自然の五気をバランス良く受けることができません。このような状態が長く続くと精神不安定、または情緒不安定になってしまいます。

特に精神面に悪い影響を与えますから、気をつける必要があります。ときには日常生活の行動にも変化が現われることがあります。

そして、考え方も自己中心的になり、思いやりの気持ちもなくなってきます。

それは、高層階に行けば行くほど「火の気」が強くなり、逆に「土の気」が弱くなるからです。

普通は地上からの「土の気」のエネルギーは5階

1 タワーマンションが凶相な理由

高層階に住めば「火の気」が強くなり攻撃的に

大都会では、土地の有効利用ということで、タワーマンションとも称される高層マンションが至るところに林立し、それも年々高層化してきています。

高層マンション住宅に住むと、どのような影響を受けることになるか、考えてみることにしましょう。

健全な精神と肉体は、自然界の5つの気である「木の気・火の気・土の気・金の気・水の気」の恩恵を受けて維持されています。

以上になると取りにくくなると言われています。

マンションの高層階で生活するということは、火の気だけが強く、木の気、土の気、水の気が弱い環境のなかで生活することになります。

ということは、火の気である「激しい感情と自己顕示欲」が強くなり、土の気である「冷静、落ち着き、安定感」が弱くなるということです。

2 土の気で運気アップ

森林浴や野外菜園の必要性

高層階に住んでいると、いつもイライラしていて、些細なことで口論になったりしますから、人間関係も悪くなってきます。

大都市で生活しているサラリーマンのなかには、職場も高層階のビルのなか、家に帰っても高層マンションの生活というケースが多くなっています。

これでは1日中、空中で生活していることになりますから、健全な精神と肉体を保つことができません。

せめて休みの日ぐらいは、森林浴や野外菜園などで大気中の土の気をいっぱい取り入れてもらいたいものです。

また、植木鉢やプランターなど、土や緑の植木を室内に置いておくと土の気を取り入れることができます。

3 自然界の五気の働き（現象）とは

五気のバランスを取る

次に、自然界の五気の働き（現象）を説明しましょう。

■**木の気**＝生気、活力、活気、若々しさ、希望、発展、独立独歩、協調性、奉仕、愛情

■**火の気**＝情熱、自由、自己、権威、名誉、地位、暑い、派手、焦り、分離、喧嘩、明るい、熱、変化、栄転、文書、伝達、表現

■**土の気**＝引力、信用、蓄積、大地、安定、落ち着き、平穏、欲張り、不動、頑固、寛容、信頼

■**金の気**＝行動力、積極性、前進、攻撃、闘争、勇気、結果、終わり、悦び、実り、収穫、遊び

■**水の気**＝習得、叡智、咬合《こうごう》、団らん、家庭、夜、秘密、黒、知性、理性、改革、伝統、流れる

自然界の五気をバランスよく取ることで、精神的にも、肉体的にも豊かな気持ちで日々の生活が送れるように心がけましょう。

自然界の一員である人間も、自然の五気を体内に持っています。そこで、自分に足りない気を自然界からもらい、余っている気を自然界に返して五気のバランスをコントロールしているから、健康体で生活できているのです。

高層階に住みたがる人の特徴の一つが、土の気を体内に多く持っているということです。

つまり、土の気は火の気を燃え尽きた灰が土に返るという意味の「火生土」として吸収してくれるので、高層階でも弊害なく自然と共存して生活ができるのだと思います。

逆に自分の体内に「土の気」を持っていない人は、まともに「火の気」を受けてしまいますから、火の気が強くなり、体調が悪くなっていくのだと思います。

5 中古住宅にリフォームは必須

1 先住人が出た後、すぐの入居は控える

先住者の「気」が抜けるには最低でも3週間は必要

新築の住居に入居する場合は、何の問題もありませんが、古い家や中古マンションに入居する場合は、他人が出た後にそのままの状態で、すぐ入居することはやめましょう。先住者の「気」が残っていて、あなたの運気に悪い影響を与えることになるからです。

賃貸マンションやアパートの場合は、先住者が引っ越した後、必ずリフォームして先住者の気を取り除いてから、次の人が入るようになっています。

家主が畳を入れ替えたり、壁を塗り替えたり、ふすまや障子を張り替えたりしているのは、先住者の気を取り除くためのものでもあります。きれいにして新しい住人に引き渡すようにしているのも気を消すためなのです。

時間をかけてきれいにしたら、先住者の気はすっかり抜けています。このようにして入居した場合は、その後のあなたの運気には、何の支障もありませんので安心してください。

先住者の気を抜くためには

問題は、先住者が引っ越した後、ろくに掃除もしないで入居した場合です。これでは先住者の因

縁まで背負って、この先も長く暮らすことになるのです。一度ついてしまった因縁を消すのは容易ではありません。

中古住宅を購入した場合は、先住者の気を抜くために3週間くらい空けておく必要があります。時間的に無理なら荷物を運び入れる前に、天井から床下まで徹底的に掃除することです。

そして窓を開けて、朝の陽の気を十分に取り入れましょう。短期間で先住者の気を抜くには、大掃除しかありません。

最後に、トイレ・浴室・洗面所・台所を、酒と塩でお清めをしてください。自分でできない場合は、地元の神社に頼んで「家祓《ばら》い」をしてもらうといいでしょう。

中古マンションであっても、入居日はその人にとってのスタートの日になりますから、新築で入居する場合と同じく、吉方位の吉日で入居するのがいちばん望ましいことには変わりません。

できれば引っ越しは午前中に済ませることです。日が落ちてからの引っ越しは、陰の気を取り入れることになるので止めましょう。

新築の家を購入する場合は、モデル展示場を見学しながら説明を聞き、契約するシステムが多いです。形のないものを購入する勇気に感心し、しかも億に近い金額なのに、何の躊躇もなくサインしている人を見ると、問題が起こりませんように、隣人がいい人でありますようにと祈るしかありません。

それに比べて中古の家を購入する場合は、現物を見ることができますから、周りの状況もわかります。「お隣さんとも仲良くできそう」と思えば安心して購入できます。

第7章

凶を福に転ずる厄祓い方法

1 間違って凶方位に入居してしまったら

方位を侵した場合は、さまざまな現象が現われますから気をつけてもらいたいです。引っ越す場合も同じです。間違って凶方位に引っ越して、どうすることもできない場合は、大自然を支配する神様にお願いするしかありません。

住む土地の由緒ある神社で、その家に住む人全員で祈祷を受けてください。そして、方位除《よ》けや八方除《よ》けのお札をいただいてきましょう。

それも1回だけでは効果はありません。毎年、必ず祈祷を受けた神社に、家族そろって参拝するようにしてください。それでも、完全に禍が消えるわけではありませんので注意してください。

1 90日以上で気の影響を受ける

由緒ある神社での厄祓いが効果的

間違って凶方位の新築の家に入居してしまったときには、すぐに元の家に戻るのがいいでしょう。それができない場合は、他のマンションかアパートにもう一度引っ越すことです。それも90日以内に行なわないと効果はありません。

新しい住まいに90日以上住んでしまうと、新しい家の気の影響を受けてしまうからです。家相を気にする人でも、入居日までは気にしない人がほとんどです。

2 火事に遭った土地に家を建ててしまったら

1 焼け跡にはすぐ家を建てない

エネルギーの枯れた土地を吉相にする方法

火事に遭った後、どうもツキがなくなったという人や体調が悪くなったという人がいたら、それは火事の後始末に問題があったからです。

火事に遭うということは、もらい火であろうと出火であろうと、すでにその人の運が落ちているという証拠です。

そういう状態のときに、住むところがないからといって、あわてて家を建てても運は良くなりません。火事で焦土化した土地には、エネルギーが残っていないので、宅地としてはもっとも凶相の土地になります。

火事に遭った土地は、少なくとも3年は草木を植えて土地の回復を待つ必要があります。草木が茂り土壌が回復してから、家は建ててください。

人間にとって土壌から受ける気のエネルギーは、健康と精神面になくてはならないものです。

精神が安定していないと、何をやってもうまくいきません。いつもイライラしているようでは、物事に対する判断や決断に狂いが生じてしまいます。これでは、仕事がうまくいかなくても当然です。

結局、運も落ちていくことになります。少しでも運を良くしたいなら、焼け跡にすぐ家を建てないことです。

どうしても、火事の後すぐに家を建てなければ住むところがないという人は、焦土化した土地を50センチから1メートル削り取って、新しい土地と交換することです。そして、家の周りに樹木を植えて、土地の活性化をはかることです。

すでに焼け跡に家を建ててしまった場合は、家の周りだけでも新しい土に入れ替えて、樹木を植えて土地の活性化を早めるように努めましょう。

一度火災に遭った土地は、3年間は放置しておくことです。そんなに待てない人は、1日でも早く回復させるために、新しい土と入れ替える必要があります。さらに、草花やハーブ、野菜などを植えて菜園にすると土地の回復が早くなります。

土の気は、人間にとっても大事なエネルギー源で、五臓のなかの脾臓《ひぞう》と大きく関係していますから土の気のない場所で生活していたら次第に体調が悪くなってきます。

火災に遭った土地に急いで家を建てても、いいことは何もありません。どんなにいい家相の家を建てても、家運は良くならず、運気も上がりません。

まず、体調が良くならないと物事がうまくいきません。当たり前のことが当たり前にできないと、その時点で物事が止まってしまいます。「急がば回れ」ということわざがあるように危険な近道よりも、遠くても安全な道を選ぶほうが賢明なのです。また回り道をすることで、別の出会いやチャンスがあるかもしれません。

「ダメだ」と言われた土地に家を建てて住むということは、不安な気持ちが続いているわけですから体に良いわけはありません。さらに精神を安定させる土の気を取ることができないわけですから、二重の苦しみを受けることになるのです。

3 因縁のある土地に家を建ててしまったら

1 因縁を消すには祈願するしかない

家相が良くても地相が凶相の場合がある

家相と言うと、家そのものが吉相であれば、問題が起こらないと信じている人が多いようです。家が吉相であることはとても大切なことです。しかし、その前に敷地になる土地も、吉相でなければなりません。

家相が悪いと言われたときには、家を吉相に改造することで解決します。

しかし、家相は悪くないのに、この家に引っ越してきてから、体調が悪くなったり、仕事がうまくいかなくなったり、事故に遭ったりするようになったという話を聞くことがあります。

このような場合は、念のために土地の因縁を疑ってみる必要があります。

まず、その土地にある徳の高い神社に相談して「お祓い」をお願いしてみてください。引き受けてもらえたら、あとは神社の指示に従ってください。

家には神棚を設けて、日々先祖の供養と家族の健康と感謝の気持ちを込めて祈願しましょう。

それでも効果がない場合は、別の土地に引っ越すことを考えたほうがいいでしょう。

きれいに整備された造成地を見て、遠い昔、ここで何があったかなどということはわかるはずがありません。

ただ、霊の禍のある土地は、現場に行ってみるとなんとなく嫌な感じがするものです。前にも書きましたが、特に夜に行くと土地の因縁をはっきりと感じられます。

また、相場より格安な物件、いつまでも売れない土地、持ち主がよく変わる物件などは要注意です。これといった理由がなく売れない物件は、なお危険物件です。そのような物件は購入しないようにしましょう。

何らかの問題を抱えている土地は、住宅には向かないということですから、格安だからといって住宅として購入してはいけません。

どうしてもその土地が欲しい場合は、土地だけを購入して別の用途で使用するといいでしょう。たとえば、その土地の環境を考えて違和感がなければ、趣味に活かせる場所として使用することもできます。

セカンドハウスを仕事部屋として、会社に出社する代わりに、自分の仕事部屋に出社してリモートで仕事をするという現状に合ったやり方もできます。問題がある土地は、生活圏以外のことに使う場合は、何の問題も起こらないのが普通ですから、いろいろなアイデアで工夫して活用したいものです。

「土の気」が弱いのが特徴ですから、土の改良に努めていただきたいです。土の改善にいちばん良いのが、植物の力です。いろいろな種類の野菜を植えて、土壌の活性化を進めましょう。野菜だけでは物足りないという方は、花畑にしてもいいでしょう。季節の花を計画的に植えておくと、1年中きれいな花を鑑賞することができます。

4 家相で見る家族の場所

1 部屋の使い方を変えて運気アップ

家相には家族それぞれの定位置がある

家族といえども1つの集団社会です。幸せな家庭を守るためには、家族がそれぞれの役目を果たさなければなりません。

そのためには、主人は主人の場所、妻は妻の場所、長男は長男の場所に部屋を持つことが大切です。

家相には、家族の定位置があります。

理想的な家庭を築くには、家族がそれぞれの定位置の方向に、自分の個室または寝室を設けることです。

家族の定位置は、家の中心から見て八方位に分けて決まっています（次ページ）。

家の中心から見て、**西北＝夫の場所、西南＝妻の場所、東＝長男、東南＝長女の場所**になります。お年寄りは、西と東北の方位になるように位置づけられています。家族がこの定位置を守って生活をしていれば、自然と運が良くなってきます。

家相に欠陥がなくても、部屋相が悪いと家族の気持ちが1つにまとまることができません。家族の団結力が弱くなります。

家族の定位置に部屋が取れないときは、自分の生まれ年の十二支の方位を部屋にするといいでしょう。

■家相での家族の定位置

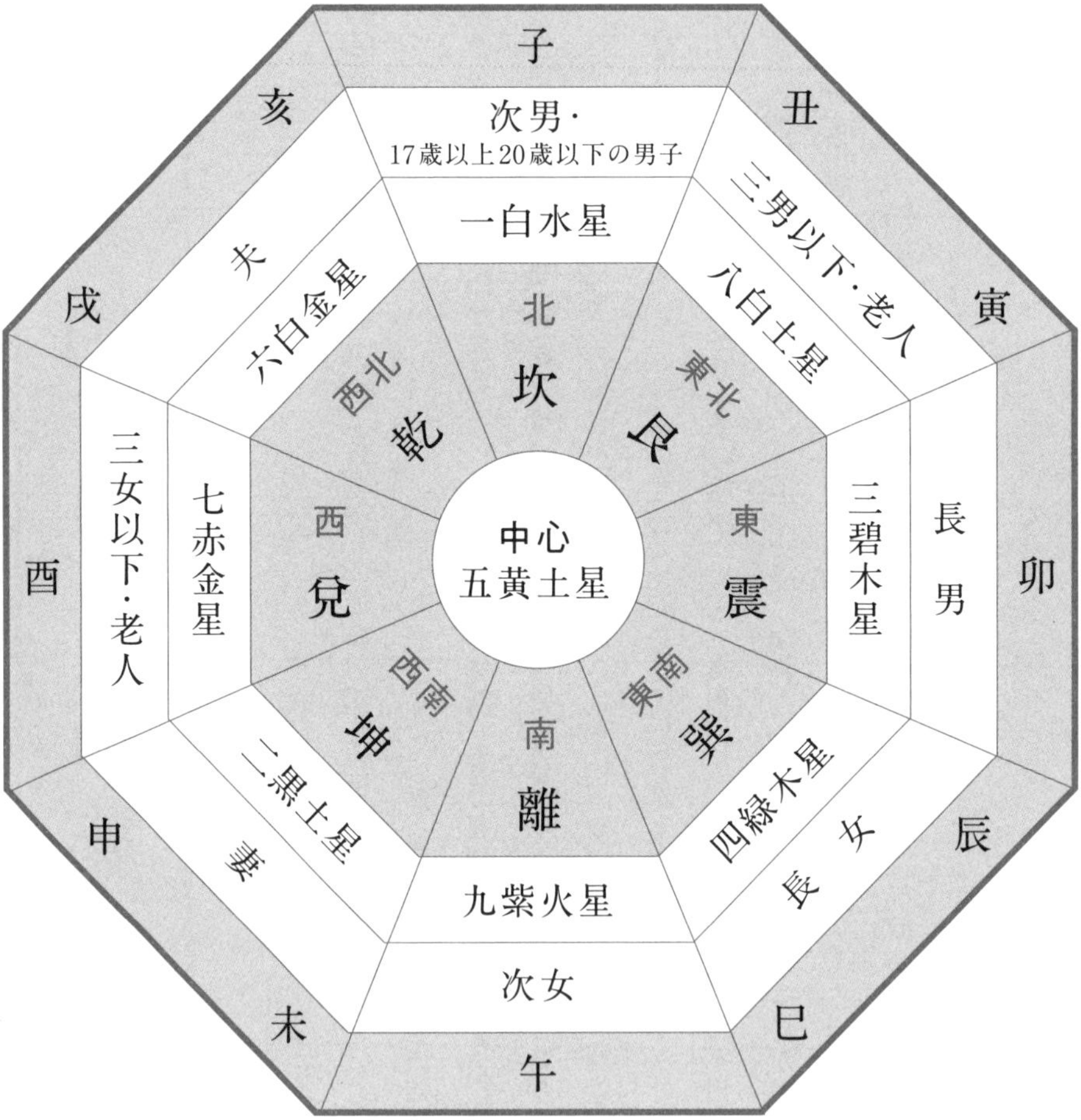

子
次男・
17歳以上20歳以下の男子
一白水星
北
坎
丑
三男以下・老人
八白土星
東北
艮
寅
卯
長男
三碧木星
東
震
辰
長女
四緑木星
東南
巽
巳
午
次女
九紫火星
南
離
未
妻
二黒土星
西南
坤
申
酉
三女以下・老人
七赤金星
西
兌
戌
夫
六白金星
西北
乾
亥
中心
五黄土星

たとえば、一白水星・卯年生まれの夫だったら、まず、西北の夫の場所に部屋を構えます。西北が難しければ、北の一白水星の場所か、東の卯の場所に夫の部屋を取ります。この3ヵ所のどこかに、自分の書斎か寝室を持ってくれれば、確実に運が良くなります。

自分は運が悪いと落ち込んでいないで、即、実行してみてください。必ず、あなたの運は良くなります。

共働きで、自分の専門スキルを持ち、仕事を続けたいと思っている女性は、西南の妻の場所よりも、自分の生まれた年の十二支の場所か、九星の位置を自分のプライベートの部屋にすると仕事と家事を両立することができます。ただし、その部屋を寝室にすることが条件です。

仕事を辞めて家庭に入りたい女性は、妻の場所の西南の部屋で寝泊まりすることです。次第にヤル気がなくなり出不精になってきますから、会社に行くのが嫌になってきます。ただし、その期間は3年はかかります。

落ち着いて勉強ができない男の子の場合は、東の部屋が定位置。女の子の場合は、東南の部屋が定位置になります。落ち着きのない子の部屋は、やや暗めの色（自分の星の基本色）にすると安定してきます。元気のない子の部屋は、明るい色（自分の星の基本色）にすると元気が出てきます。

机の位置は、「東四命グループ」の子どもならば、東・北・東南を背にして座れるように配置します。「西四命グループ」の子どもならば、東北・西北・西南を背にして座れるように配置してください。早ければ1週間後には効果が現われます。さらに、寝るときの頭の向きを自分の「風水星」に合わせて寝ると効果が早まります。

5 インテリア1つで幸運が舞い込む

1 5つの気をバランス良く取り入れる

「自分の気」と「物の気」と「方位の気」を結びつける

部屋のインテリアにも吉凶があります。家相が良くて、インテリアもよければ最高ですが、インテリアだけでも幸運をつかむことができます。

家相の基本は、自然界に存在する5つの気をバランスよく取り入れる方法を伝えているのです。

人間が心身ともに健康でいるには、この5つの気（木の気・火の気・土の気・金の気・水の気）をバランスよく取り入れる必要があるということです。たとえば、都市部の住宅事情では、「土の気」が取りにくくなっています。

「土の気」が取りにくければ、健全な精神が保たれないので情緒不安定になったり、怒りっぽくなったり、イライラしたりするようになります。当然、運も悪くなります。

インテリア・グッズの「気の力」を借りる

そこで少しでも運を良くするために考えられたのが「インテリアによる開運法」という対処法です。

部屋のなかにある家具やインテリア・グッズの「気の力」を借りて、自分の気をより強くして、幸運を引き寄せる方法です。

理論的には、自然界に存在するすべての物に「気」

が存在しているわけですから、その気を活用して、そこに住む人の「気」を強くすれば、運を引き寄せることができるはずです。

自分に備わっている気のエネルギーが強くなると「運の良い人」になり、気のエネルギーが弱くなると「運の悪い人」になるわけですから、対処法は簡単です。自分の気のエネルギーをアップさせればいいということになります。

つまり、よく言う「運のいい人、運の悪い人」とは、本当は自分の気のエネルギーが強いか弱いかであって、誰にでも同じように運は廻ってくるものなのです。

次に、対処法として5つの気別にくわしく解説します。

「自分の気」と「物の気」と「方位の気」の3つをうまく結びつけて、自分の気をアップさせましょう。気のエネルギーを強くすることで、今よりもっと運は良くなります。

■「木の気」の人

人物＝三碧木星生まれ・四緑木星生まれの人
方位＝東、東南。東と東南にラッキーアイテムを置くと運が良くなります。
ラッキーアイテム＝木製品の家具すべて、電気製品すべて、籐製品、植木鉢、紙製品、香りのあるもの、お香、竹製品
色＝青、緑
形＝棒状のもの、細くて長いもの

■「火の気」の人

人物＝九紫火星生まれの人
方位＝南。南にラッキーアイテムを置くと運が良くなります。
ラッキーアイテム＝絵画（抽象画が良い）、ポスター、カレンダー、星の写真、天体望遠鏡、ドライフラ

ワー、テレビ、草花の鉢植え

色＝赤、紫

形＝三角形と丸

■**土の気の人**

人物＝二黒土星、五黄土星、八白土星生まれの人

方位＝中央、西南、東北。東北、西南にラッキーアイテムを置くと運が良くなります。ただし、いくつも置かないように。きれいに整頓された清潔な部屋のほうが運は良くなります。

ラッキーアイテム＝陶器製品のすべて、袋物やバッグ、壺や花瓶、民芸品の家具、重ね箱、本箱、サイドボード

色＝土色、ベージュ、茶色、黄土色

形＝四角形、長方形

■**金の気の人**

人物＝六白金星、七赤金星生まれの人

方位＝西、西北。西、西北にラッキーアイテムを置くと運が良くなります。

ラッキーアイテム＝鏡、クリスタルグラス、花瓶や灰皿、金庫、車や飛行機の模型、金・銀の食器、ＯＡ機器、傘、宝石

色＝白、シルバー、ゴールド

形＝丸、円、球

■**水の気の人**

人物＝一白水星生まれの人

方位＝北。北にラッキーアイテムを置くと運が良くなります。水の気は汚れを嫌いますから、いつも清潔にしておく必要があります。

ラッキーアイテム＝水墨画、日本画、書画、和紙、弓、金魚鉢、魚の水槽、小鳥、冷蔵庫

色＝黒

形＝小さくて、背が低いもの

6 観葉植物で凶を吉に転じる法

1 植物が発する気のパワーは絶大

植物と人間は共存共栄の関係

家相では凶相を吉相にする場合、よく使うアイテムが樹木です。

家の欠けの部分を補うために樹木を植えたり、三角形の土地の三角部分に植木を植えたりするのも、凶意をカバーする方法になります。

このように植物には、凶を吉に変えるような強いパワーがあります。

それればかりではなく、私たちの吐き出す二酸化炭素を吸い、新鮮な酸素を生み出してくれるという効用もあります。

また、樹木や草花は住人の心を和ませ、優しい気持ちにさせてくれます。このように植物と人間は、自然のなかで共存共栄の関係が成り立っているのです。生き物である植物が発する気のパワーには絶大なものがあります。これをうまく用いて、運を強くしようと考えたのです。

基本的には、どんな植物でも吉相になりますが、部屋のなかでは置く場所によっては、凶になりますから気をつけましょう。

部屋のなかに植木を置く場合、植木鉢やプランターなどに植えてあるものは、十分な日照が得られる東・東南・南の方位に置くようにしてください。

西南と東北は、十分な日照が得られないので、ゴムの木やベンジャミンといった緑の葉を鑑賞する植物のほうが安全です。

ただし、気まぐれで買ってきて、なんの手入れもしないで枯らしてしまったら、凶相になりますから注意してください。

方位別観葉植物の効果

東の方位＝やる気が出てきて仕事の発展につながります。

東南の方位＝あなたの才能が認められて、周囲の注目を浴びて人気者になります。女性は結婚運に恵まれます。

南の方位＝あなたの仕事ぶりが上司の目にとまり、出世コースに乗ることができます。

西南の方位＝失業中の人はよい仕事が見つかります。転職希望者は、チャンスに恵まれます。

西の方位＝レジャー運に恵まれます。

西北の方位＝精神力が強くなり、地位や権力を維持することができます。

西の方位＝勝負運と金運が強くなります。レジャー運に恵まれますから、交際範囲が広がります。パワーが強くなりすぎると不倫に走ることも。

西北の方位＝精神力が強くなり、地位や権力を維持することができます。男性は結婚運に恵まれます。

北の方位＝夫婦仲が良くなり、子宝に恵まれると言われています。日照が十分に得られないので、植物を枯らさないように工夫してください。照明を工夫して明るい部屋にしておくことです。

東北の方位＝後継者に恵まれます。兄弟の仲が悪い人は、観葉植物を置くことで、仲直りができるかもしれません。不動産運と財運に恵まれます。

7 ラッキーカラーで運をつかむ

「こんなことで運が良くなるなんて信じられない」とバカにしないことです。信じて実行した人は、ラッキーチャンスをつかむことができるから不思議です。

1 九星別の基本色とラッキーカラー

次に、九星別の基本色とラッキーカラーを示しておきますから活用してください。

◎**一白水星生まれの人**

基本色＝黒、グレー

ラッキーカラー＝白、ゴールドが効果的。リラックスしたいときは、ブルー系、グリーン系の色をインテリアに加えると心が安定します。

家の改造が無理でも幸運をあきらめない

「家相が悪い」と言われても、すぐには改造できない場合があります。とくに、マンション住まいの人には家の改造は不可能です。

その際には、自分の部屋のカーテンやベッドカバーをラッキーカラーにすると運がよくなります。

睡眠不足の人、いつもイライラしている人、失敗ばかりしている人、運が悪いと思っている人は、自分の部屋をラッキーカラーで統一すると運が良くなってきます。

◎二黒土星生まれの人

基本色＝黄土色、ベージュ

ラッキーカラー＝赤、紫、オレンジが効果的です。リラックスしたいときは、白、シルバー系の色にするとうっかりミスがなくなります。

◎三碧木星生まれの人

基本色＝青、緑

ラッキーカラー＝黒とグレーは安定感があり、やる気が起こるので効果的。リラックスしたいときは、ブルー系、グリーン系の色でまとめるといいでしょう。

◎四緑木星生まれの人

基本色＝緑、青

ラッキーカラー＝黒系をアクセントに使うと効果が上がります。また、明るいグレーも運が上がる色になります。リラックスしたいときは、淡いグリーンとブルー系がおすすめです。

◎五黄土星生まれの人

基本色＝黄土色、ベージュ

ラッキーカラー＝赤、紫、オレンジを使うと積極性が出てきます。イライラするときは、白、シルバー、グレーを使うとリラックスするでしょう。

◎六白金星生まれの人

基本色＝白、シルバー、ゴールド

ラッキーカラー＝黄土色やブラウンが効果を発揮します。リラックスしたいときは、黒かグレーをインテリアの一部に加えると精神的に安定してきます。

◎七赤金星生まれの人

基本色＝白、シルバー、ゴールド

ラッキーカラー＝黄土色やブラウン、黄色が効果的です。リラックスしたいときは、黒かグレーをインテリアの一部に加えると精神的に安定してきます。

◎八白土星生まれの人

基本色＝黄土色、ベージュ

ラッキーカラー＝赤、紫を使うと積極性が出てきます。親子関係がうまくいかないときは、白か淡いゴールドを使うと気持ちがほぐれてきます。

◎九紫火星生まれの人

基本色＝赤、紫

ラッキーカラー＝グリーン系か、ブルー系にするとチャンスに恵まれます。イライラするときは、黄土色、ベージュ系にすると精神が安定してきます。

ラッキーカラーに守られる「インテリア開運法」

このように、九星には基本になる色と自分の気をパワー・アップしてくれるラッキーカラーがあります。

このラッキーカラーを活用して、運を良くしようというのが「インテリア開運法」になります。

部屋全体のインテリア・カラーを考える場合、ベースになる色をあなたの生まれ星の基本色にします。それも淡い色合いで明るくするのがコツです。

たとえば、一白水星生まれの人の基本色は「黒」です。

しかし、黒がいいからといって、黒い家具に黒いじゅうたん、ベッドカバーも黒。こんなに部屋全体を黒っぽくする必要はありません。

これでは、かえって落ち込んでしまい、運も悪くなってしまいます。

運を良くするには、部屋全体は白に近いグレーで、しかも明るさのあるグレーに統一することです。黒はアクセント・カラーとして、小物に使うぐらいで十分です。

赤が基本色の九紫火星生まれの人も、同じように、薄い淡いピンク系の色をベースにして、赤いオーディオ機器をアクセントに置く程度で十分です。

もっと積極的に運をつかみたい人は、自分のラッキーカラーをアクセントに使うと効果があります。

たとえば、腕時計、ハンカチ、バッグ、花瓶、クッションといった小物をラッキーカラーにすると行動力が出てきます。

運を良くするためにはどうすれば良いかを考えることです。

■生まれ年の九星別風水星

九星		一白水星	二黒土星	三碧木星	四緑木星	五黄土星	六白金星	七赤金星	八白土星	九紫火星
風水星	男星	坎星	坤星	震星	巽星	坤星	乾星	兌星	艮星	離星
	女星	艮星	巽星	震星	坤星	坎星	離星	艮星	兌星	乾星

九星と風水星の対応は、上記の表のとおりです。
自分の九星から風水星を割り出し、左ページ上の表の風水星をもとに基本色とラッキーカラーを見つけてください。

■色の相生相剋関係表

基本色は、以下のサイクルで巡回しています。
五行の巡回＝木➡火➡土➡金➡水➡木➡火➡土➡金➡水

五行	風水星	基本色
木の気	震星	青
	巽星	緑
火の気	離星	赤·紫
土の気	坤星	黄色·黄土色
	艮星	黄色·こげ茶
金の気	乾星	白色
	兌星	白色·金色
水の気	坎星	黒色

もらえる気＝パワーをもらうのでラッキーカラーになります。
流す気、剋す気＝パワーを取られるので運が弱くなる、あるいは悪くなります。

もらえる気＝プラス	← 基本色 → ↓	流す気＝マイナス	剋す気＝マイナス
水の黒色	木の震星＝青	火の赤·紫	金の白·金色
水の黒色	木の巽星＝緑	火の赤·紫	金の白·金色
木の青·緑	火の離星＝赤·紫	土の黄色·黄土色	水の黒
火の赤·紫	土の坤星＝黄色·黄土色	金の白色·金色	木の青·緑
火の赤·紫	土の艮星＝黄色·こげ茶	金の白色·金色	木の青·緑
土の黄色·黄土色	金の乾星＝白色	水の黒色	火の赤·紫
土の黄色·黄土色	金の兌星＝白色·金色	水の黒色	火の赤·紫
金の白色·金色	水の坎星＝黒色	木の青と緑	土の黄色·黄土色

8 風水星別 部屋の模様替え

1 模様替えで邪気祓い

風水星別に異なる部屋の吉凶

ここからは、風水星別に部屋の吉凶を踏まえた模様替えを提案していきます。邪気祓いなどと聞くと難しそうですが、ドアマットの色を変えるだけ。実に簡単です。運気アップポイントも今日から活用できることばかりですので、ぜひ活用してみてください。

◎坎星の人の部屋の模様替え

■出入り口が吉になるのは、

①東南　②東　③南　④北

■寝るときの頭の向きは、

①北　②東　③南　④東南

■現在住んでいる部屋のドア（出入口）が線の範囲内にあれば吉相になりますが、図のように線以外のところにある場合は凶相になります。

その場合は邪気祓いが必要です。邪気祓いを行なうためには、図のようにドアの前に「黒のマット」を敷き、それを踏んでから入るようにしてください。

黒のマットを踏むことで、邪気祓いができますからぜひ試してください。

■茶色の場所は＝吉、白色の場所は＝凶

部屋のなかの茶色部分はプラスの運がもらえる

■模様替え図の見方
それぞれの場所の効果と記号の意味

Ⓐデスク
Ⓑタンスやクローゼット
Ⓒベッド
Ⓓオーディオ・テレビ
家電製品は電磁波が発生しているため、薄い色の吉範囲の場所に置くのがおすすめです。室内の気を正常に働かせるためです。
Ⓔ玄関マット
色で邪気祓いの効果があります。
Ⓕ本棚
Ⓖテーブル
主人
テーブルに対して、部屋の主人が座ると運気アップする位置を示しています。
Ⓗ棚
Ⓘ植物
東から南には日光を好む植物を、西から北には日光を必要としない観葉植物などを置いてください。6畳程度の広さなら植木は2鉢までなら置くことができます。多すぎるのも良くありません。
Ⓙカーテン
Ⓚドア

濃い茶色部分　生気（パワーポイント）
この範囲では、あらゆることに積極的に取り組むことができます。

薄い茶色部分　吉
この範囲では、ストレスフリーなくつろぎ時間を過ごすことができます。

白色部分　凶
この範囲では、やる気がなくなり無駄な時間を過ごすことになります。

場所、白色の場所はマイナスの運が強い場所です。

そのため、できるだけ茶色の場所で過ごすように心がけましょう。

白色の場所は、クローゼット、本箱、収納庫などを置くようにしてください。

茶色の場所にいるとやる気が出てきます。反対に白色の場所にいると、気持ちがだらけてやる気がなくなってきますから注意です。

■電磁波が出る電気器具は、なるべく茶色の場所に置くようにしてください。
白色の場所に置くと電磁波の影響で故障しやすくなる可能性が高いため、注意が必要です。

坎星生まれの運気アップ・ポイント

①方位＝北
②五行＝水性
③基本色＝黒、グレー
④ラッキーカラー＝白色、金色
⑤生気（パワースポット）＝東南
⑥自然界＝冬の水・泉・湖
⑦アイテム＝書画・墨絵・水槽・掛け軸・洋酒や香水のビン

◎震星の人の部屋の模様替え

■出入り口が吉になるのは、
①南　②北　③東南　④東

■寝るときの頭の向きは、
①東　②北　③東南　④南

■現在住んでいる部屋のドア（出入口）が図のように線の範囲内にあれば吉相になりますが、線以外のところにある場合は、凶相になります。
その場合は邪気祓いが必要です。邪気祓いを行なうためには、「青のマット」をドアの前に敷き、それを踏んでから入るようにしてください。

青のマットを踏むことで、邪気祓いができます

■坎星の人の部屋の模様替え図

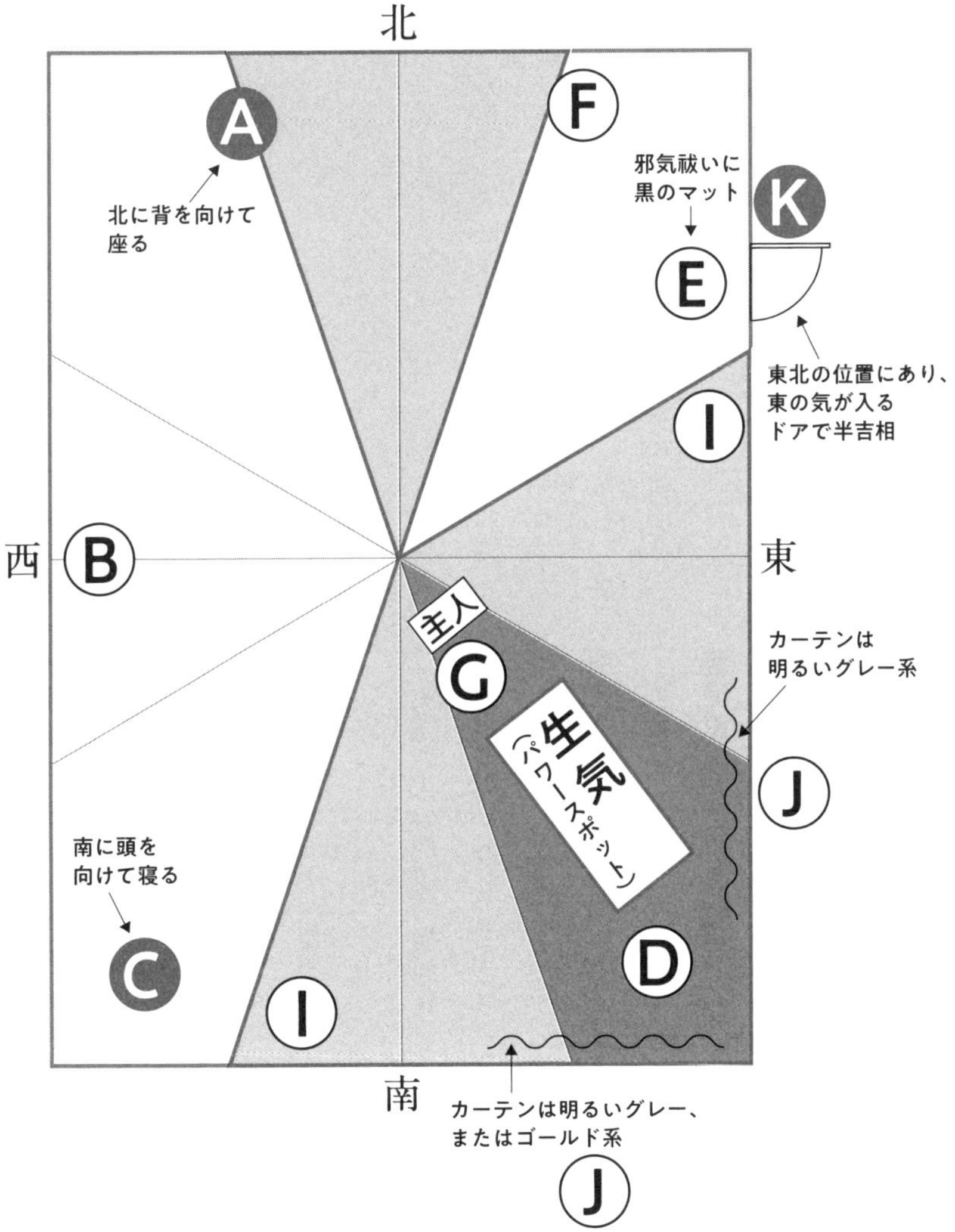

ドアが東北の位置にあり、
東の気が入ることで吉相

からぜひ試してください。

■茶色の場所は＝吉、白色の場所は＝凶

部屋のなかの茶色部分はプラスの運がもらえる場所、白色の場所はマイナスの運が強い場所です。

そのため、できるだけ茶色の場所で過ごすように心がけましょう。

白色の場所は、クローゼット、本箱、収納庫などを置くようにしてください。

茶色の場所にいるとやる気が出てきます。反対に白色の場所にいると、気持ちがだらけてやる気がなくなりがちに。注意が必要です。

■電磁波が出る電気器具は、なるべく茶色の場所に置くようにしてください。

白色の場所に置くと電磁波の影響で故障しやすくなる可能性が高いため、注意が必要です。

震星生まれの運気アップ・ポイント

①方位＝東
②五行＝木性
③基本色＝青
④ラッキーカラー＝黒
⑤生気（パワースポット）＝南
⑥自然界＝春・樹木
⑦アイテム＝音響・電気製品・オルゴール・楽器

◎巽星の人の部屋の模様替え

■出入り口が吉になるのは、

①北　②南　③東　④東南

■寝るときの頭の向きは、

①東南　②南　③東　④北

■現在住んでいる部屋のドア（出入口）が線の範囲内にあれば吉相になりますが、図のように線以外のところにある場合は凶相になります。

その場合は邪気祓いが必要です。邪気祓いを行なうためには、図のようにドアの前に「緑のマット」

■震星の人の部屋の模様替え図

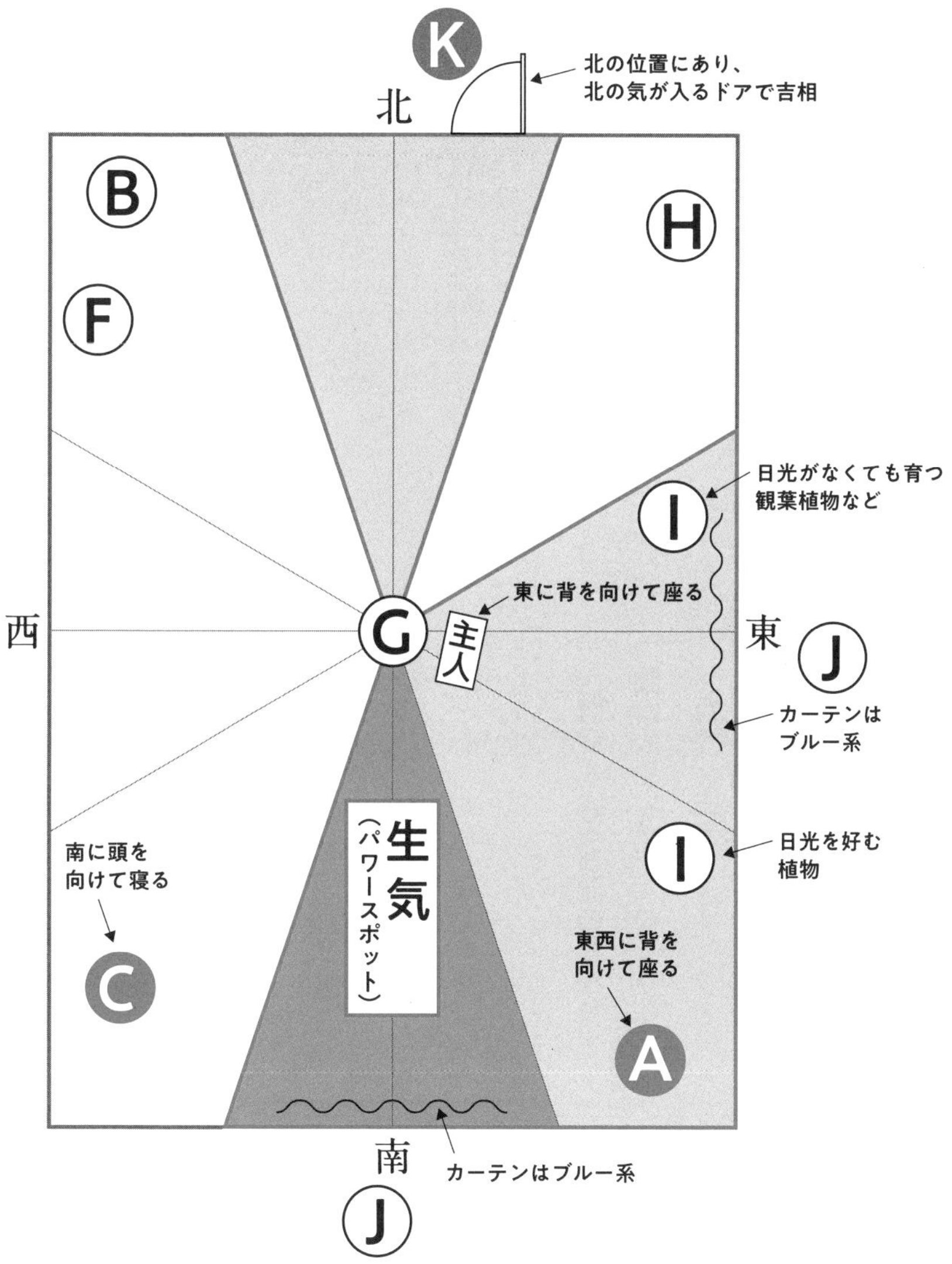

ドアが西北の位置にあり、
北の気が入ることで吉相

を敷き、それを踏んでから入るようにしてください。

緑のマットを踏むことで、邪気祓いができますからぜひ試してください。

■茶色の場所は＝吉、白色の場所は＝凶

部屋のなかの茶色部分はプラスの運がもらえる場所、白色の場所はマイナスの運が強い場所です。そのため、できるだけ茶色の場所で過ごすように心がけましょう。

白色の場所は、クローゼット、本箱、収納庫などを置くようにしてください。

茶色の場所にいるとやる気が出てきます。反対に白色の場所にいると、気持ちがだらけてやる気がなくなってきます。注意が必要です。

■電磁波が出る電気器具は、なるべく茶色の場所に置くようにしてください。
白色の場所に置くと電磁波の影響で故障しやすくなる可能性が高いため、注意が必要です。

巽星生まれの運気アップ・ポイント

①方位＝東南
②五行＝木性
③基本色＝緑
④ラッキーカラー＝黒
⑤生気（パワースポット）＝北
⑥自然界＝晩春から初夏・草原・田園・林
⑦アイテム＝観葉植物・ポプリ・竹かご・羽子板・匂い袋

◎離星の人の部屋の模様替え

■出入り口が吉になるのは、
①東　②東南　③北　④南

■寝るときの頭の向きは、
①南　②東南　③北　④東

■現在住んでいる部屋のドア（出入口）が図のように赤の範囲内にあれば吉相になりますが、線以

■巽星の人の部屋の模様替え図

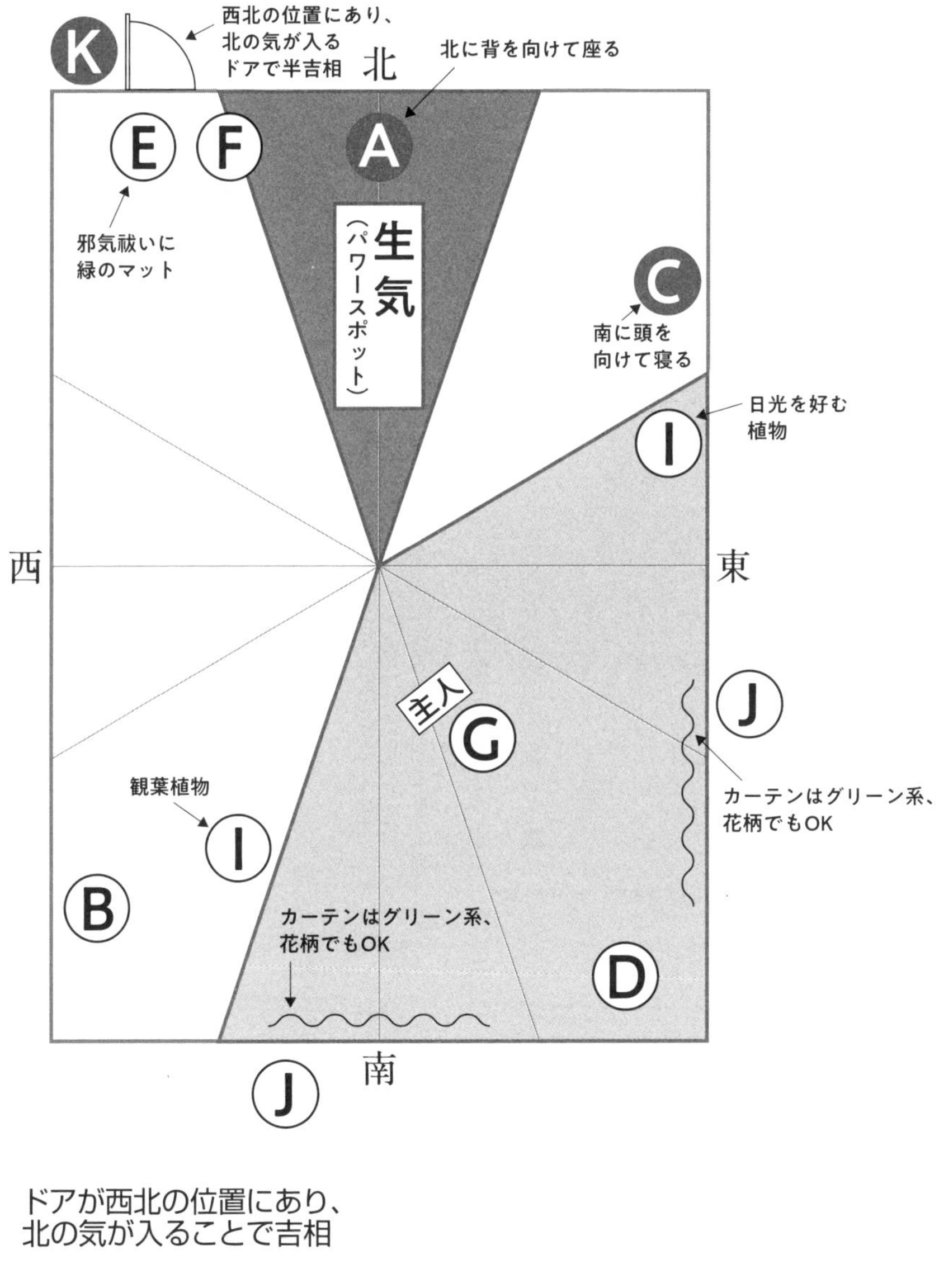

ドアが西北の位置にあり、
北の気が入ることで吉相

外のところにある場合は、凶相になります。

その場合は邪気祓いが必要です。邪気祓いを行なうためには、「赤のマット」をドアの前に敷き、それを踏んでから入るようにしてください。

赤のマットを踏むことで、邪気祓いができますからぜひ試してください。

■茶色の場所は＝吉、白色の場所は＝凶

部屋のなかの茶色部分はプラスの運がもらえる場所、白色の場所はマイナスの運が強い場所です。

そのため、できるだけ茶色の場所で過ごすように心がけましょう。

白色の場所は、クローゼット、本箱、収納庫などを置くようにしてください。

茶色の場所にいるとやる気が出てきます。反対に白色の場所にいると、気持ちがだらけてやる気がなくなりがちに。注意が必要です。

■電磁波が出る電気器具は、なるべく茶色の場所に置くようにしてください。

白色の場所に置くと電磁波の影響で故障しやすくなる可能性が高いため、注意が必要です。

離星生まれの運気アップ・ポイント

①方位＝南

②五行＝火性

③基本色＝赤、紫

④ラッキーカラー＝緑、青

⑤生気（パワースポット）＝東

⑥自然界＝夏・太陽・ひまわり

⑦アイテム＝電気スタンド・ステンドグラス・写真・ポスター

◎坤星の人の部屋の模様替え

■出入り口が吉になるのは、

①東北　②西　③西北　④西南

■寝るときの頭の向きは、

■離星の人の部屋の模様替え図

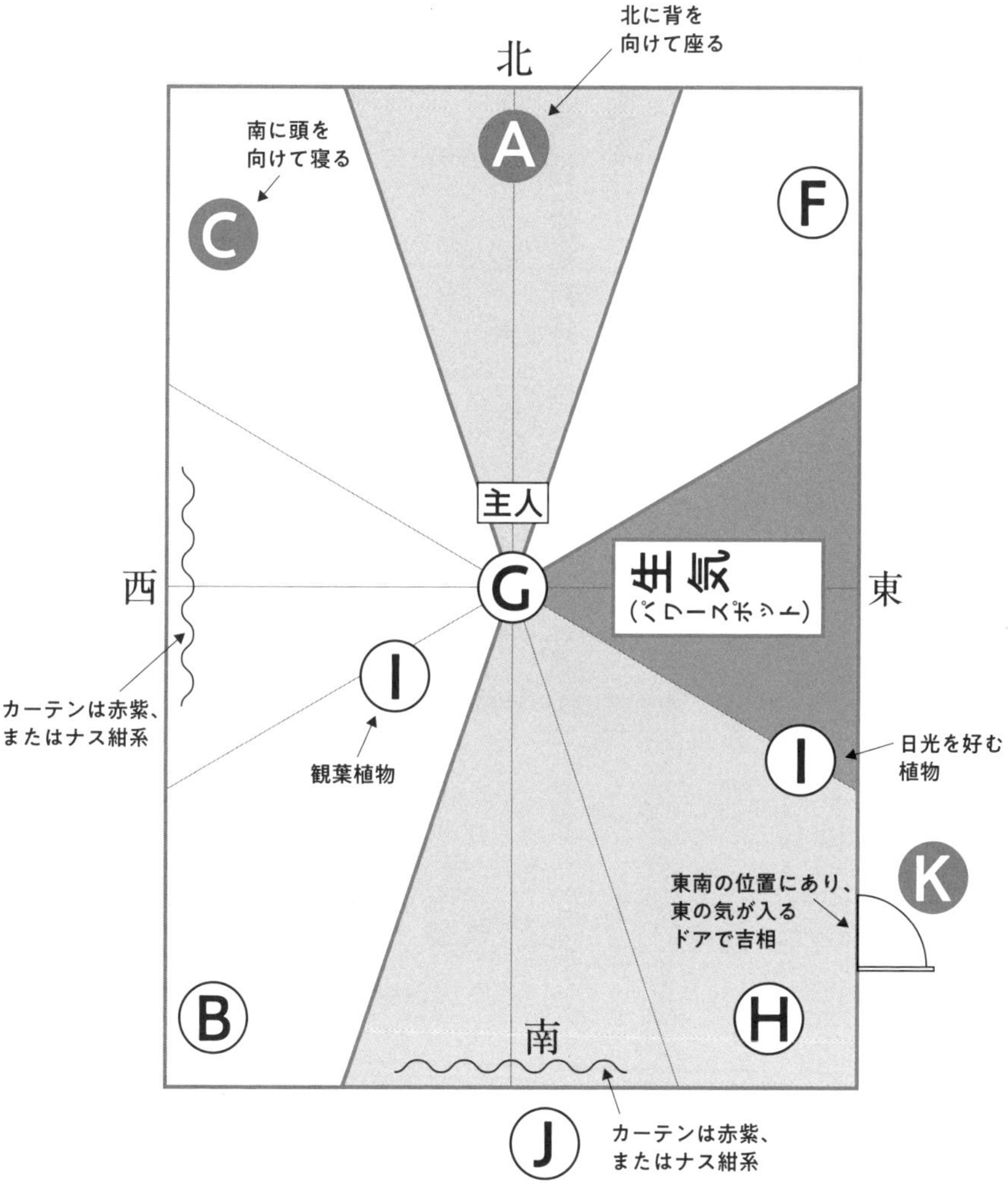

ドアが東南の位置にあり、
東の気が入ることで吉相

①東南　②西北　③西　④東北

■現在住んでいる部屋のドア（出入口）が図のように線の範囲内にあれば吉相になりますが、線以外のところにある場合は、凶相になります。

その場合は邪気祓いが必要です。邪気祓いを行なうためには、「黄色のマット」をドアの前に敷き、それを踏んでから入るようにしてください。

黄色のマットを踏むことで、邪気祓いができますからぜひ試してください。

■茶色の場所は＝吉、白色の場所は＝凶

部屋のなかの茶色部分はプラスの運がもらえる場所、白色の場所はマイナスの運が強い場所です。

そのため、できるだけ茶色の場所で過ごすように心がけましょう。

白色の場所は、クローゼット、本箱、収納庫などを置くようにしてください。

茶色の場所にいるとやる気が出てきます。反対に白色の場所にいると、気持ちがだらけてやる気がなくなりがちに。注意が必要です。

■電磁波が出る電気器具は、なるべく茶色の場所に置くようにしてください。

白色の場所に置くと電磁波の影響で故障しやすくなる可能性が高いため、注意が必要です。

坤星生まれの運気アップ・ポイント

①方位＝西南
②五行＝土性
③基本色＝黄色、黄土色
④ラッキーカラー＝赤、紫
⑤生気（パワースポット）＝東北
⑥自然界＝晩夏から初秋・平野・大地・農地
⑦アイテム＝ぬいぐるみ・クッション・陶器

◎乾星の人の部屋の模様替え

■出入り口が吉になるのは、

■坤星の人の部屋の模様替え図

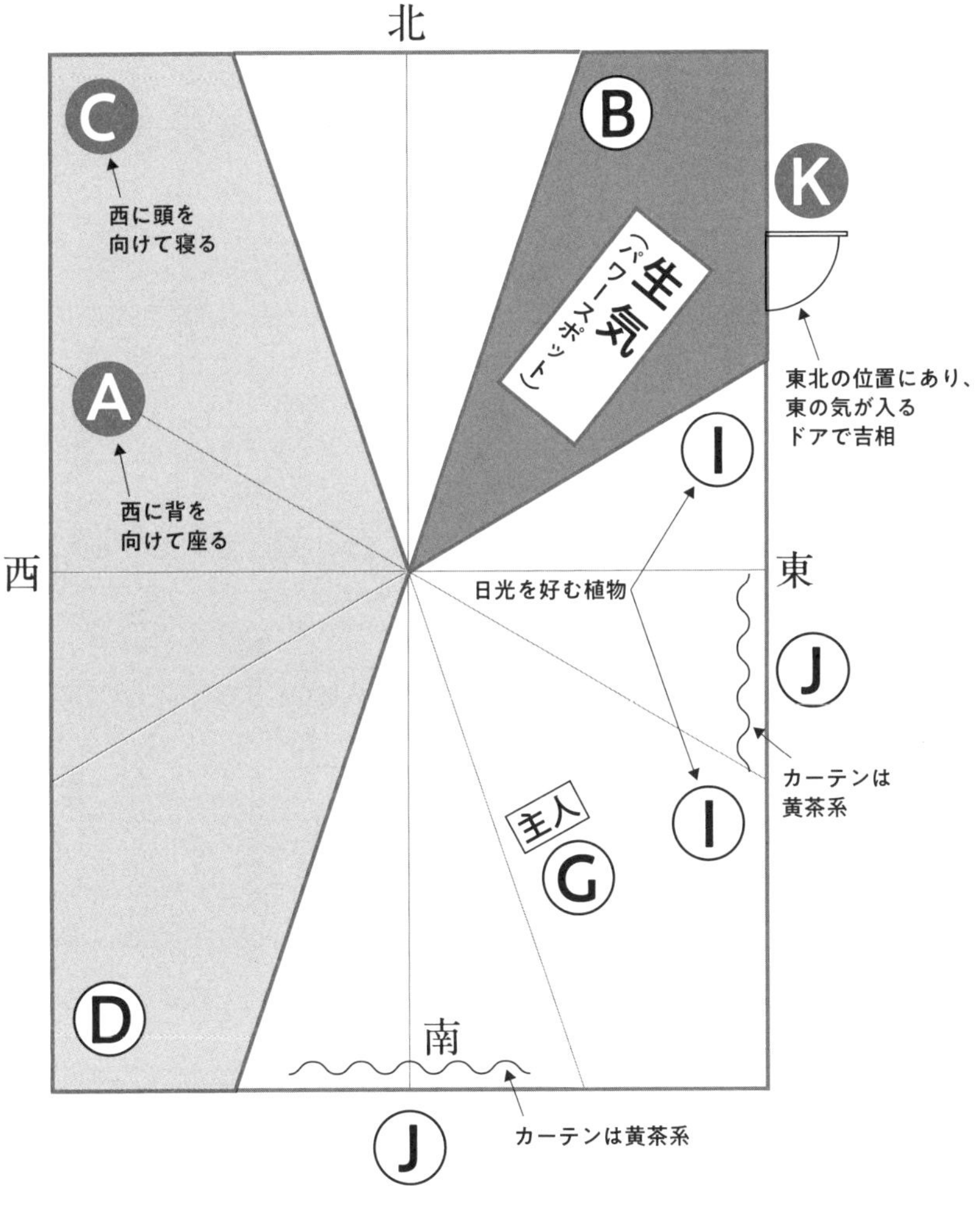

ドアが東北の位置にあり、
東の気が入ることで吉相

①西　②東北　③西南　④西北

■**寝るときの頭の向き**は、

①西北　②西南　③東北　④西

■**現在住んでいる部屋のドア（出入口）**が図のように線の範囲内にあれば吉相になりますが、線以外のところにある場合は、凶相になります。

その場合は邪気祓いが必要です。邪気祓いを行なうためには、「白のマット」をドアの前に敷き、それを踏んでから入るようにしてください。

白のマットを踏むことで、邪気祓いができますからぜひ試してください。

■**茶色の場所は＝吉、白色の場所は＝凶**

部屋のなかの茶色部分はプラスの運がもらえる場所、白色の場所はマイナスの運が強い場所です。

そのため、できるだけ茶色の場所で過ごすように心がけましょう。

白色の場所は、クローゼット、本箱、収納庫などを置くようにしてください。

茶色の場所にいるとやる気が出てきます。反対に白色の場所にいると、気持ちがだらけてやる気がなくなりがちに。注意が必要です。

■**電磁波が出る電気器具**は、なるべく茶色の場所に置くようにしてください。

白色の場所に置くと電磁波の影響で故障しやすくなる可能性が高いため、注意が必要です。

乾星生まれの運気アップ・ポイント

①方位＝西北

②五行＝金性

③基本色＝白色

④ラッキーカラー＝黄色、黄土色

⑤生気（パワースポット）＝西

⑥自然界＝晩秋から初冬・大河・海・大平原

⑦アイテム＝ステンドグラス・宝石・鈴・ガラス食器・油絵・柱時計・写真・帽子

■乾星の人の部屋の模様替え図

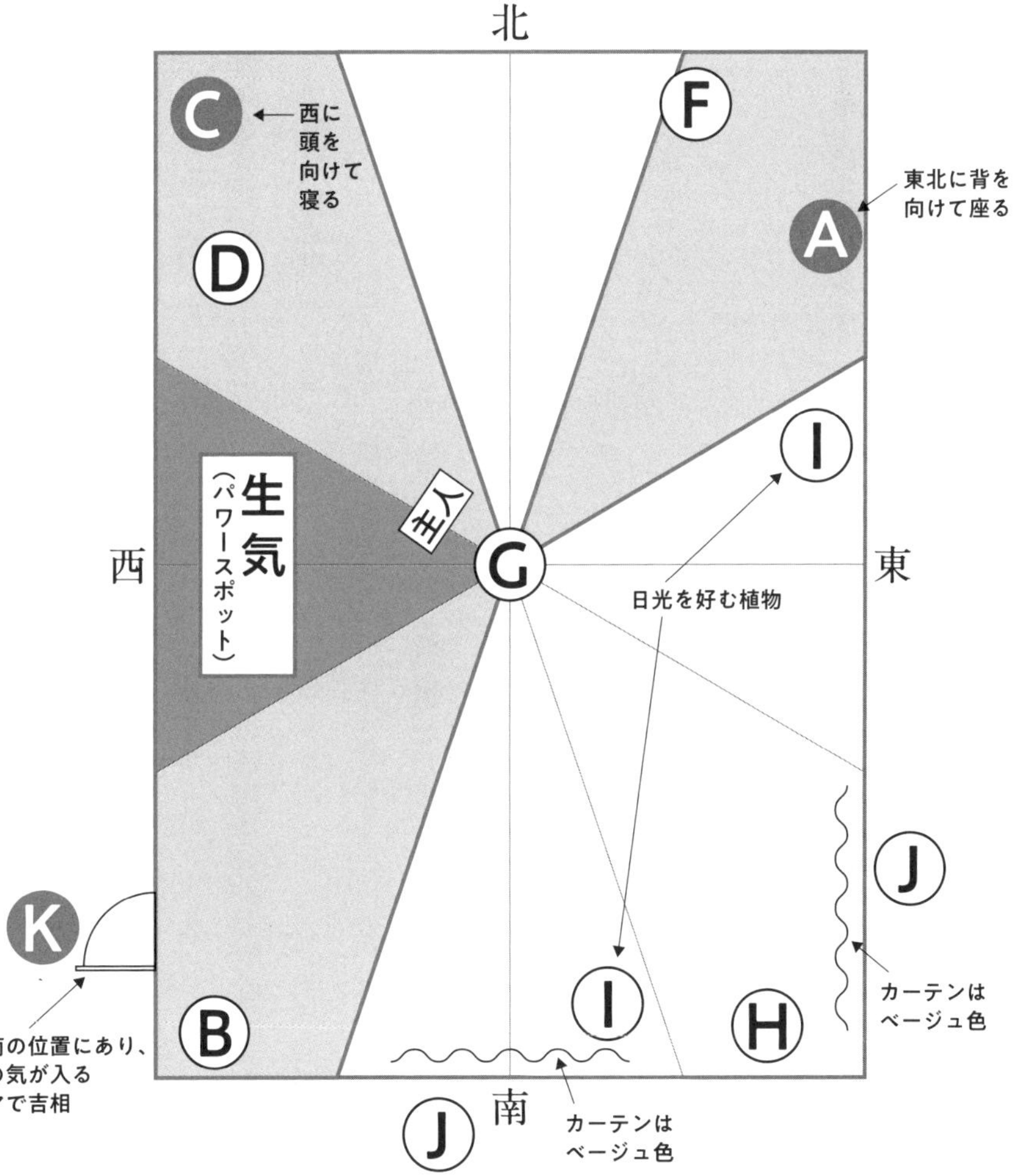
西南の位置にあり、西の気が入るドアで吉相

ドアが西南の位置にあり、
西の気が入ることで吉相

◎兌星の人の部屋の模様替え

■**出入り口**が吉になるのは、

①西北　②西南　③東北　④西

■**寝るときの頭の向き**は、

①西　②東北　③西南　④西北

■**現在住んでいる部屋のドア（出入口）**が線の範囲内にあれば吉相になりますが、図のように線以外のところにある場合は、凶相になります。

その場合は邪気祓いが必要です。邪気祓いを行なうためには、「白のマット」をドアの前に敷き、それを踏んでから入るようにしてください。

白のマットを踏むことで、邪気祓いができますからぜひ試してください。

■**茶色の場所は＝吉、白色の場所は＝凶**

部屋のなかの茶色部分はプラスの運がもらえる場所、白色の場所はマイナスの運が強い場所です。

そのため、できるだけ茶色の場所で過ごすように心がけましょう。

白色の場所は、クローゼット、本箱、収納庫などを置くようにしてください。

茶色の場所にいるとやる気が出てきます。反対に白色の場所にいると、気持ちがだらけてやる気がなくなりがちに。注意が必要です。

■**電磁波が出る電気器具**は、なるべく茶色の場所に置くようにしてください。

白色の場所に置くと電磁波の影響で故障しやすくなる可能性が高いため、注意が必要です。

兌星生まれの運気アップ・ポイント

①方位＝西

②五行＝金性

③基本色＝白色、金色

④ラッキーカラー＝黄色、黄土色

⑤生気（パワースポット）＝西北

■兌星の人の部屋の模様替え図

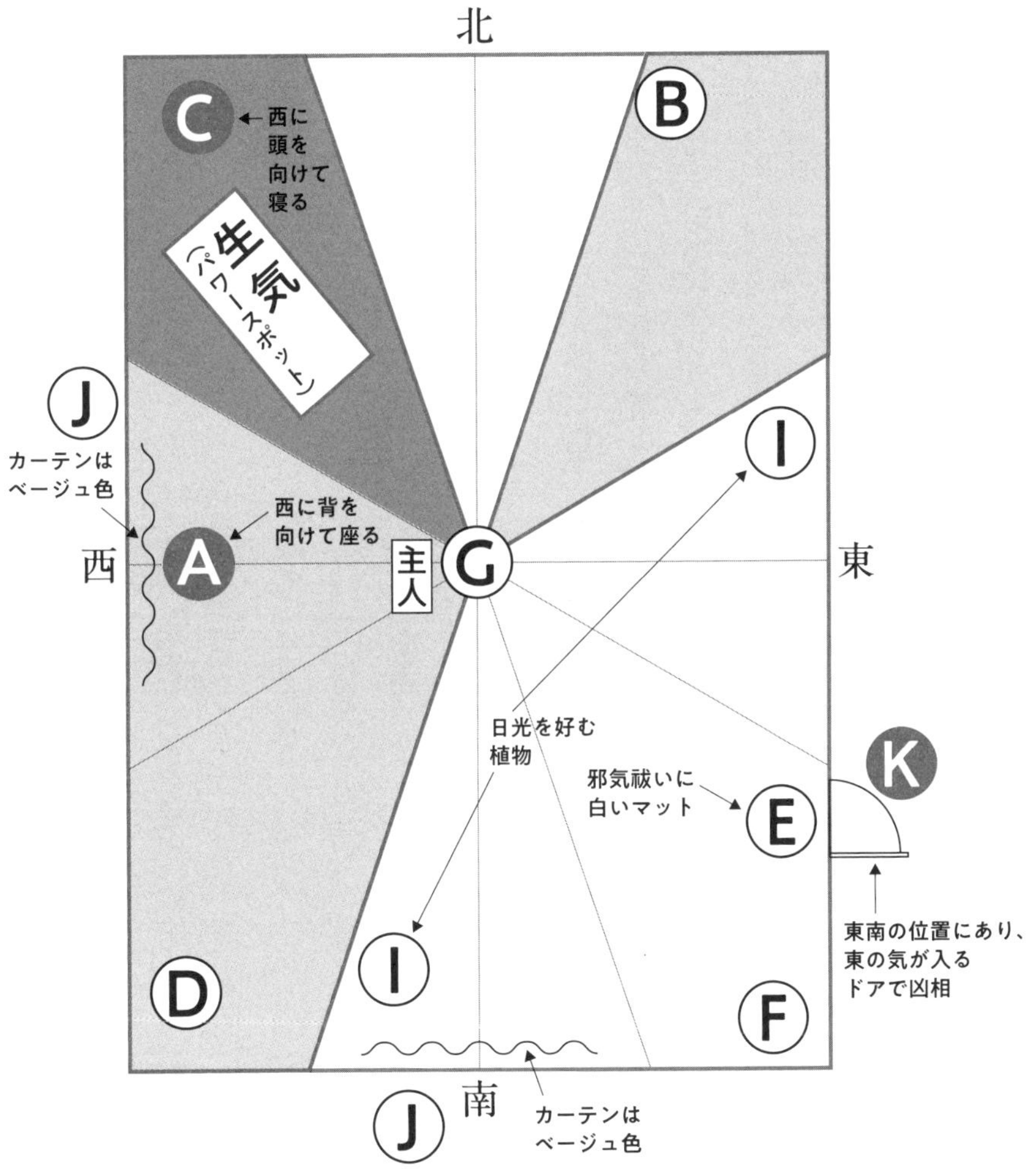

ドアが東南の位置にあり、
東の気が入ることで凶相

⑥自然界＝中秋・谷・低地・湿地・沼地
⑦アイテム＝プラモデル・貯金箱・宝石箱・ガラス製品・鏡

◎艮星の人の部屋の模様替え

■出入り口が吉になるのは、
①西南　②西北　③西　④東北

■寝るときの頭の向きは、
①東北　②西　③西北　④西南

■現在住んでいる部屋のドア（出入口）が線の範囲内にあれば吉相になりますが、図のように線以外のところにある場合は、凶相になります。

その場合は邪気祓いが必要です。邪気祓いを行なうためには、「黄色のマット」をドアの前に敷き、それを踏んでから入るようにしてください。

黄色のマットを踏むことで、邪気祓いができますからぜひ試してください。

■茶色の場所は＝吉、白色の場所は＝凶

部屋のなかの茶色部分はプラスの運がもらえる場所、白色の場所はマイナスの運が強い場所です。

そのため、できるだけ茶色の場所で過ごすように心がけましょう。

白色の場所は、クローゼット、本箱、収納庫などを置くようにしてください。

茶色の場所にいるとやる気が出てきます。反対に白色の場所にいると、気持ちがだらけてやる気がなくなりがちに。注意が必要です。

■電磁波が出る電気器具は、なるべく茶色の場所に置くようにしてください。

白色の場所に置くと電磁波の影響で故障しやすくなる可能性が高いため、注意が必要です。

艮星生まれの運気アップ・ポイント

①方位＝東北
②五行＝土性

■艮星の人の部屋の模様替え図

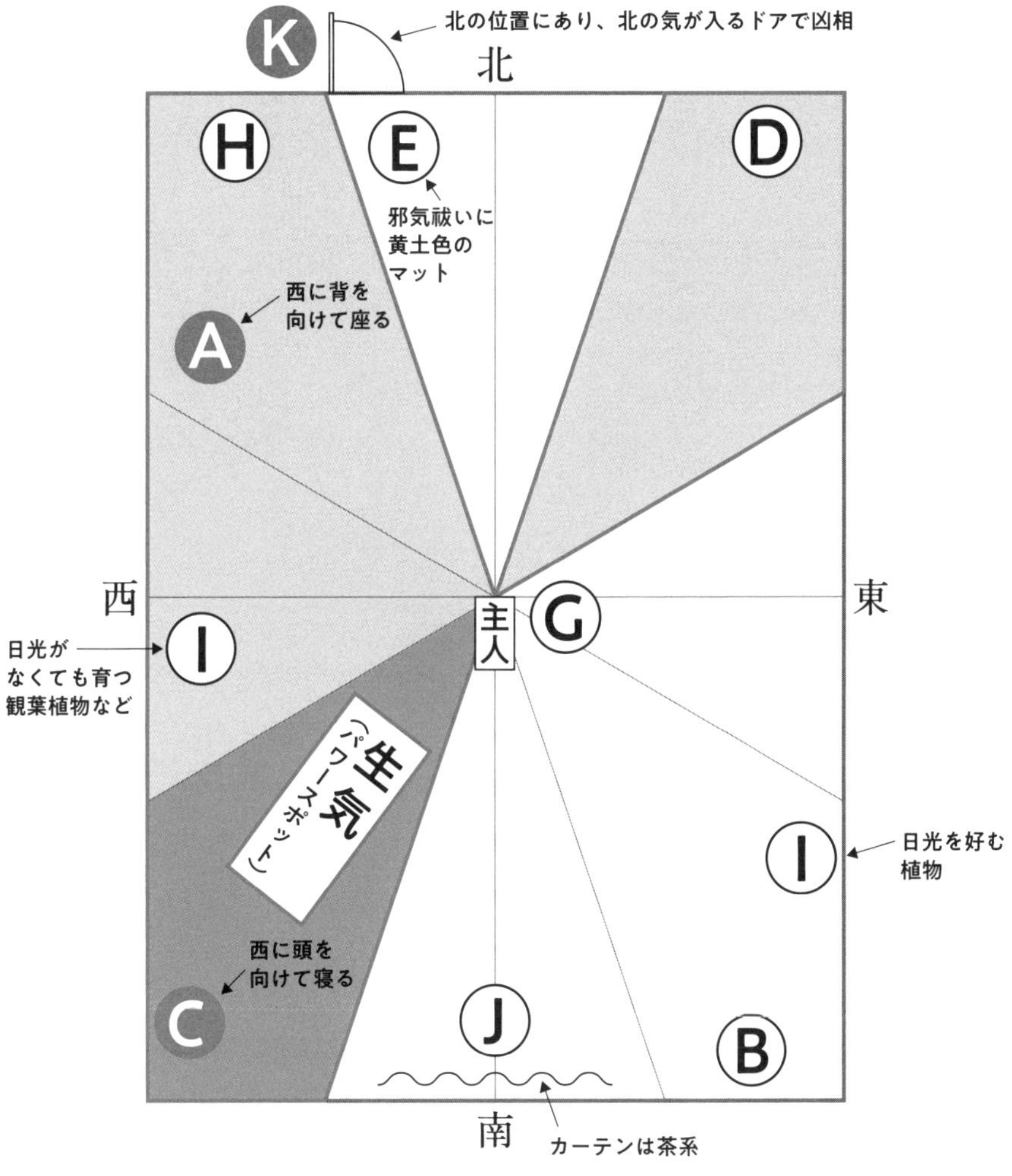

ドアが北の位置にあり、
北の気が入ることで凶相

③基本色＝黄色、こげ茶色
④ラッキーカラー＝赤、紫
⑤生気（パワースポット）＝西南
⑥自然界＝晩秋から初春・丘・高台
⑦アイテム＝古典的な柱時計・オルゴール・浮世絵・茶道具・茶器

第８章

事例でわかる家相の吉凶

1 願いで異なる吉相、凶相

1 仕事の成否は家相にも影響される

間取りの配置が大事

現在、取り組んでいる仕事が成功するかしないかは、本人の努力もさることながら、住んでいる家の家相にも影響されます。

それは、その家に住む人の生まれ星によって、吉相になったり凶相になったりするように、職業によっても家相の良し悪しがあるからです。

家相には、自分の運を強くするために、たとえば建物の一部を「張り」にする技法があります。ただし、張り出す場所は、どこでも良いというわけではありません。何をやりたいかによって、張り出す場所の吉相が違うからです。

平和な家庭を作りたい、出世したい、子どもを立派に育てたい……。このように、人によっても願いは違ってきます。

自分は平凡で、家族が健康であれば十分という人は、「張り」「欠け」のない東西に長い長方形の家を建てることです。

家の「張り」「欠け」を考えるよりも、むしろ間取りの配置が凶相にならないようにすることが大事です。

2 家相における「欠け」の意味

このように、社員とは違って、自分が上に立つ事業家はいろいろな条件が満たされなければ、成功を勝ち取ることができません。

事業主が住居を構えるときには、「家の欠け」は作らないことが鉄則です。

たとえどんな小さな規模であっても、自分の責任で経営している事業主は、欠けがある家に住むと事業の経営に影響が出てきます。

事業主が事業を成功させるための重要なポイントは、「家の欠け」を絶対に作らないことです。欠けは方角によっても意味が違ってきますので、注意が必要です。

方角ごとの欠けについて、以下のとおりまとめ

1 事業家として成功する家相の鉄則

「家の欠け」が事業に影響する

まずは、事業家に着目して家相を見ていきましょう。事業家には社会的な責任があると同時に、社員とその家族の暮らしを守っていく責任も生じます。

経営者としても、事業を発展させ利益を生み出さなければなりません。そのためには、社会が必要としている商品や新しい技術を生み出すことも大切になります。そればかりでなく、優秀な社員を獲得する必要も出てきます。

ました。

ぜひ、参考にしてください。

①**北の欠け**＝優秀な社員が集まらない。育てた社員が、他社にスカウトされてしまいます。

②**東の欠け**＝考えが保守的になり、肝心なときに決断できなくなります。

④**東南の欠け**＝物事の契約がスムーズにいかなくなり、事業の発展に大きな影響を受けます。

⑤**西の欠け**＝金運に大きく左右されます。資金繰りで苦労することに。

また、女性問題を起こしやすくなります。

⑥**西北の欠け**＝社会的な信用が得られにくくなります。絶対的な自信と相手に対する説得力の弱さから、みすみす損をすることになってしまいます。

⑦**東北・西南の欠け**＝表鬼門と裏鬼門の欠けになります。健康面に問題が出てきます。事業主は、心身ともに健康でないと、重要な決断や判断に迷いができます。

⑧**南の欠け**＝社長の方針が二転三転して、社員が戸惑うことになります。社長の勘の働きが悪くなり、時勢を見る目が狂い出します。将来の見通しや事業計画に狂いが出てきます。良い商品を出しても、宣伝効果が上がりません。

このように、事業家の家の「欠け」は、多方面に影響します。事業で成功したいなら、「家の欠け」は絶対に作らないことです。

次に、事業家以外で具体的な図面を事例にあげながら、家の吉相、凶相を探ってみましょう。

【事例1】「張り」「欠け」のない一戸建て住宅

①東西に長い「張り」「欠け」なしの長方形の住宅です。一般的で誰にでも、どんな仕事の人にも通

■【事例1】「張り」「欠け」のない一戸建て住宅

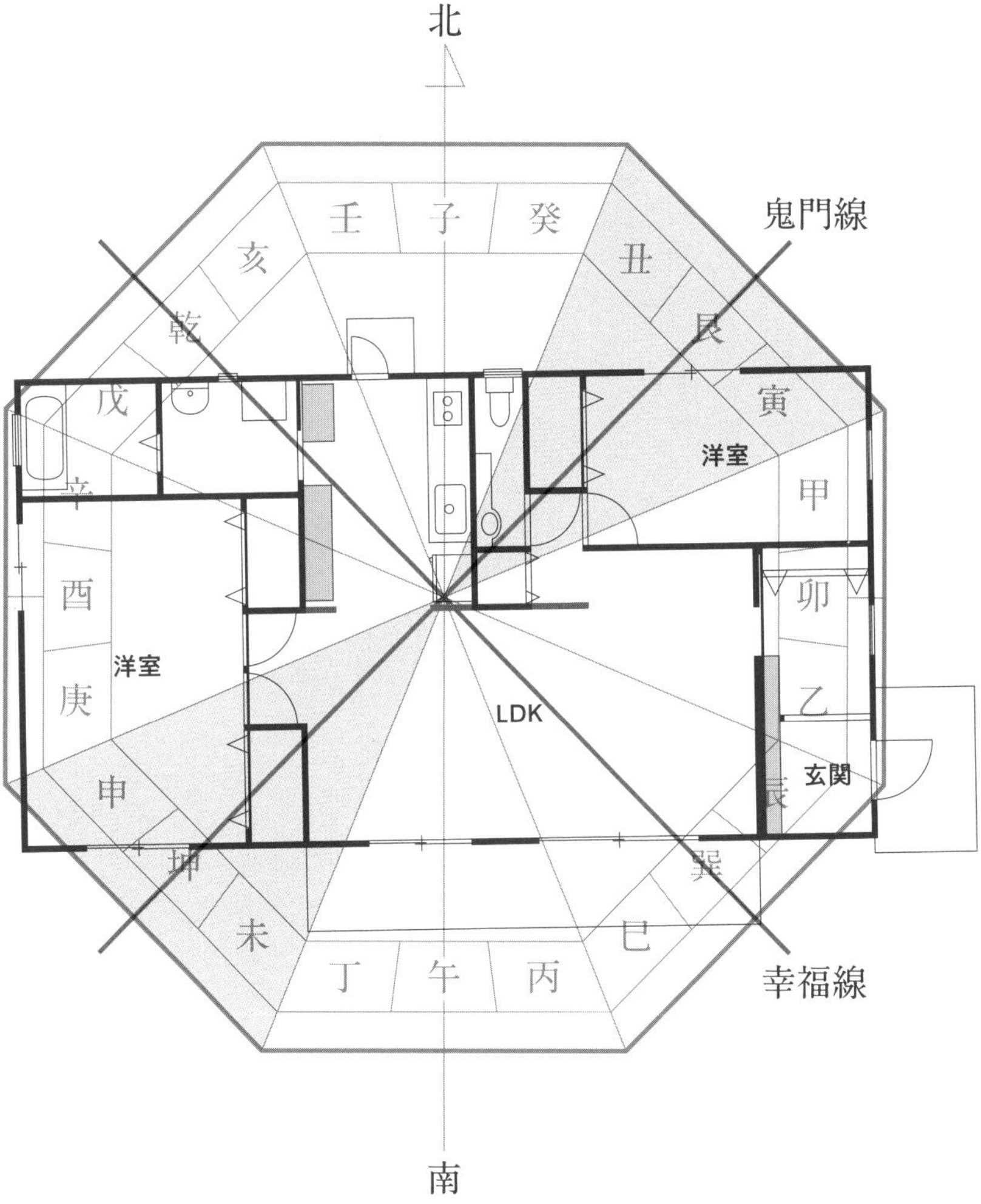

用する住宅でしょう。
②玄関の位置と向きは、場所は東南の位置、向きは東の気が入る玄関になります。
ただし「東四命」の人には吉相になりますが、「西四命」の人には凶相になります。
③表鬼門・裏鬼門どちらにも、障害になる物はありません。
④乾と巽を結ぶ「幸福線」が多少弱いのが気になります。
⑤特に「乾の主人の場所」が浴槽になると、男性に悪い現象が表れます。
また、「六白金星生まれ」「戌年生まれ」「亥年生まれ」の男性は、仕事で成果を上げても周囲からの評価が低いという凶相の現象が出やすくなります。同じように、家庭のなかでも権限が弱い夫になる可能性が高くなります。
⑥ベッドの位置＝「東四命」の人は寝るときの頭の向きが「北・東・東南・南」のいずれかになるようにベッドを配置してください。
「西四命」の人は寝るときの頭の向きが「西北・東北・西南・西」のいずれかになるようにベッドを置くことができれば、玄関が凶相であっても、十分対応できます。それだけ寝るときの頭の向きが重要だということです。

【事例2】 2世帯住宅

■玄関が2つある「完全自立型住宅」

1階部分

①東西に長い「張り」「欠け」なしの長方形の住宅です。一般的で誰にでも、どんな仕事の人にも通用する住宅と言ってもいいでしょう。
②玄関の位置と向きは、場所は東南の位置、向きは南の気が入る玄関になります。
ただし「東四命」の人には吉相になりますが、「西

■【事例2】2世帯住宅　玄関が2つある「完全自立型住宅」1階部分

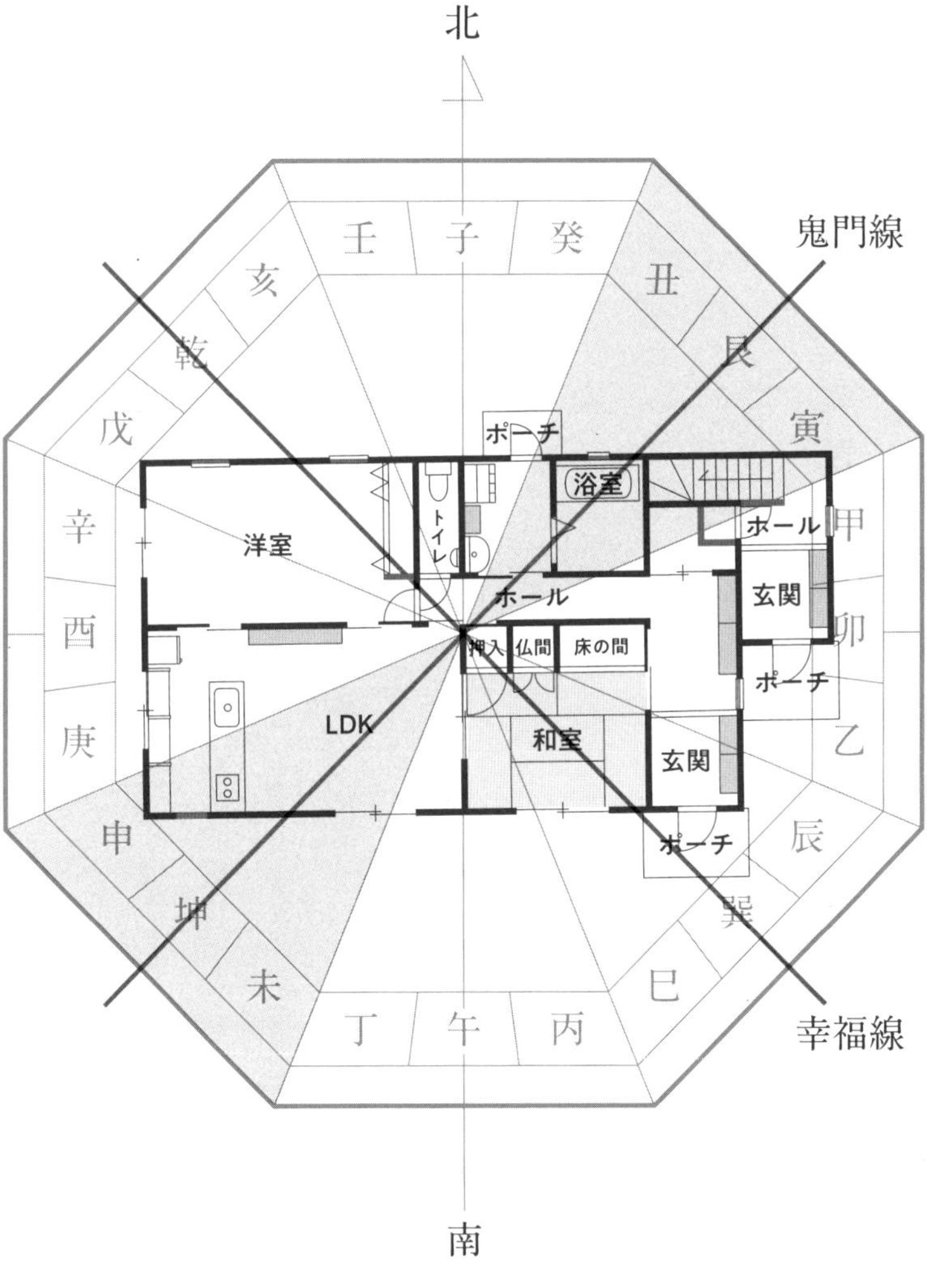

四命」の人には凶相になります。

③裏鬼門（未申）には障害になる物はありませんが、表鬼門（丑寅）には浴室と階段があることで、男性に凶相の現象が表れるかもしれません。

④特に「八白土星生まれ」「丑年生まれ」「寅年生まれ」の男性は、凶相の現象が出やすくなるため注意してください。健康面に気をつけることと、相続できょうだい間がもめないように、あらかじめ話し合っておくことが必要です。

⑤乾と巽の方角を結ぶ「幸福線」は有効に働きます。幸せな生活を送ることができるでしょう。

⑥ベッドの位置＝「東四命」の人は寝るときの頭の向きが「北・東・東南・南」のいずれかになるようにベッドを配置してください。

「西四命」の人は寝るときの頭の向きが「西北・東北・西南・西」のいずれかになるようにベッドを置くことができれば、玄関が凶相であっても、十分対応できます。

２階部分

①東西に長い「張り」「欠け」なしの長方形の住宅です。一般的で誰にでも、どんな仕事の人にも通用する住宅でしょう。

②2階の玄関の位置と向きは、場所は1階の東の位置、向きは南の気が入る玄関になります。

ただし「東四命」の人には吉相になりますが、「西四命」の人には凶相になります。

②裏鬼門（未申）には障害になる物はありませんが、表鬼門（丑寅）には洗面台と洗濯機と階段があります。そのため男性に凶相の現象が表れるかもしれません。

特に「八白土星生まれ」「丑年生まれ」「寅年生まれ」の男性は、健康面に気をつけてください。また、資産形成で苦労するかもしれません。

■2階部分

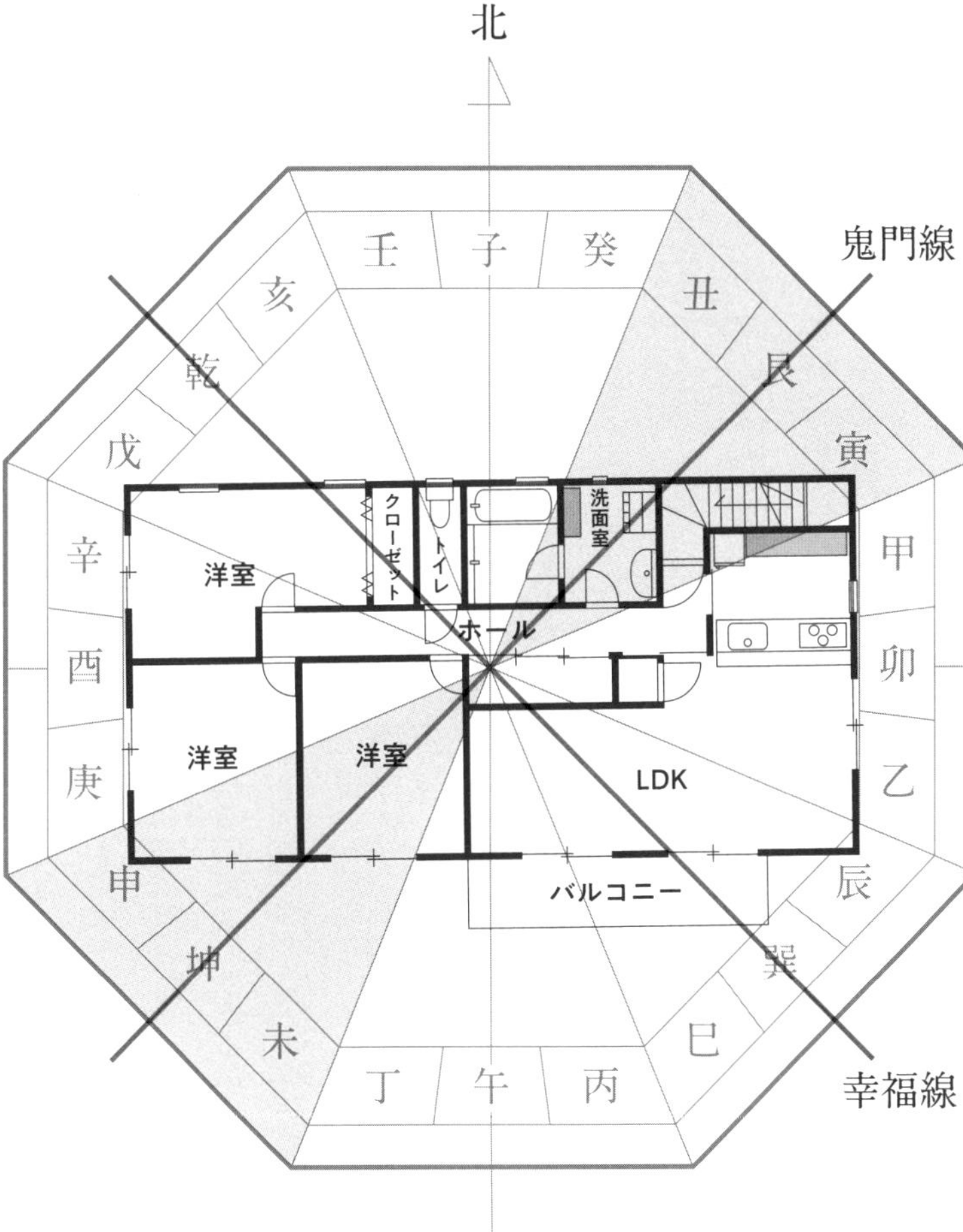
北
南
鬼門線
幸福線
壬
子
癸
丑
艮
寅
甲
卯
乙
辰
巽
巳
丙
午
丁
未
坤
申
庚
酉
辛
戌
乾
亥
洋室
クローゼット
トイレ
洗面室
ホール
洋室
洋室
LDK
バルコニー

ずは給料から天引きする財テクを活用しましょう。

③乾と巽の方角を結ぶ「幸福線」は有効に働きます。幸せな生活を送ることができるでしょう。

⑥ベッドの位置＝「東四命」の人は寝るときの頭の向きが「北・東・東南・南」のいずれかになるようにベッドを配置してください。

「西四命」の人は寝るときの頭の向きが「西北・東北・西南・西」のいずれかになるようにベッドを置くことができれば、玄関が凶相であっても、十分対応できます。

【事例3】マンション住宅

①南北に長い「張り」「欠け」なしの長方形の住宅は、教育関係者、芸術家関係には良い家相と言われています。南北に細長い家は、名誉・名声、発明・発見、学問・芸術、美的センスに必要な条件がそろっているからです。

一般的には、南北に細長い家は太陽光を受ける面積が小さいから、決して良い条件の家とは言えません。これは家相の基本です。

②玄関の位置と向きは、場所は北の位置、向きも北の気が入る玄関になります。

ただし「東四命」の人には吉相になりますが、「西四命」の人には凶相になります。

③表鬼門（丑寅）には、洗面室と浴室がありますから、この家に住む男性にはある程度の凶相の現象が表れるかもしれません。

また、裏鬼門（未申）には障害になるものがありませんから、女性には問題ありません。

④乾と巽の方角を結ぶ「幸福線」の男性の場所（主人の場所）にトイレがあります。家庭内では、主人としての権限が弱くなるかもしれません。

特に、「六白金星生まれ」「戊年生まれ」「亥年生まれ」の男性は、仕事で成果を上げても、周囲か

■【事例3】マンション住宅

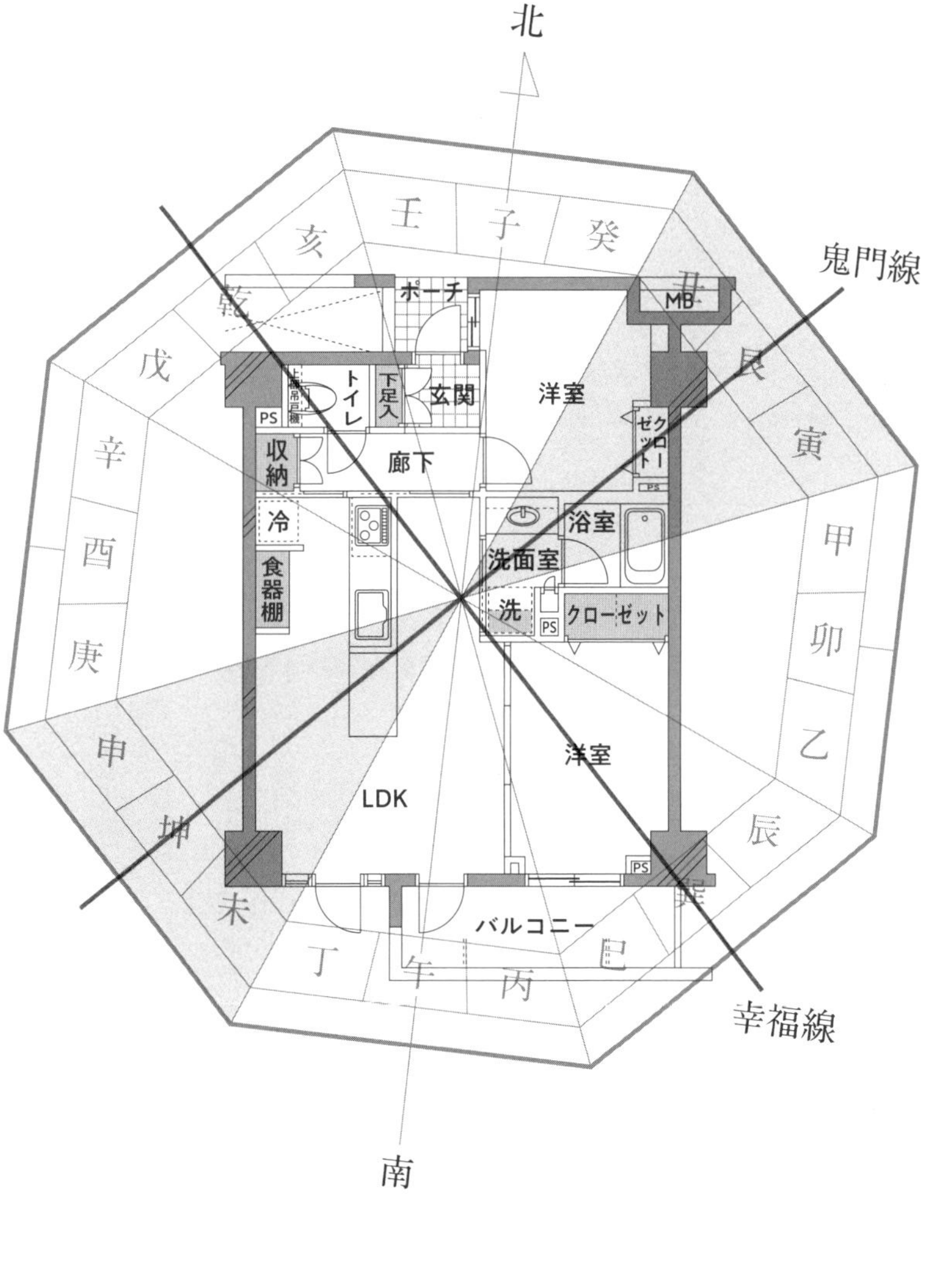
北
亥
壬
子
癸
丑
鬼門線
乾
ポーチ
MB
戌
トイレ
下足入
玄関
洋室
艮
PS
収納
廊下
寅
辛
冷
浴室
酉
食器棚
洗面室
甲
洗
クローゼット
卯
庚
PS
洋室
乙
申
LDK
坤
辰
PS
未
巽
バルコニー
丁
午
丙
巳
幸福線
南

らの評価が低いという凶相の現象が出やすくなります。

⑤ベッドの位置＝「東四命」の人は寝るときの頭の向きが「北・東・東南・南」のいずれかになるようにベッドを配置してください。

「西四命」の人は寝るときの頭の向きが「西北・東北・西南・西」のいずれかになるようベッドを置くことができれば、玄関が凶相であっても、十分対応できます。

【事例4】ワンルームのアパートまたは仕事部屋

①東西の変形で「張り」「欠け」なしの長方形の住宅です。一般人に向く普通のワンルームになります。

②玄関の位置と向きは、場所は東の位置、向きは東北の気が入る玄関になります。玄関は位置より向きのほうが優位になります。

したがって「東四命」の人が住む場合は、凶相になりますが、「西四命」の人には吉相になります。

③表鬼門（丑寅）には、トイレがありますから、この家に住む男性には、凶相の現象が表れるかもしれません。裏鬼門（未申）には障害になるものがありませんから、女性には問題ありません。

④乾と巽の方角を結ぶ「幸福線」の乾の場所（男性の場所）には障害になるものはありません。巽の場所には、小さな流し台があります。巽の場所（若い女性の場所）になりますから、結婚が遅くなるかもしれません。

特に「四緑木星生まれ」「辰年生まれ」「巳年生まれ」の女性には、凶相の現象が表れるかもしれません。

また、「六白金星生まれ」「戌年生まれ」「亥年生まれ」の男性は、仕事で成果を上げても、周囲からの評価が低いという凶相の現象が出やすくなります。

■【事例4】ワンルームのアパートまたは仕事部屋

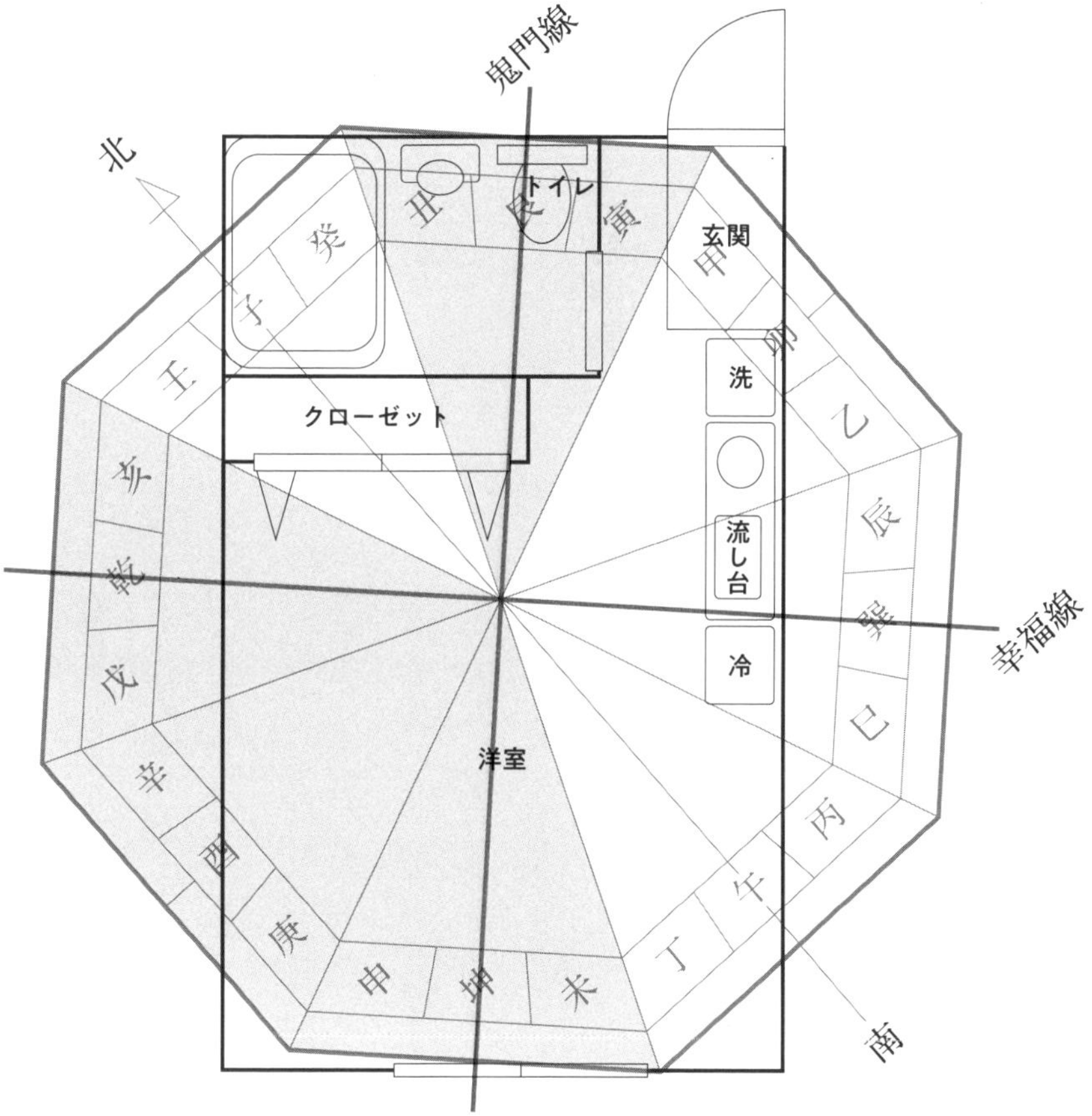

⑤ベッドの位置＝「東四命」の人は寝るときの頭の向きが「北・東・東南・南」のいずれかになるようにベッドを配置できれば、玄関が凶相であっても十分に対応できます。

「西四命」の人は寝るときの頭の向きが「西北・東北・西南・西」のいずれかになるようにベッドを配置してください。

2 欠けが影響する一般家庭の事例

欠けがもたらす吉相、凶相

ここでは、欠けが多いとされる家に住むことで起こる一般家庭の凶現象を見ていきましょう。

家相において、南北に細長い家や奥行きの浅い家と同様に、複雑な家の形も凶相として知られています。複雑な家の形、つまりは凸凹が多い家に住むことで、もっとも気がかりなことは、家族全員が精神的に不安定になりやすいことです。ストレスがたまりやすい家相の場合、家族のそれぞれが気分転換をうまくやる必要が生じます。

また、西南に大きな欠けがある家の場合は、家庭を守る役割を担う主婦、あるいは主夫が落ち着かない家になります。昼夜を問わず家族の誰もが留守がちの家になりますので、盗難などの犯罪に巻き込まれやすいでしょう。

女性目線で家を見るなら、北に大きな欠けのある家もおすすめできません。こういった家に住む女性は、女性特有の疾患に悩むことが少なくありません。望んでも子どもに恵まれることが難しく、恵まれたとしても、子育てで大いに苦労させられそうです。親がいつも子どもを心配しなければならない家庭になりそうです。

3 独立した仕事部屋を持ちたい人のために

1 仕事部屋で運気は上げられる

誰もが自分の仕事部屋が必要な時代へ

ここ数年の社会情勢から、多くの人が在宅勤務やテレワークといった、これまでにない働き方を強いられることになってきています。

職種によっては、今まで以上に在宅勤務が可能になる人も出てくるでしょう。

ここでは、仕事部屋として使え、また事務所としても使える「生まれ星に合わせた運気アップできる部屋」を紹介していきます。

2 東四命の人に適したワンルーム

坎星の人の仕事部屋

吉の気が入る玄関がおすすめ

①最大吉＝東南の気が入る玄関
②大吉＝東の気が入る玄関
③中吉＝南の気が入る玄関
④小吉＝北の気が入る玄関

■**デスクの位置**＝東南を背にして座ることができる場所に机を置くのがいちばんいいのですが、北を背にして南向きに座ることでも、仕事への集中力がアップし効率良くいい仕事ができます。

■ベッドの位置＝頭の向きを南に向けて寝るようにしてください。疲れたときのために仮眠用の簡易的なベッドを置いておくと重宝するでしょう。

■ソファーとテーブル＝来客用は南を背にして置き、主人は北を背にして座ることで交渉事が有利に進みます。

■商談や交渉事＝坎星の主人は必ず北を背にして座り、相手は南を背にして座らせると物事が有利に進みます。

■観葉植物＝邪気を浄化する役目と癒し効果を兼ね備えるために、パキラ、モンステラ、オリーブなどがいいでしょう。

■窓＝カーテンではなくグレーやシルバーのブラインドやベーシックな採光ロールスクリーンがおすすめです。

■床＝自然に近いウッドフローリング。カーペットを敷く場合は、グレー系にすると落ち着いて過ごすことができるでしょう。

■運気アップのポイント

基本色＝シルバーグレー、黒

ラッキーカラー＝黄金色、レモン色

パワーポイント＝①東南②東③南④北

ラッキーアイテム＝黄金色の置物をパワーポイントに置くことで運気アップ

震星の人の仕事部屋

吉の気が入る玄関がおすすめ

①最大吉＝南の気が入る玄関

②大吉＝北の気が入る玄関

③中吉＝東南の気が入る玄関

④小吉＝東の気が入る玄関

■デスクの位置＝北を背にして南向きに座ります。

気のパワーを背中から受け取ることで集中力がアップし、効率良くいい仕事ができます。

■ベッドの位置＝疲れたときのために、仮眠用の簡易的なベッドを置いておくと重宝するでしょう。その際は北に頭を向けて寝るようにしてください。北枕は「死人の枕」とも言われ日本では嫌われていますが、風水では北枕で寝ると金運アップ、健康アップ、恋愛アップと三拍子そろってアップするため縁起が良いとされています。

お釈迦様が亡くなったときに頭を北の方角に向けていたことから、仏教において頭を北にして寝ることを「北枕」と言い、北を枕にして眠るとお釈迦様のところに行けるといった考え方が生まれたといわれています。気になる人は、頭の向きを南・東・東南になるように寝てください。

■ソファーとテーブル＝来客用は南を背にして置き、主人は北を背にして座ることで交渉事がうまくまとまります。

■商談や交渉事＝震星の主人は必ず北を背にして座り、相手には南を背にして座らせると物事が有利に進みます。

■観葉植物＝西北の位置に置く植物は、主人の気をアップする役目がありますから、主人の好きな植物を置きましょう。

■窓＝カーテンではなくグレーやシルバーのブラインド、ベーシックな採光ロールスクリーンがおすすめです。

■床＝自然に近いウッドフローリング。カーペットを敷く場合は、ブルー系にすると落ち着いた気分で過ごせるでしょう。

■運気アップのポイント

基本色＝青

ラッキーカラー＝黒

パワーポイント＝①南②北③東南④東
ラッキーアイテム＝黒い置物をパワーポイントに置くことで運気アップ

巽星の人の仕事部屋

吉の気が入る玄関がおすすめ
①最大吉＝北の気が入る玄関
②大吉＝南の気が入る玄関
③中吉＝東の気が入る玄関
④小吉＝東南の気が入る玄関

■**デスクの位置**＝東を背にして西向きに座ります。気のパワーを背中から受け取ることで集中力がアップし、効率良くいい仕事ができます。

■**ベッド**＝頭の向きを南に向けて寝るようにしてください。疲れたときのために、仮眠用の簡易的なベッドを置いておくと重宝するでしょう。

■**ソファーとテーブル**＝来客用は南を背にして置き、主人は北を背にして座ることで交渉事がうまくまとまります。

■**商談や交渉事**＝巽星の主人は必ず北を背にして座り、相手は南を背にして座らせると、物事が有利に進みます。

■**観葉植物**＝南に置く植物は、日光を好む草花の鉢がいいでしょう。

■**窓**＝カーテンをする場合は、青・緑系がベスト。南側になる場合、遮光カーテンがおすすめです。

■**床**＝自然に近いウッドフローリング。カーペットを敷く場合は、グリーン系にすると落ち着いた気分で過ごせるでしょう。

■**運気アップのポイント**
基本色＝緑系の色、花柄のもの
ラッキーカラー＝黒色、藍色、濃紺
パワーポイント＝①北②南③東④東南

ラッキーアイテム＝黒・藍色の置物をパワーポイントに置くことで運気アップ

離星の人の仕事部屋

吉の気が入る玄関がおすすめ

①最大吉＝東の気が入る玄関
②大吉＝東南の気が入る玄関
③中吉＝北の気が入る玄関
⑤小吉＝南の気が入る玄関

■**デスクの位置**＝南を背にして北向きに座ります。気のパワーを背中から受け取ることで集中力がアップし、効率良くいい仕事ができます。

■**ベッドの位置**＝疲れたときのために仮眠用の簡易的なベッドを置いておくと重宝するでしょう。頭の向きを北に向けて寝るようにします。北枕については、239ページにくわしく解説しています。

■**ソファーとテーブル**＝来客用は西を背にして置き、主人は北の範囲に座ることで交渉事が有利に進みます。

■**商談や交渉事**＝離星の主人は必ず北を背にして座り、相手は西を背にして座らせると物事が有利に進みます。

■**観葉植物**＝西北の位置に置く植物は、主人の気をアップする役目がありますから、主人の好きな植物を置きましょう。

■**窓**＝カーテンではなくグレーやシルバーのブラインドの採光ロールスクリーンがおすすめです。

■**床**＝自然に近いウッドフローリング。カーペットを敷く場合は、ブルー系にすると落ち着いた気分で過ごせるでしょう。

■**運気アップのポイント**

基本色＝赤、紫

ラッキーカラー＝青、緑
パワーポイント＝①東②東南③北④南
ラッキーアイテム＝赤色のキャンドルをパワーポイントに置くことで運気アップ

3 西四命の人に適したワンルーム

坤星の人の仕事部屋

吉の気が入る玄関がおすすめ

①最大吉＝東北の気が入る玄関
②大吉＝西の気が入る玄関
③中吉＝西北の気が入る玄関
⑤小吉＝西南の気が入る玄関

■**デスクの位置**＝西を背にして東向きに座ります。気のパワーを背中から受け取ることで、仕事に対しての集中力がアップし、効率良くいい仕事ができます。

■**ベッドの位置**＝頭の向きを西に向けて寝るようにしてください。疲れたときのために、仮眠用の簡易なベッドを置いておくと重宝するでしょう。

■**ソファーとテーブル**＝来客用は西南を背にして置き、主人は東北を背にして座ることで交渉事が有利に進みます。

■**商談や交渉事**＝坤星の主人は必ず東北を背にして座り、相手は西南を背にして座らせるとすべてがうまくまとまります。

■**観葉植物**＝裏鬼門の邪気を浄化する役目と癒し効果を兼ね備えるためにパキラ、モンステラ、オリーブなどを置くといいでしょう。

■**窓**＝カーテンではなくグレーやシルバーのブラインド、ベーシックな採光ロールスクリーンがおすすめです。

■**床**＝自然に近いウッドフローリング、カーペットを敷く場合は、グレー系にすると落ち着いた気分で過ごせるでしょう。

■**運気アップのポイント**
基本色＝黄色、黄土色
ラッキーカラー＝赤、紫
パワーポイント＝①東北②西③西北④西南
ラッキーアイテム＝赤色の置物をパワーポイントに置くことで運気アップ

乾星の人の仕事部屋

吉の気が入る玄関がおすすめ
①最大吉＝西の気が入る玄関
②大吉＝東北の気が入る玄関
③中吉＝西南の気が入る玄関
④小吉＝西北の気が入る玄関

■**デスクの位置**＝西北を背にして東南向きに座ります。気のパワーを背中から受け取ることで集中力がアップし、効率良く仕事ができます。

■**ベッド**＝頭の向きを西南に向けて寝るようにしてください。疲れたときのために、仮眠用の簡易なベッドを置いておくと重宝するでしょう。

■**ソファーとテーブル**＝来客用は東南を背にして置き、主人は西北を背にして座ることで交渉事が有利に進みます。

■**商談や交渉事**＝乾星の主人は必ず西を背にして座り、相手は東を背にして座らせるとすべてがうまくまとまります。

■**観葉植物**＝北に置く植物は、日光が弱くても育つ植物にしましょう。観葉植物はどこに置いても部屋の浄化に役立ちますから活用してください。

■**窓**＝ベージュ系、薄い茶系のカーテンがいいでしょう。南側になるので、遮光性があるものおすすめです。

■**床**＝自然に近いウッドフローリング。カーペットを敷く場合は、茶系、ベージュ系にすると落ち着いた気分で過ごせるでしょう。

■**運気アップのポイント**

基本色＝白、ベージュ

ラッキーカラー＝黄土色、茶色

パワーポイント＝①西②東北③西南④西北

ラッキーアイテム＝ガラス製品、宝石、鏡などをパワーポイントに置くことで運気アップ

兌星の人の仕事部屋

吉の気が入る玄関がおすすめ

①最大吉＝西北の気が入る玄関

②大吉＝西南の気が入る玄関

③中吉＝東北の気が入る玄関

④小吉＝西の気が入る玄関

■**デスクの位置**＝西を背にして東向きに座ります。気のパワーを背中から受け取ることで集中力がアップして、効率良く仕事ができます。

■**ベッドの位置**＝頭の向きを西に向けて寝るようにしてください。疲れたときのために、仮眠用の簡易なベッドを置いておくと重宝するでしょう。

■**ソファーとテーブル**＝来客用は東南を背にして置き、主人は西北を背にして座ることで交渉事が有利に進みます。

■**商談や交渉事**＝兌星の主人は必ず西北を背にして座り、相手は東南を背にして座らせると物事が有利に進みます。

■**観葉植物**＝東に、日光を好む草花の鉢物を置くといいでしょう。この草花が順調に成長すると、

自分の仕事も同じように順調に成長していきます。いわば、自分の運のバロメーターです。この植木鉢の草花が枯れてしまったら、仕事もうまくいかない可能性が高くなります。

■窓＝カーテンをする場合は、ベージュ系、薄い茶系がおすすめです。

■床＝自然に近いウッドフローリング。カーペットを敷く場合は、茶系、ベージュ系にすると落ち着いた気分で過ごせるでしょう。

■運気アップのポイント

基本色＝白、ベージュ

ラッキーカラー＝黄土色、茶色

パワーポイント＝①西北②東北③西南④西

ラッキーアイテム＝ガラス製品、宝石、鏡、プラモデル、猫のぬいぐるみなどをパワーポイントに置くことで運気アップ

艮星の人の仕事部屋

吉の気が入る玄関がおすすめ

①最大吉＝西南の気が入る玄関

②大吉＝西北の気が入る玄関

③中吉＝西の気が入る玄関

④小吉＝東北の気が入る玄関

■デスクの位置＝西南を背にして東北向きに座ります。気のパワーを背中から受け取ることで集中力がアップして、効率よく仕事ができます。

■ベッド＝西南に頭を向けて寝るようにしてください。疲れたときのために仮眠用の簡易なベッドを置いておくと重宝するでしょう。

■ソファーとテーブル＝来客用は東南を背にして置き、主人は西北を背にして座ることで交渉事がうまくまとまります。

■商談や交渉事＝艮星の主人は必ず西北を背にし

て座り、相手は東南を背にして座らせると、物事が有利に進みます。

■観葉植物＝南に置く植物は、日光を好む草花の鉢物を置くといいでしょう。草花が成長すると、自分の仕事も順調に成長します。いわば、自分の運のバロメーターです。この植木鉢の草花が枯れてしまったら、仕事もうまくいかない可能性が高くなります。

■窓＝カーテンをする場合は、ベージュ系、薄い茶系の物がベスト。

■床＝自然に近いウッドフローリング。カーペットを敷く場合は黄土色、こげ茶色にすると落ち着いた気分で過ごせるでしょう。

■運気アップのポイント
基本色＝黄色、こげ茶色
ラッキーカラー＝赤、紫

パワーポイント＝①西南②西北③東北④西
ラッキーアイテム＝陶器、壺、好きなぬいぐるみなどをパワーポイントに置くことで運気アップ

4 家相が語る人間模様

1 家相で見る男の場所と女の場所

男の権力弱体化には水回りの場所が関係する

多様性が重んじられる昨今、男女の平等はより重要です。ただ、男性の権威が必要以上に弱くなっていることは問題でしょう。実際にいろいろな場面で、男性の弱体化を感じることが多くなりました。女性が生きる上で強くなることはいいことですが、男性も同様に強くなってもらいたいものです。

この現象に大きく関係しているのが家相です。家相には男の場所と女の場所があります。多種の家相を鑑定していると、男の場所に水回りを持ってくる間取り図が、最近多くなっていることに気がつきます。家庭団欒を主張するあまり、東南から南西までの女の場所が、広いダイニングルームになっている家も多く見られます。

家族が集まる場所が、いちばんいい場所になるのは当然のように思われますが、決められた範囲で設計しなければならないため、水回りが男の場所の西北から東北に集中してしまうのは当然と言えるでしょう。

■陽は、茶色部分で「東から西北180度」の範囲です。陰は、白色部分で「東南から西180度」の範囲です。

■陰陽の家相盤

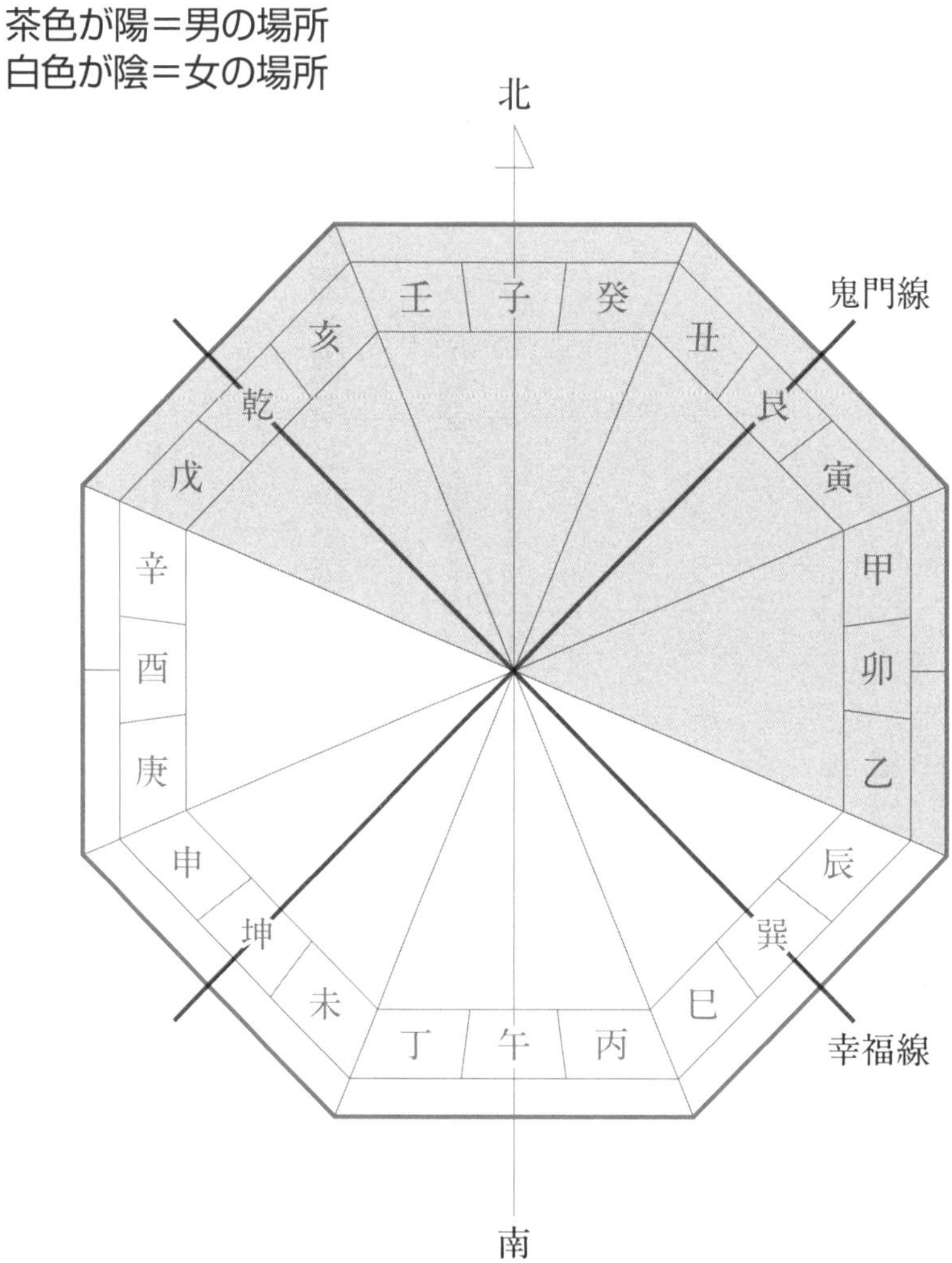

※家相では、北（神の場所）が上位になりますから、北を入れて180度を陽である「男の場所」と定めています。陽の裏側が陰になりますから、南を入れた180度を陰である「女の場所」と定めています。南は神以外の大衆、女、子どもなど、神に仕えるすべての人々の場所になります。

2 後継者に恵まれない家相

子どもに恵まれても相続問題勃発

家相には、家族それぞれの場所があります（191ページ参照）。それにそぐわないこの間取りは、後継者に恵まれない家相になります。または、恵まれたとしても相続問題でもめる可能性が高くなります。

■乾（西北）は主人の場所で、しかも名誉を司る場所になります。

そのためこの場所を主人の寝室にして、書斎を兼ねていたら間違いなく出世します。ただし、玄関が東南の気が入る玄関になりますから、生まれ星が「東四命」の人に限ります。「西四命」の人の場合は、玄関の邪気払いが必要になります。

■東の長男の場所に浴室と洗面室があります。やる気がなくなり、パワーが弱くなる可能性があるため、長男としての役目を果たすことができません。

この間取りに住む人の運勢は、本来だったら、主人の「一代限りの運勢」になる家相です。

■西北の部屋を家相では、主人の部屋と定めています。この部屋を主人の書斎と寝室を兼ね備えた部屋にすると、安定した力を発揮することができるといわれています。さらにこの部屋は、北の名誉と権威が備わることが出来る部屋になっています。

このような住環境に恵まれた部屋で生活できる人は、本人の努力が加われば、どこまでも成果を上げていくでしょう。本人の努力次第で、間違いなく出世コースに加わることが出来る人です。

■玄関は、東南の位置にあり、東南の気が入る玄関になりますから、生まれ星が「東四命」の人には吉相の家相になります。

■間取り図　後継者に恵まれない家相

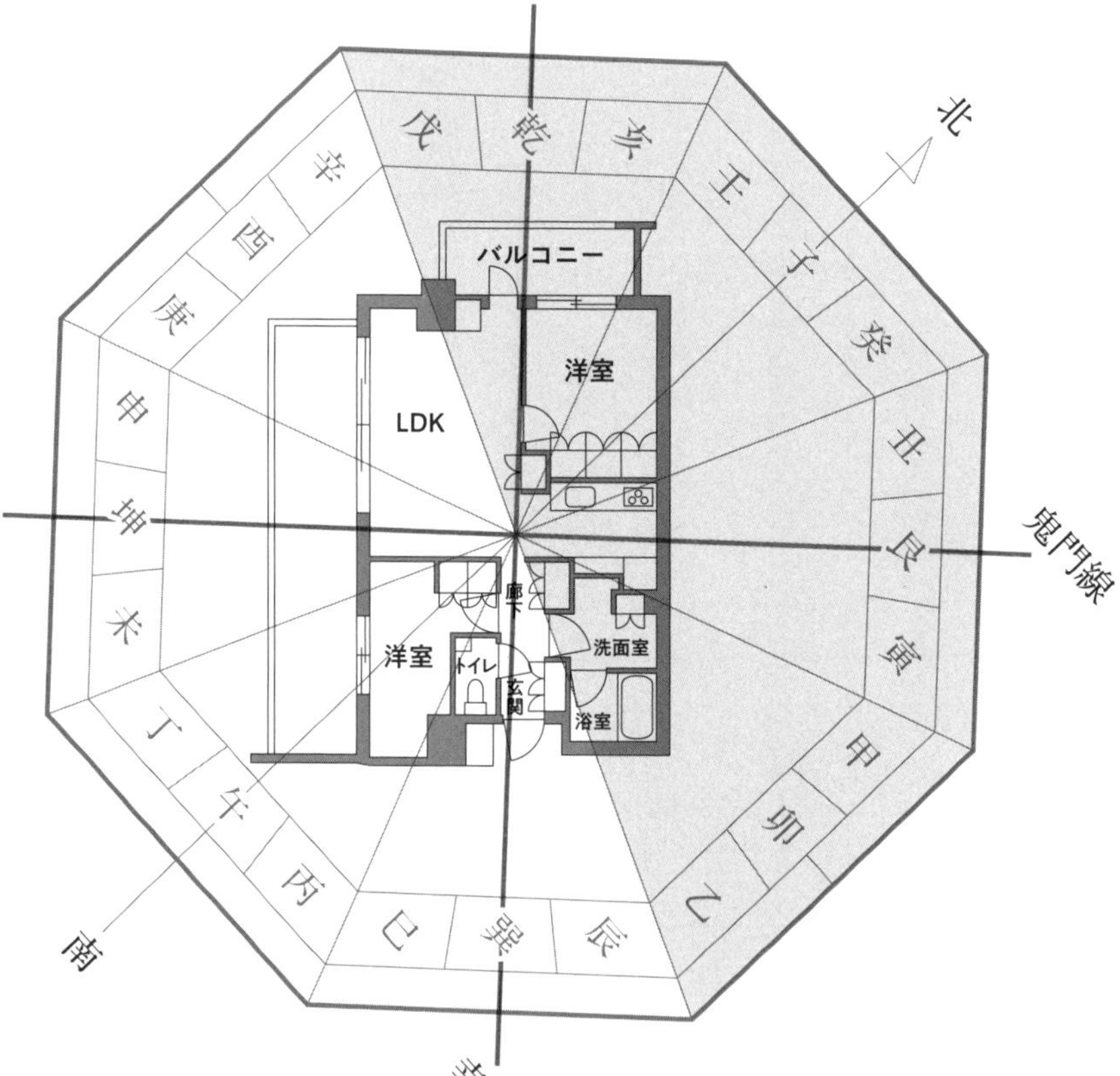

3 自立できない子どもになる家相

主人の場所を子どもに取られないように

この間取りは、女性の権利が強くなる家相になりますが、男の子がいる家族の場合は、さらに危険性を秘めた間取りになっています。

本来なら、洋室6畳が主室（主人の場所）になる間取りのはずですが、万一、男の子がいる3人家族が入居した場合に起こるかもしれない現象を紹介しておきます。

■玄関は表鬼門の玄関になり、向きも東北の気が入る玄関です。生まれ星が「西四命」の人は吉相になりますが、「東四命」の人は凶相になりますから気をつけてください。

■水回り（トイレ・バスルーム・キッチン）のほとんどが陽の範囲である男の場所に入っています。禍を受けるとしたら男性になります。

■夫婦の寝室は、「洋室6畳」主寝室になるのが当然だと思いますが、これが大きな間違いです。

設計士は「主寝室」を夫婦の寝室として設計しているはずですから、住む人も当然と思って「夫婦の寝室」にするはずです。

そうなると隣の「洋室5畳」を男の子の部屋にするでしょう。この配置が、自立できない子供になっていく危険性があるということです。

この部屋は、家の中心から見ると北の正中線上にあります。この家のなかでいちばん上位になる場所で、神棚を設置する場所になります。

本来は「主人の書斎」にするのがいちばん良い場所になります。家族の経済的な安定を求めるなら、部屋割りも重要なポイントになります。

■子ども部屋＝東南にある「洋室4.5畳」になります。本来は女の子の部屋ですが、インテリアによっては男の子の部屋に変身できますから問題ありません。

■この間取りで注意しなければならないことは、住み慣れてくると女性のパワーが強くなってくる家相になることです。それを避けるために一家の主人が守らなければならないことは、北の「洋室5畳」の部屋を自分の書斎（仕事部屋）兼寝室として確保しておくことです。

■主室の「洋室6畳」を妻に譲っても、北の部屋だけは確保しておかないと、あなたの居場所がなくなってしまいます。間違ってもこの部屋を子ども部屋（男の子）にしないことです。結果ははっきりしています。この部屋で生活する子供は自立できない、いわゆる引きこもりになってしまうからです。特に生まれ星が「東四命」の人は、玄関が凶相になりますから、そうなる可能性が高くなります。

家相では、北を神様の場所としています。そのために、北の部屋には神棚を設け、一家の大黒柱の夫の書斎にするのが理想な形になります。

北の気を受けて生活をしている男性には、自然と家長としての自覚や責任が備わってくるから不思議です。

部屋の広さで、家族の部屋割りをする場合が多いようですが、このような方法だと間違いやすいので、家族の部屋割りは必ず方位で選ぶようにしましょう。

家庭と家族の幸せを願うのなら、夫の部屋は北から西北側に設けるようにしましょう。間違っても、男の子の部屋にはしないことです。特に、乾星生まれの子どもは絶対住まわせないことです。

■間取り図　自立できない子どもになる家相

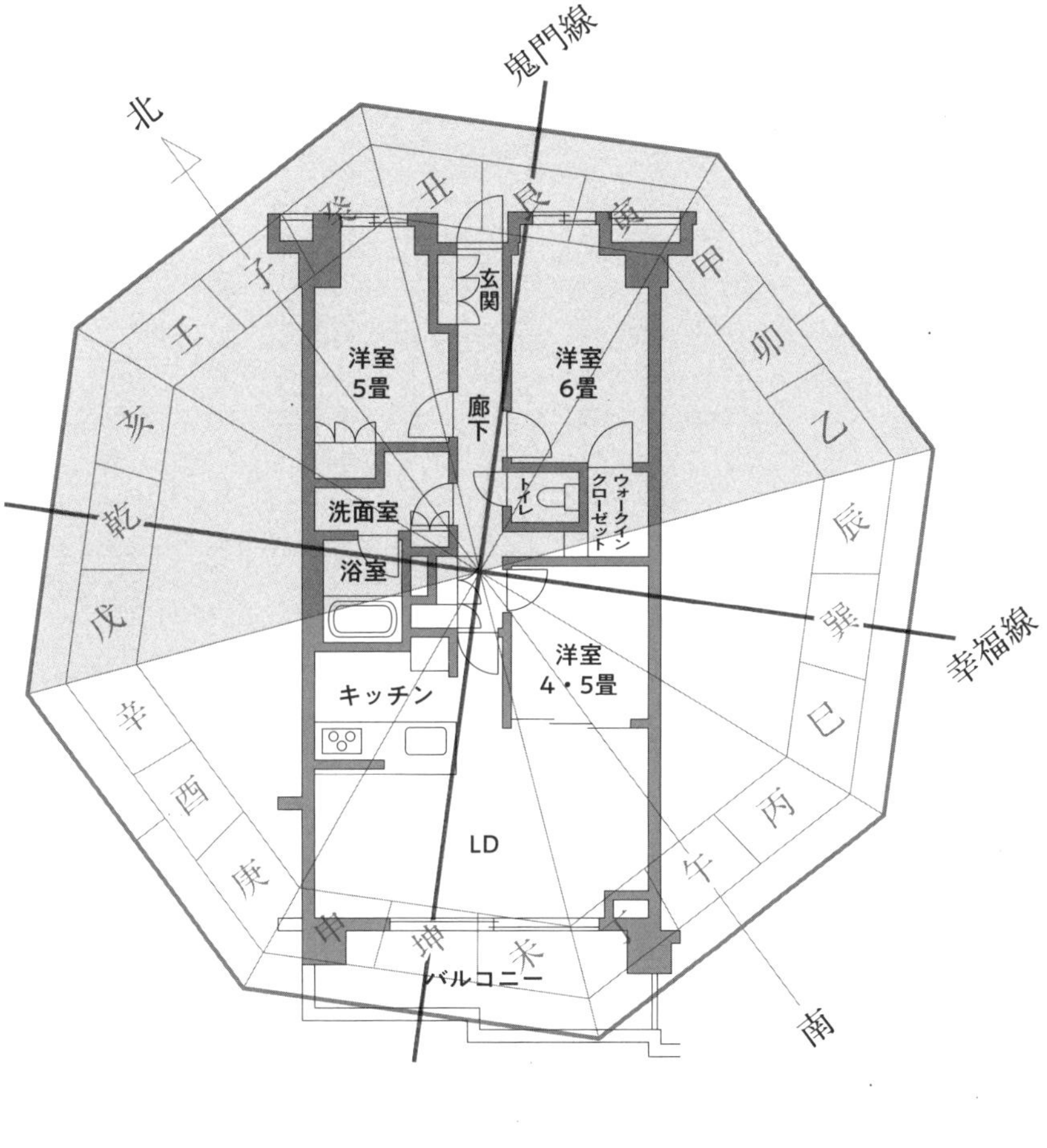

4 事業が発展する家相

幸福線上に禍がないことがマスト

この間取りには、幸福線上の乾に張りがあるため、事業が発展する家相、または出世する家相になります。注目すべきは、幸福線上になる乾（西北）と巽（東南）を結ぶ線上に大きな禍になるものがないことです。

玄関の邪気払いの方法は、その家の主人の生まれ星の基本色の玄関マットを入り口に敷いてください。そのマットを踏んで入ると邪気払いになります。

■幸福線上で唯一、気になるのがキッチンのガスコンロです。しかしながら、主の部屋（乾の主寝室）が張りになっていますから、十分なパワーをもらっています。そのため、自分のパワーでカバーすることができるでしょう。

欲を言えば「巽の張り」になっていれば、確実に成功間違いなしの家相になります。

■玄関は西の位置にあり、向きは２０４度の西南の気が入る玄関になります。生まれ星が「西四命」の人であれば吉相の玄関になります。

反対に、生まれ星が「東四命」の人であったら、凶相の玄関になりますから、玄関の邪気祓いが必要になります。

■水回りの浴槽が、表鬼門に入っていますので、蓄財に工夫が必要になるかもしれません。お金は使いにくい方法で蓄財しないと残りません。

子ども部屋は、男の子なら「東の部屋」に、女の子なら「東南の部屋」にするのがもっとも良いでしょう。

■間取り図　事業が発展する家相

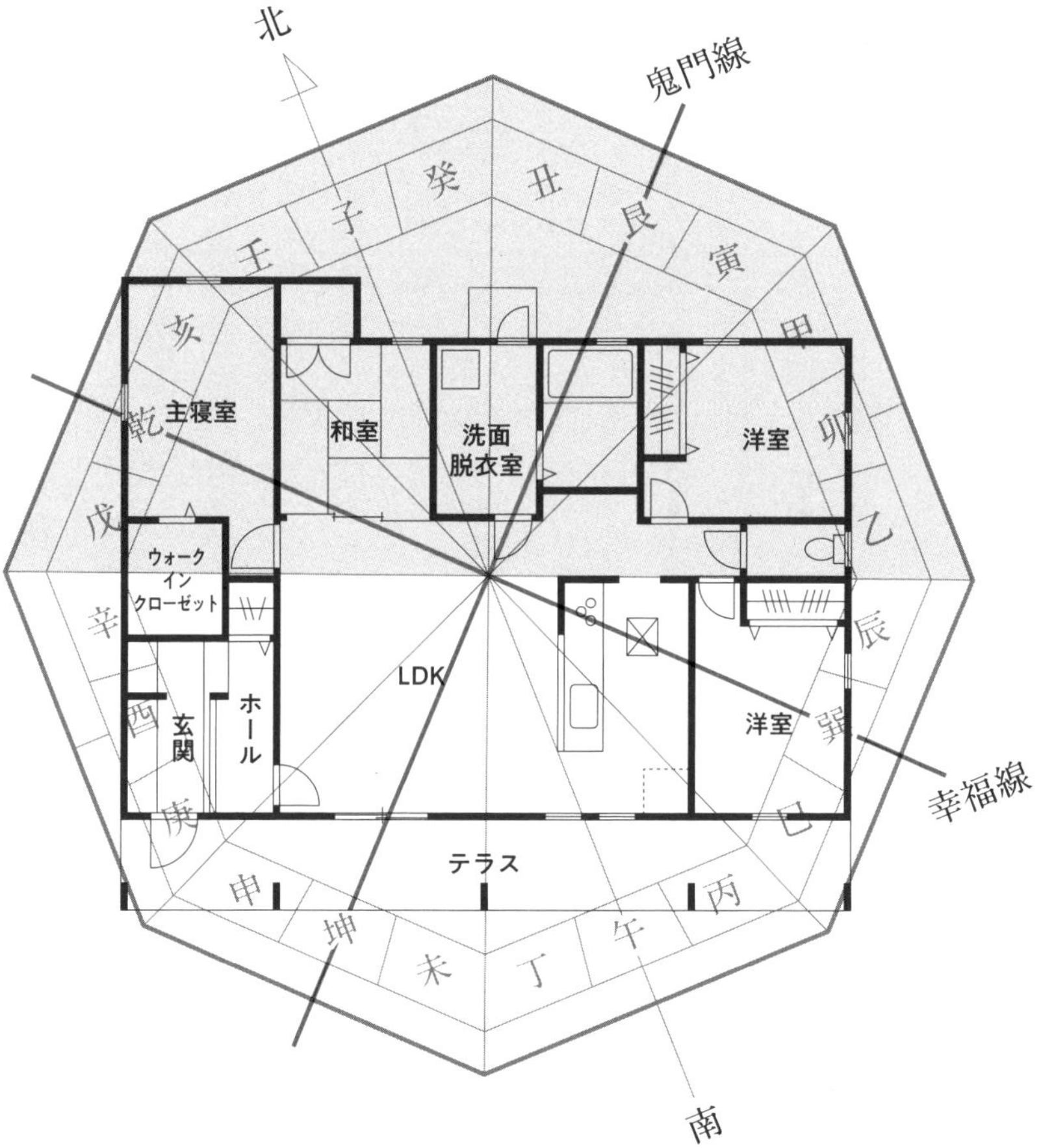

5

女性が家庭をリードする家相

東南のガスコンロがストレスを呼び込む

ここでは、家族のなかでも女性がリードする家庭になるための家相を見ていきましょう。

■門（ポーチの入り口）＝位置は東、向きは東南の気が入る入り口です。

■玄関は、東北（表鬼門）に位置し、向きは東北の気が入る玄関になります。

生まれ星が「西四命」の人は吉相になりますが、生まれ星が「東四命」の人は凶相の玄関になります。ただし、門（ポーチの入り口）が東に位置し、東南の気が入る門になりますから、玄関の凶は弱められます。

■浴槽＝東の位置に浴槽と洗濯機がありますから、東の気のパワーが弱くなります。この場所は長男の場所になりますから、男の子に恵まれにくい家相といってもいいでしょう。

■トイレは、北と東北の間で吉凶半々になります。「東四命」、「西四命」、両方の男性に、何かしら問題が起こるかもしれません。

■女性は、自由気ままに生活を謳歌できるという家相になります。

唯一気になるのが東南のガスコンロです。ストレスを溜めこむことが多くなるため、いらだちが爆発するかもしれません。

■洋室①＝夫婦の寝室、または夫のプライベートルームが最適です。間違っても子ども部屋にしないことです。男の子がこの部屋を使うと、自立できない社会人になってしまう可能性が高いからです。

■間取り図　女性が家庭をリードする家相

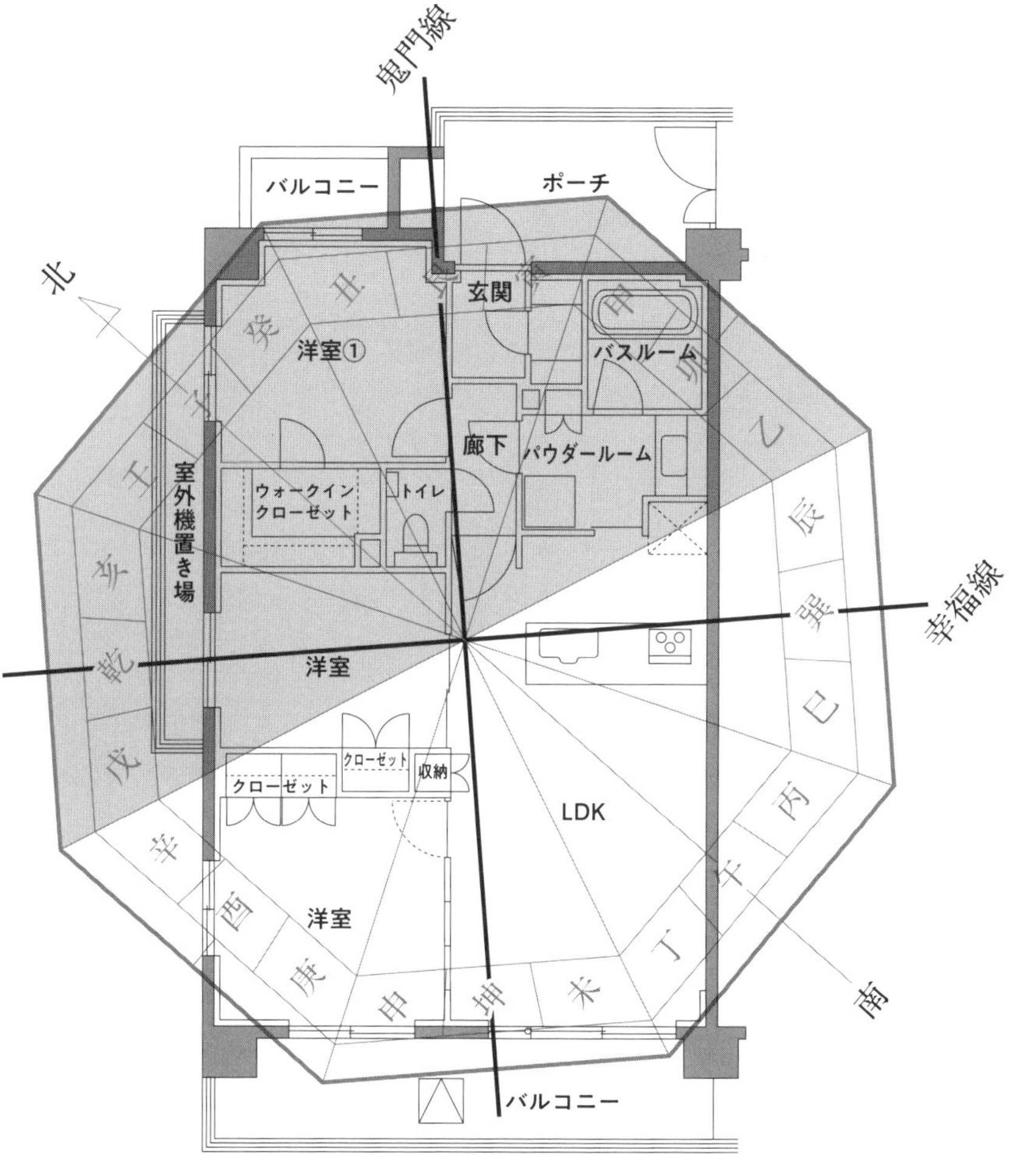

おわりに

誰しも自分に合った環境が与えられれば、悩むことなく生きていけるはずです。ただ、「自分に合った環境がどんな環境なのか」がわからないから、試行錯誤を繰り返しているのでしょう。

風水に限らず、ほとんどの占いがきわめて個人的なものなので、運が良い人の真似をしてもうまくいきません。どんな場合でも、自分に合ったやり方で開運しなければ、効果は表れないのです。

1億人いたら1億通りの開運法があります。それを本書では、８つの生まれ星に分けて開運法を説明しました。

もしあなたがこの開運法に合わなかったとしても、あきらめないでください。あなただけの開運法が必ずあるはずです。あなたが個性的な生き方をしている人だったら、開運法も個性的になります。

たとえば、世間には結婚していない人、結婚していても子どものいない人がいます。でも、その状況が自分の環境に合っていたら、何の不満も感じないはずです。寂しいのではないかと他人が感じる感覚と、自分が感じる感覚は違うのです。

反対の場合もあります。はた目には仲の良い夫婦に見えても、世間体を気にして仲良く見せているのかもしれません。本当に満足な生き方をしているかは、自分の環境に合った生活をしているかどうかで決まります。

まず、自分の生まれ星の項を見て、自分に合った環境づくりから始めましょう。そして、自分に自信を持つことです。

運とは与えられるものではなく、自分の力で引き寄せるものです。

この本の出版にあたり、日本文芸社のご理解とご協力に感謝いたします。

著者

付録

100年方位盤と見方

1 運勢暦の吉神と凶神

1 暦を正しく読み解くために

「吉神と凶神」が回座している場所で運勢を見る

市販の運勢暦を見ると、その年の九星盤と吉神と凶神が回座する場所が示されています。そこで、暦を正しく理解していただくために簡単に説明していきましょう。

例として、令和5（2023）年を見てみます。令和5（2023）年は癸卯年・四緑木星の年になります。現在、使われている暦は、十干・十二支・九星の組み合わせで、180年後に令和5（2023）年と同じ十干・十二支・九星（癸卯年　四緑木星）の年が戻ってきます。

たとえば、日常的に行なわれている行事の1つに「還暦」があります。干支の始まりの「甲子」から、順を追って乙丑、丙寅と続き、60の組み合わせである「六十花甲子表」で、元の「甲子」に戻ります。

つまりは、誰でも満60歳になると、生まれた年の干支と同じ干支が回ってきます。それが「還暦」であり、お祝いをするのが慣習になっています。ただ、その際も干支は同じになりますが、九星まで同じになることはありません。つまり、九星だけが異なります。十干・十二支・九星の3つが同じになるのは「60年×3＝180年」、180年に一度だけということです。

あなたにとっての吉方位と凶方位は、本文に記しましたので、それを参考にしていただき、本書の付録ページとなるここでは吉神と凶神について説明していきましょう。

まず、その年の「吉神と凶神」が回座している場所を調べます。その吉神が回座する方位と、自分の本命星と相生の良い星が重なり合うと、最高の吉方位になり、その吉方位に向かって物事をとり行なうと、万事がうまくいくと言われています。

【例題】１９９７年（平成９年）９月19日

三碧木星生まれの女性について調べてみます。

相生の良い星：大吉＝一白水星
：中吉＝四緑木星
：小吉＝九紫火星
相生の悪い星：大凶＝六白金星・七赤金星
：凶＝二黒土星・八白土星
西北の方位＝五黄殺と本命的殺の大凶方位
東南の方位＝暗剣殺と本命殺の大凶方位

【例題】の三碧木星の女性が吉方向に動きたいときは、風水では「東四命」か「西四命」かを調べます。三碧木星の人は「東四命」になります。次に、151ページの「九星別の相生相剋関係表」で「三碧木星」の吉方位を調べます。

大吉の「一白水星」が回座する西南方位は「西四命」の人には良いが、「東四命」の人は凶方位になりますから外します。

中吉の「四緑木星」は中央に回座しますから、方位は取れません。残る小吉の「九紫火星」が回座する北方位は「東四命」の人は吉方位になりますから、2023年に動く場合は、「北方位」に動くと物事がうまくいく方位となります。方位を取るときは、「東四命」「西四命」の相生も忘れないことです。

■【例題】1997年9月19日生まれ　女性　三碧木星

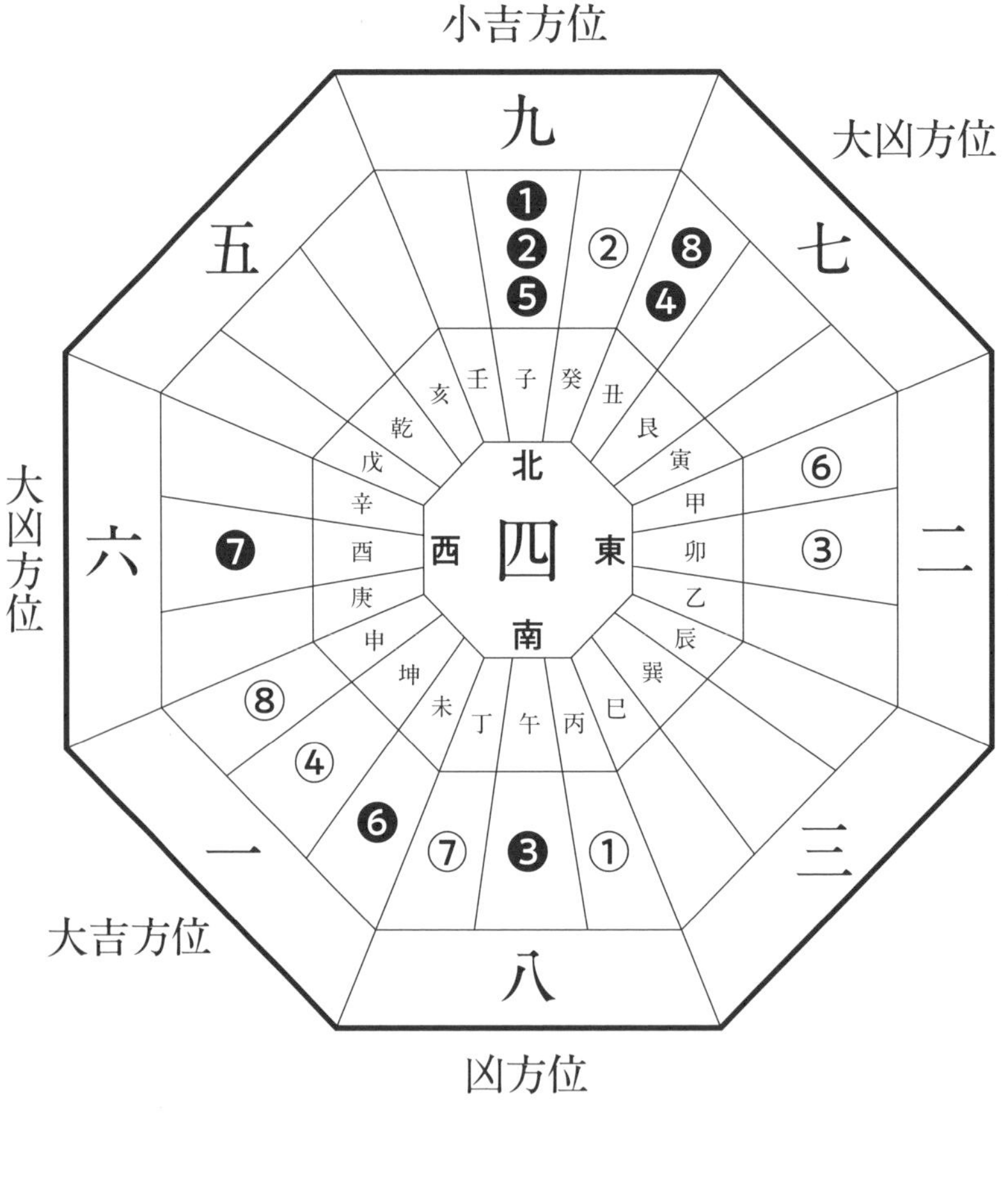

2023年　癸卯年　四緑木星

2 方位に関係が深い神々

八将神とは八将軍、八大方位神とも呼ばれ、陰陽道でその年の方位の吉凶を司るとされる8つの神のことです。

以下が八将神です。**太歳神**（たいさいじん）、**大将軍**（たいしょうぐん）、**太陰神**（だいおんじん）、**歳刑神**（さいぎょうしん）、**歳破神**（さいはしん）、**歳殺神**（さいせつしん）、**黄幡神**（おうばんしん）、**豹尾神**（ひょうびしん）。

その年の十二支によって決まる方位に配置された八将神によって、その年に何かをするときに良い方角、悪い方角が具体的に示されます。家相における案件、つまりは土地の購入や引っ越しなどの良し悪しの大きな指針となります。

1 法則に従って移動する八将神

八方位に一体ずつの神が配置

それぞれの方位には、それぞれの神が居座り、毎年決まった法則に従って各方位を移動します。

このことを「方位を司る神」、あるいは「方位に坐する神」と称します。それぞれの八方位に一体ずつの神が配置されており、この八体の神は「**八将神**（はっしょうじん）」と呼ばれています。

八将神とは、午頭天王（こずてんのう）と頗梨采女（はりさいじょ）との間の生まれた八人の皇子たちを指します。

■八将神の所在方位

豹尾神	黄幡神	歳殺神	歳破神	歳刑神	大陰神	大将軍	太歳神	その年
戌	辰	未	午	卯	戌	酉	子	子
未	丑	辰	未	戌	亥	酉	丑	丑
辰	戌	丑	申	巳	子	子	寅	寅
丑	未	戌	酉	子	丑	子	卯	卯
戌	辰	未	戌	辰	寅	子	辰	辰
未	丑	辰	亥	申	卯	卯	巳	巳
辰	戌	丑	子	午	辰	卯	午	午
丑	未	戌	丑	丑	巳	卯	未	未
戌	辰	未	寅	寅	午	午	申	申
未	丑	辰	卯	酉	未	午	酉	酉
辰	戌	丑	辰	未	申	午	戌	戌
丑	未	戌	巳	亥	酉	酉	亥	亥

3 吉神と凶神の方位と特徴

1 家相に関係が深い吉神と凶神

8つの吉神と8つの凶神

それぞれの神々は吉神と凶神に分かれます。

ここでは、八将神を含む家相を占う上で関係の深い吉神と凶神を各8つずつ選び、司る方位と特徴を紹介しましょう。

吉神

①歳徳神　②歳徳合　③太歳神　④天徳　⑤天徳合　⑥月徳　⑦月徳合　⑧歳枝徳

凶神

❶大将軍　❷大金神　❸姫金神　❹大陰神　❺歳刑神　❻黄幡神　❼歳破神　❽豹尾神

8つの吉神が司る方位と特徴

①歳徳神（さいとくじん）

年神様、正月様とも呼ばれ、八将神の母とされ一年の福徳を司る神と言われています。易学では、現在も一年の始まりは「立春」になっています。立春の前日は「節分」ですが、昨今は豆まきだけでなく、「恵方巻」の方が有名になり、その年の「歳徳神（恵方）」を向いて無言で食べると厄払いになると言われています。今では、新年を迎える行事の一部になっているようです。

歳徳神は、俗に「恵方（あきのかた）」と称して大吉方位になります。建築、増築、移転、開店、婚姻、取引交渉など、物事を始めるには最上の方位になります。

②歳徳合（としとくごう）

福徳を司る吉神で歳徳神と似ていますが、主に家庭内のことに対して吉作用を表します。

③太歳神（たいさいじん）

木星を神格化したもので、中国では歳星（さいせい）と呼んでいます。太歳神が座する方位はその年の十二支と同じになります。たとえば、卯年なら、卯の方位に太歳神が居座り、辰年なら、辰の方位に同じく居座ることになります。

太歳神は木星を神格化したものですから、太歳神の座する方角への「草花・樹木」の植え付けは吉になりますが、植木を断ち切る行為は凶になるので気をつけましょう。基本的には、木材の伐採行為をしなければ、すべてにおいて吉方位になります。

太歳神は、木星の精で万物を司る神で建築、増築、移動、開店、婚姻、商取引など、物事を始めるには最上の方位になります。

④天徳（てんとく）⑤天徳合（てんとくごう）

両方とも他の凶作用を和らげる吉作用があるとされています。凶を平運にし、吉を大吉にする働きがあります。天徳と月徳の両方があると効果がより強くなります。

⑥月徳（げっとく）⑦月徳合（げっとくごう）

この星が回座する方位は、災厄から守られます。

天徳・天徳合より格が一段下の吉方位です。凶を吉に導く働きがあります。また、思わぬ援助が受けられることで、より吉運が強くなります。

⑧歳枝徳（さいしとく）

災いを救い、弱気を助ける神とされています。歳枝徳の算出法はその年の十二支によって次のように決まります。

子年―巳、丑年―午、寅年―未、卯年―申、辰年―酉、巳年―戌、午年―亥、未年―子、申年―丑、酉年―寅、戌年―卯、亥年―辰

8つの凶神が司る方位と特徴

❶大将軍（たいしょうぐん）

俗に「三年塞がり」と言われる凶神。この方位は病難が起こるとされ、普請《ふしん》、移転、旅行、婚姻には特に注意を要します。

❷大金神（だいこんじん）

様々な事柄においてよろしくないでしょう。特に普請、修繕、動土、移転はこの方位を嫌います。

❸姫金神（ひめこんじん）

金星の精で万物を伐採するのを嫌います。四季により多少の軽重があります。

特に、庚と辛の年、申と酉の年は強く現われると言われています。自分の星と相生の良い方位であっても、移転、動土は避けたい方位です。

❹大陰神（だいおんじん）

土星の精で太歳神の后《きさき》になります。この凶神は陰を司るもので嫉妬深い神です。妬みを買うようなことは、慎んだほうが良いでしょう。

特に、皇后がいる方角からの嫁取りをすることを忌み嫌います。

❺歳刑神（さいぎょうしん）

木星の精で、刑罰を司る神。種まきなど、土を動かすことには注意。武道習得などは吉になります。

❻黄幡神（おうばんしん）

土を司る凶神とされ、この方位に向かって動土、門づくり、植樹は凶とされています。

武術を始めるには大吉となります。

❼歳破神（さいはしん）

その年の十二支と向かい合う方位で、つまり、太歳神と向かい合う方位になります。

この方位に向かっての普請、動土、移動、旅行、婚姻などは避けるようにしましょう。

❽豹尾神（ひょうびしん）

不浄を嫌う凶神とされています。また、家畜を求めること、ペットを求めること、結婚、人事異動は凶になります。

凶神の**歳殺神**は家相には深く関係していないので、巻末の「100年方位盤」には入れていません。

そのほかに方殺（凶となる方位）として、**五黄殺**（ごおうさつ）、**暗剣殺**（あんけんさつ）、**本命殺**（ほんめいさつ）、**本命的殺**（ほんめいてきさつ）、**歳破**（さいは）の五大凶方位があります。

この方位も禍を受けることになりますから、避けていただきたい方位です。

■「100年方位盤」（巻末）を見るにあたって

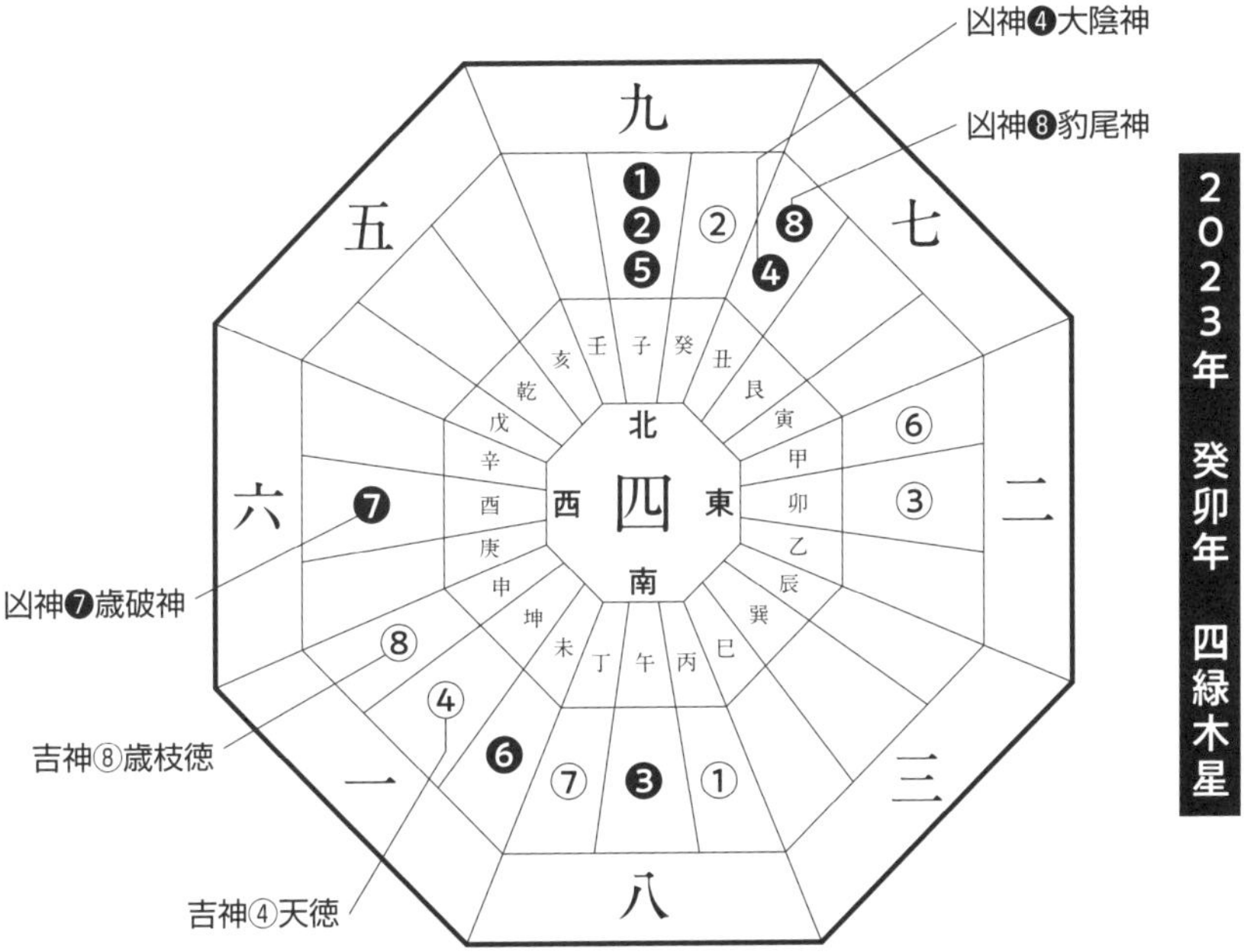

まずは、その年の「吉神と凶神」が回座している場所を調べます。例として2023年の方位盤を見ていきましょう。16ページで自分の本命星を調べ、次に151ページで相生の良い星を割り出します。

261ページの例題のように、自分の本命星が三碧木星なら、大吉の一白水星が回座する西南方位がもっとも良い吉方位です。西南方位は、吉神の⑧歳枝徳、④天徳の神に守られています。

反対に、三碧木星と相生が悪い六白金星と七赤金星が回座する方位は、凶神の❼歳破神、❽豹尾神、❹大陰神の禍を受けることになります。

「吉神」が回座する方位と自分の本命星と相生の良い星が重なり合うと最高の吉方位に、反対に「凶神」と自分の本命星と相生の悪い星が重なり合うと禍の多い凶方位となる約束事を理解してください。

2023年 癸卯年 四緑木星

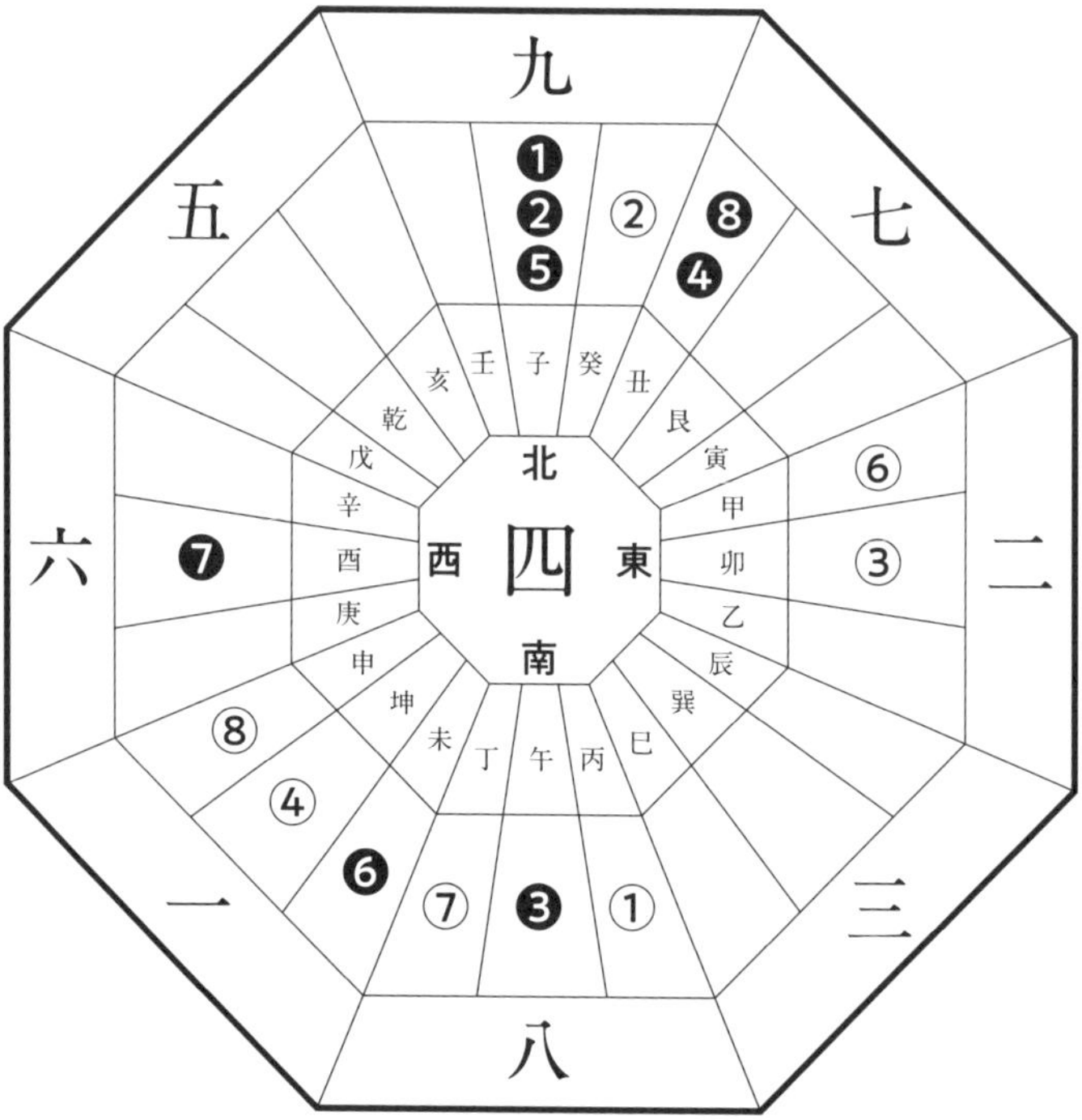

2024年 甲辰年 三碧木星

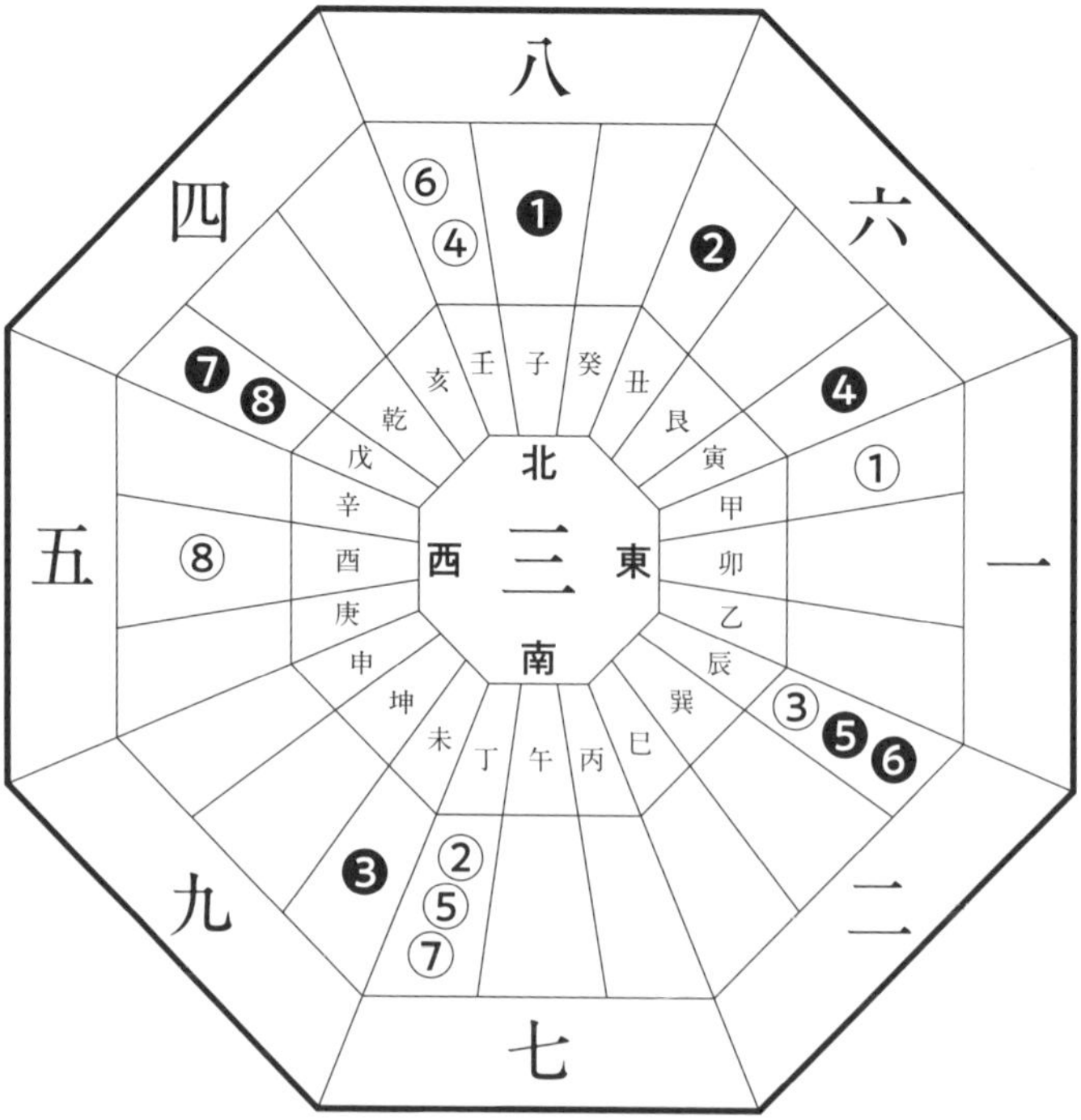

2025年　乙巳年　二黒土星

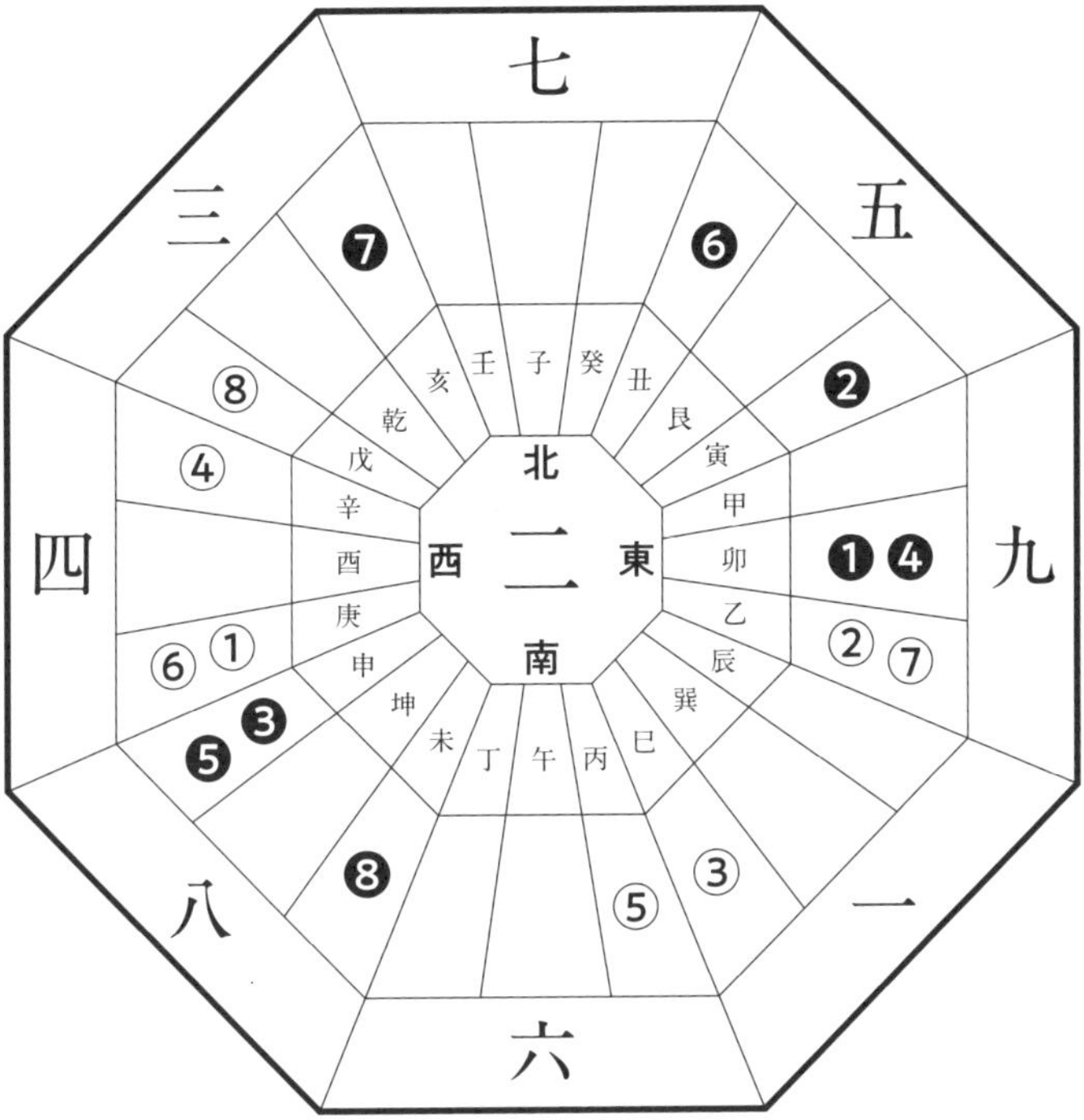

2026年　丙午年　一白水星

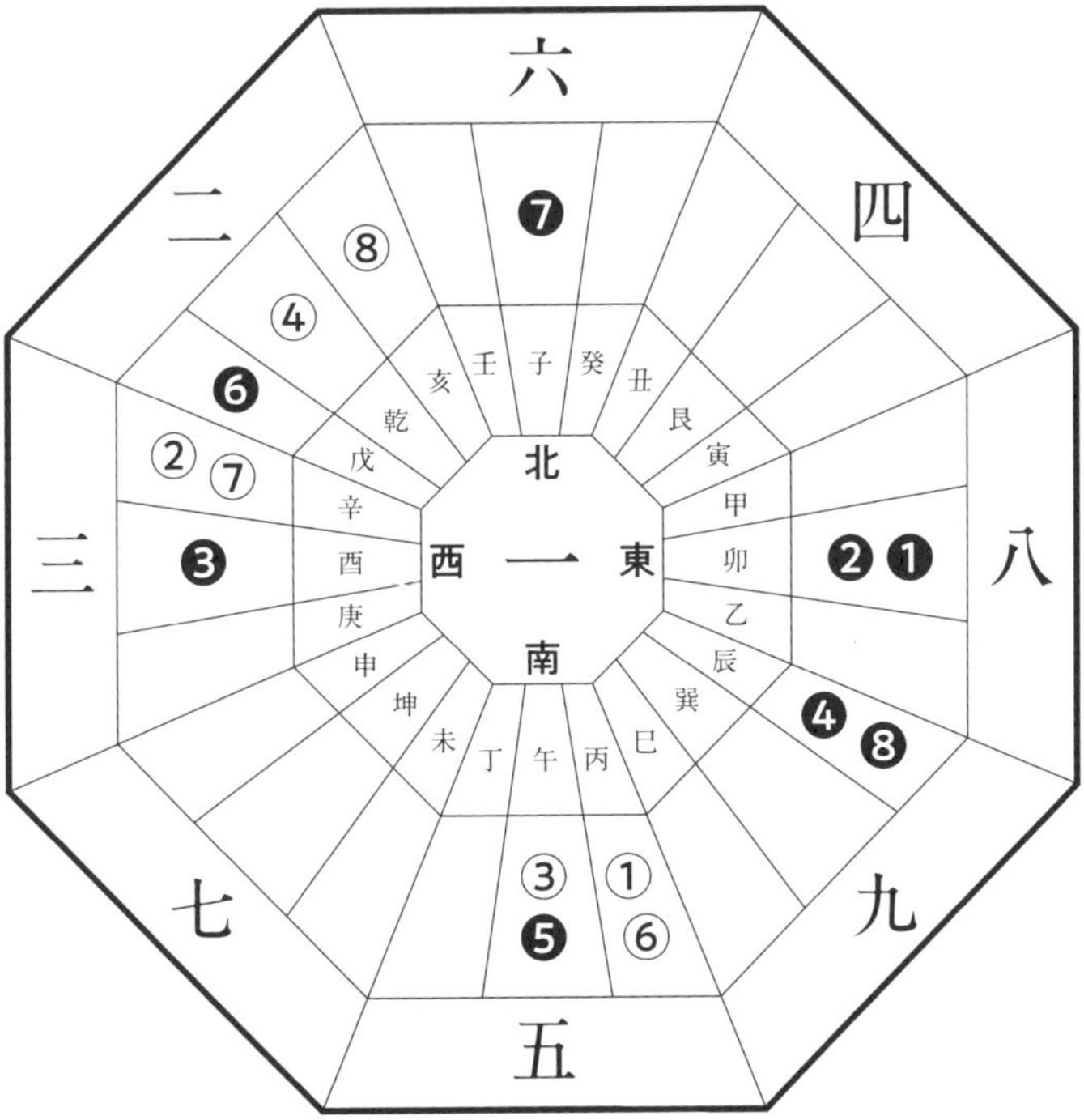

2027年　丁未年　九紫火星

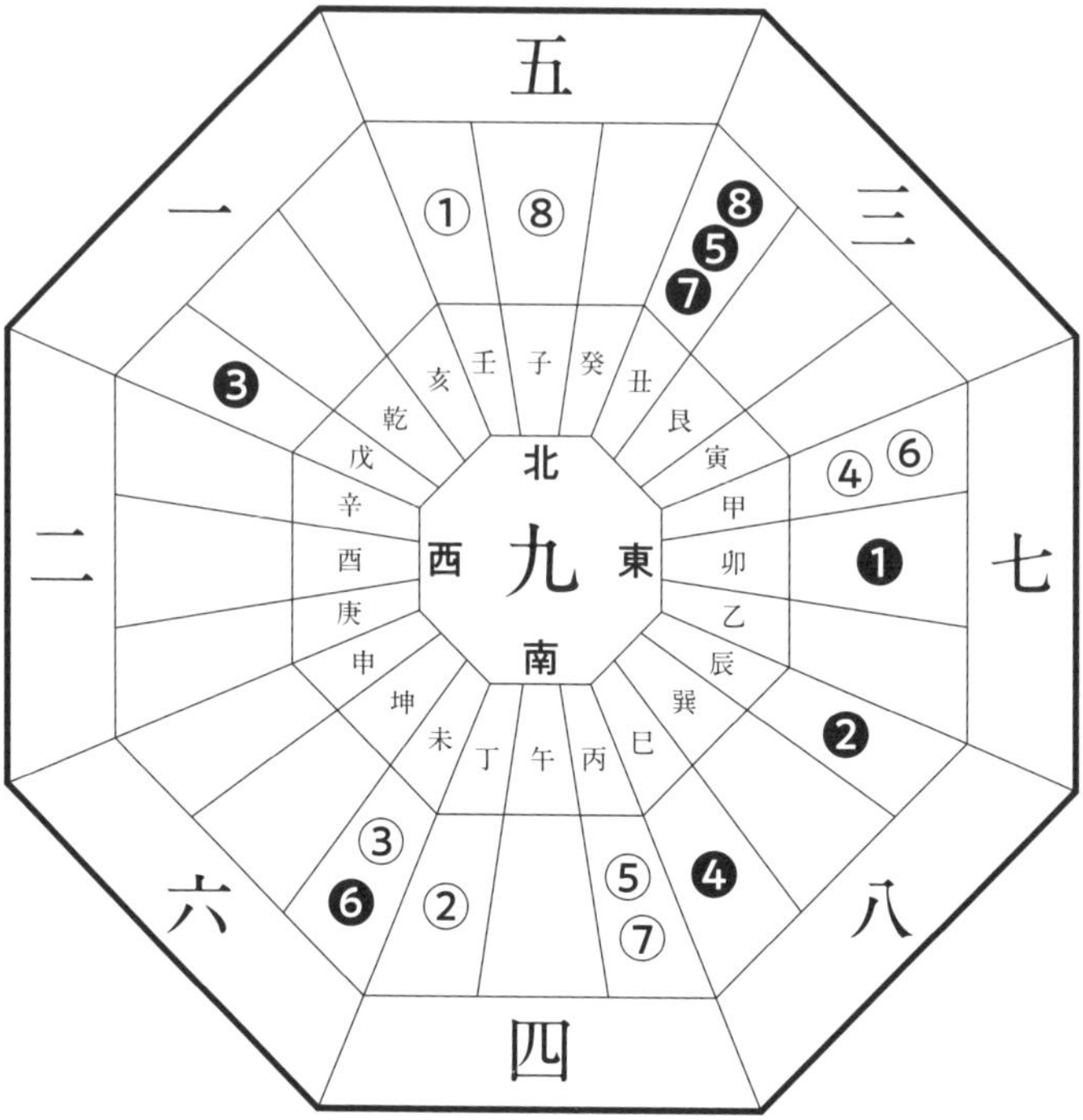

2028年　戊申年　八白土星

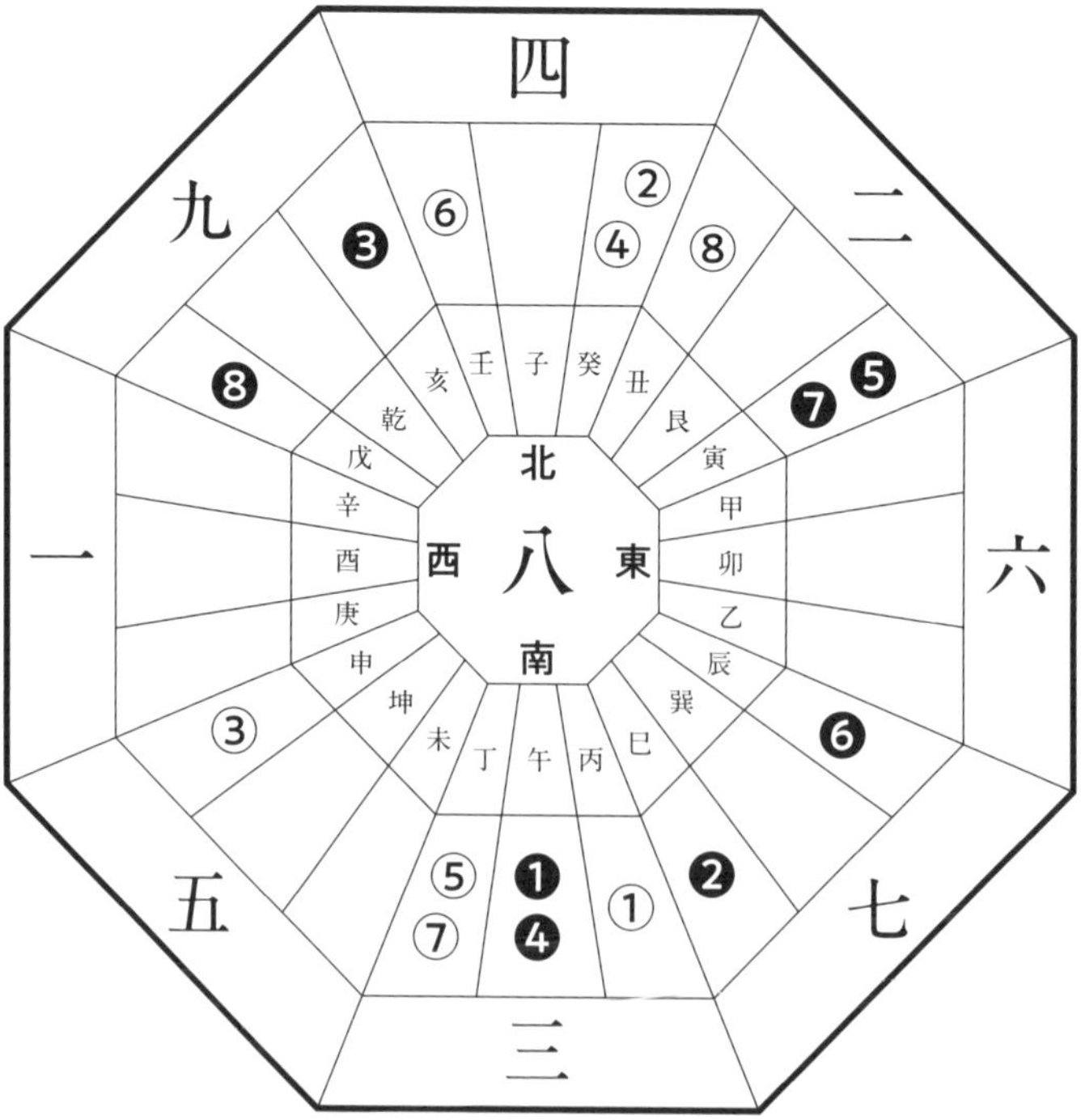

2029年 己酉年 七赤金星

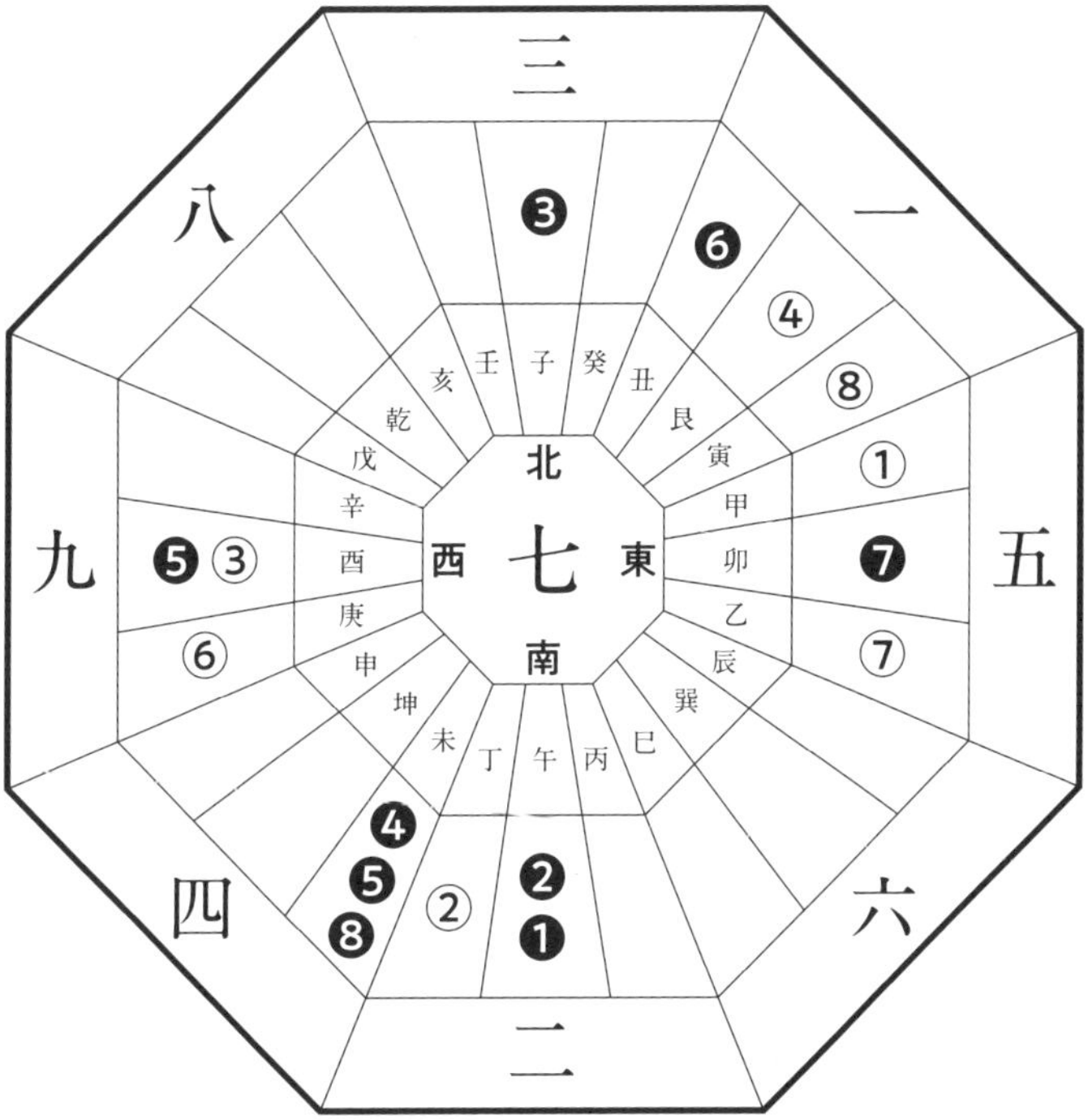

2030年 庚戌年 六白金星

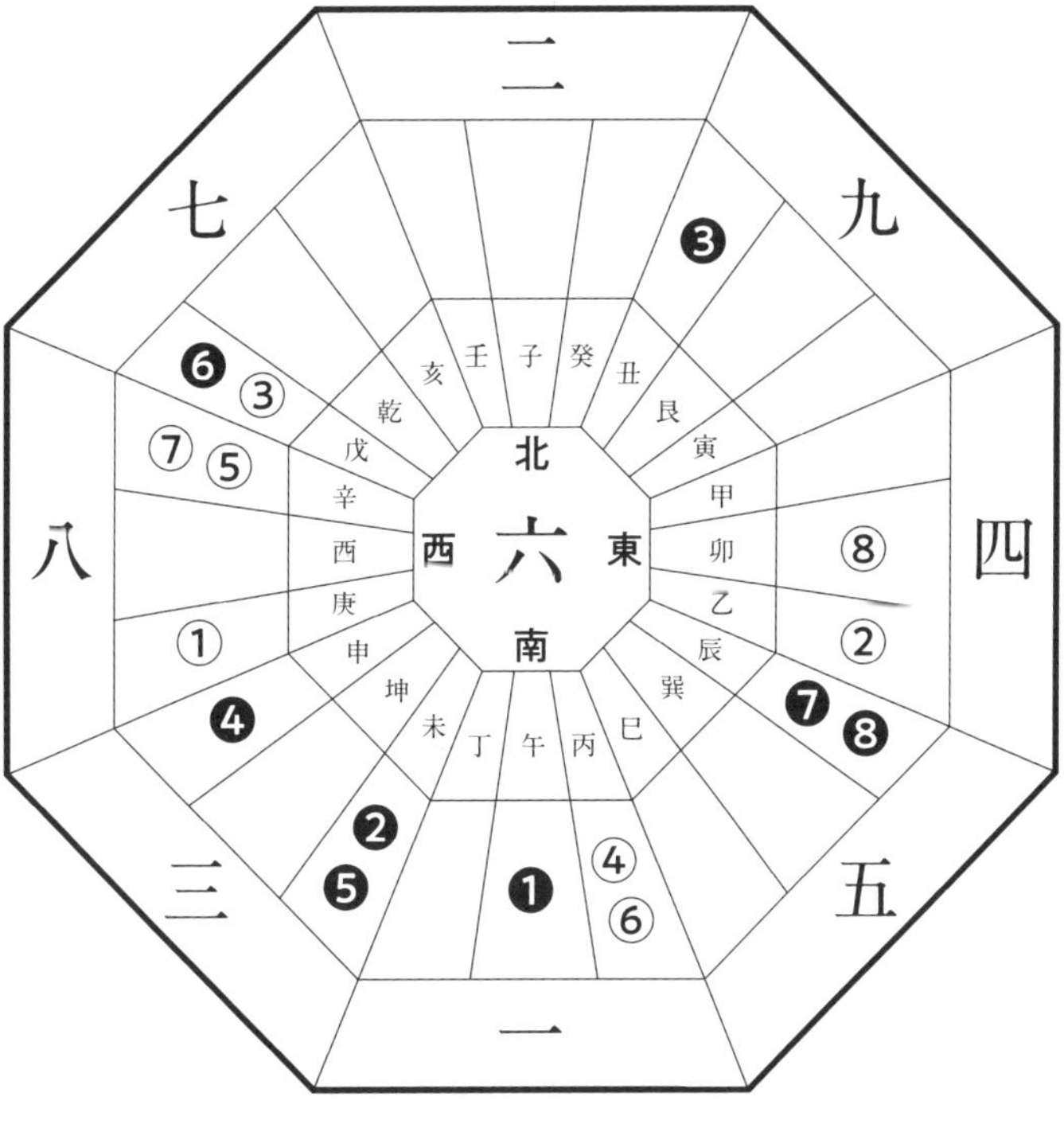

2031年　辛亥年　五黄土星

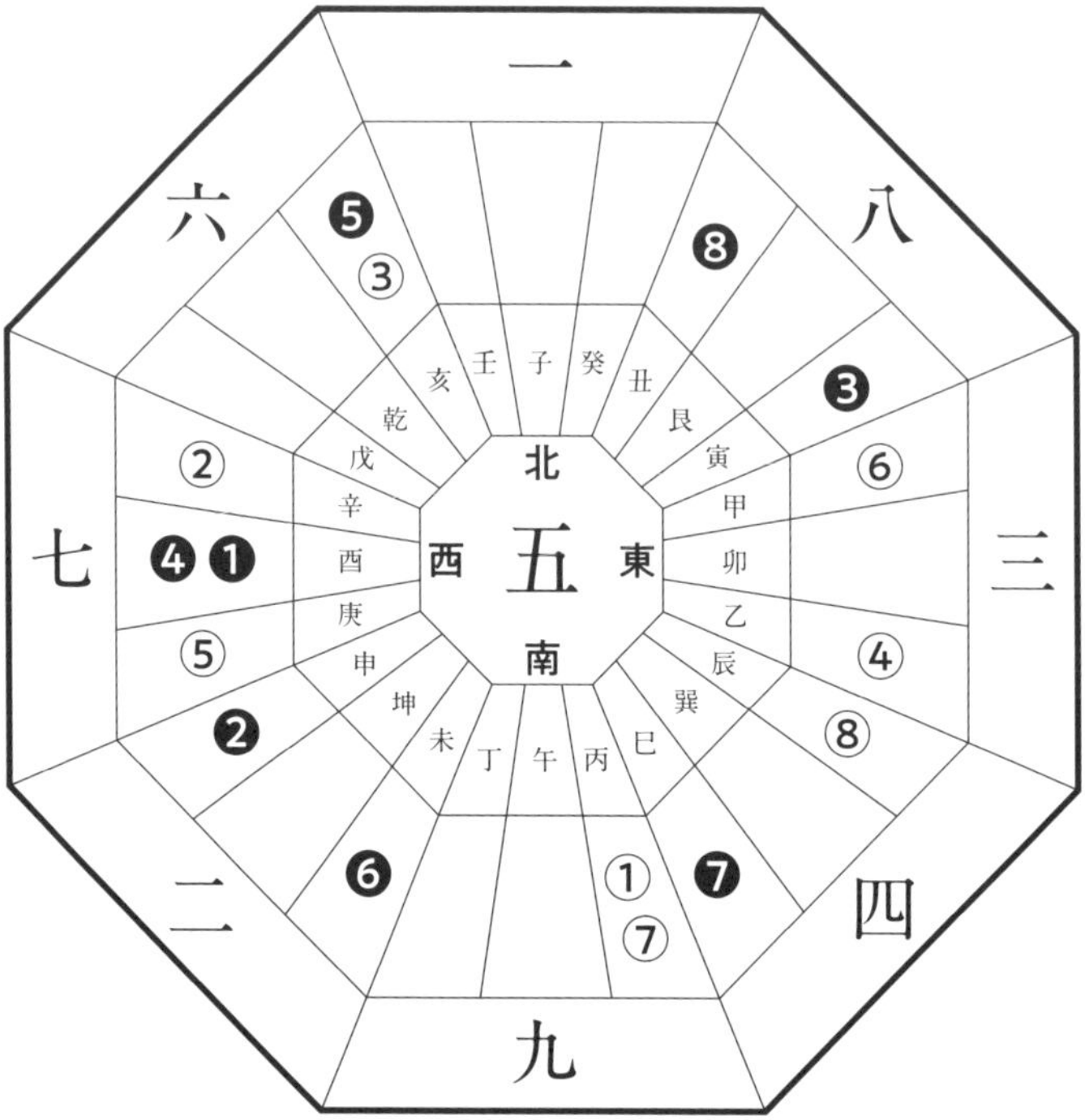

2032年　壬子年　四緑木星

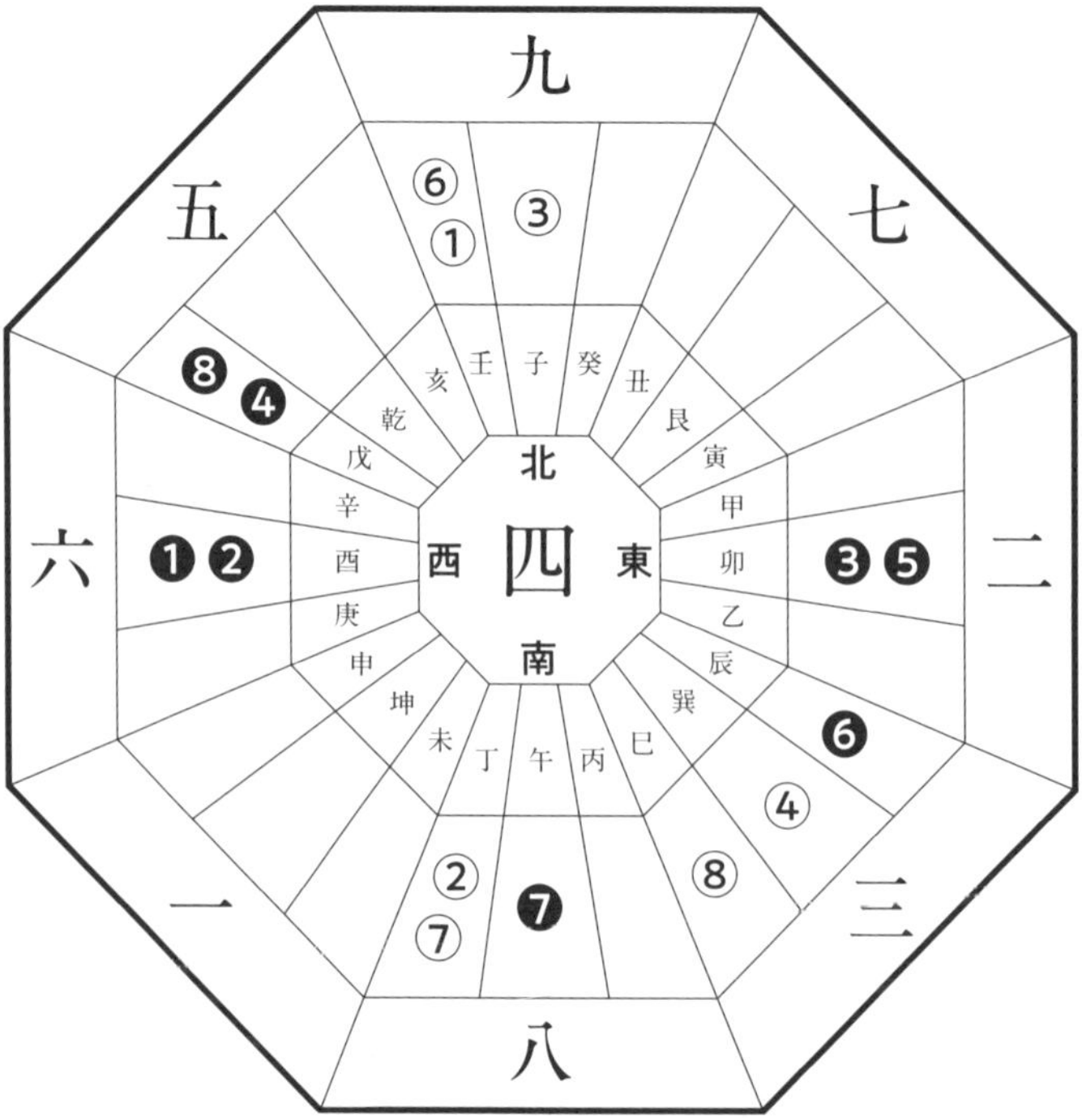

2033年 癸丑年 三碧木星

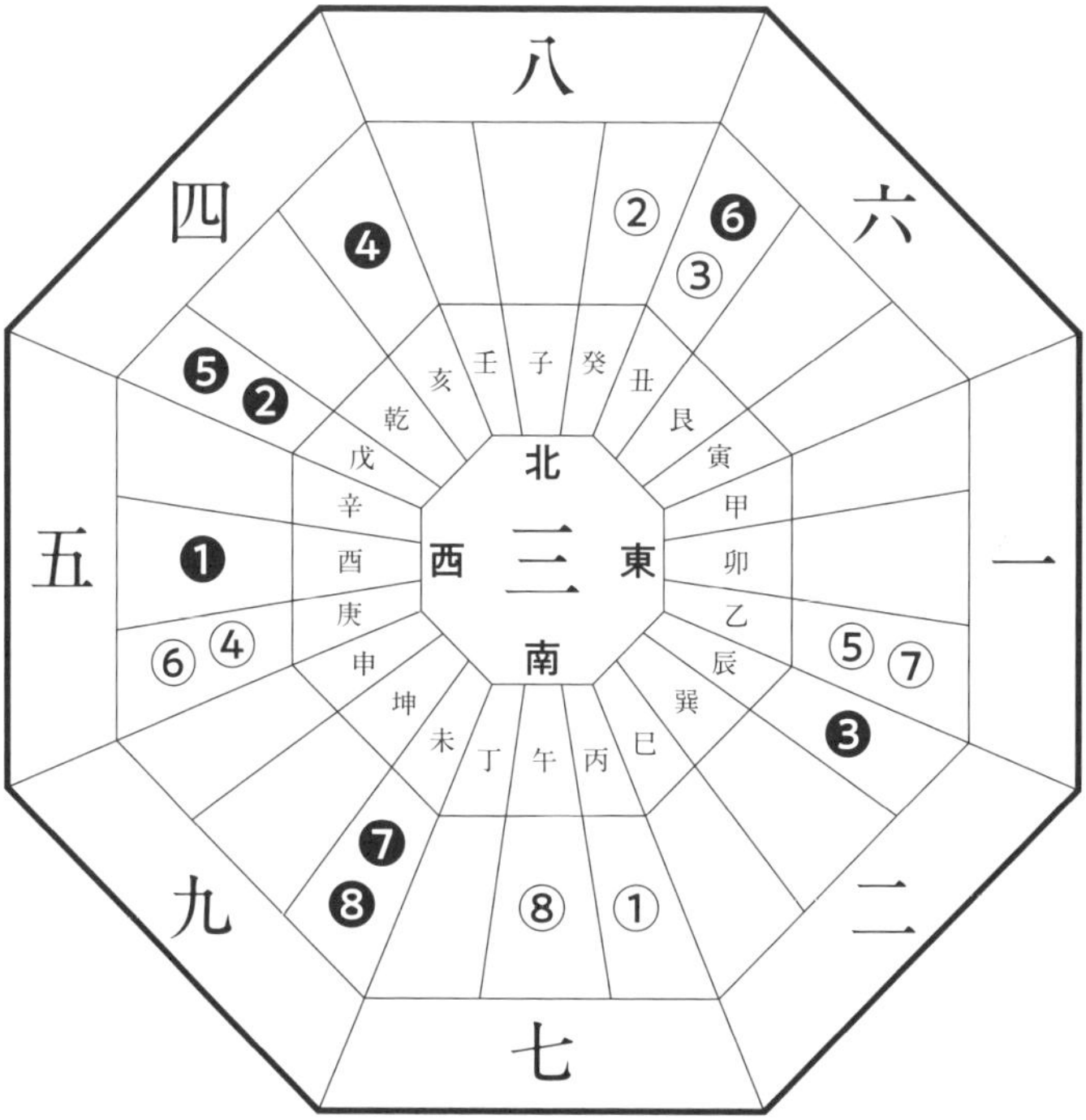

2034年 甲寅年 二黒土星

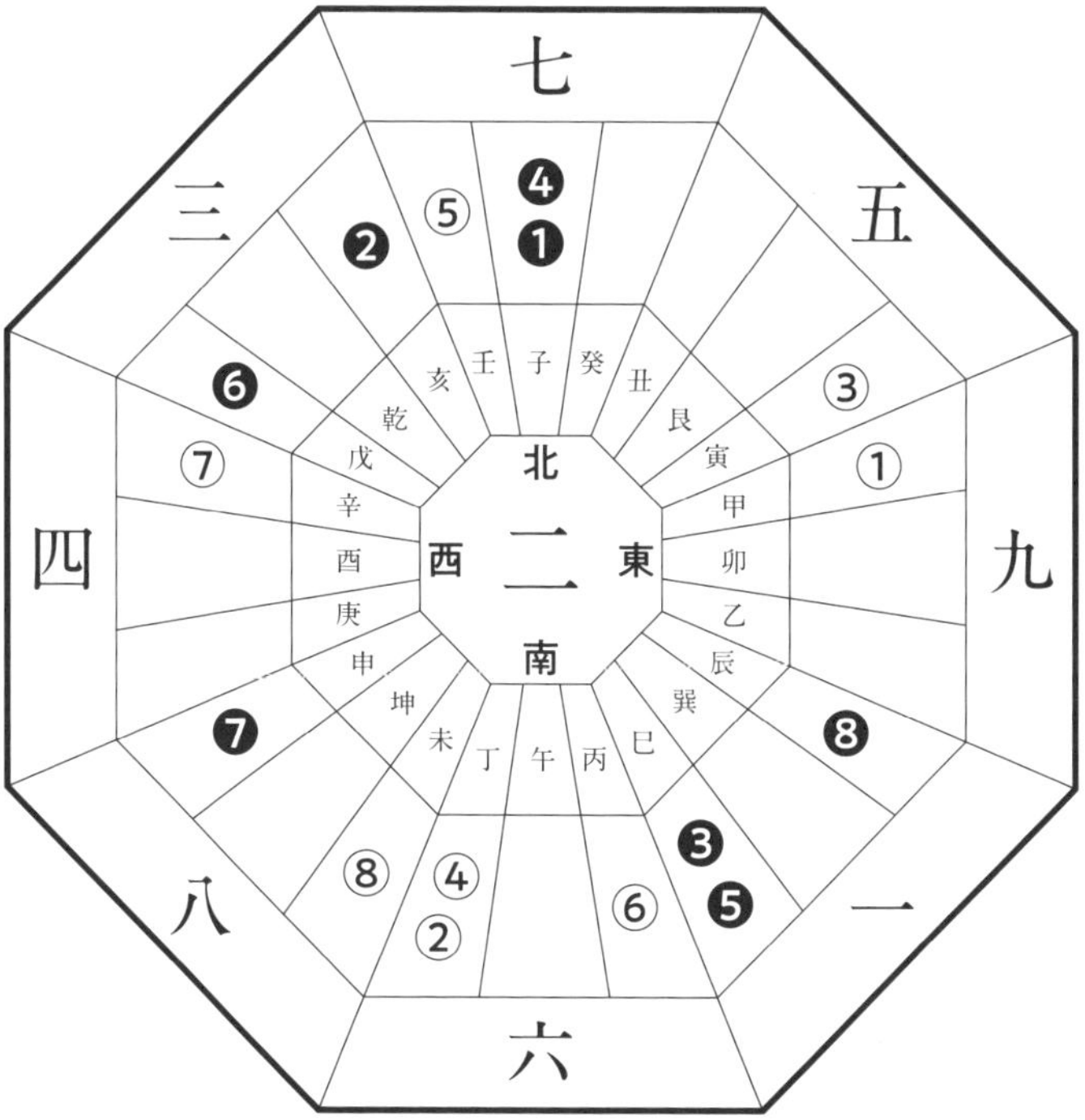

2035年 乙卯年 一白水星

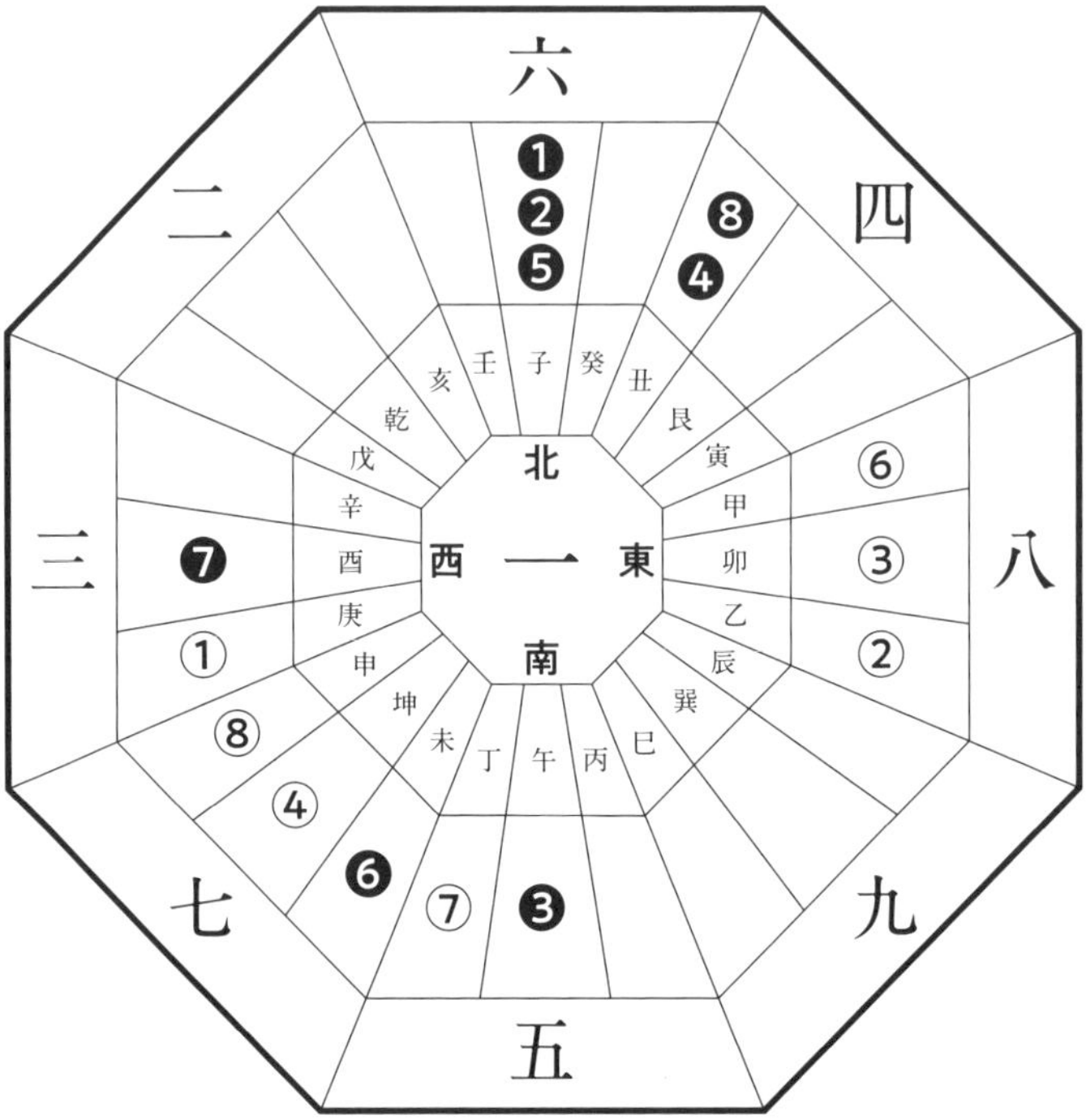

2036年 丙辰年 九紫火星

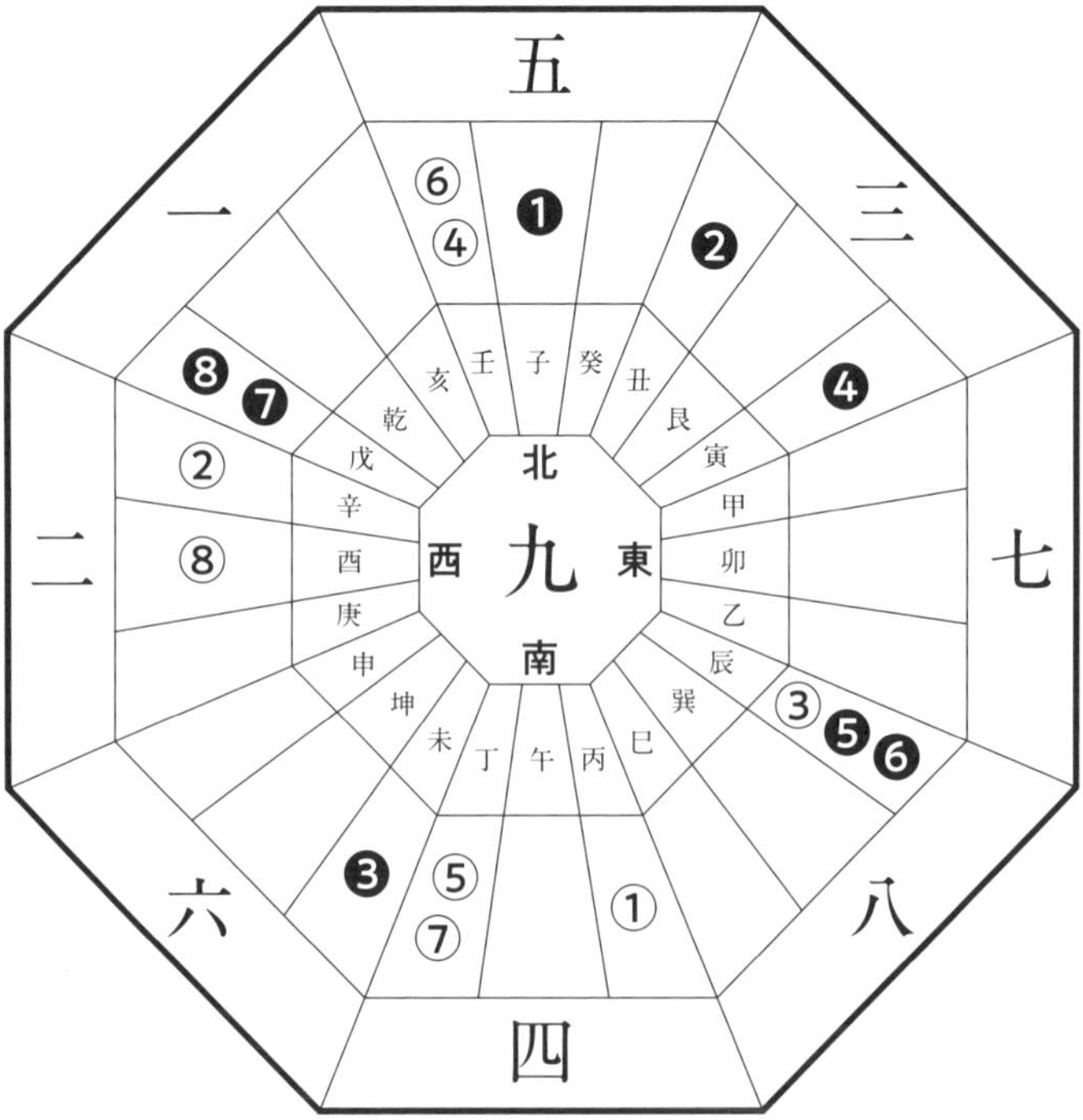

2037年 丁巳年 八白土星

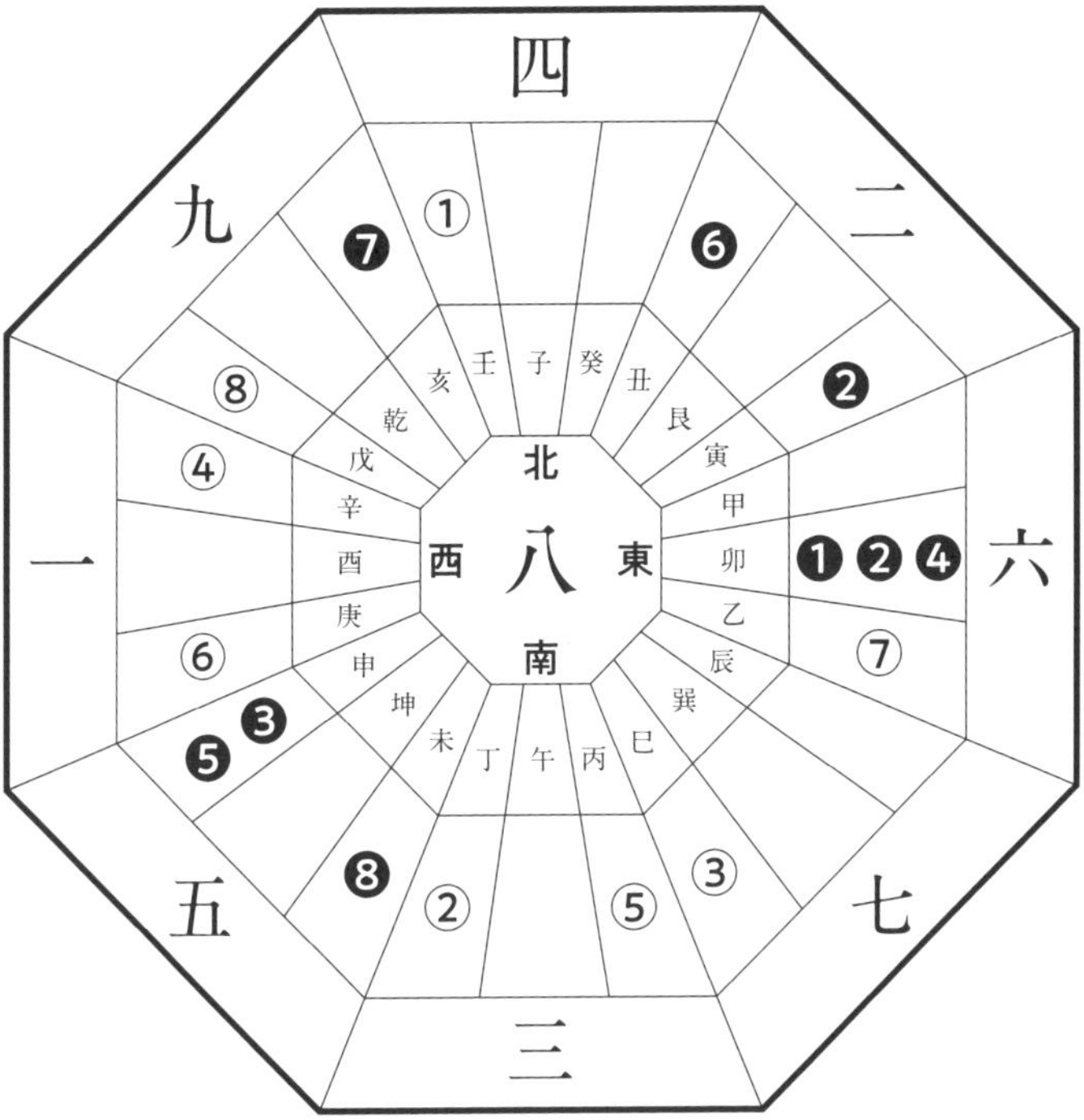

2038年 戊午年 七赤金星

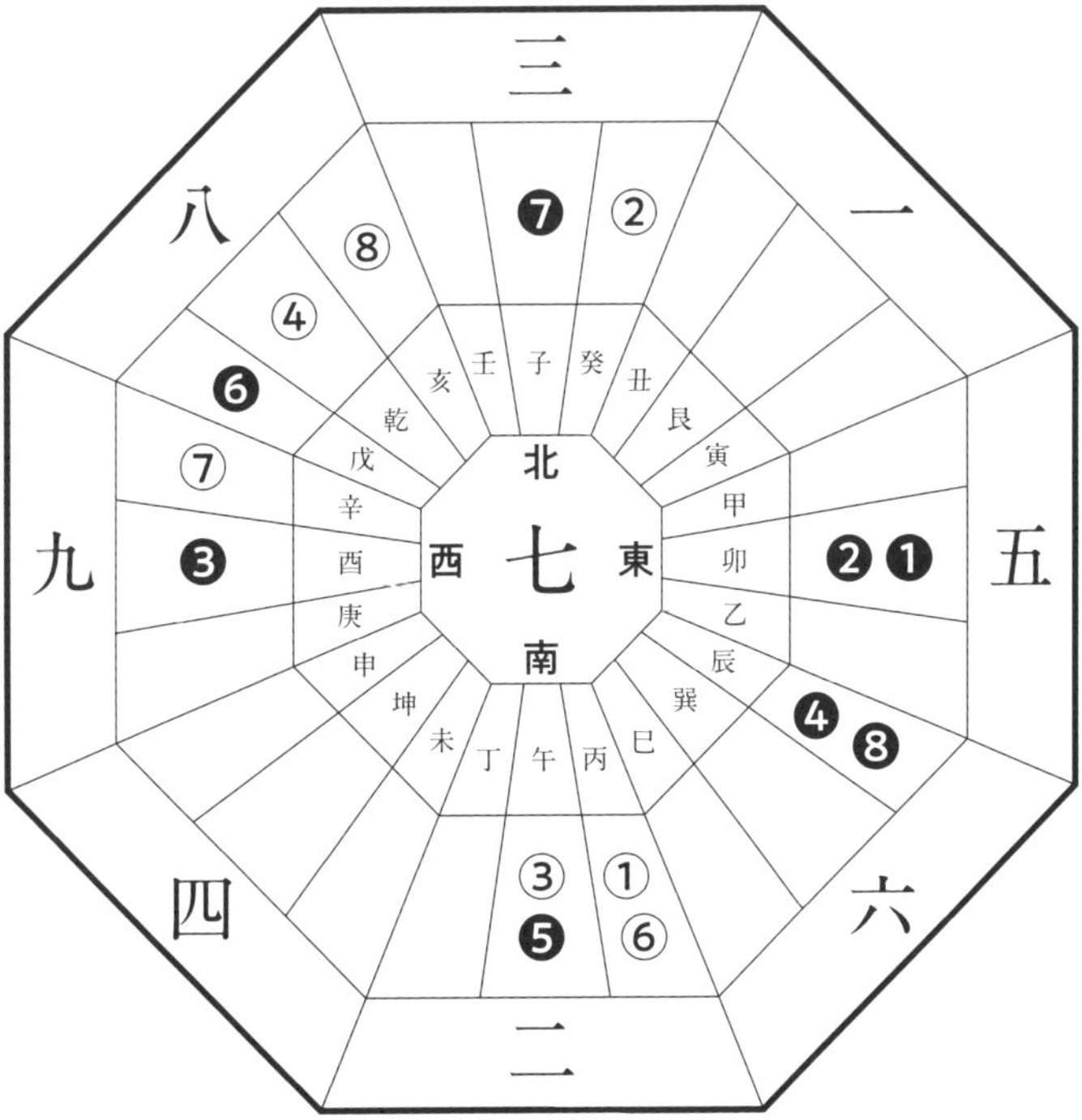

2039年 己未年 六白金星

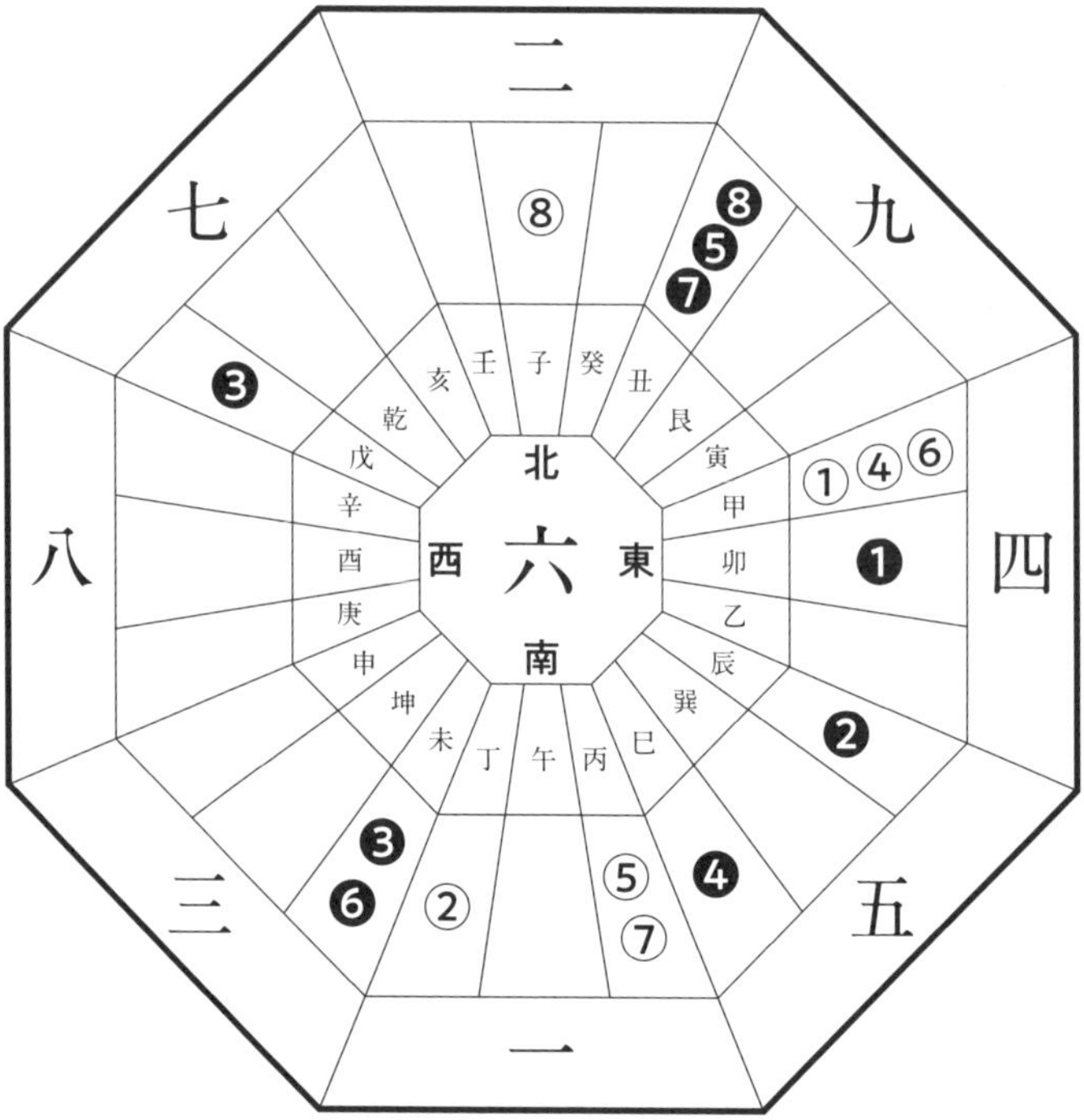

2040年 庚申年 五黄土星

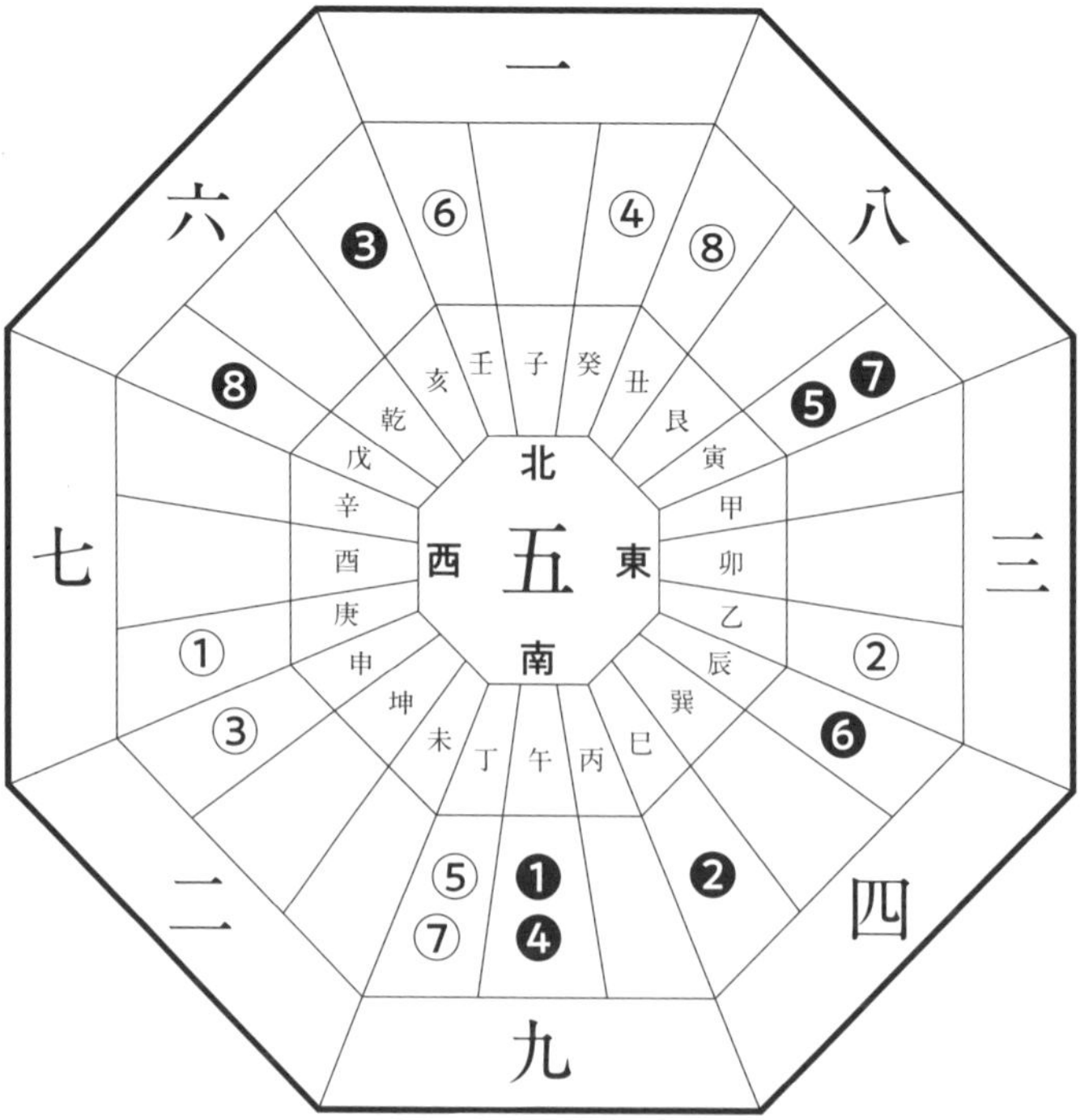

2041年 辛酉年 四緑木星

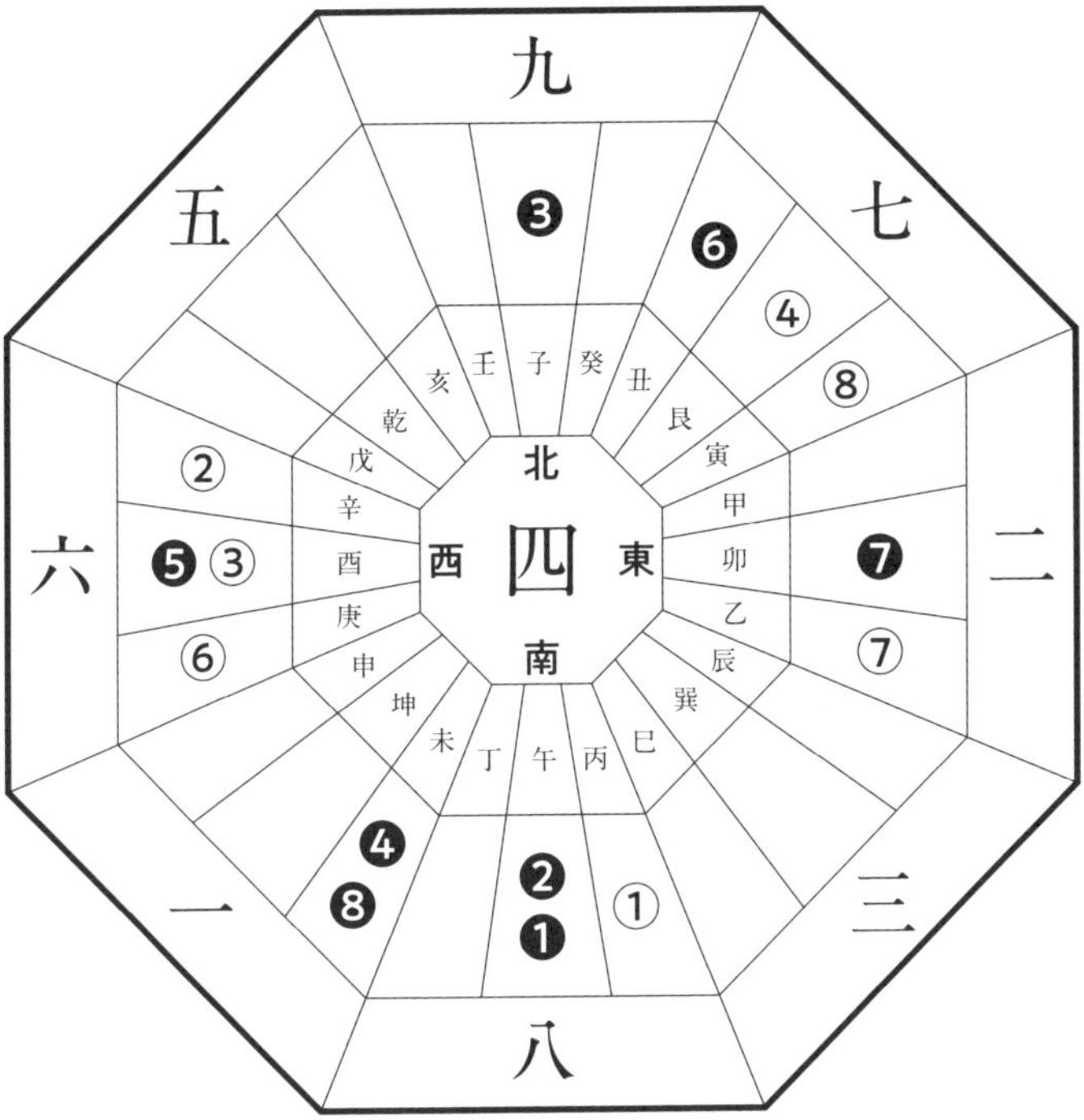

2042年 壬戌年 三碧木星

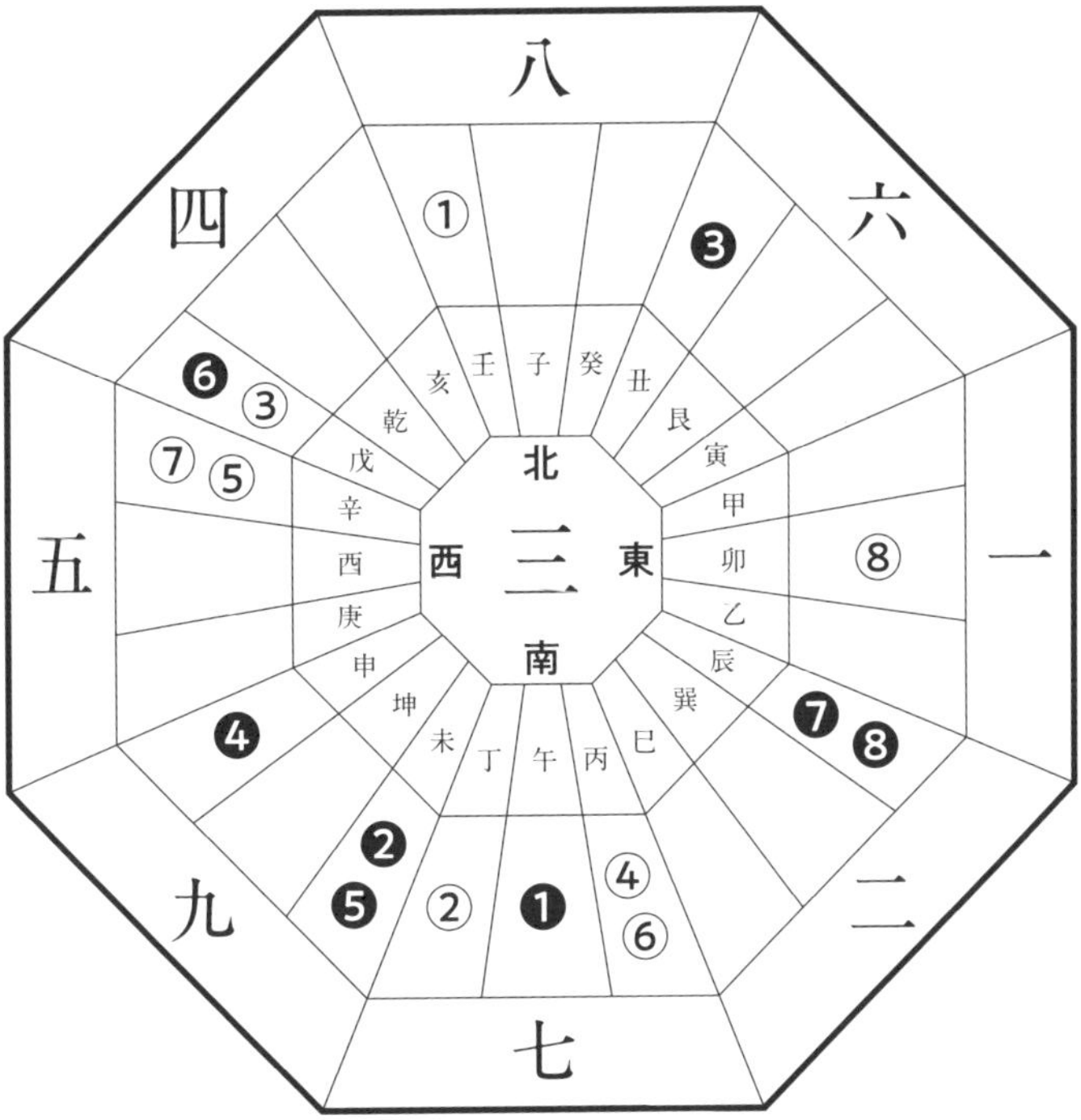

2043年 癸亥年 二黒土星

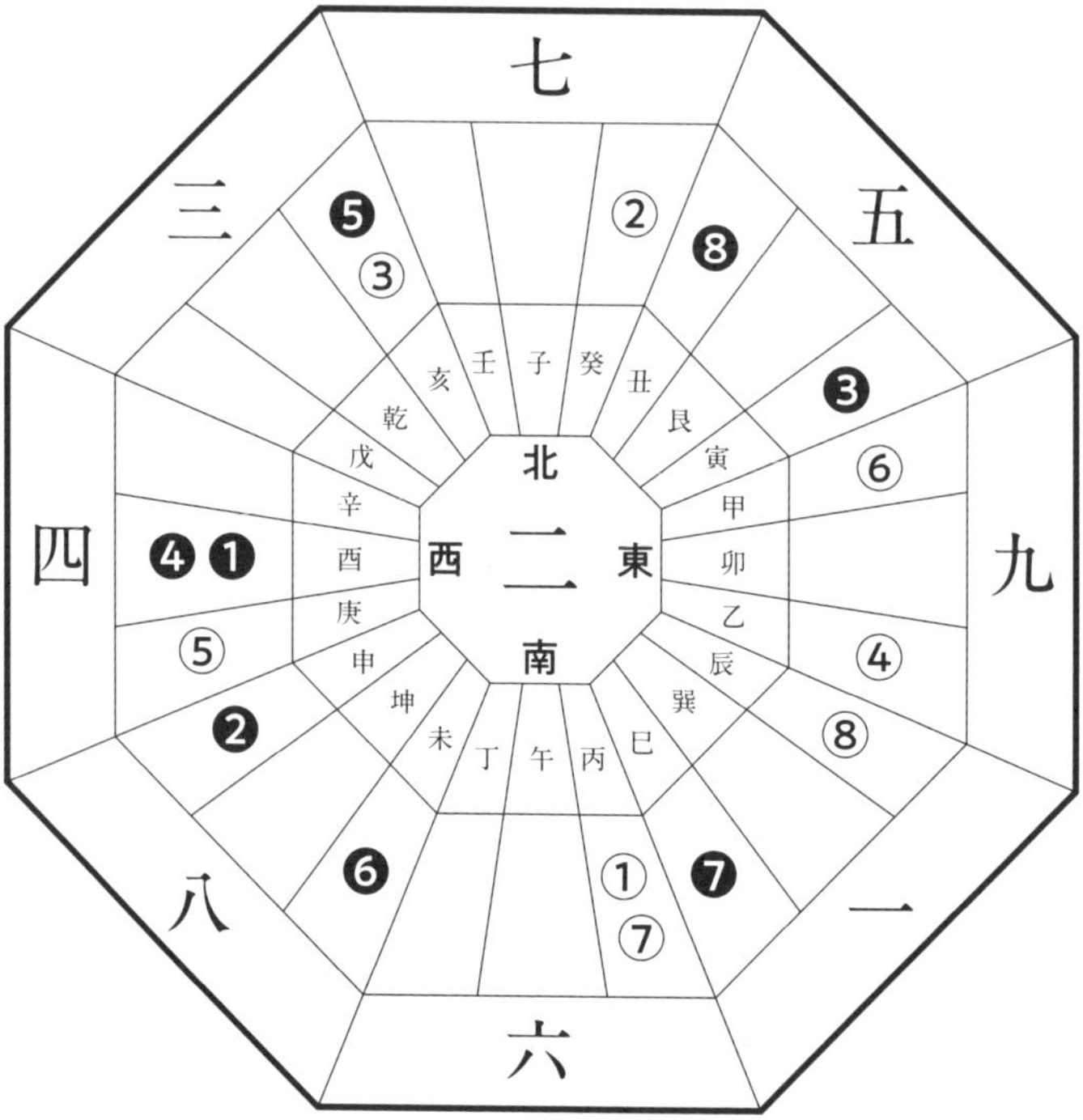

2044年 甲子年 一白水星

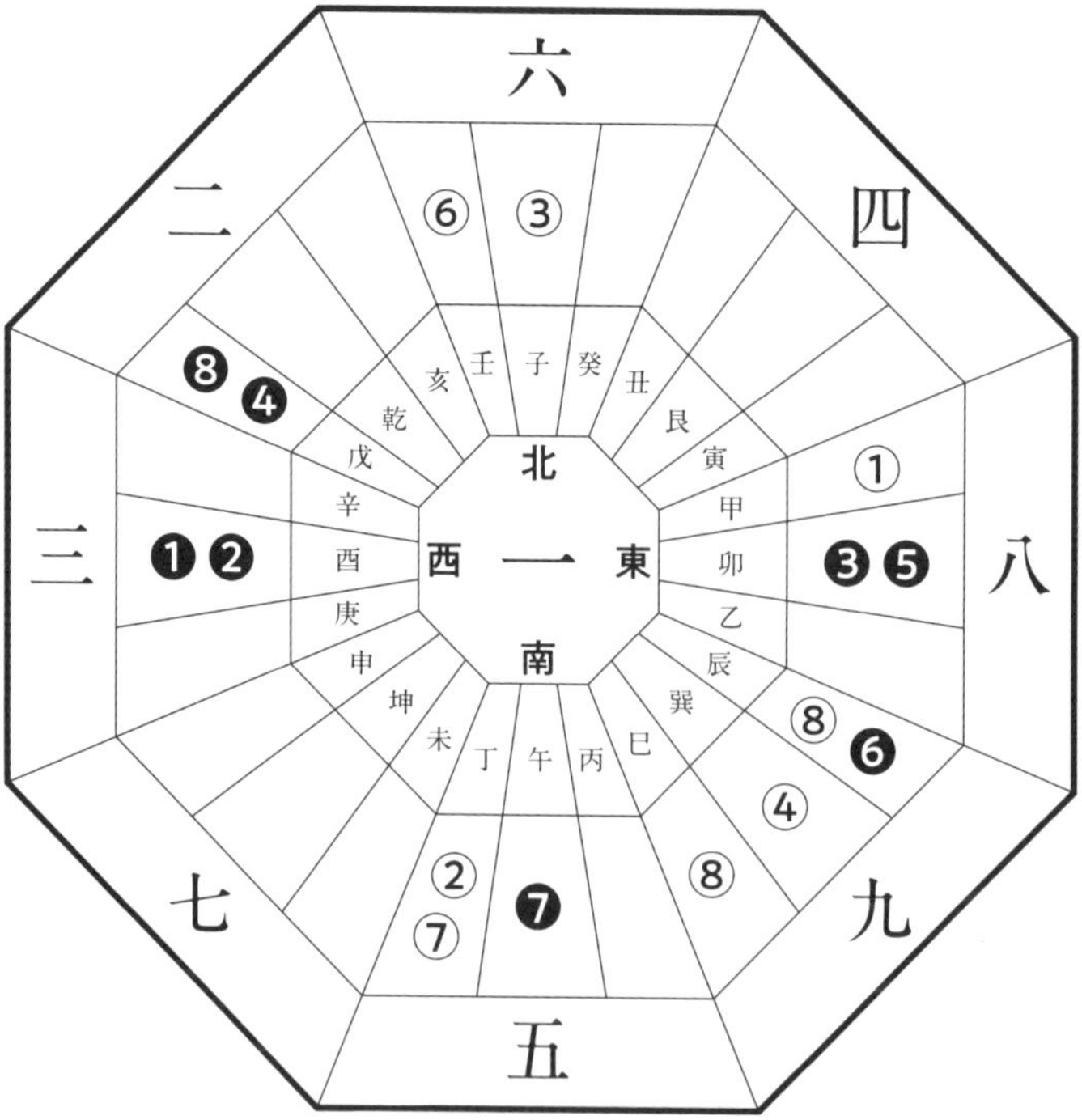

2045年 乙丑年 九紫火星

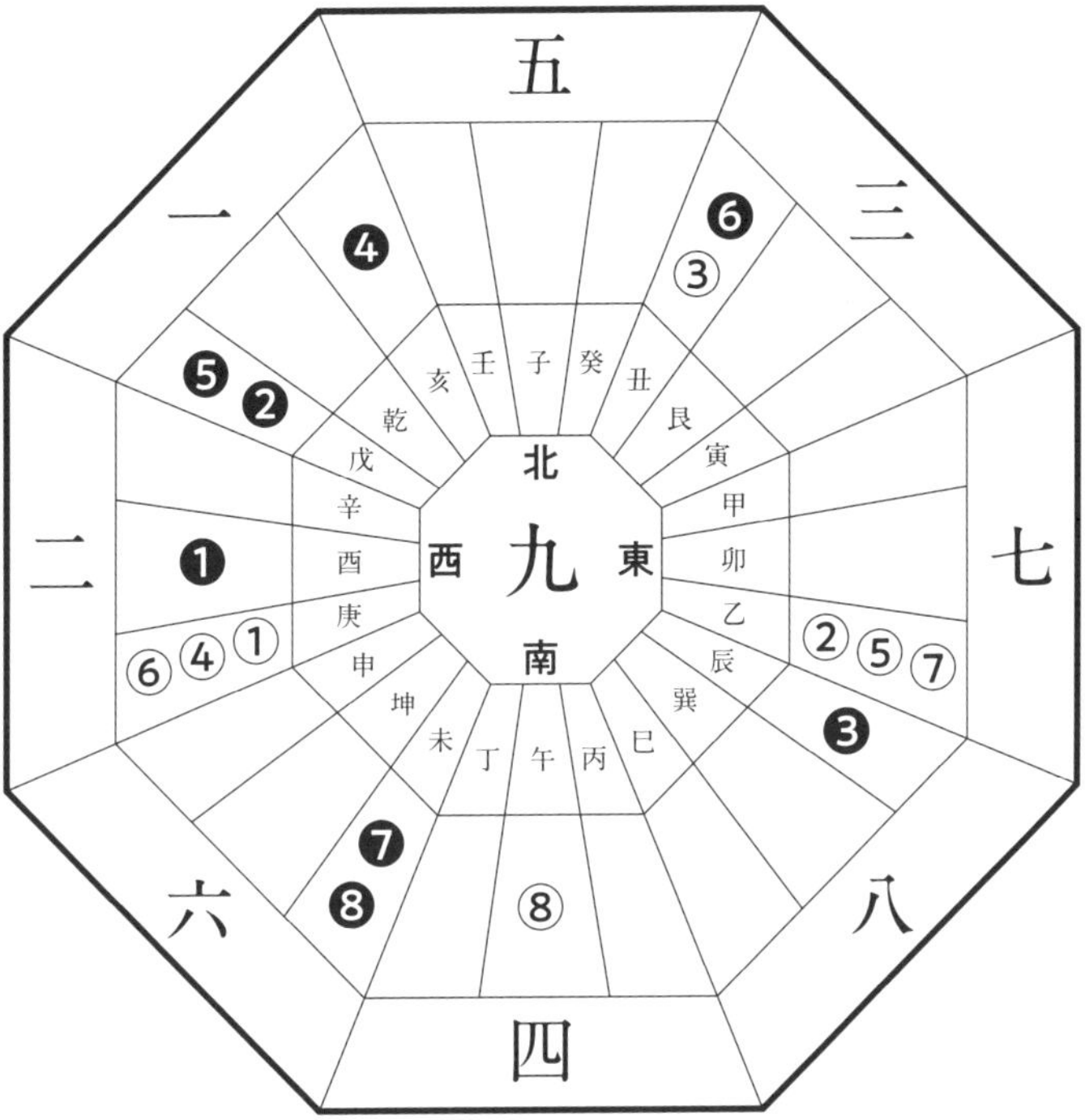

2046年 丙寅年 八白土星

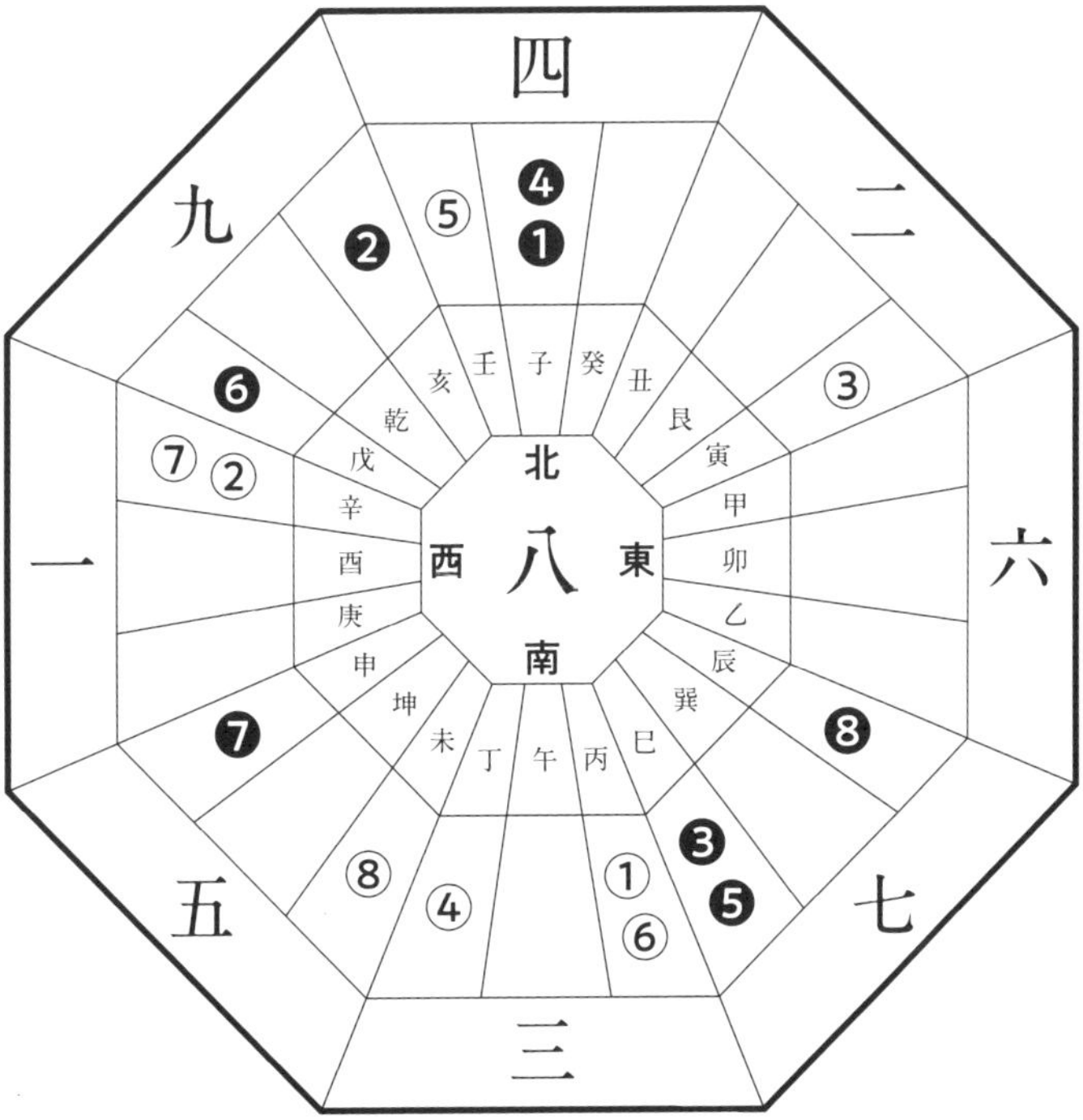

2047年　丁卯年　七赤金星

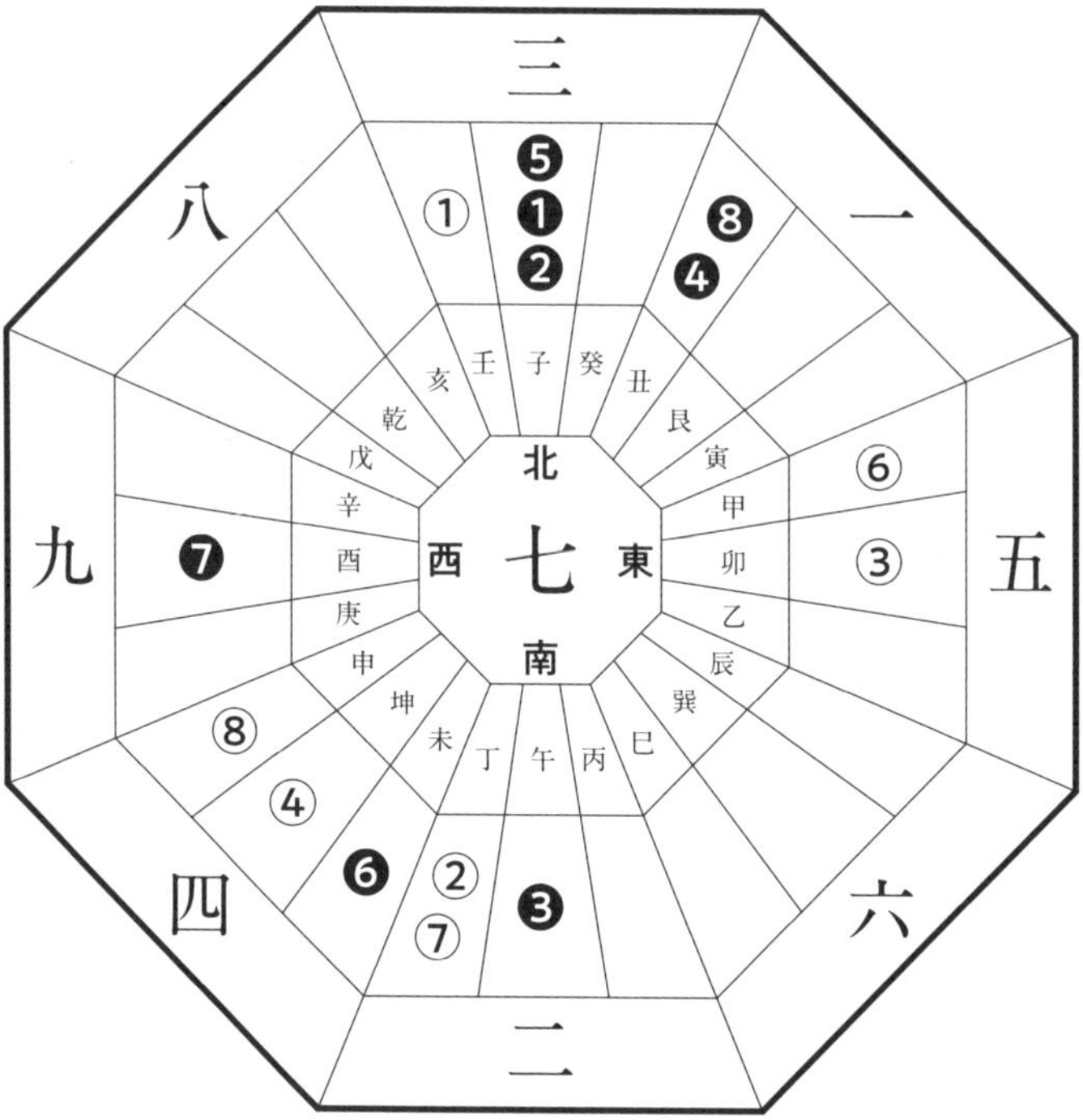

2048年　戊辰年　六白金星

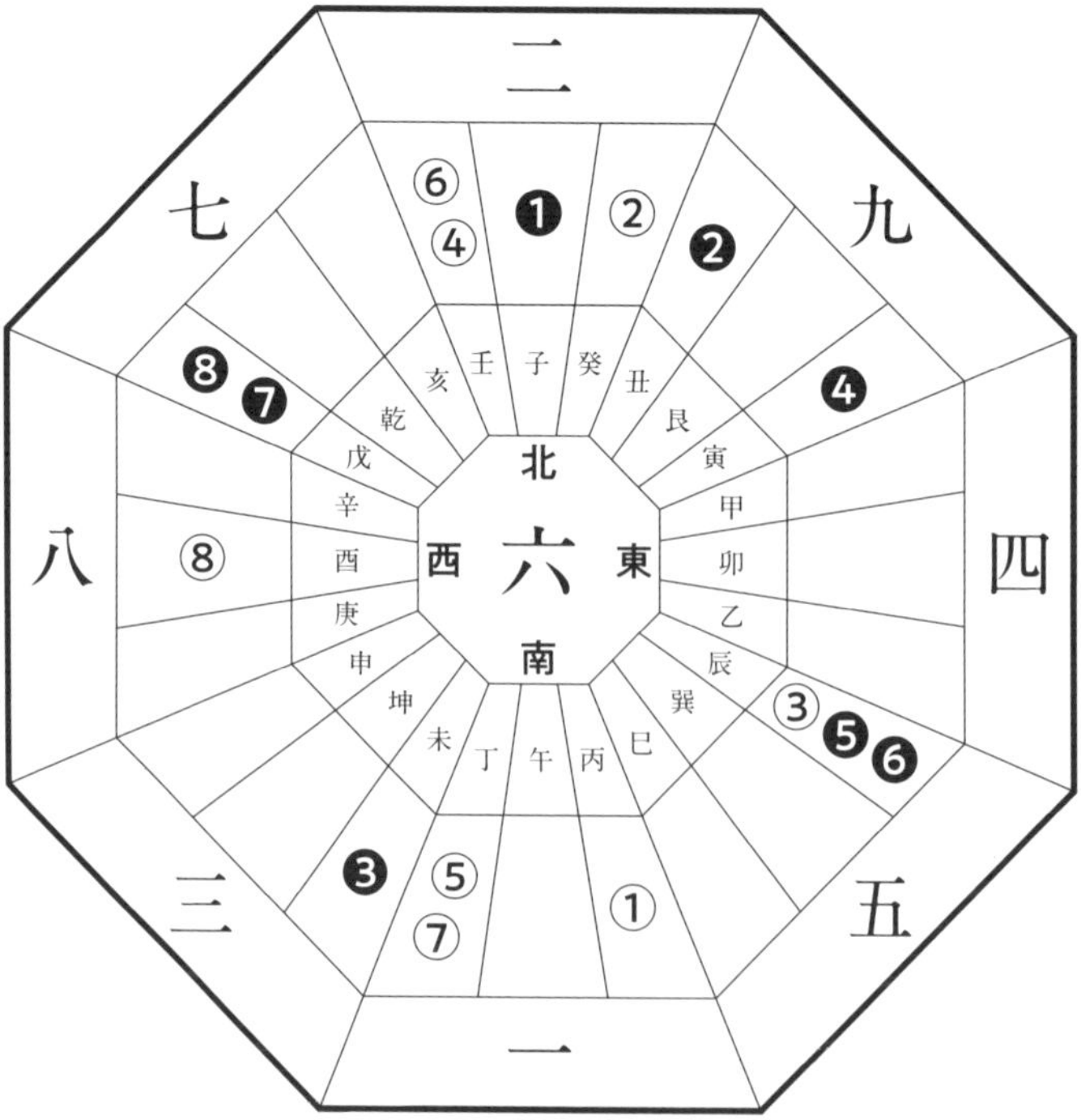

2049年　己巳年　五黄土星

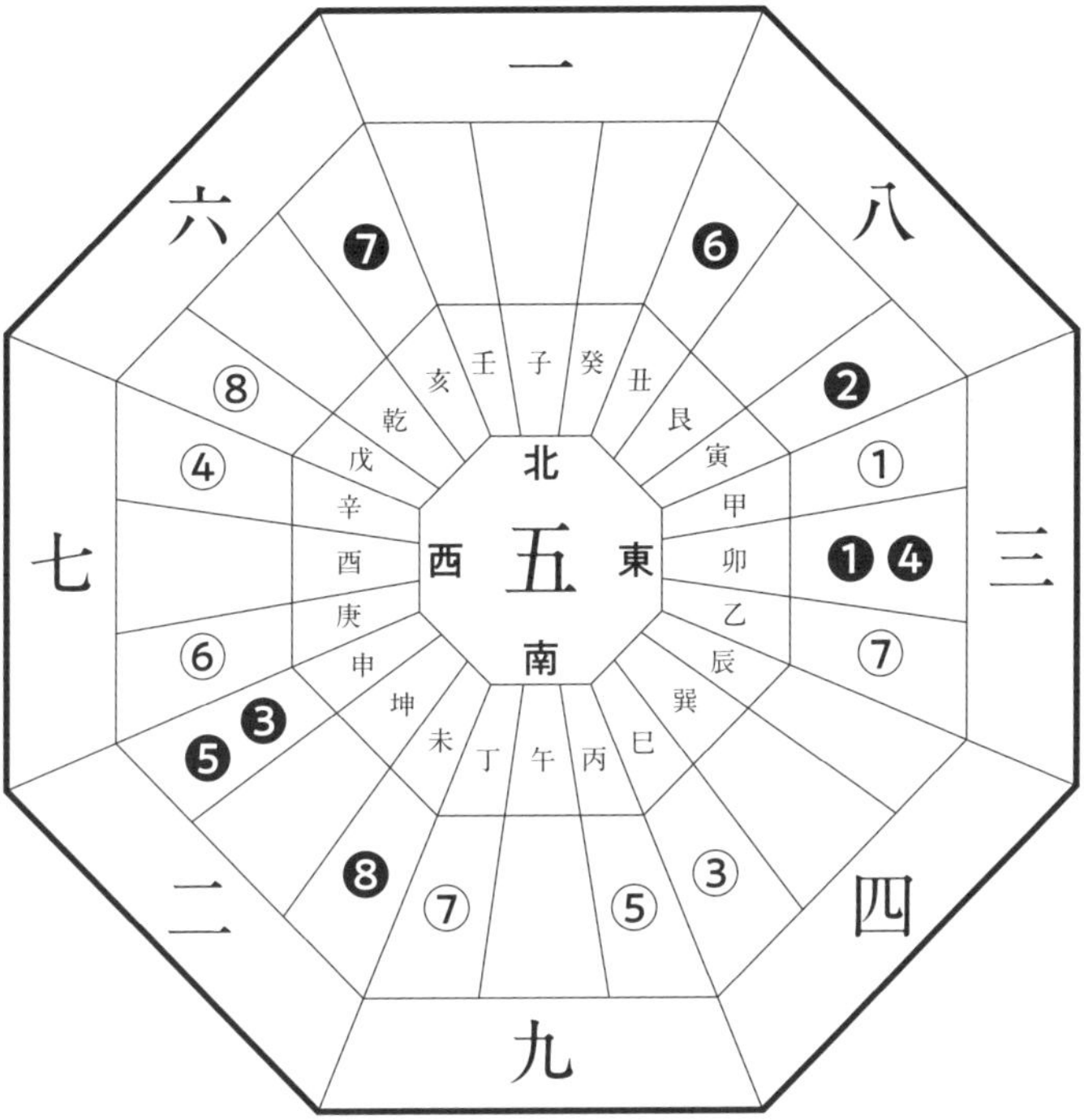

2050年　庚午年　四緑木星

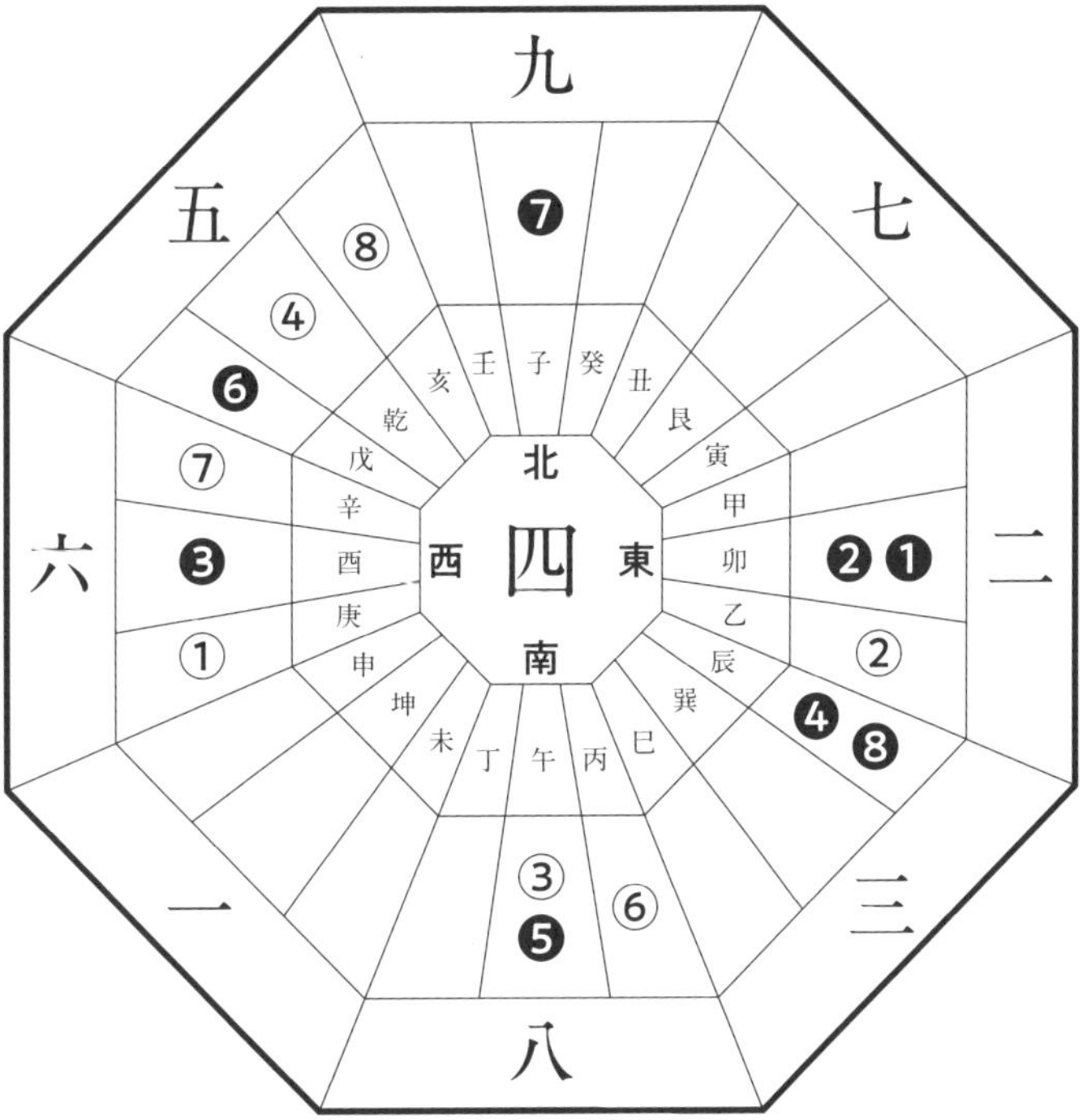

2051年 辛未年 三碧木星

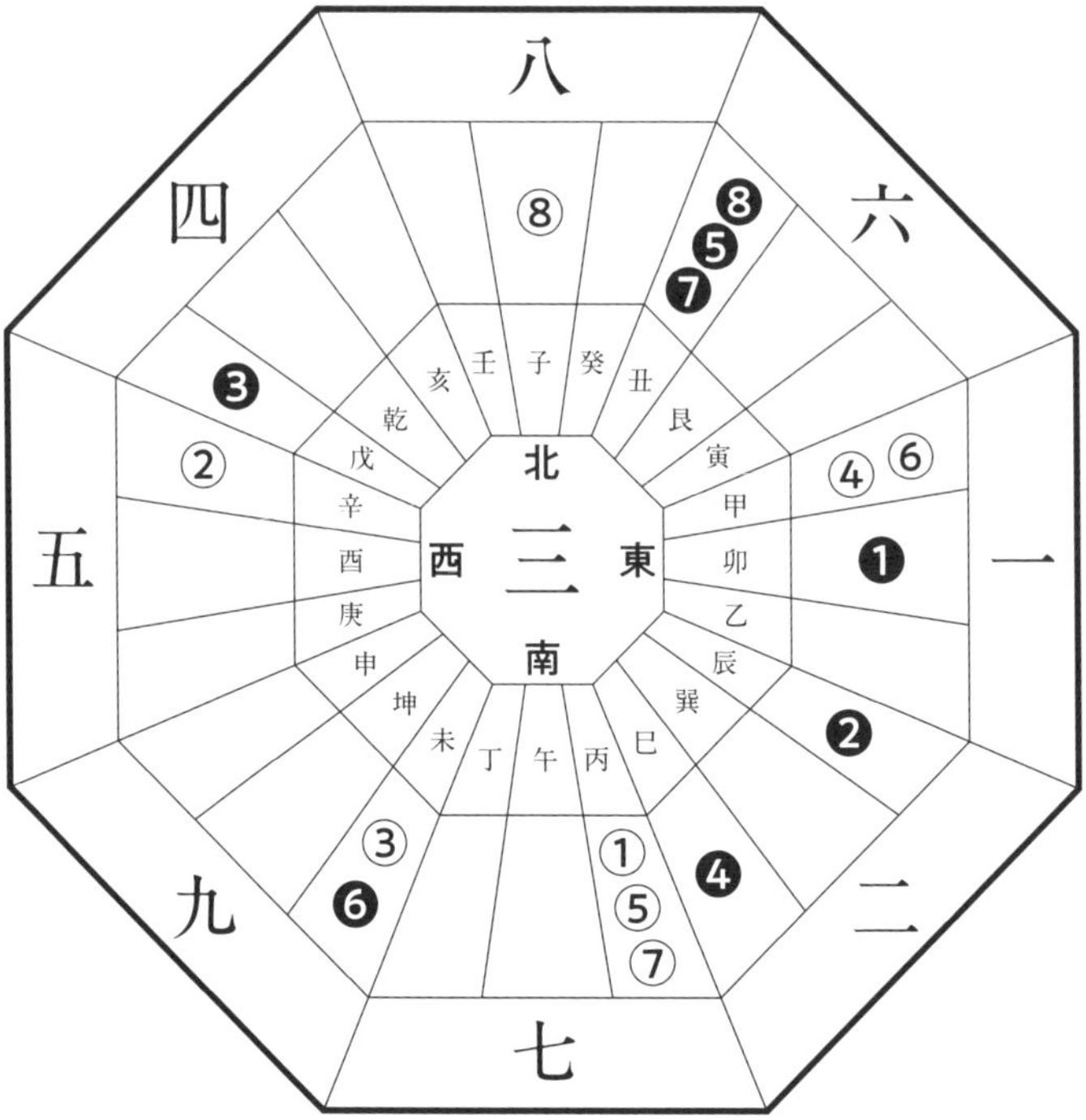

2052年 壬申年 二黒土星

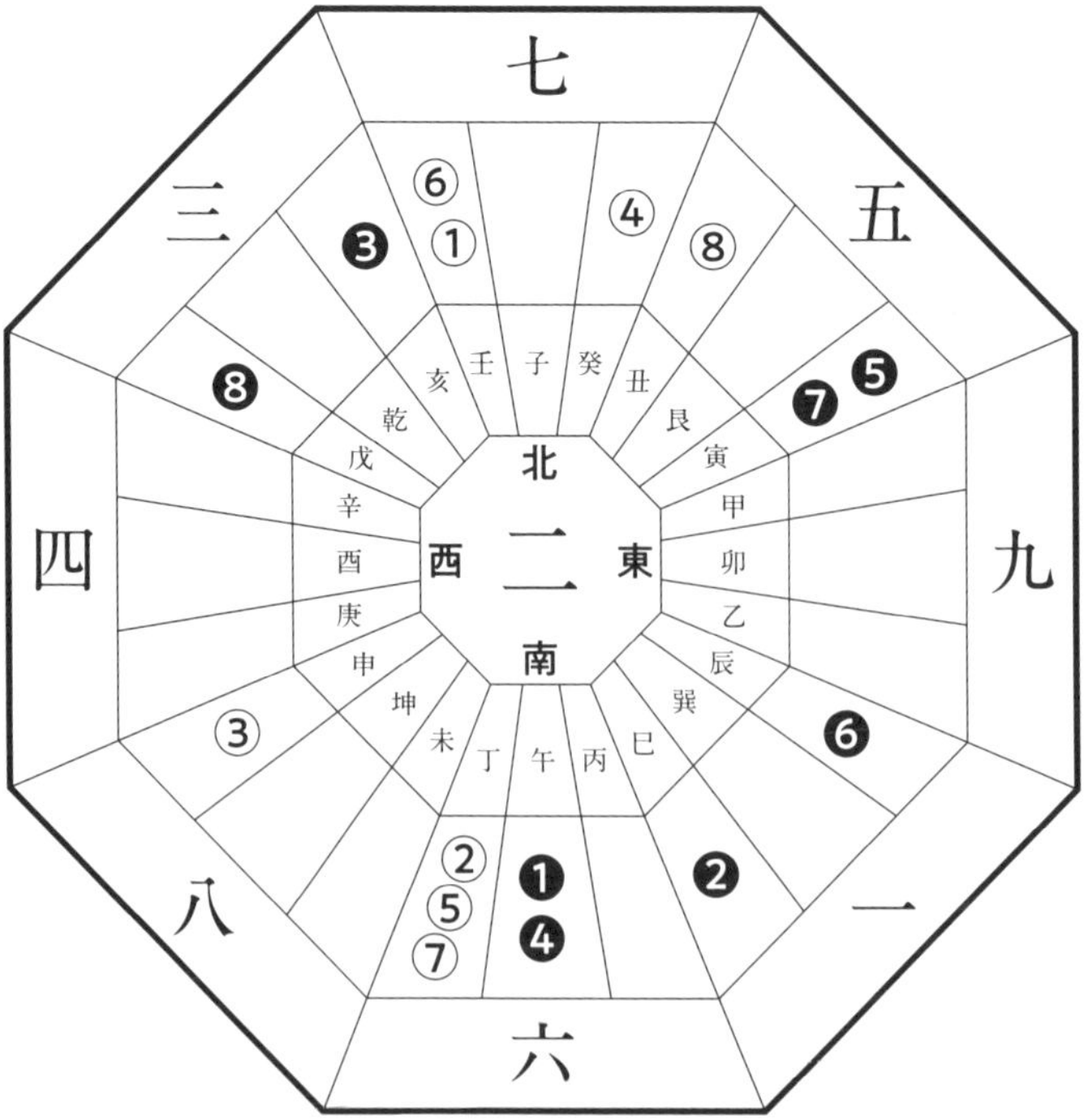

2053年　癸酉年　一白水星

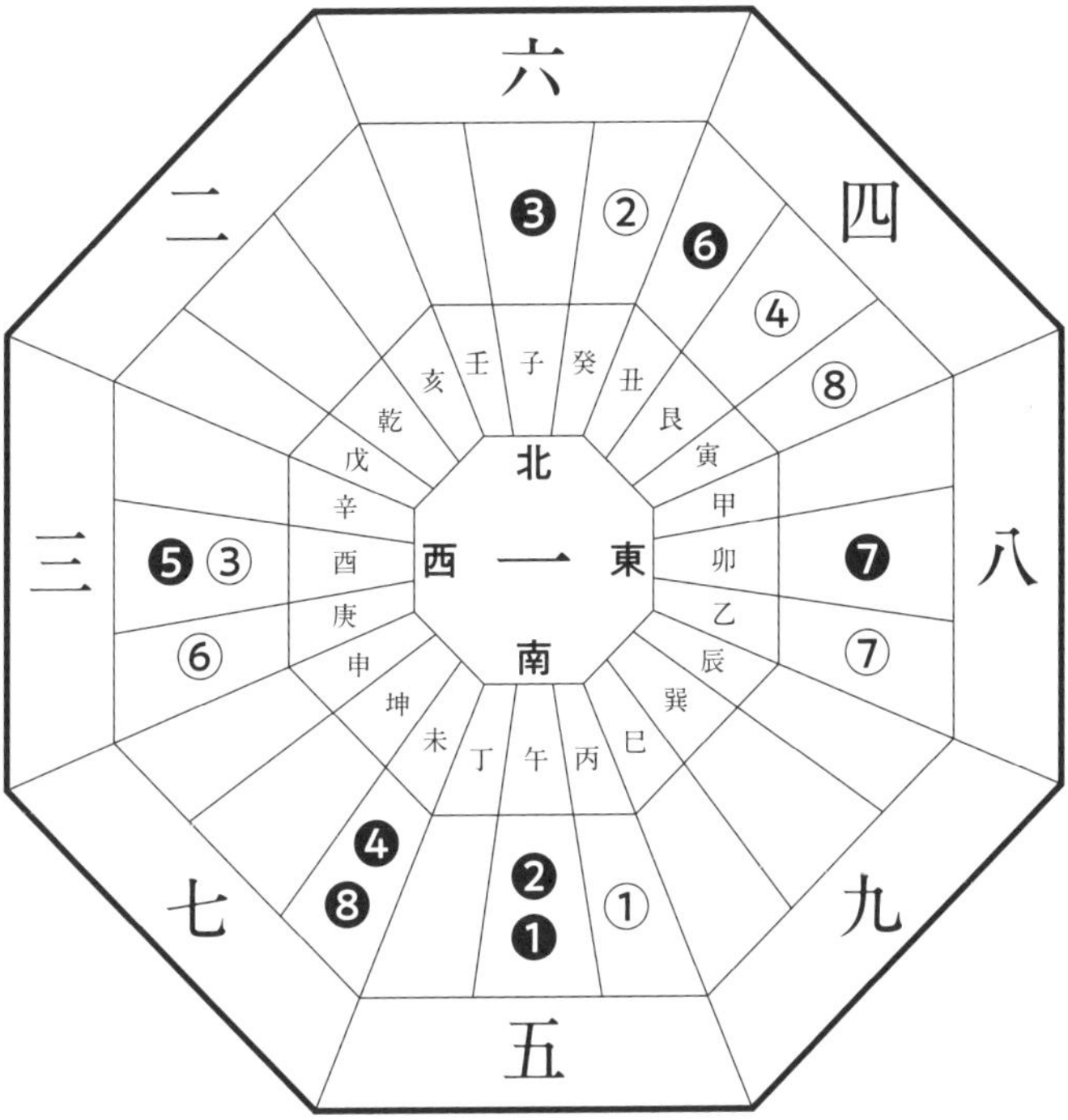

2054年　甲戌年　九紫火星

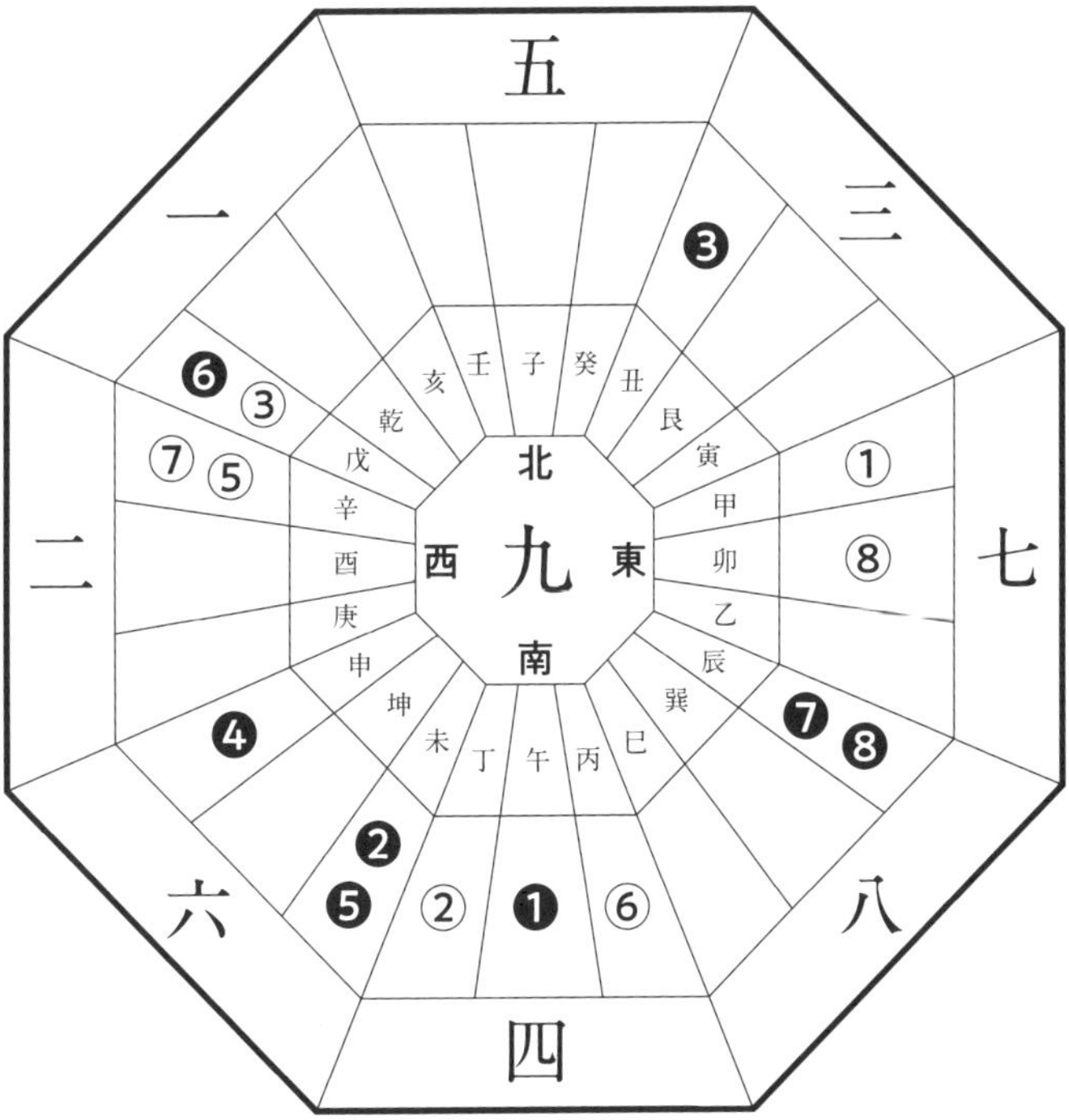

2055年　乙亥年　八白土星

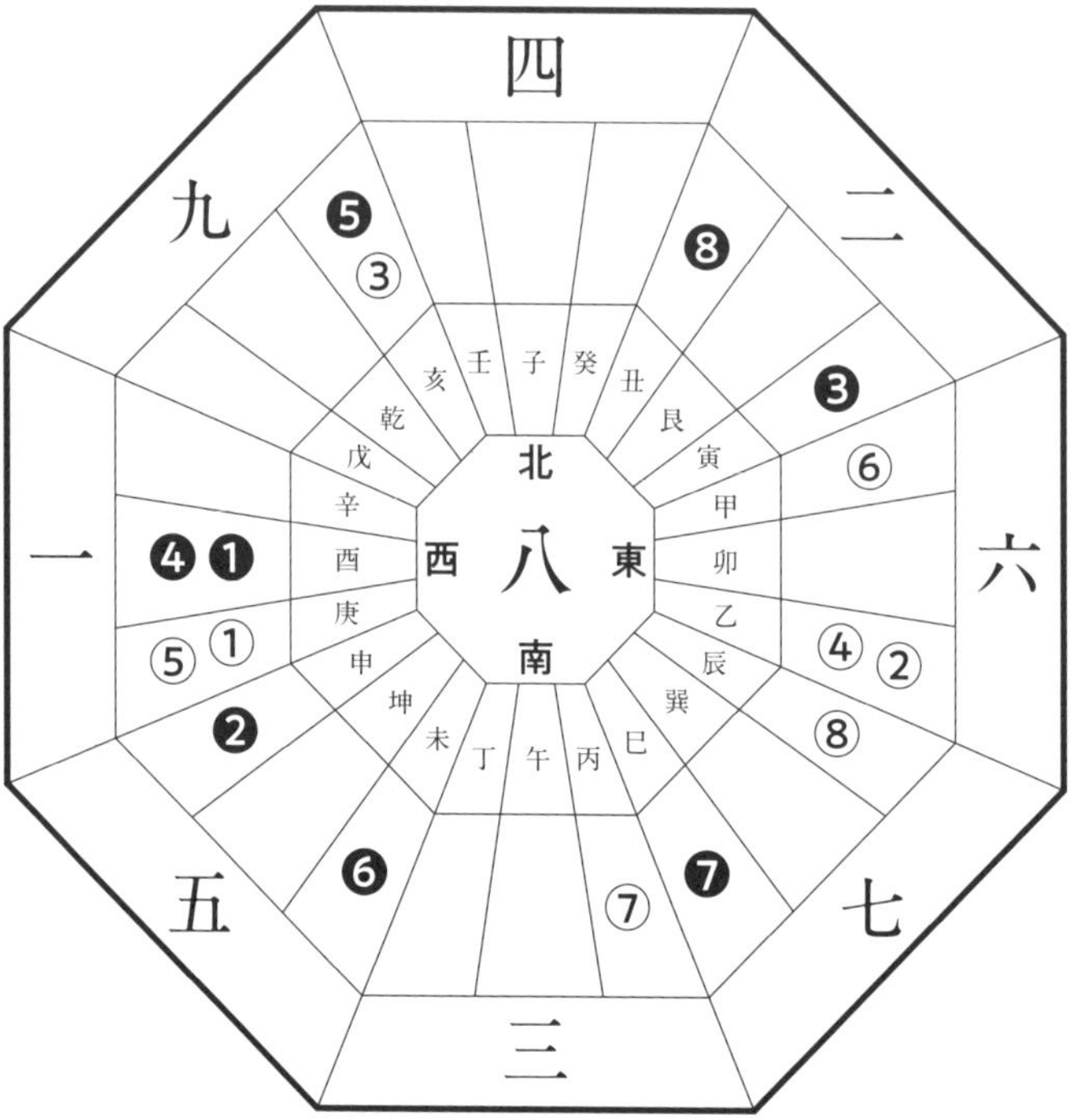

2056年　丙子年　七赤金星

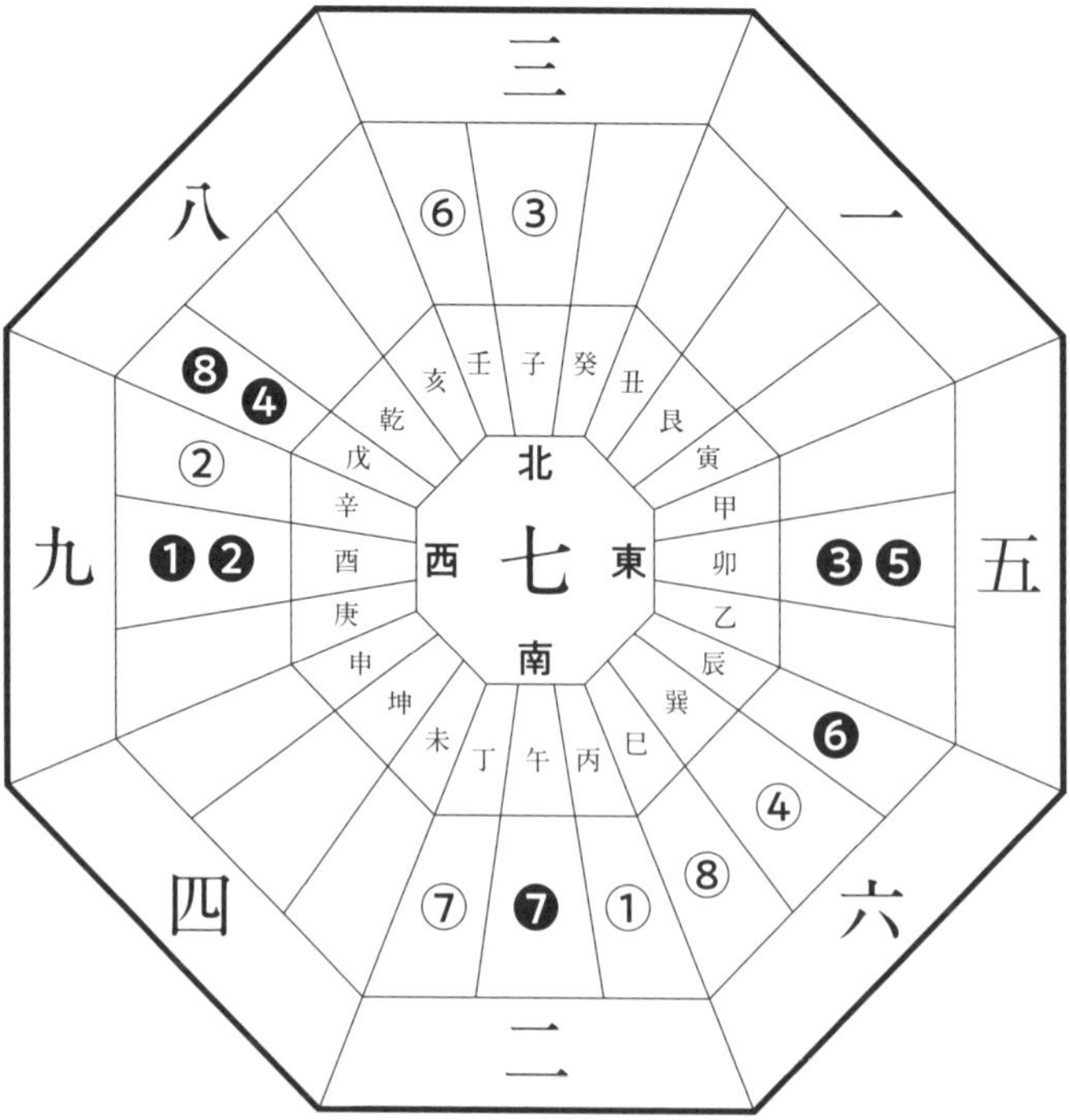

2057年 丁丑年 六白金星

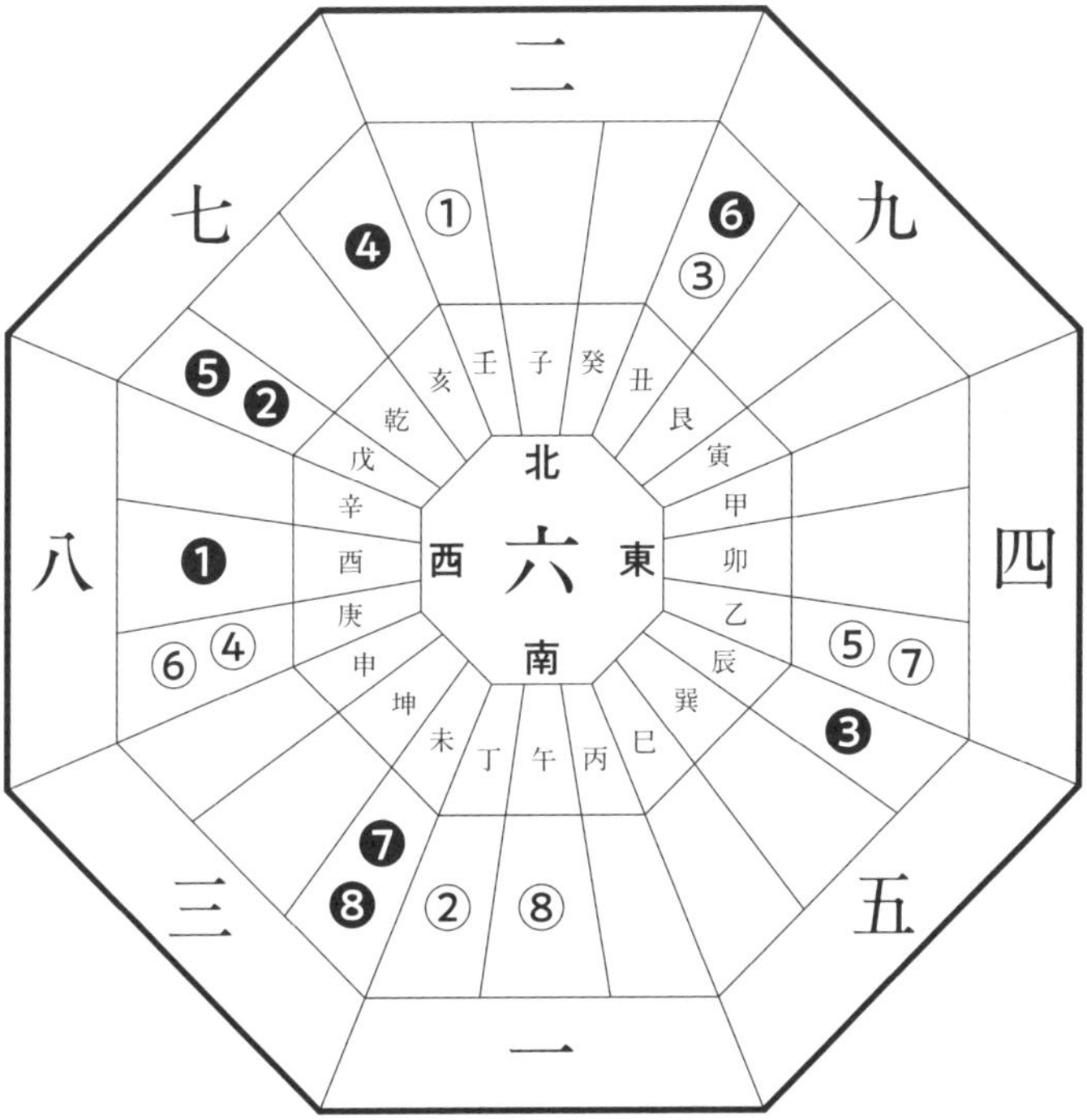

2058年 戊寅年 五黄土星

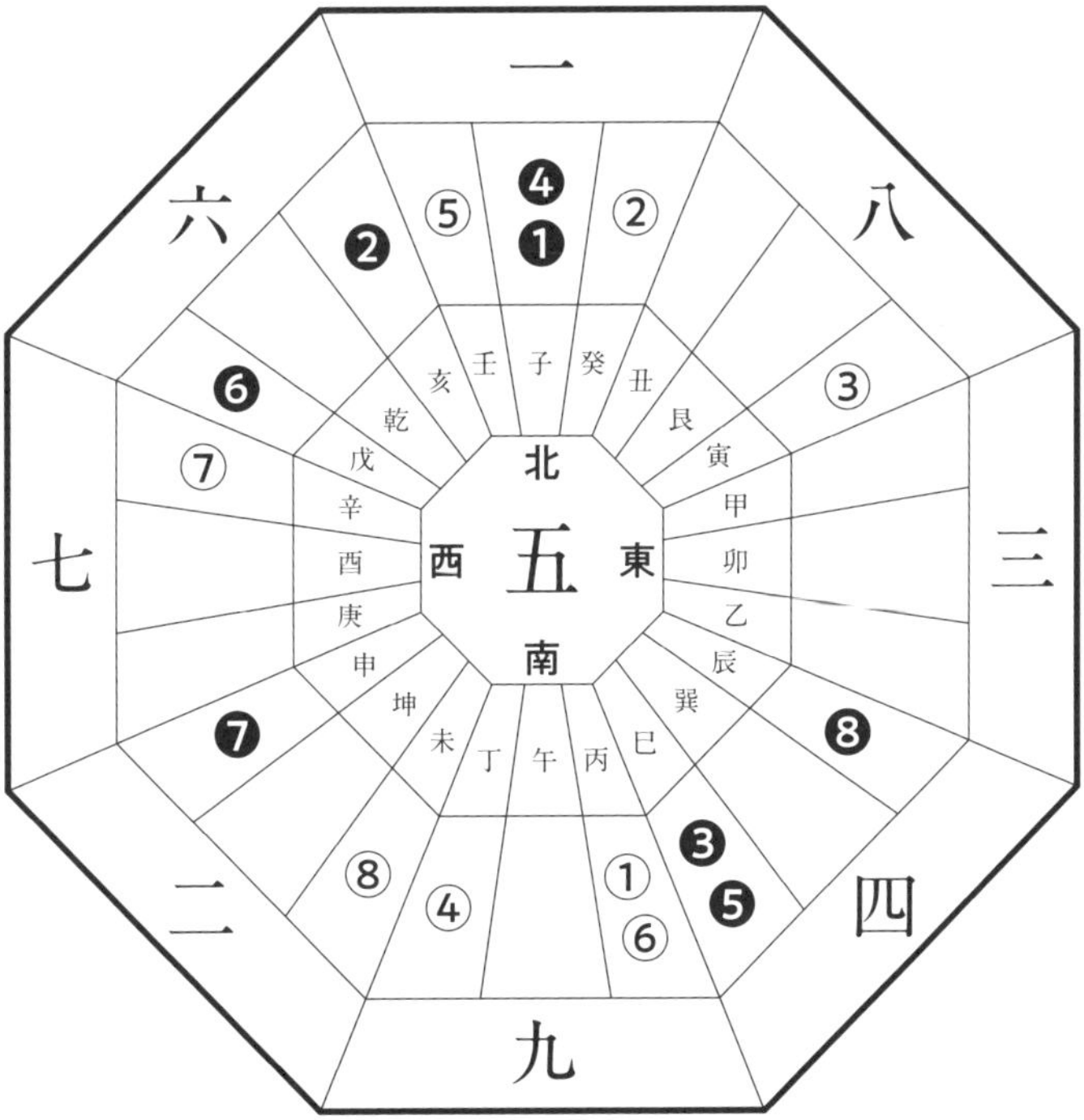

2059年　己卯年　四緑木星

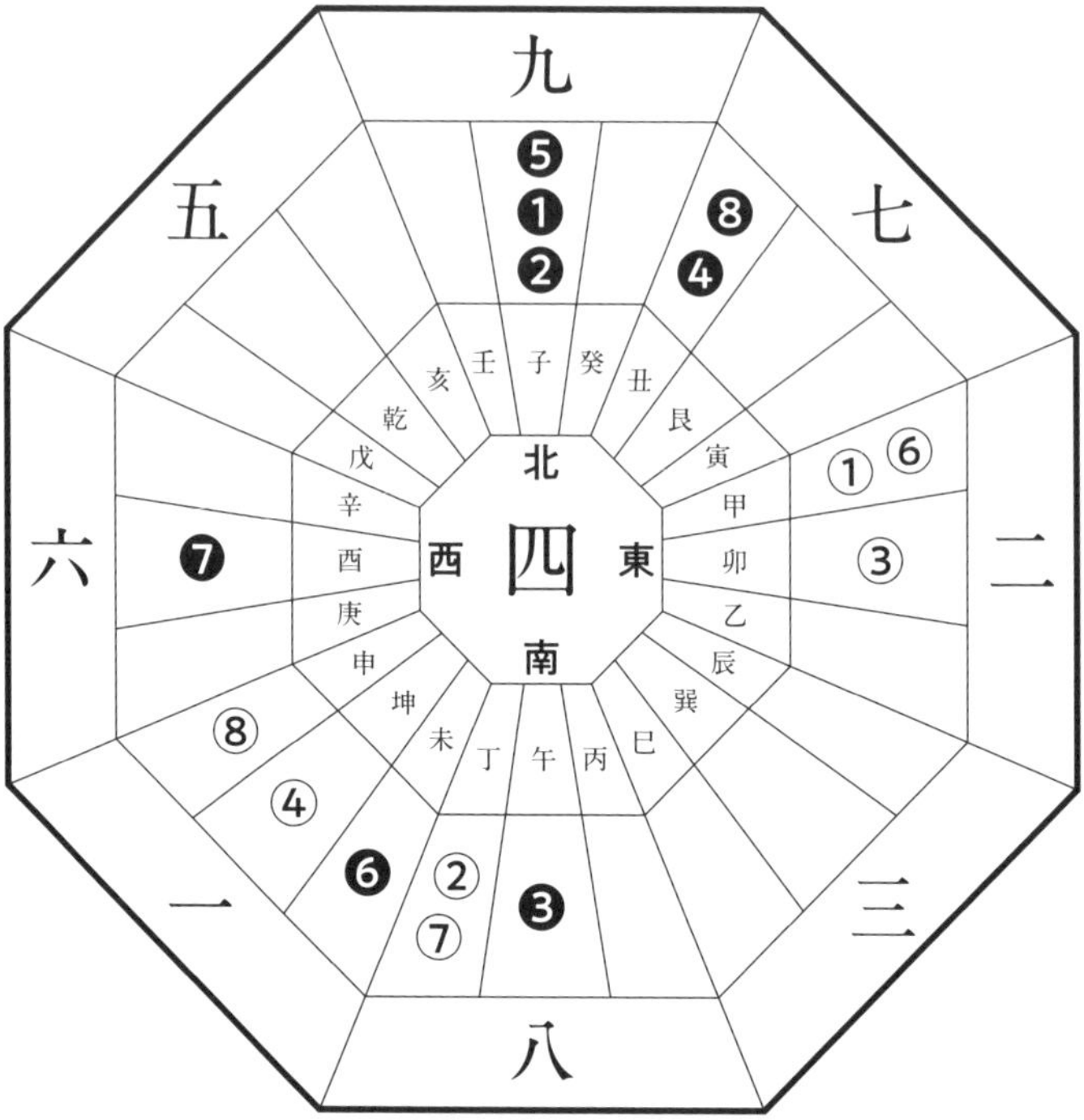

2060年　庚辰年　三碧木星

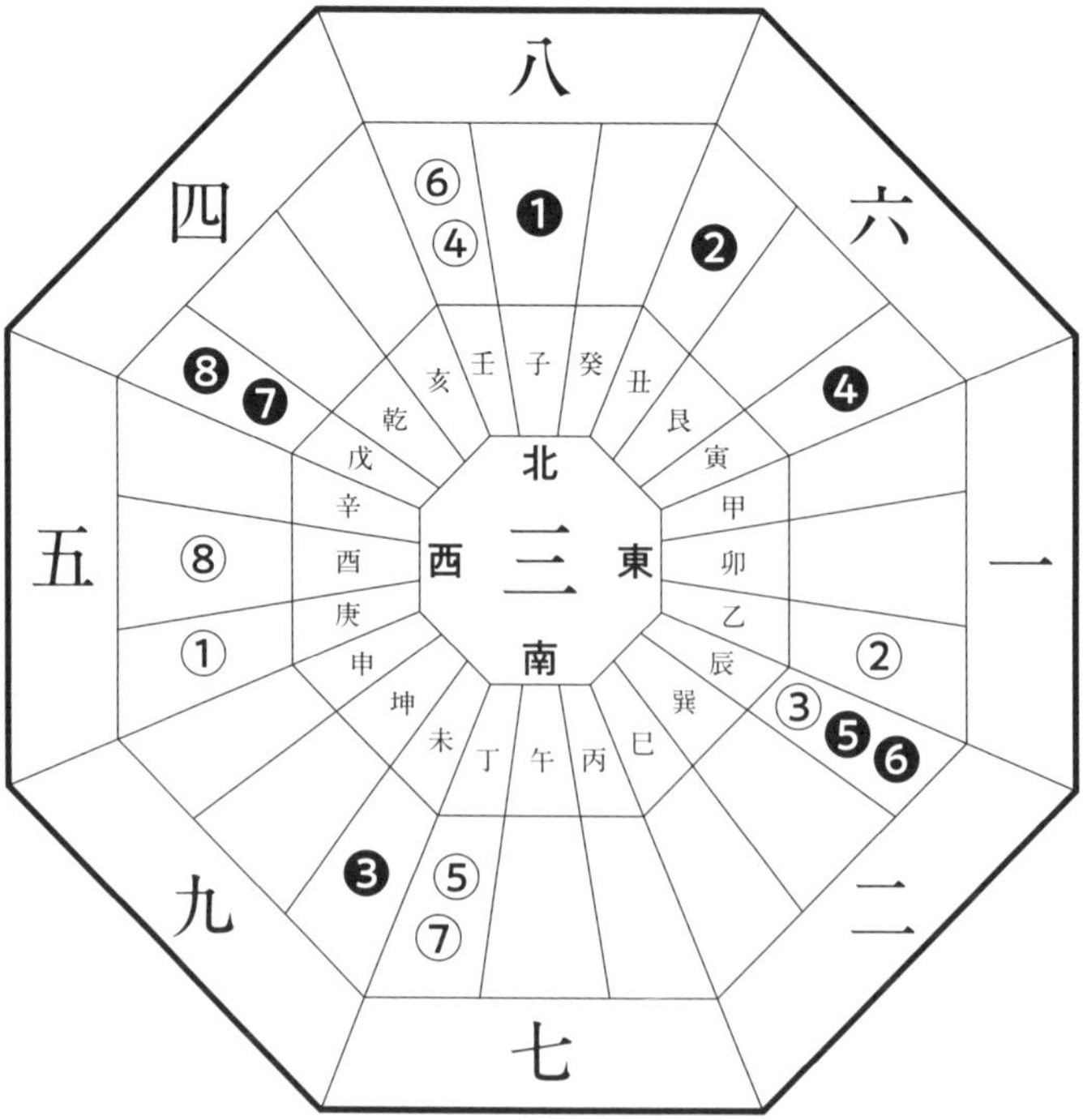

2061年 辛巳年 二黒土星

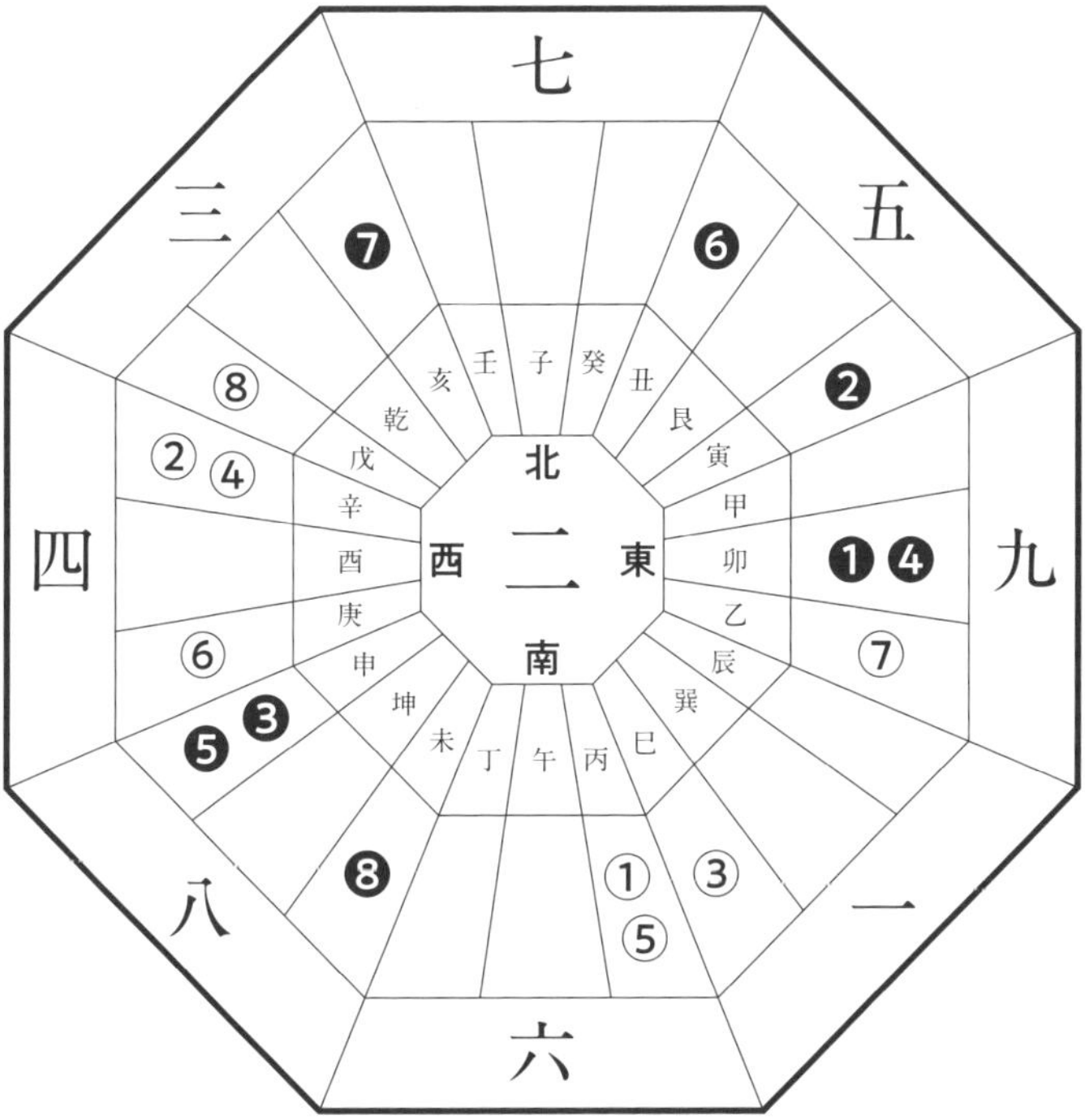

2062年 壬午年 一白水星

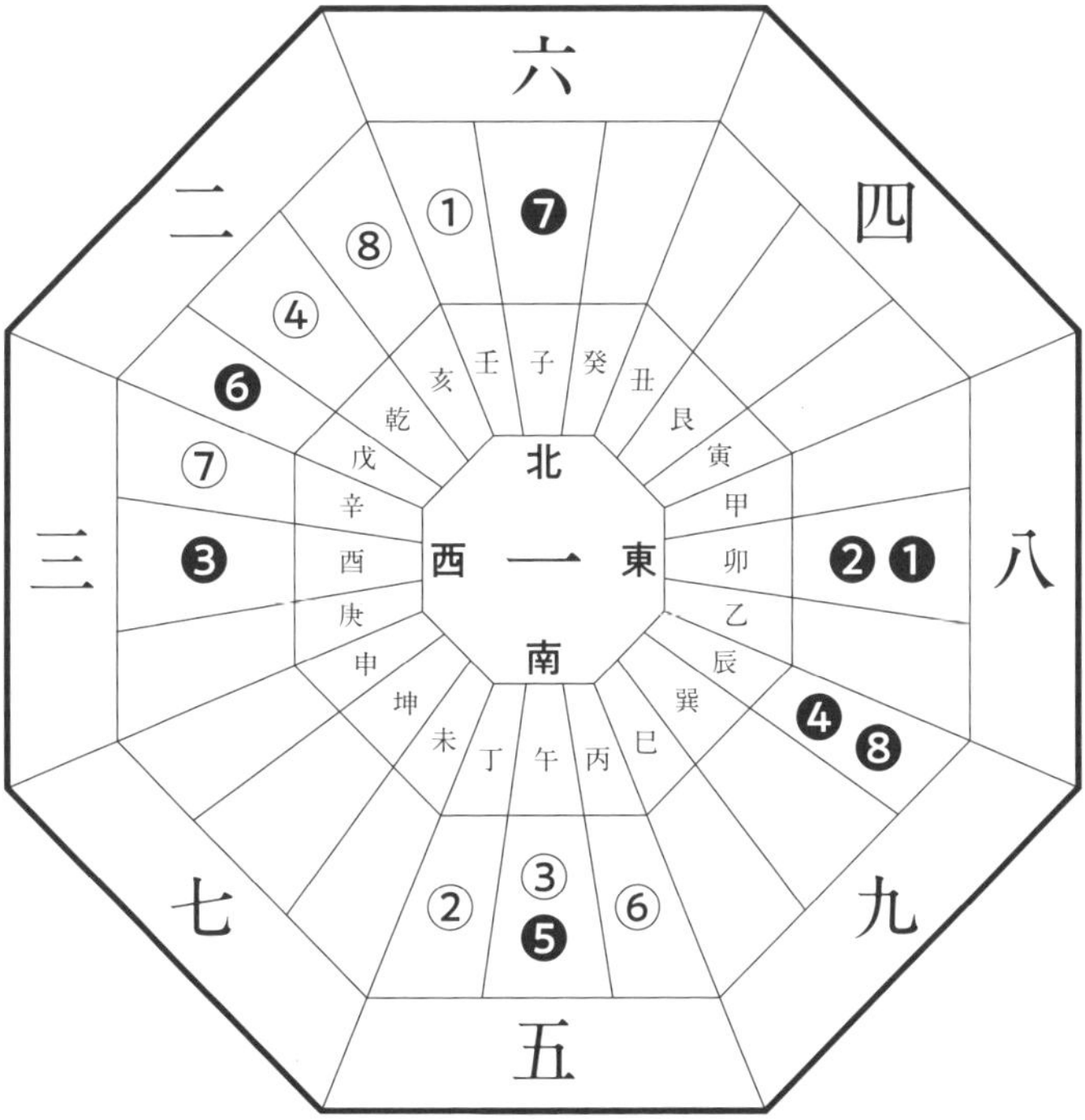

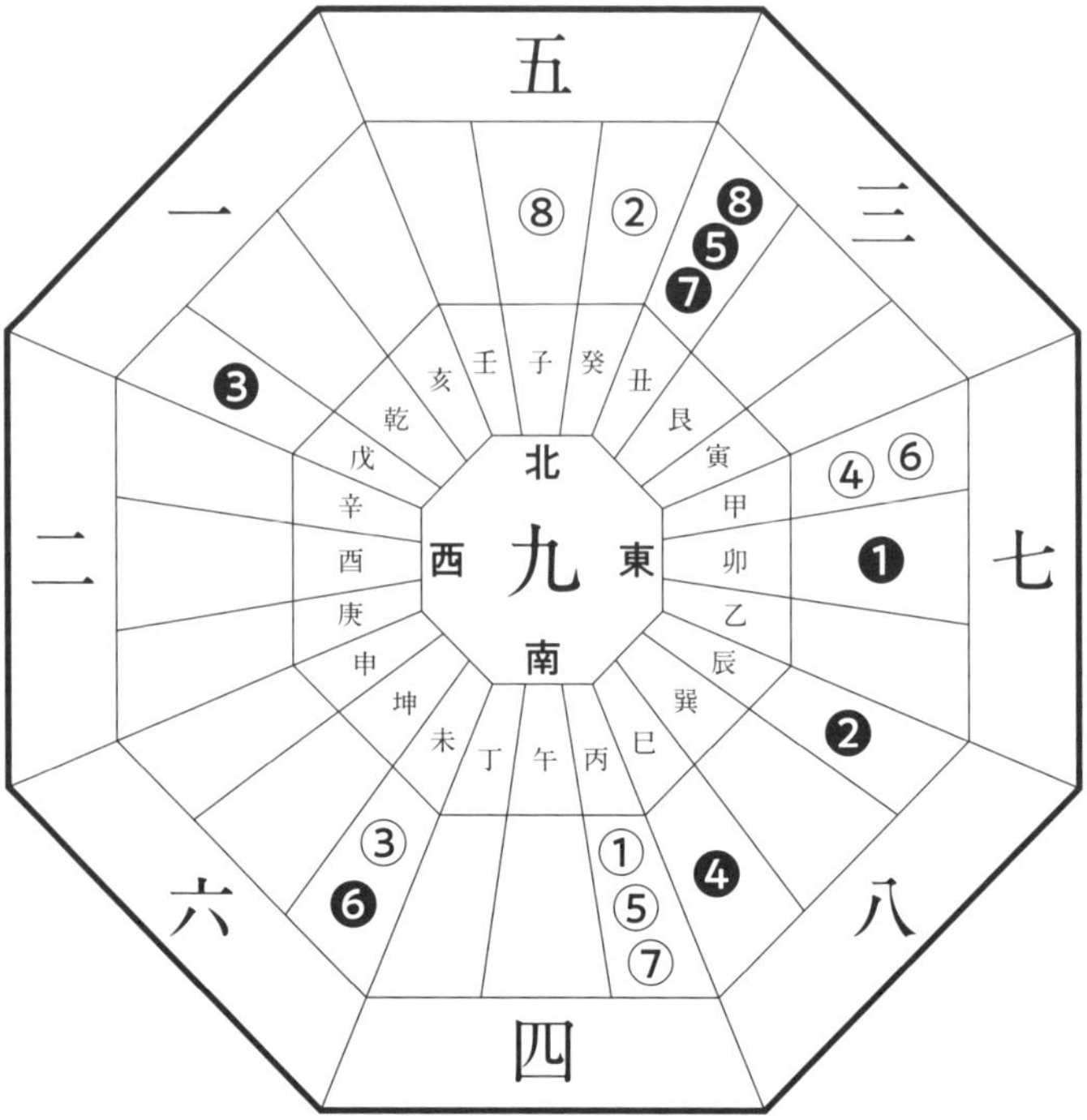

2063年 癸未年 九紫火星

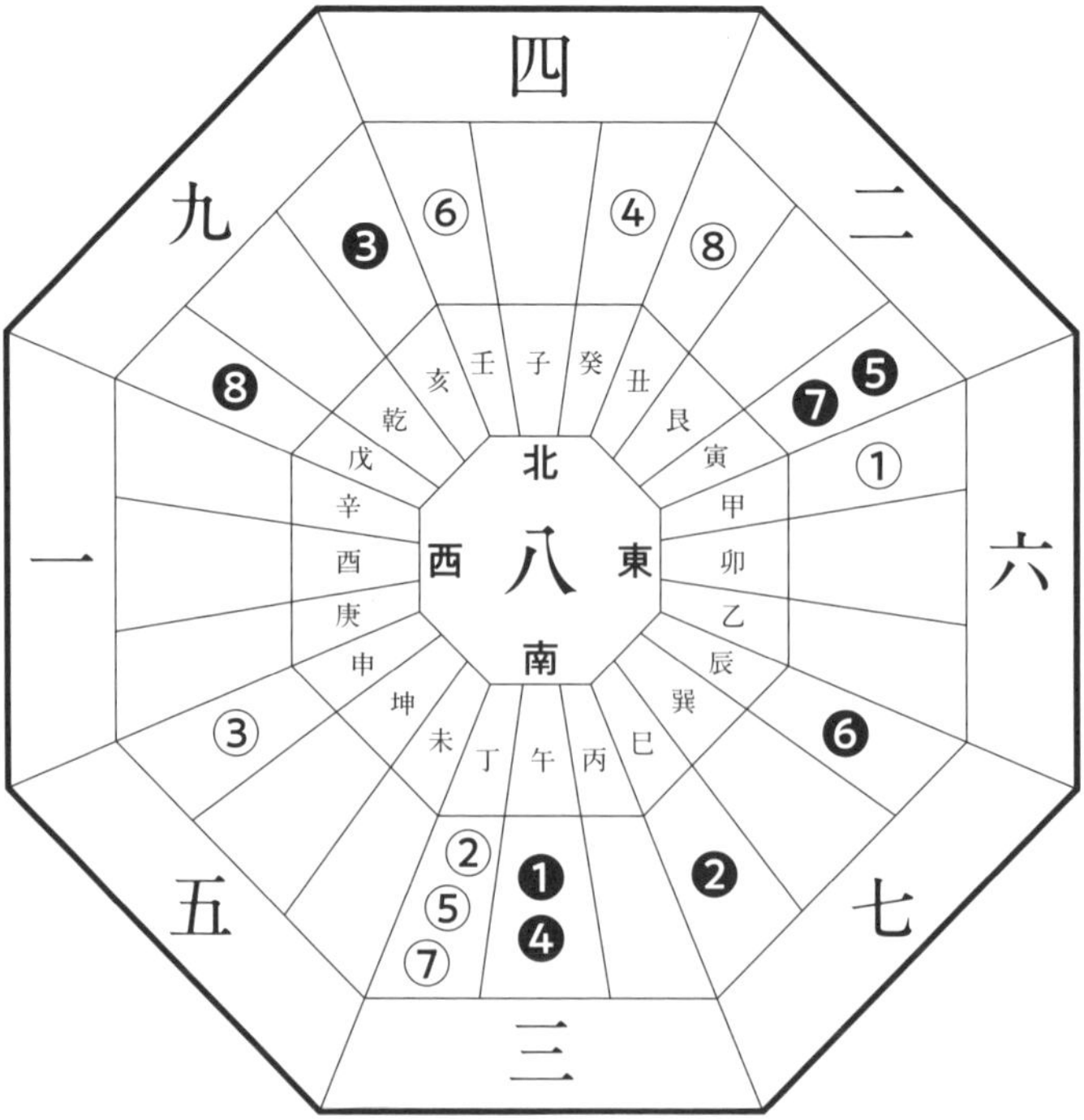

2064年 甲申年 八白土星

2065年　乙酉年　七赤金星

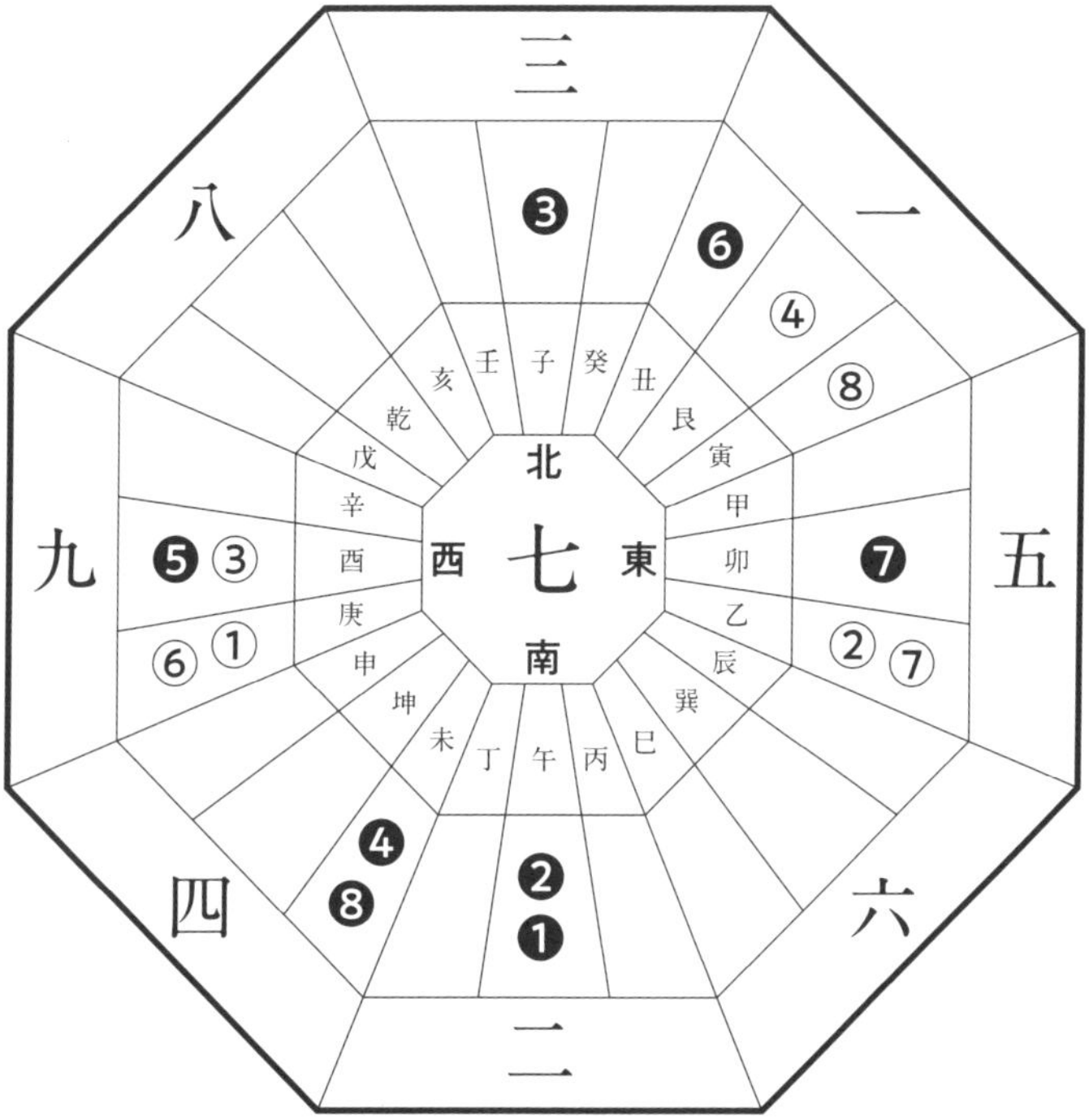

2066年　丙戌年　六白金星

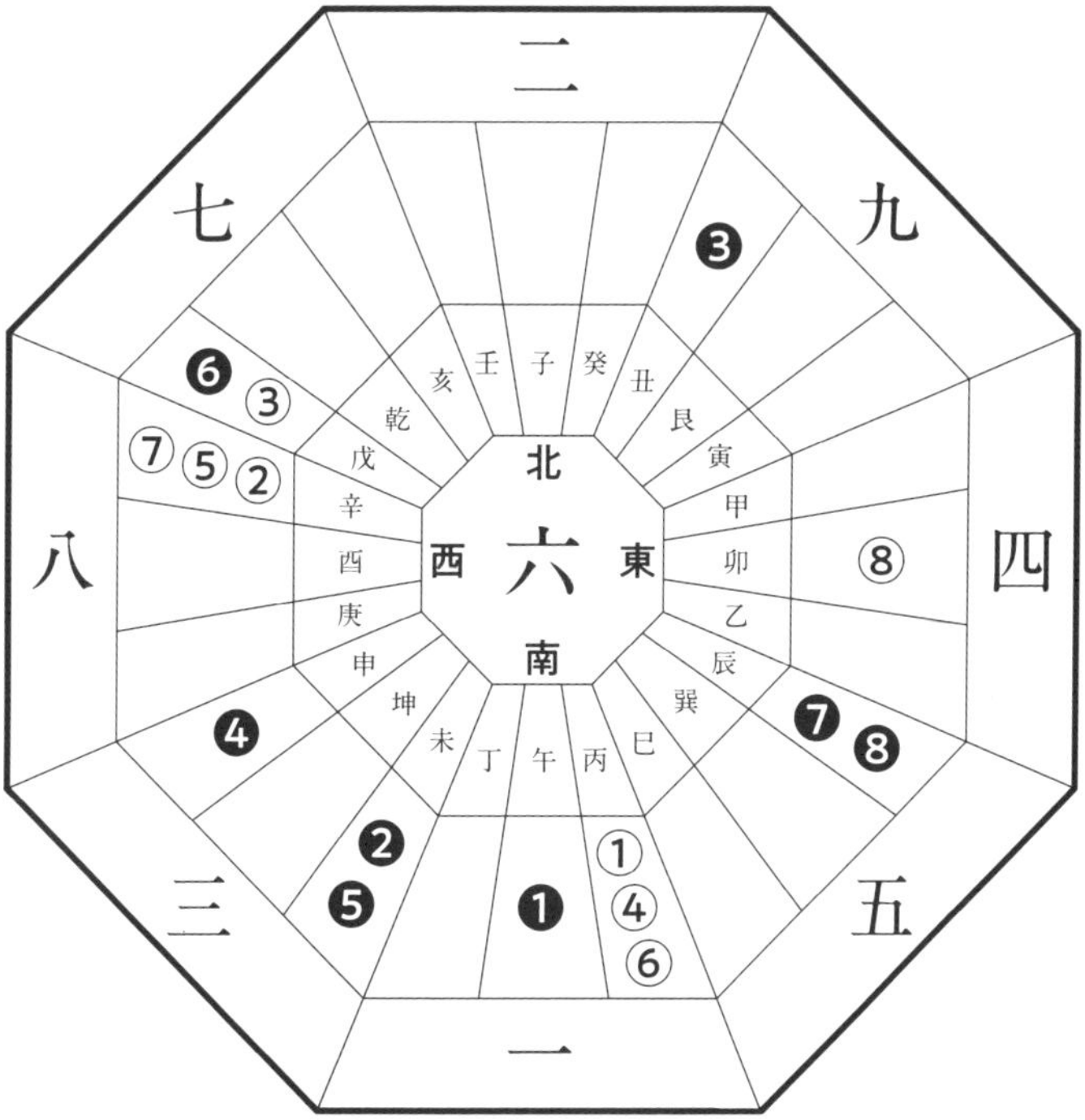

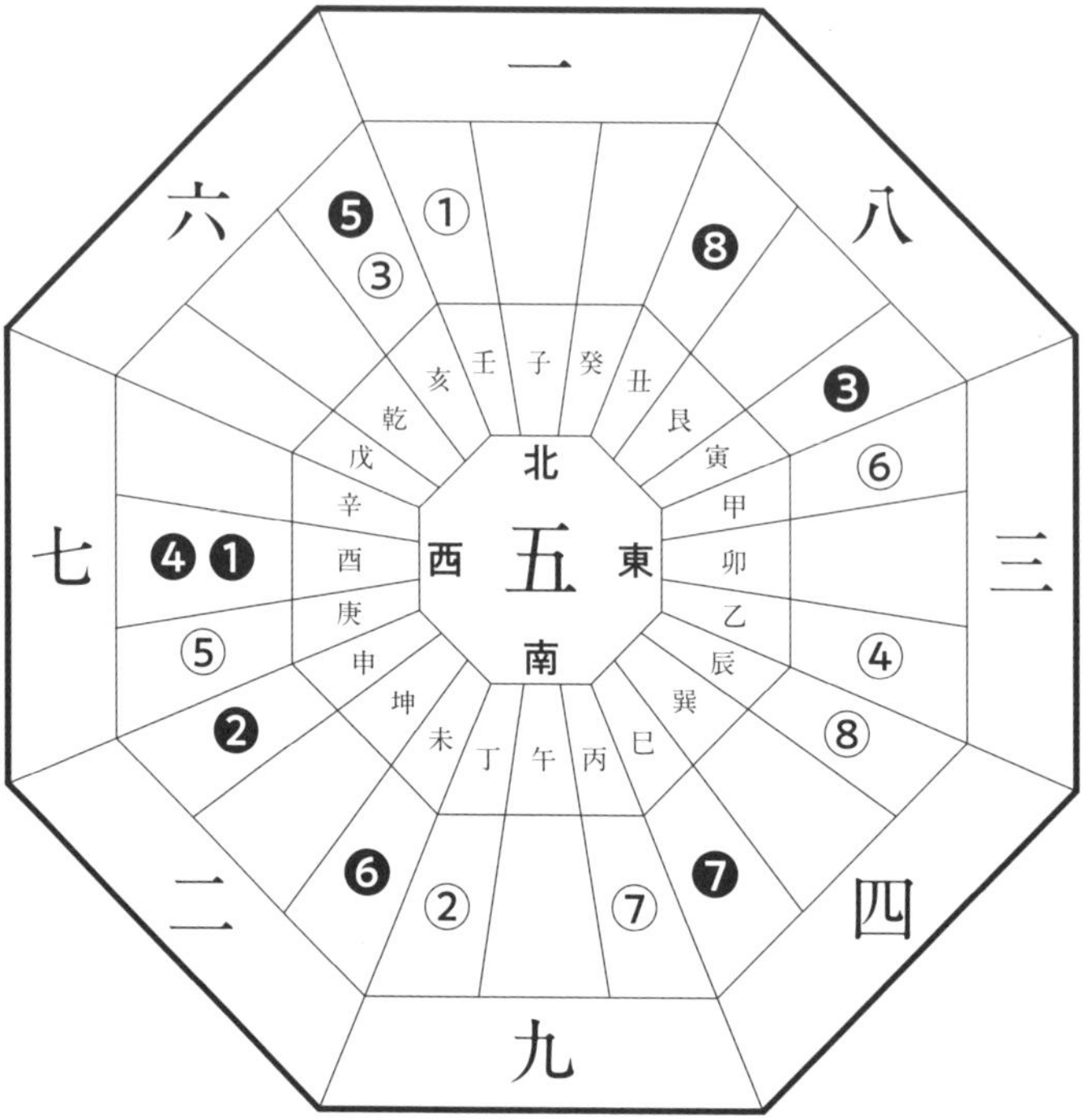

2067年 丁亥年 五黄土星

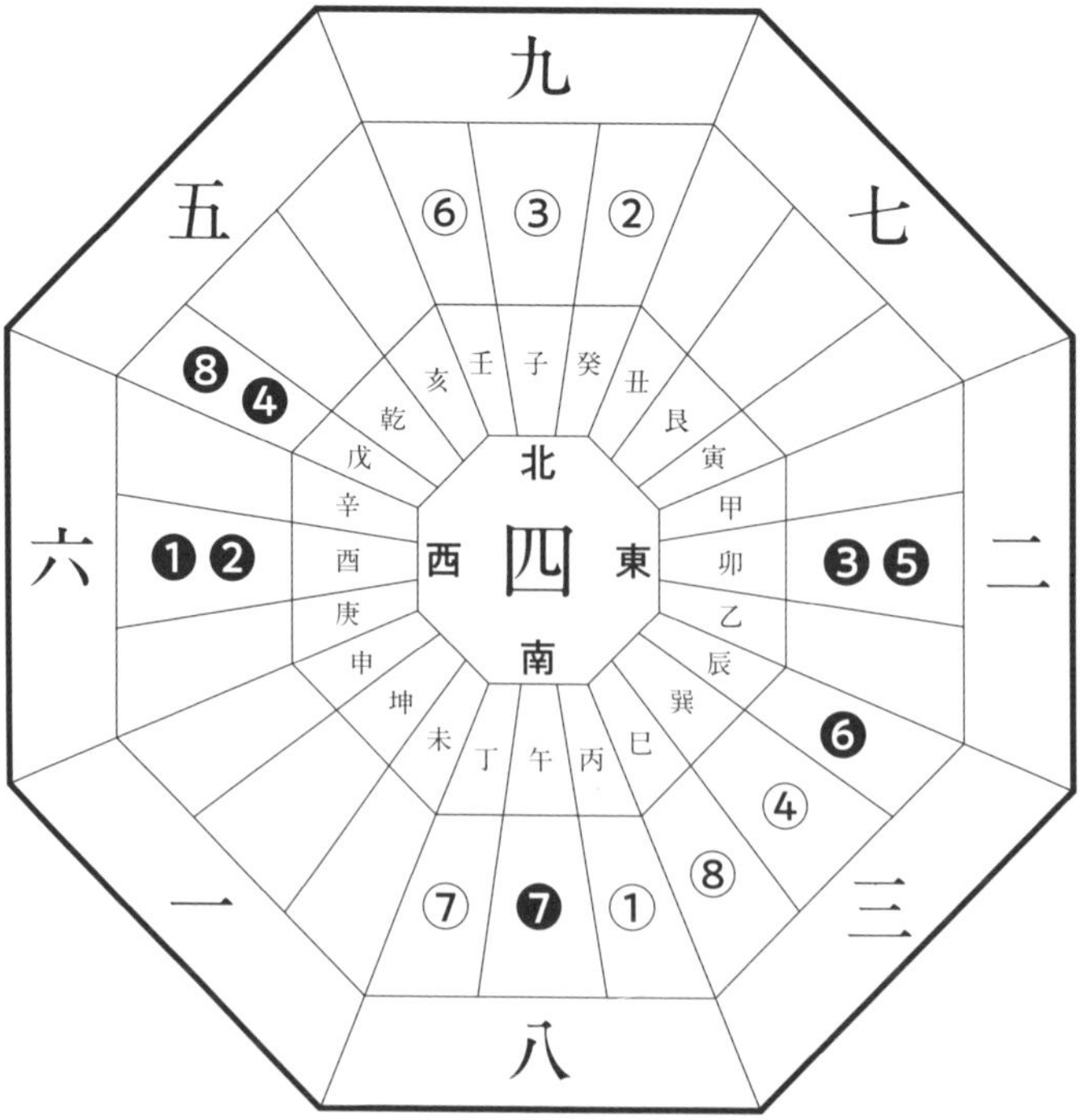

2068年 戊子年 四緑木星

2069年 己丑年 三碧木星

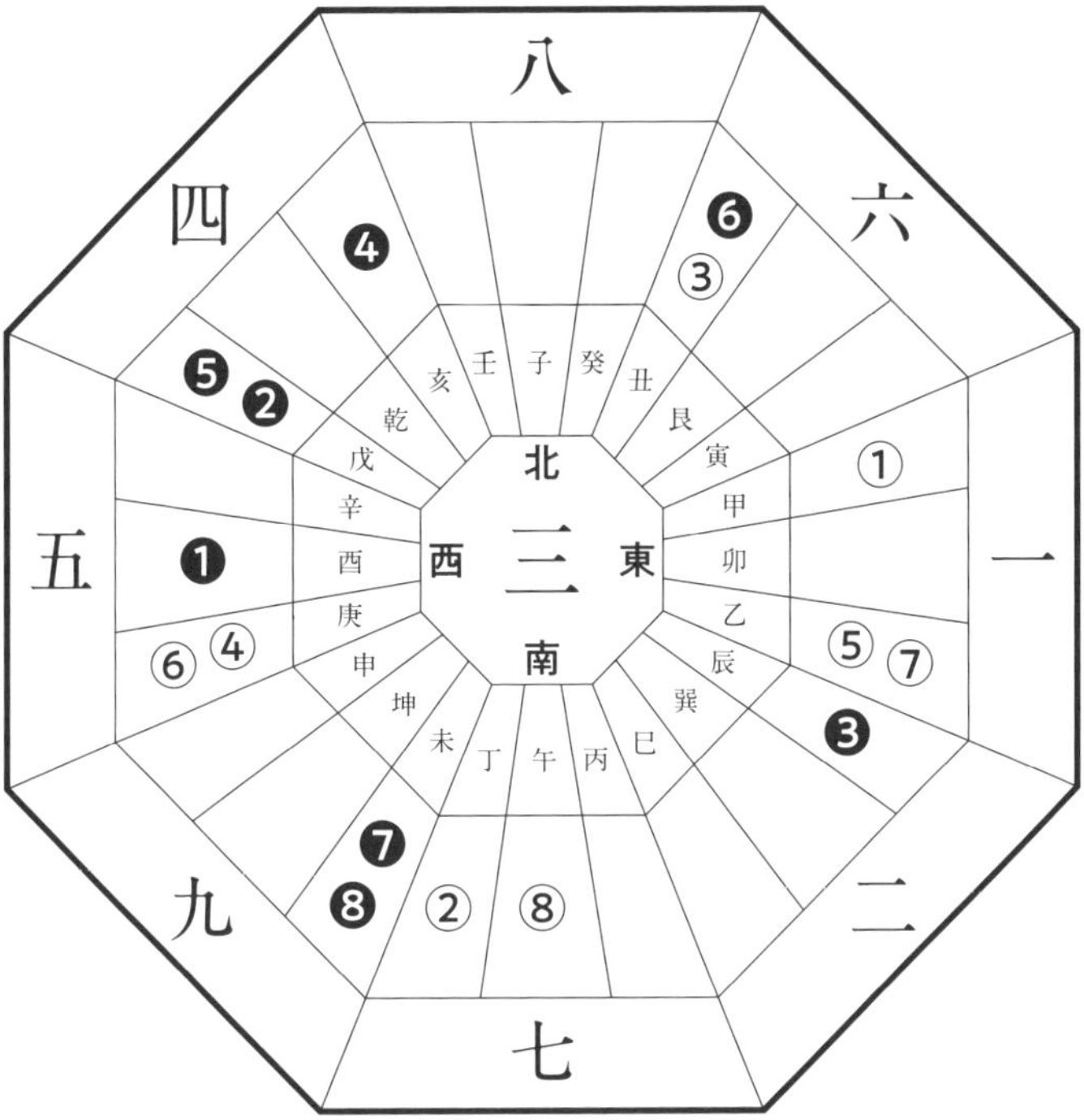

2070年 庚寅年 二黒土星

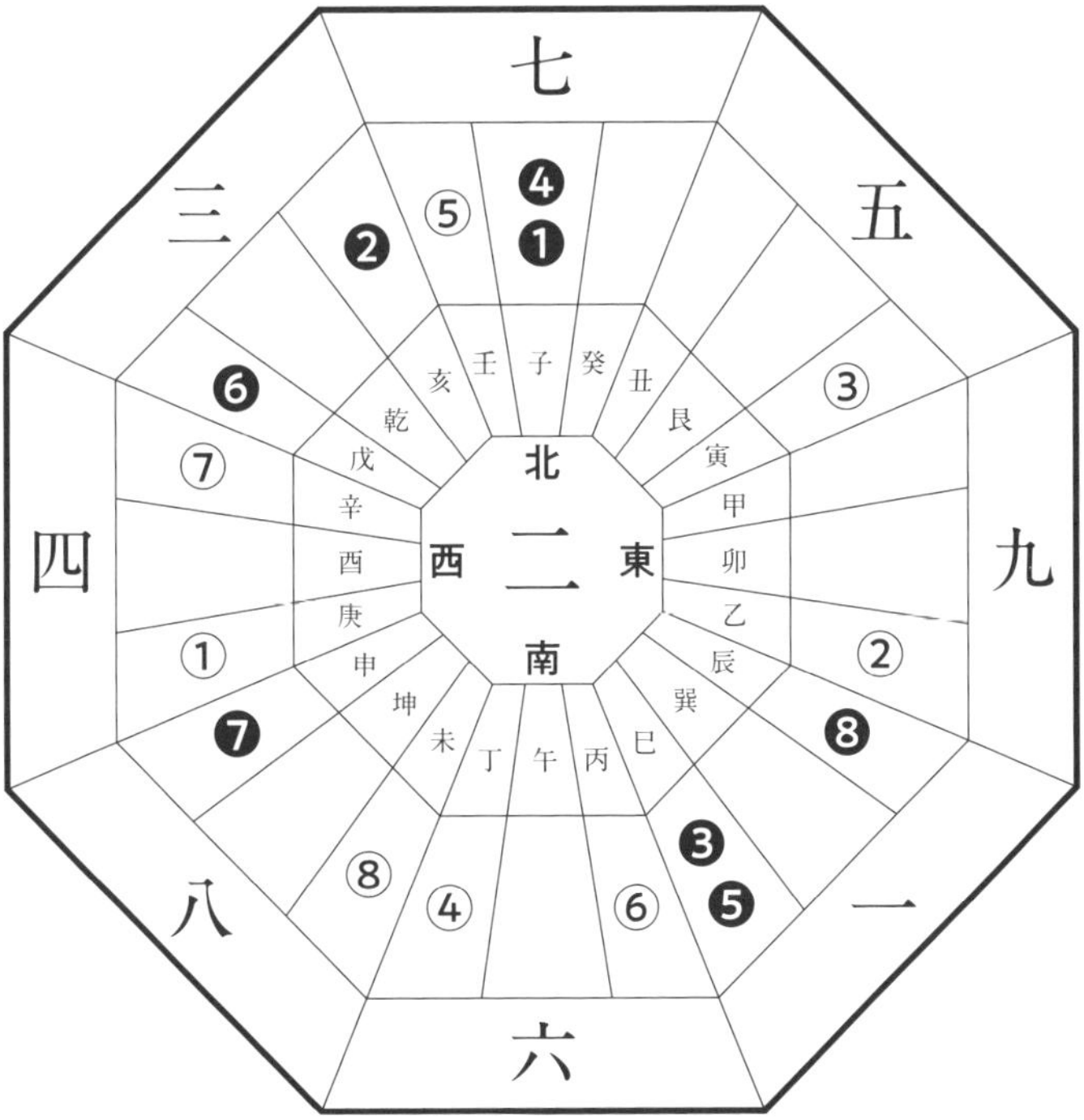

2071年 辛卯年 一白水星

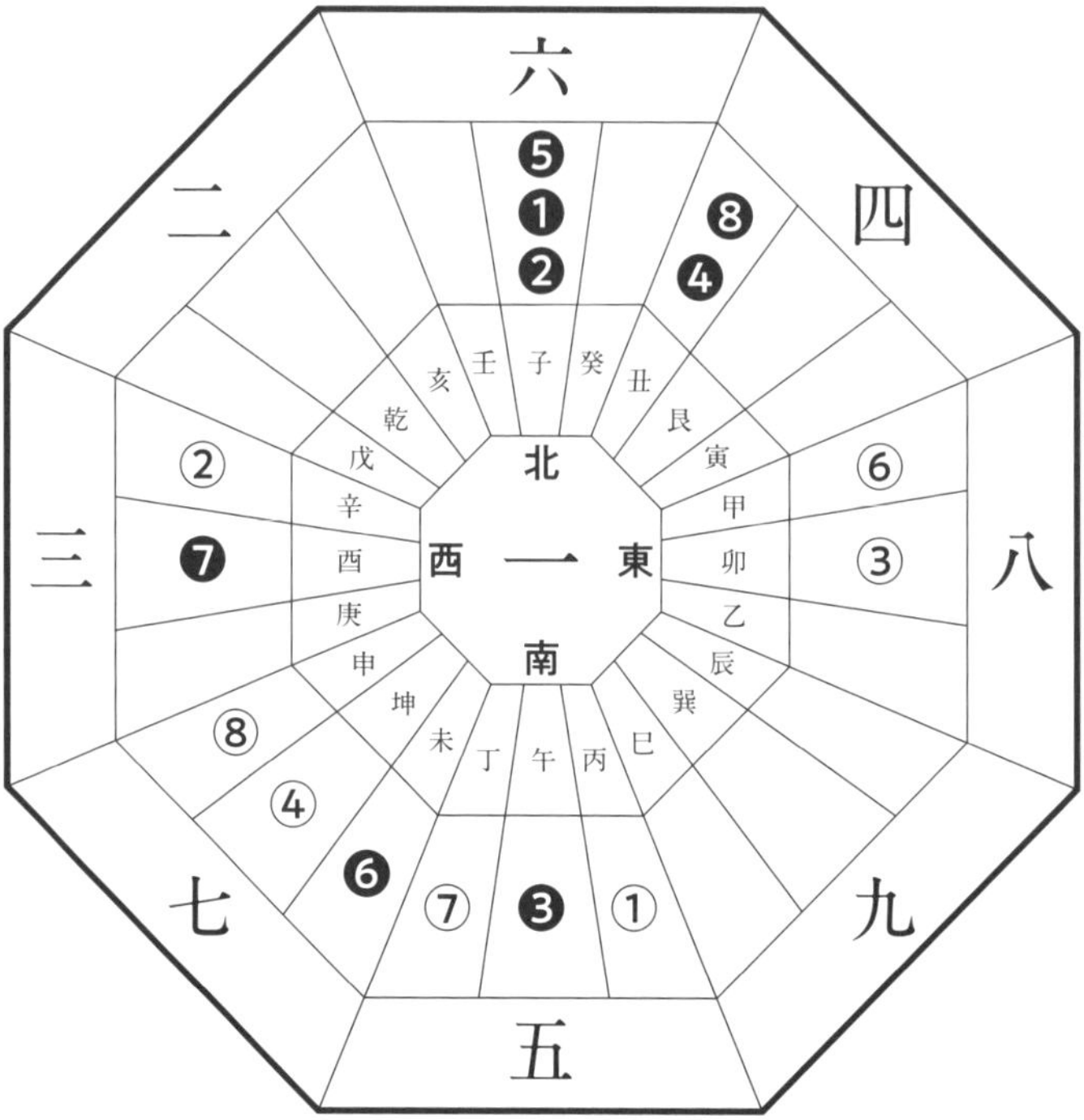

2072年 壬辰年 九紫火星

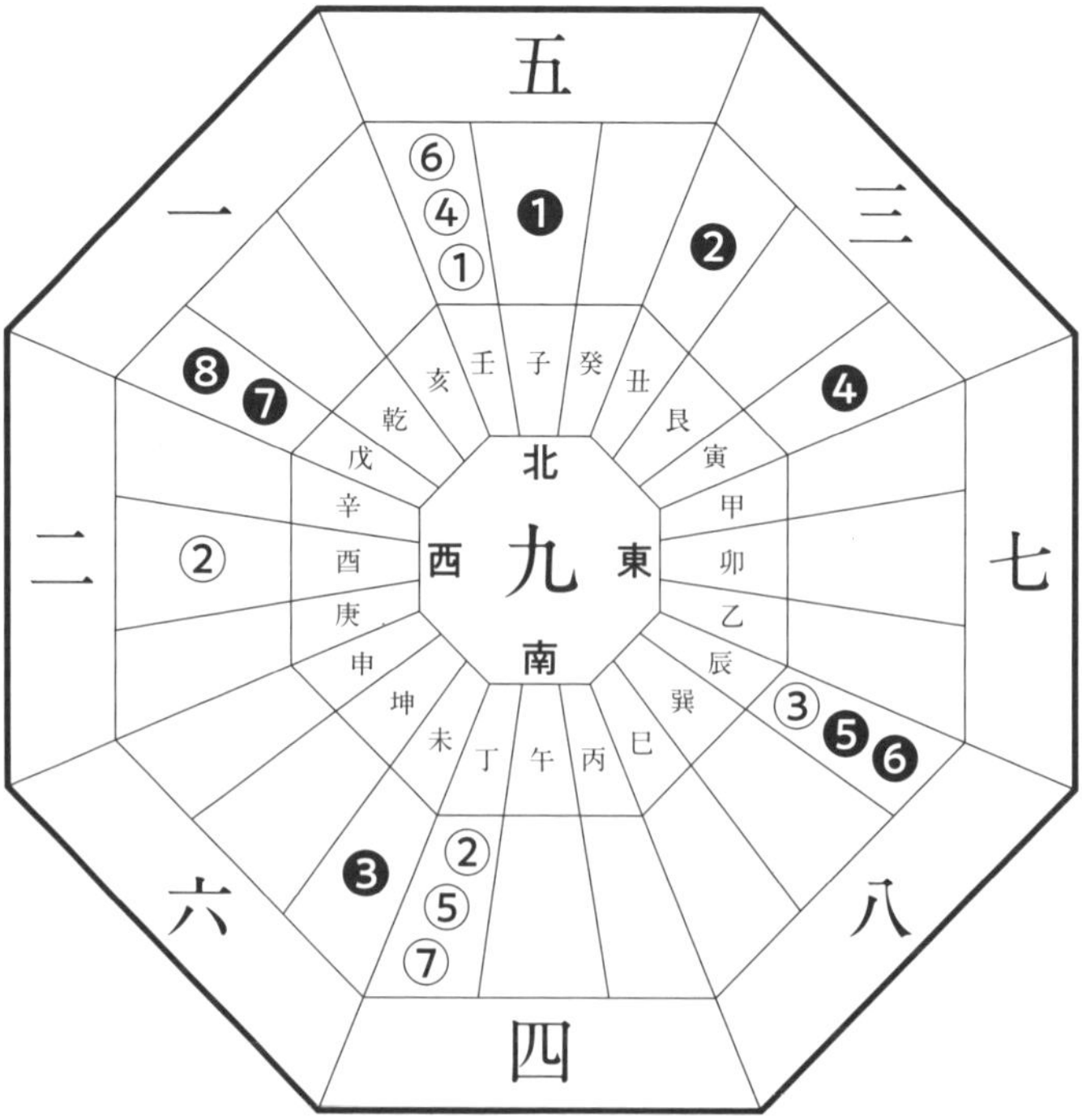

2073年　癸巳年　八白土星

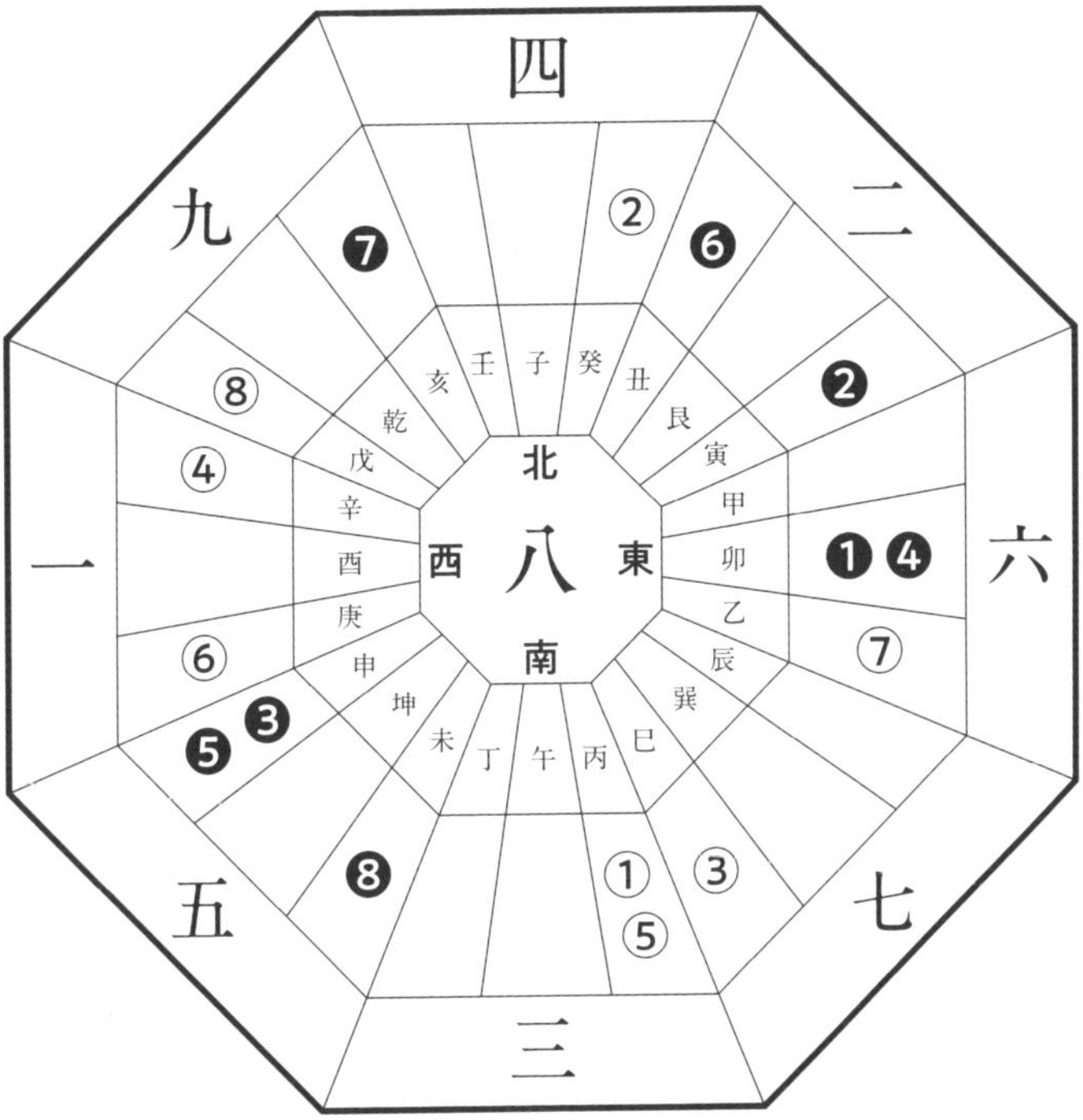

2074年　甲午年　七赤金星

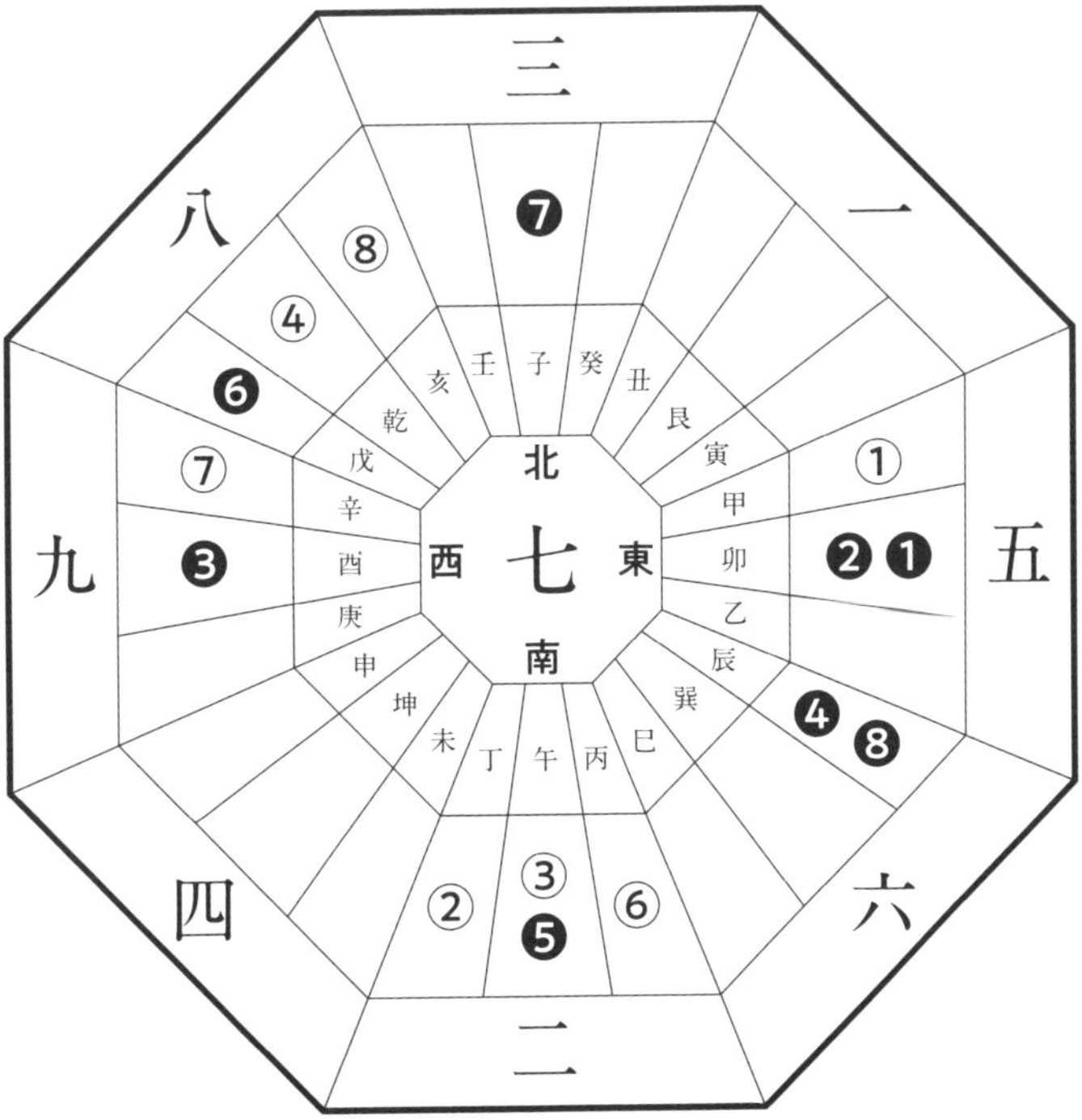

2075年　乙未年　六白金星

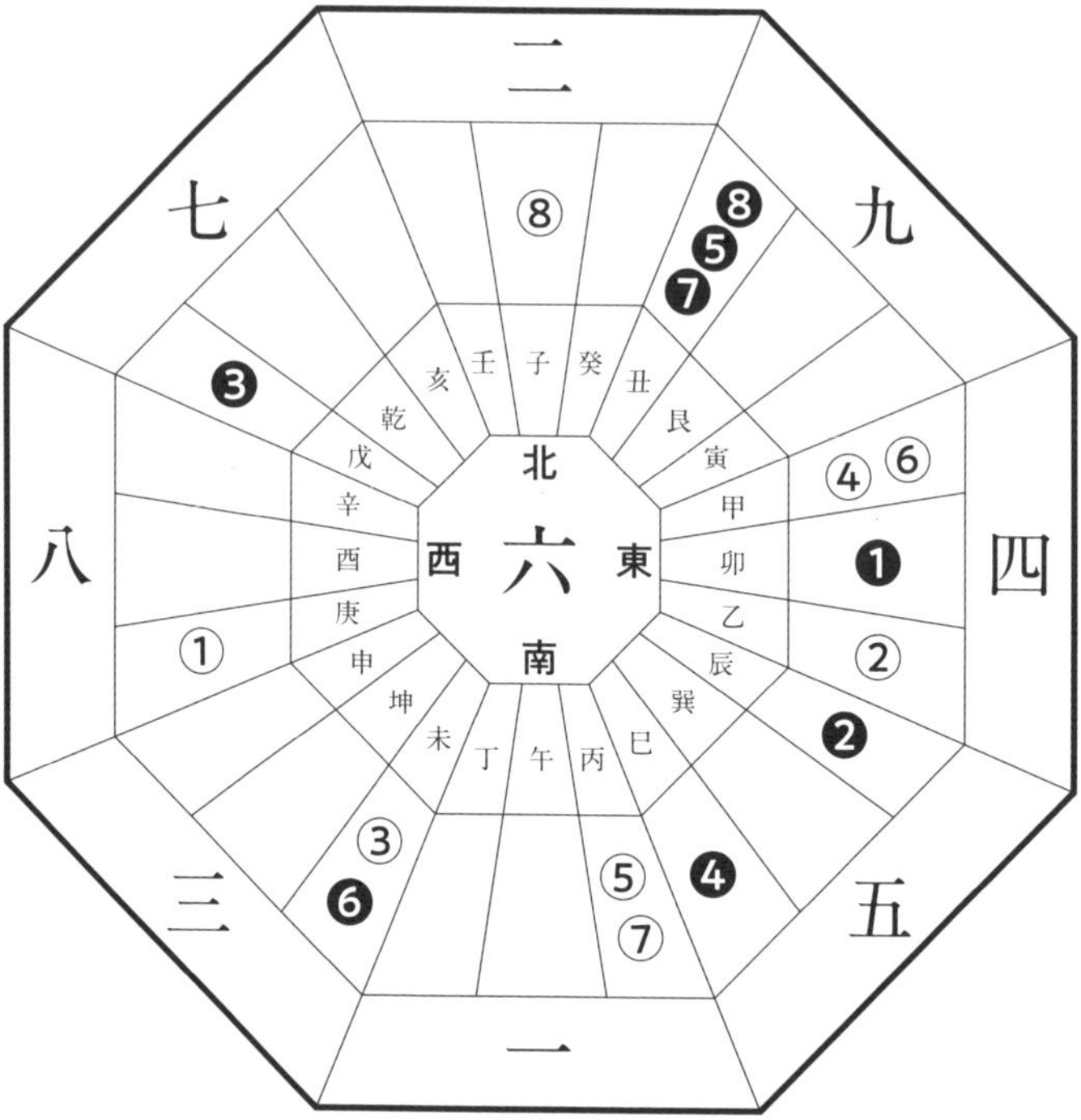

2076年　丙申年　五黄土星

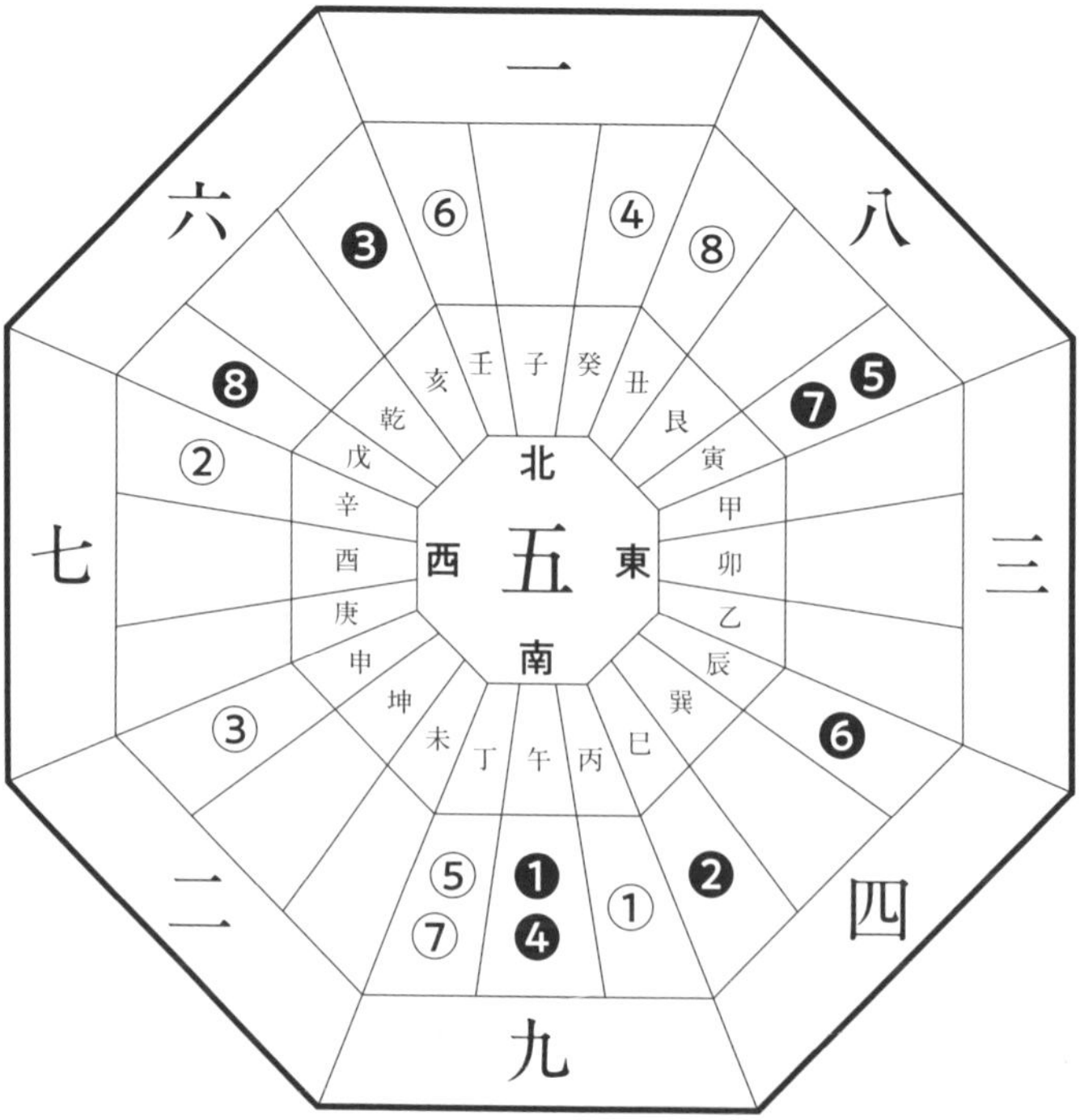

2077年　丁酉年　四緑木星

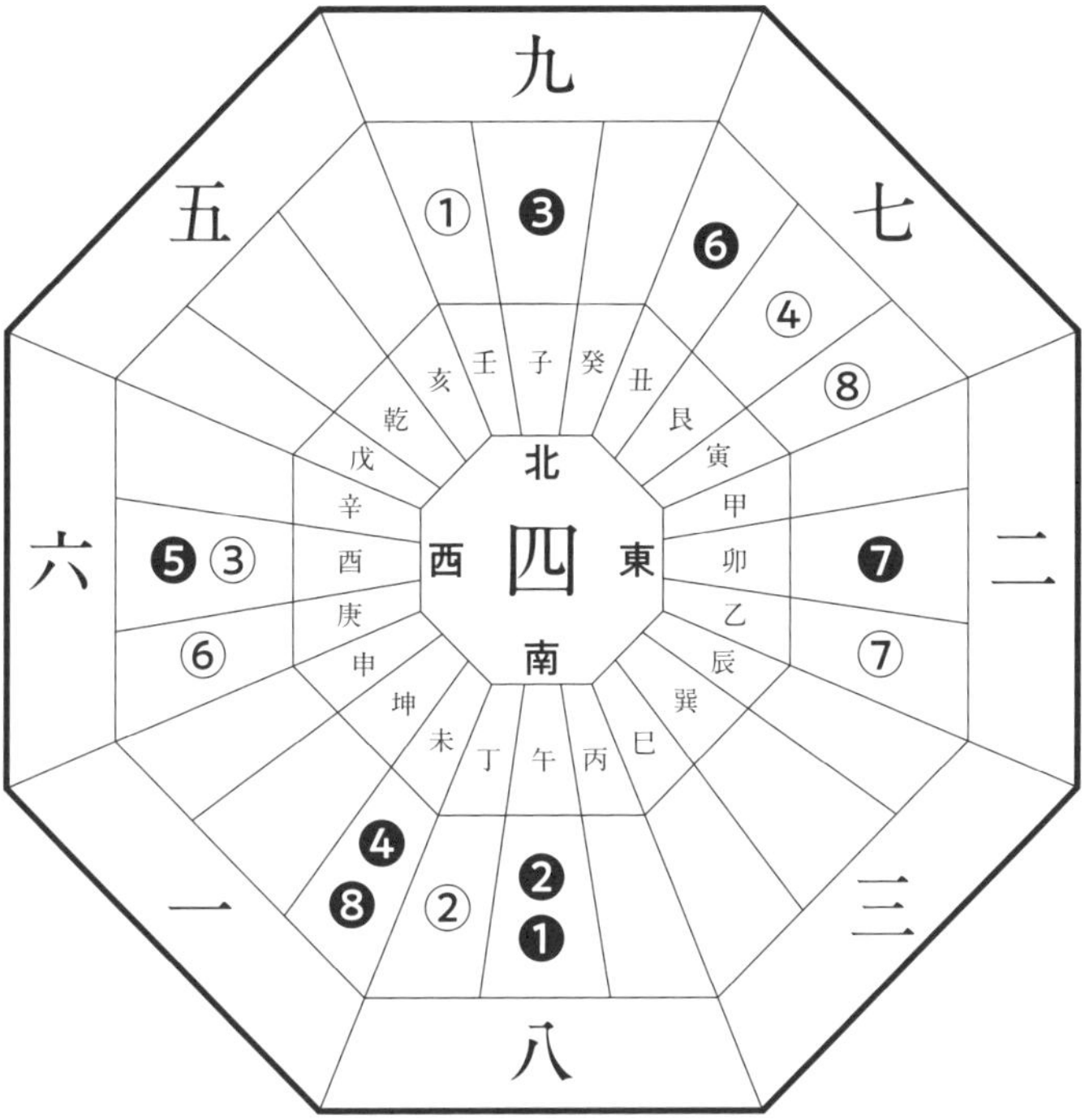

2078年　戊戌年　三碧木星

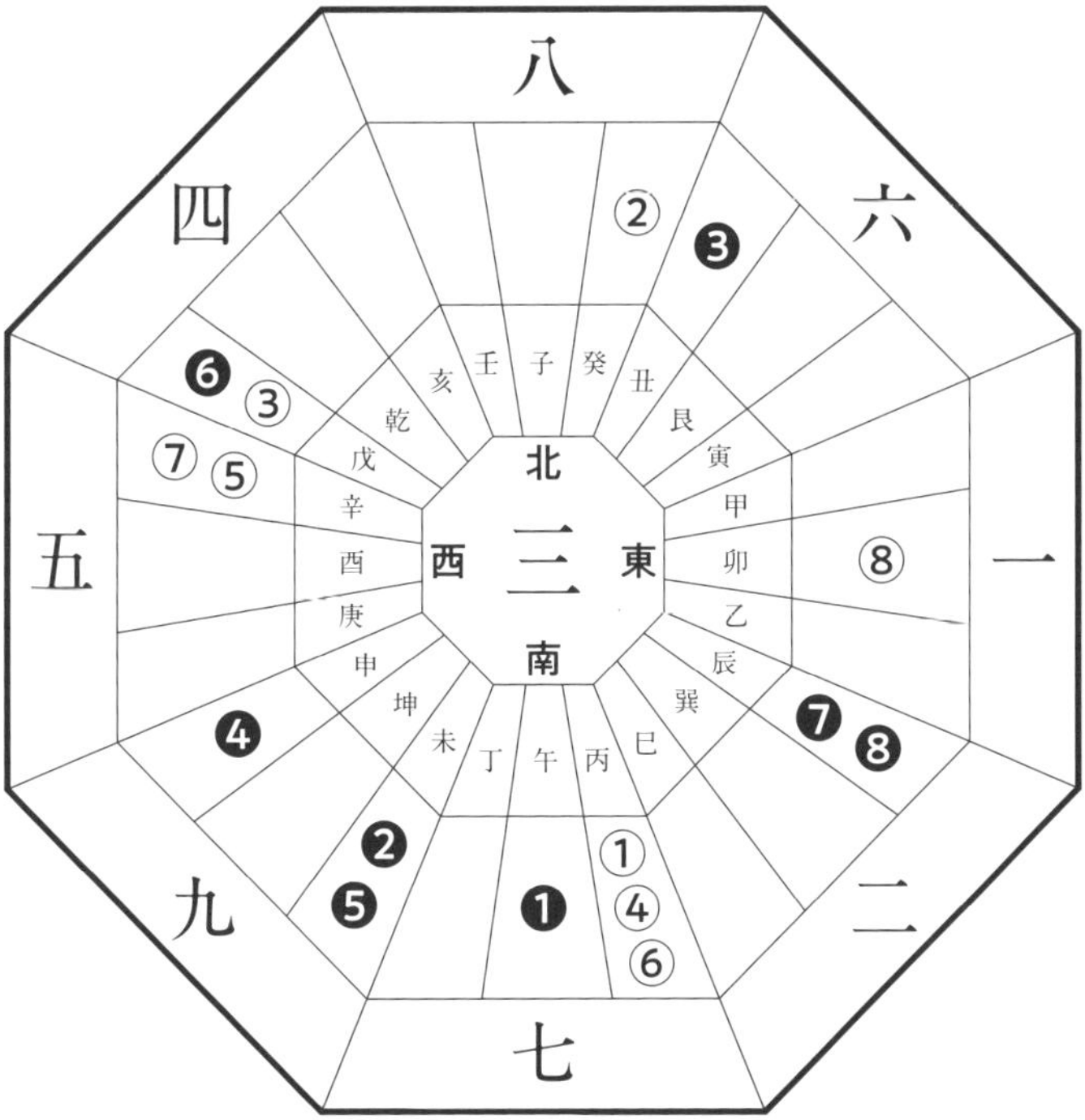

2079年　己亥年　二黒土星

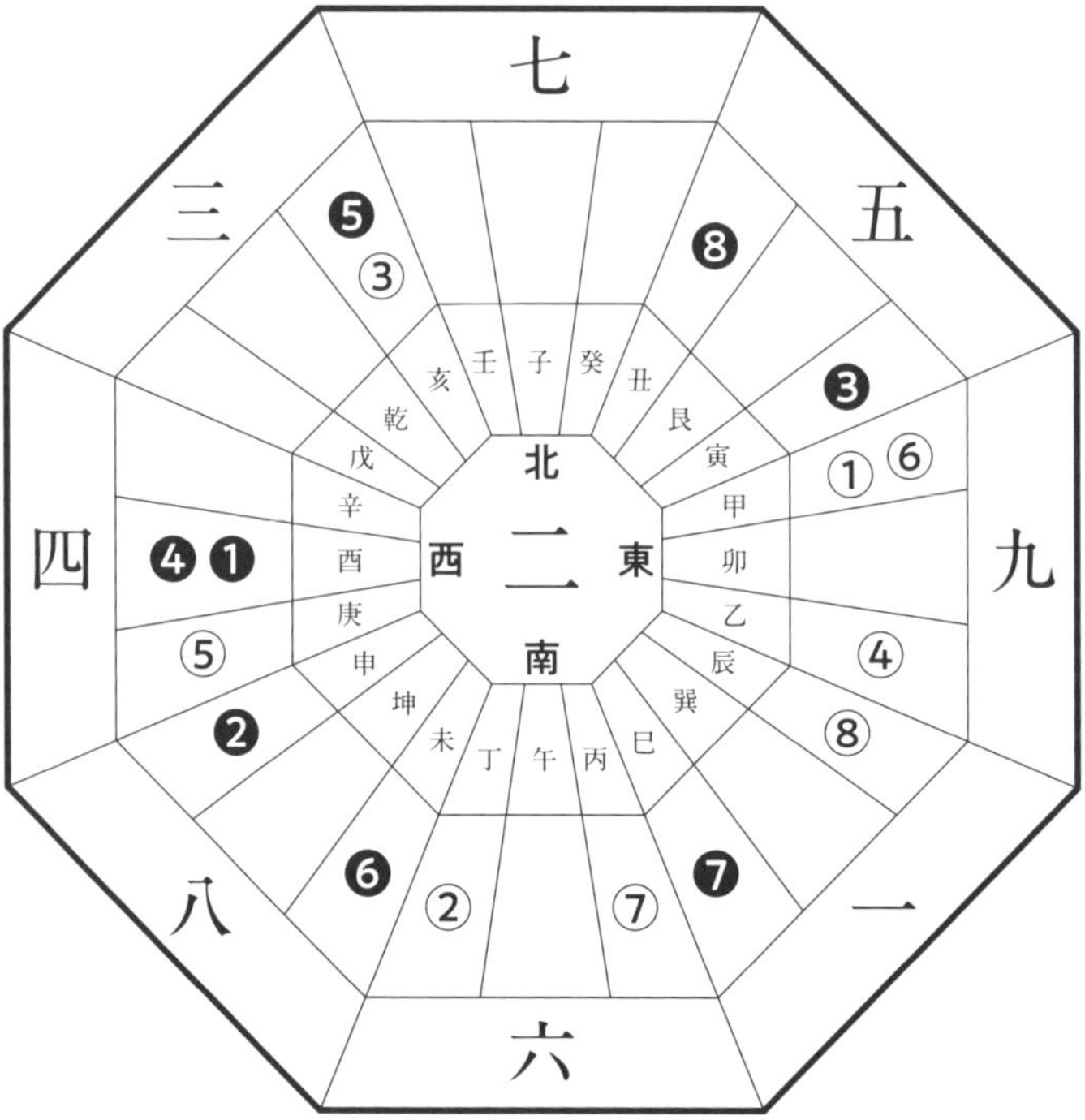

2080年　庚子年　一白水星

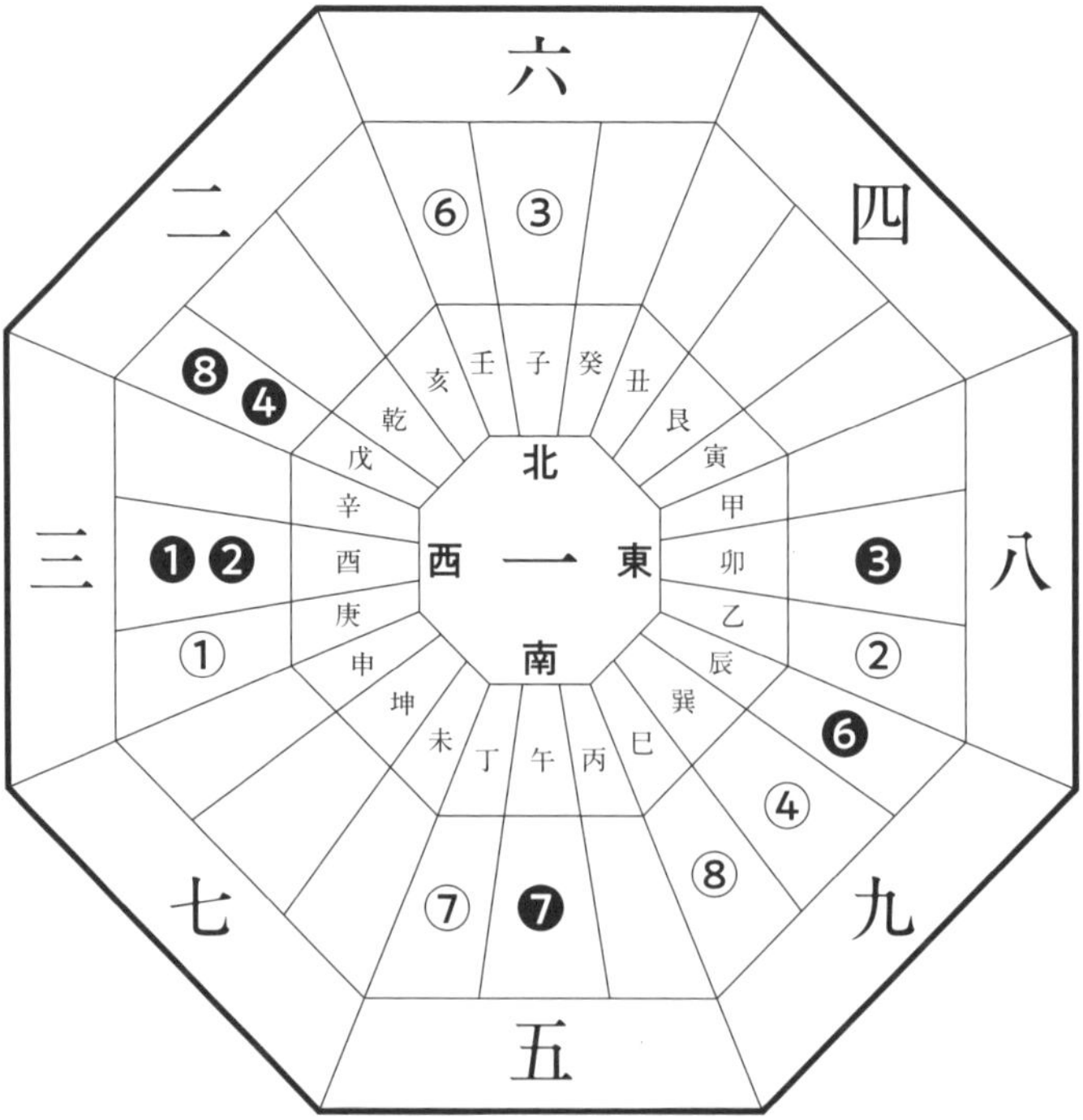

2081年 辛丑年 九紫火星

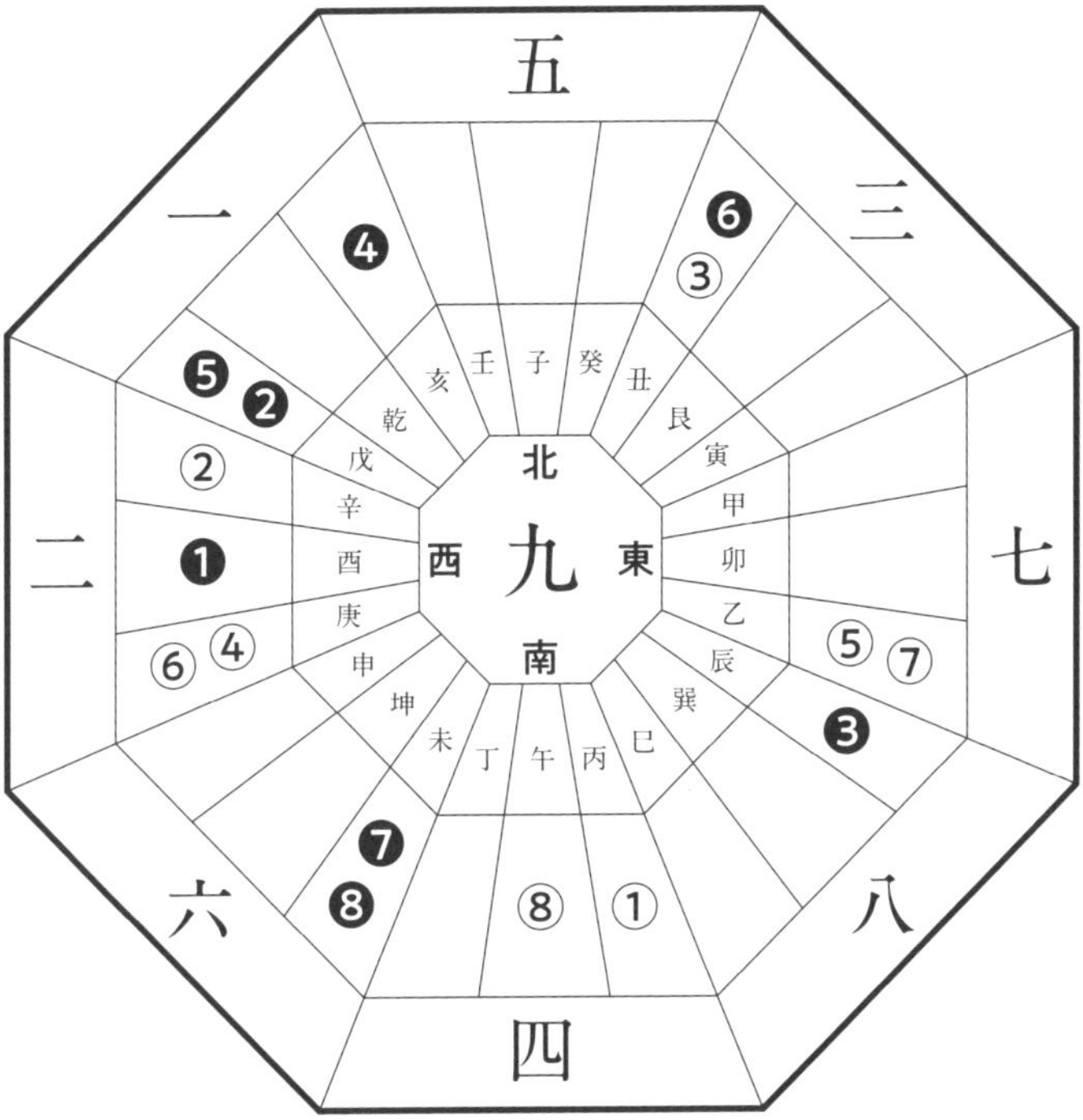

2082年 壬寅年 八白土星

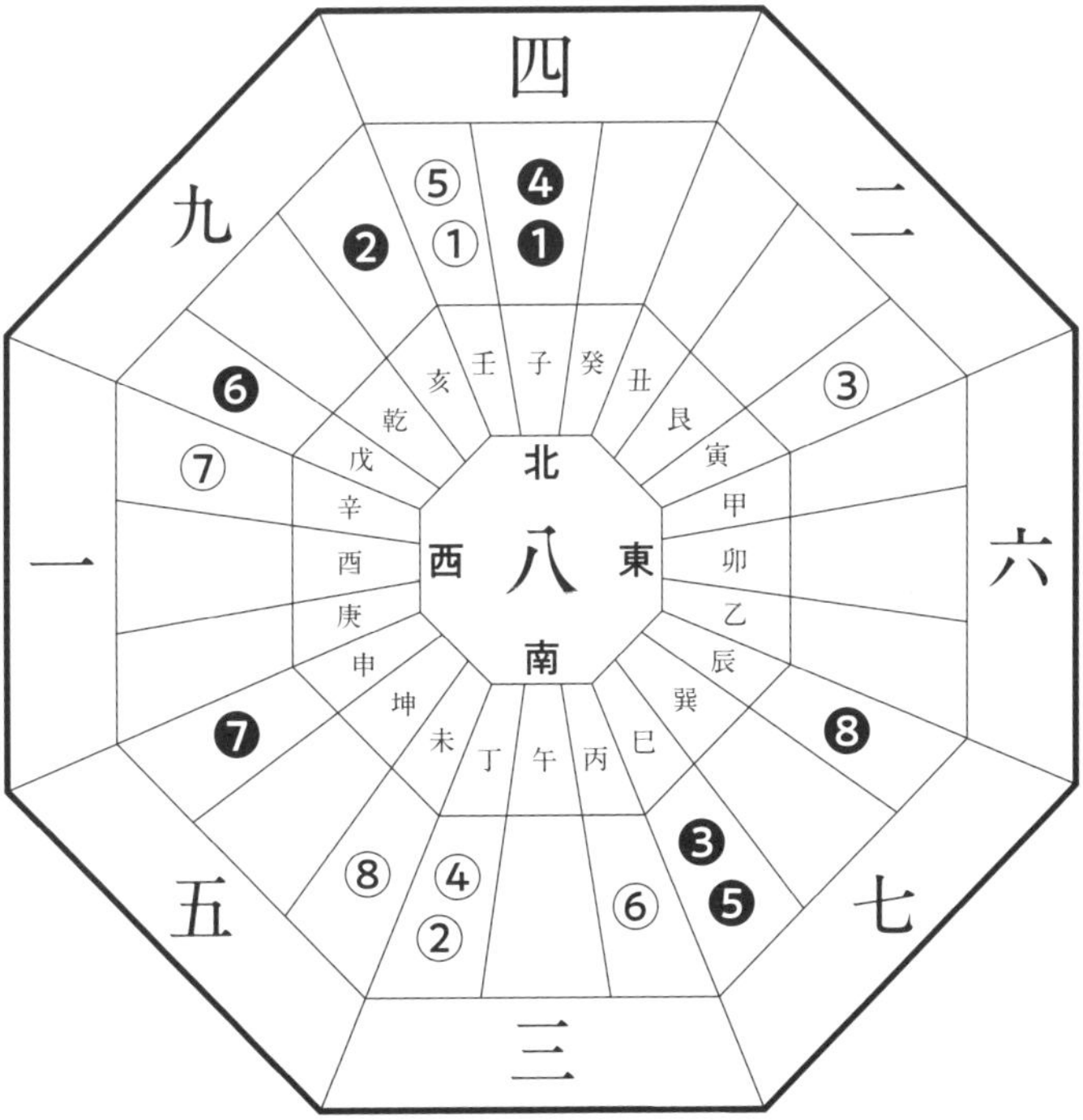

２０８３年　癸卯年　七赤金星

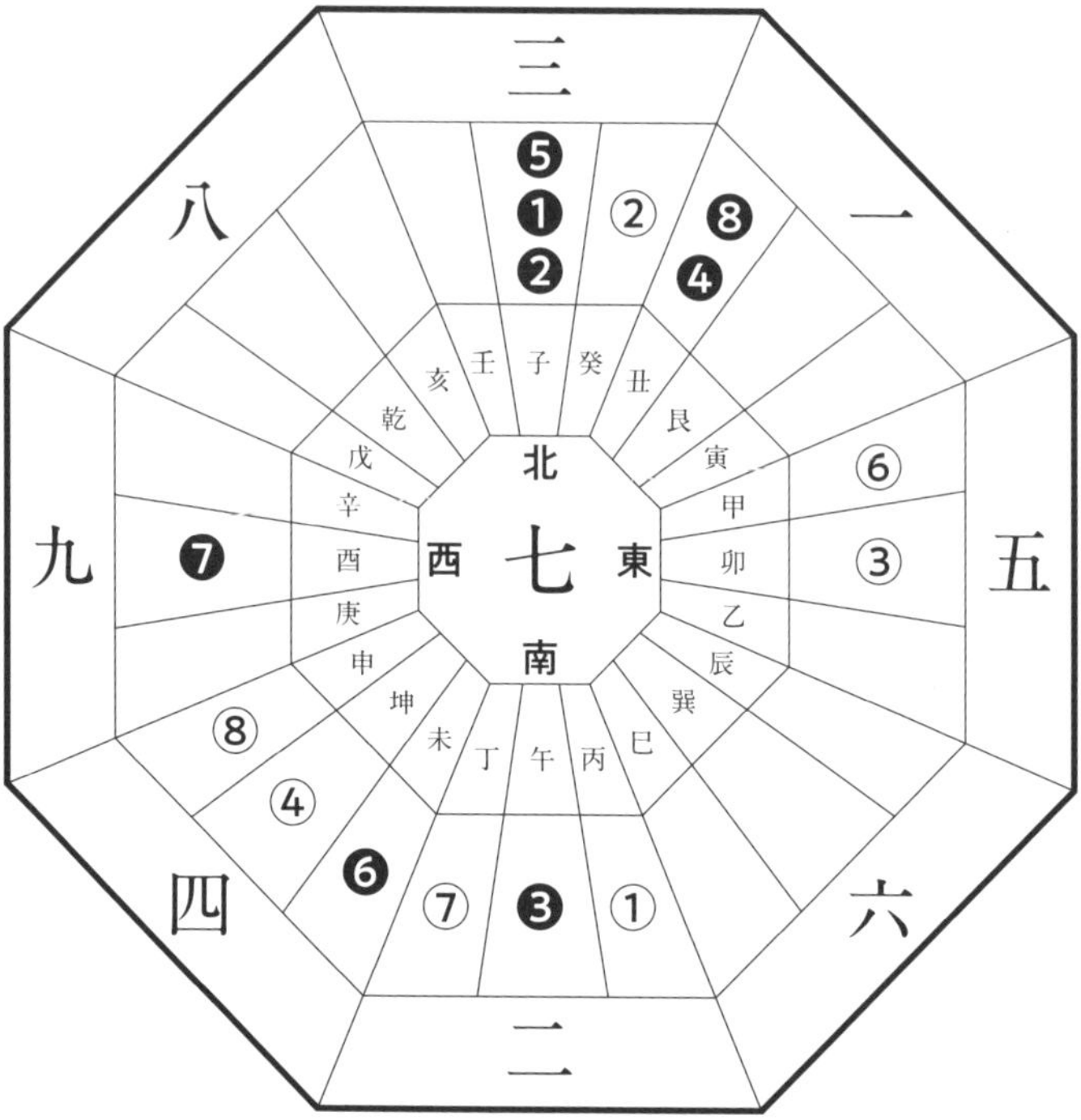

２０８４年　甲辰年　六白金星

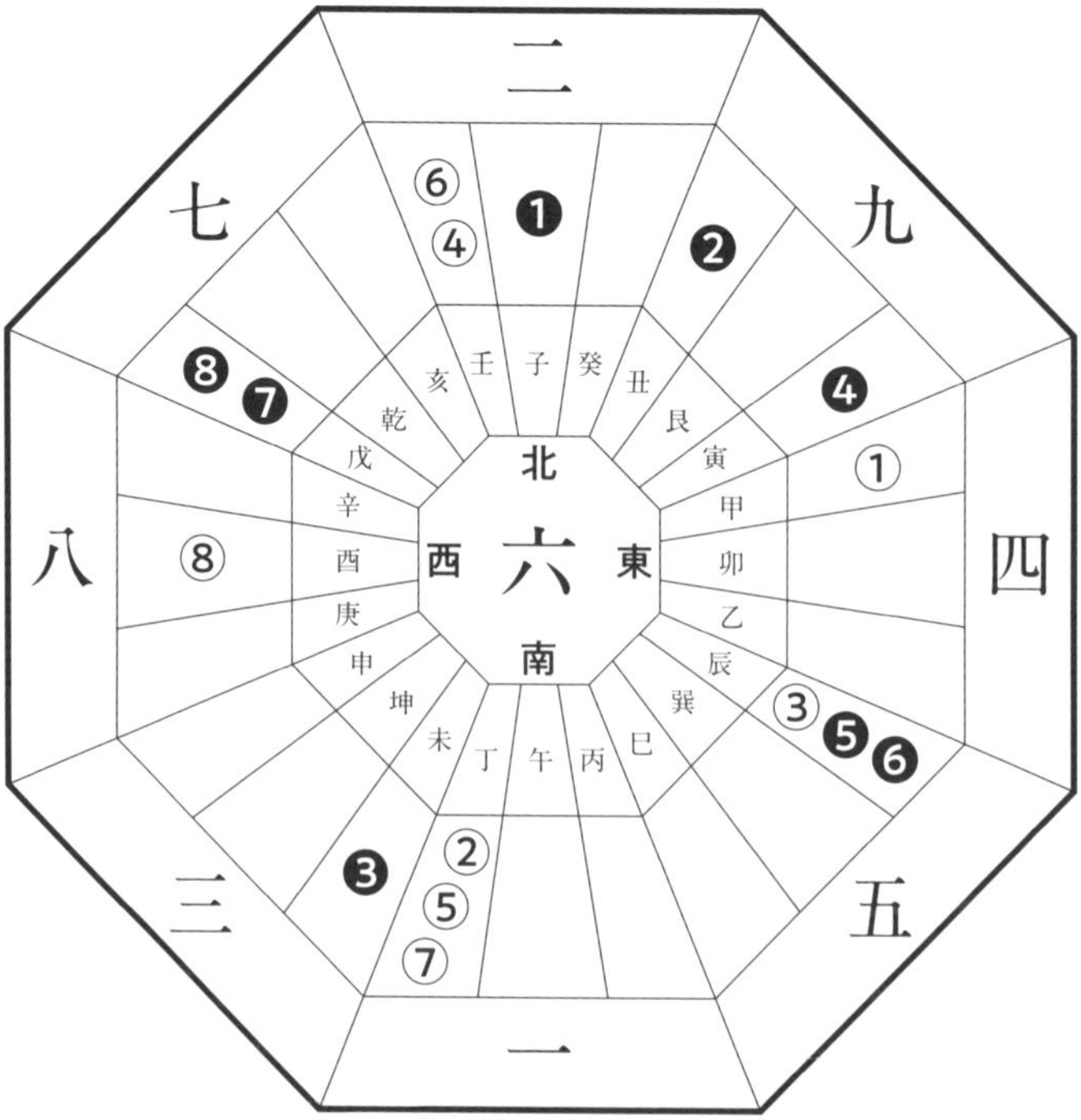

2085年 乙巳年 五黄土星

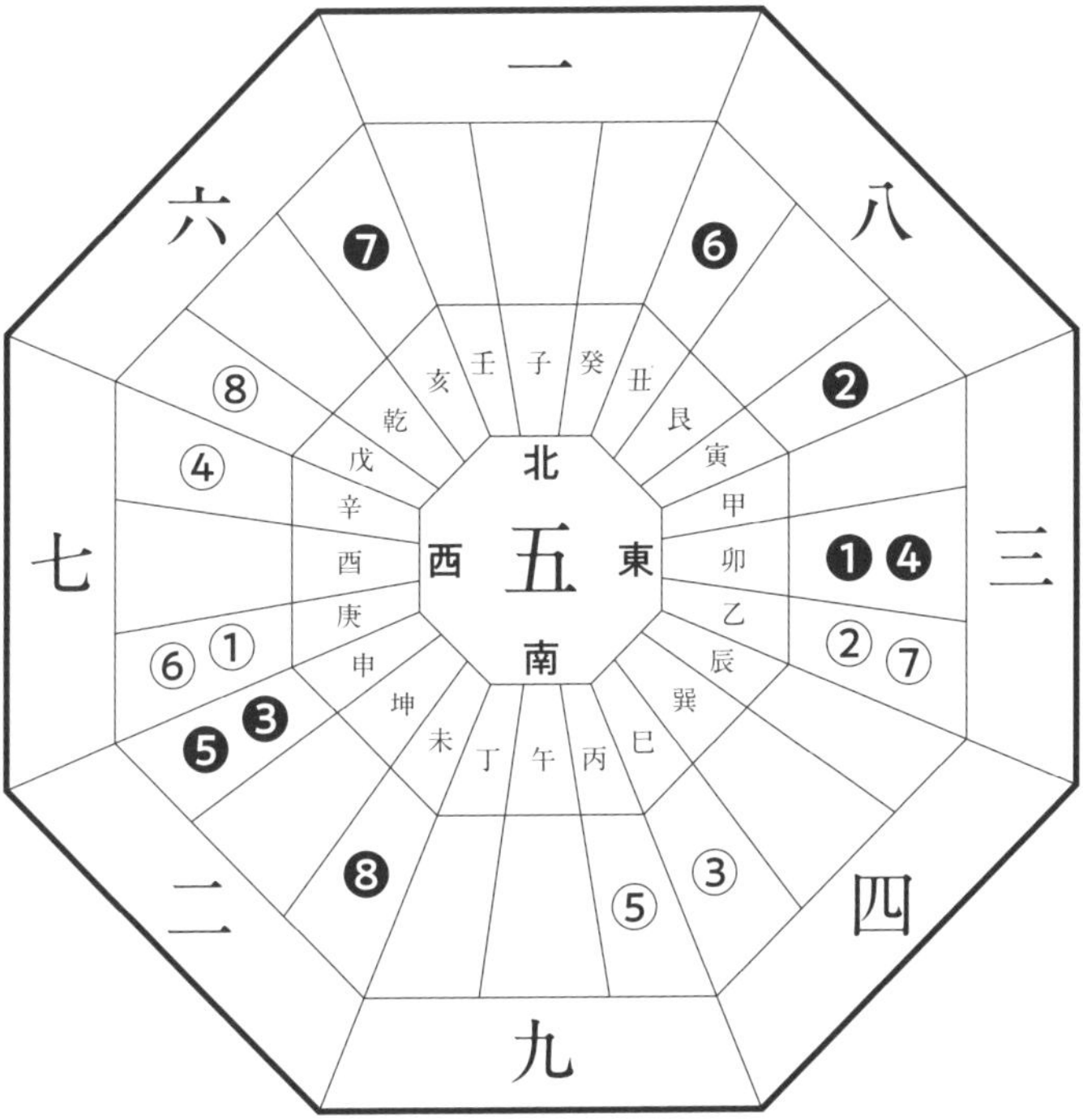

2086年 丙午年 四緑木星

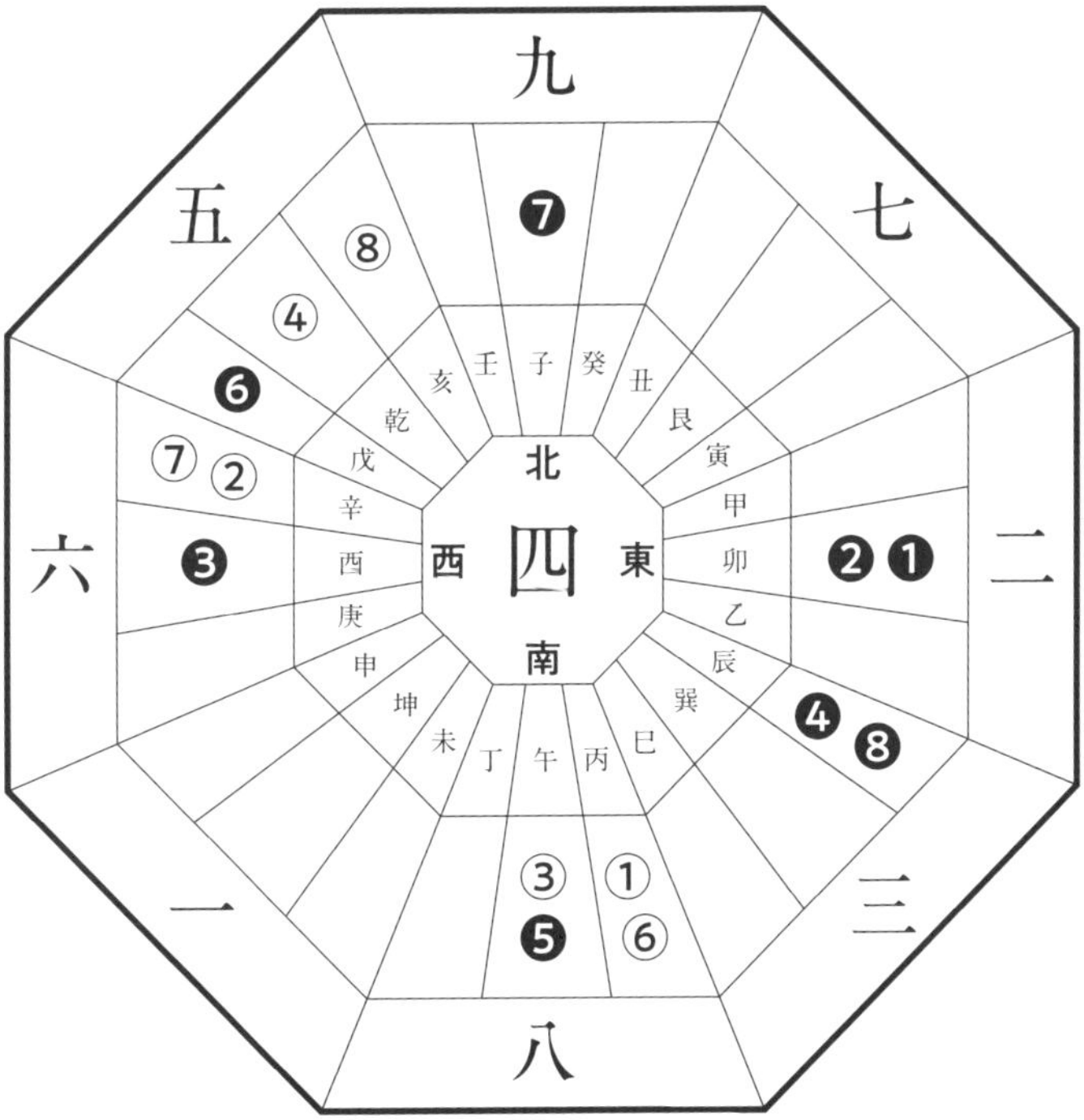

2087年 丁未年 三碧木星

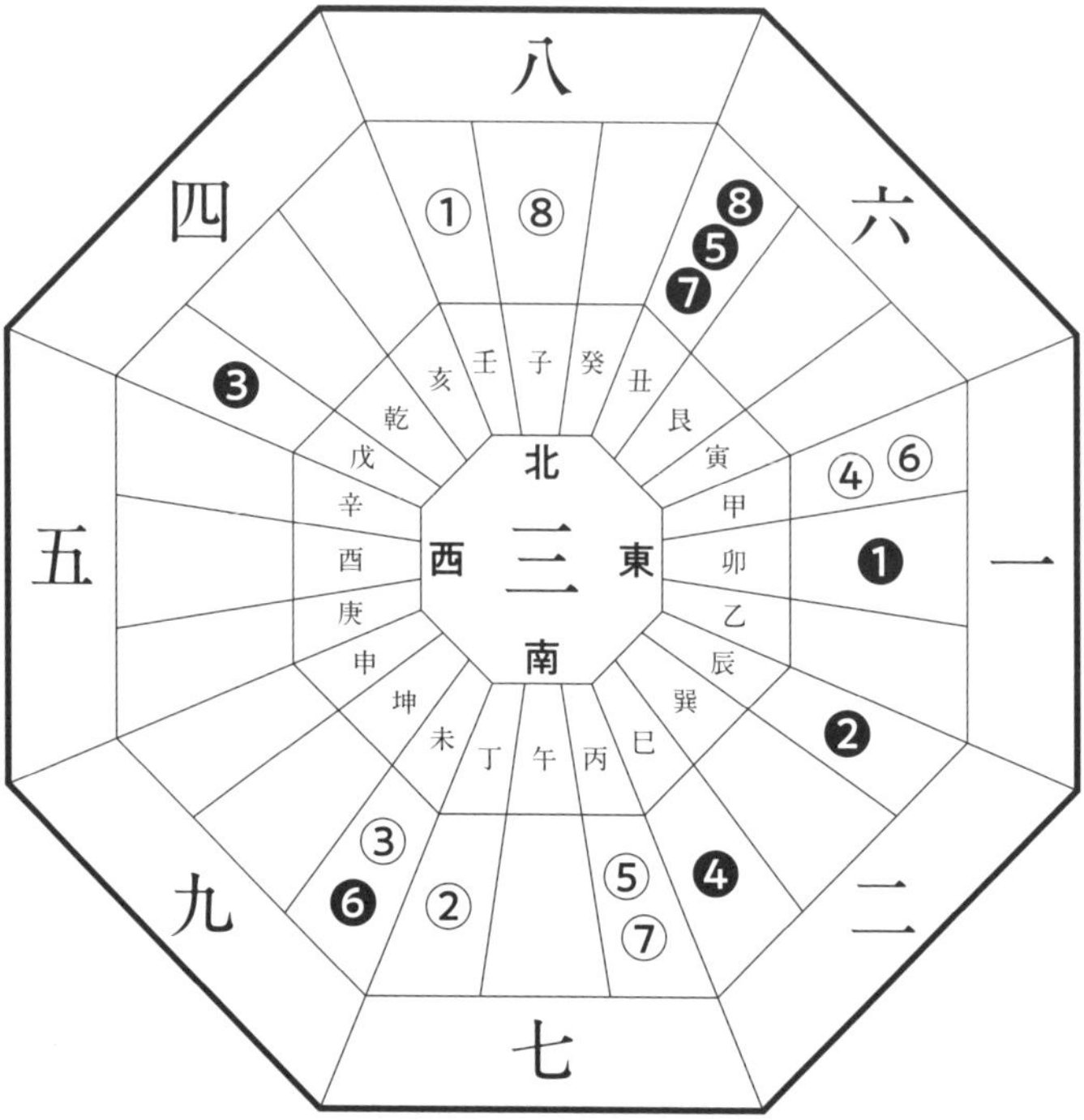

2088年 戊申年 二黒土星

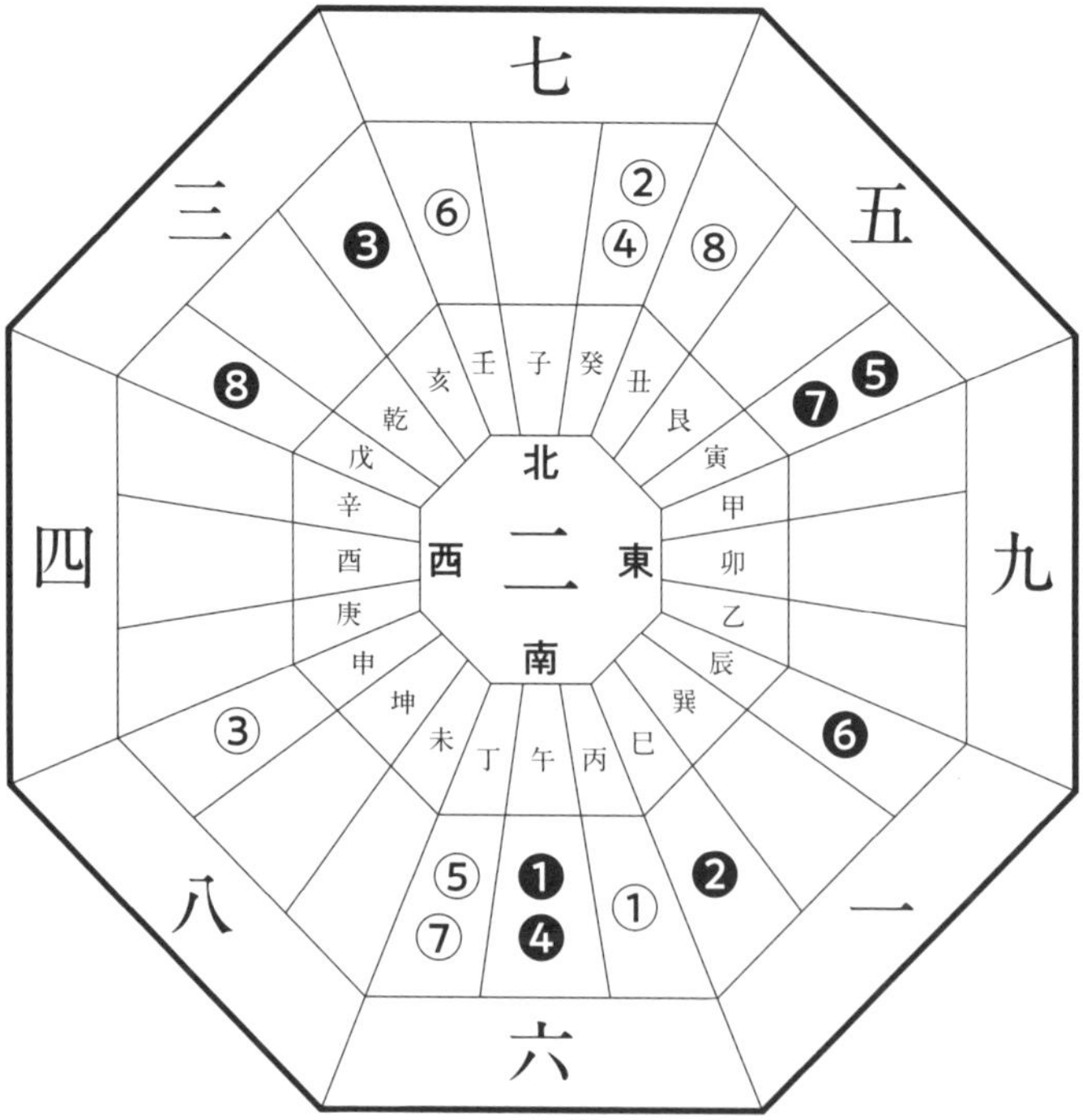

2089年 己酉年 一白水星

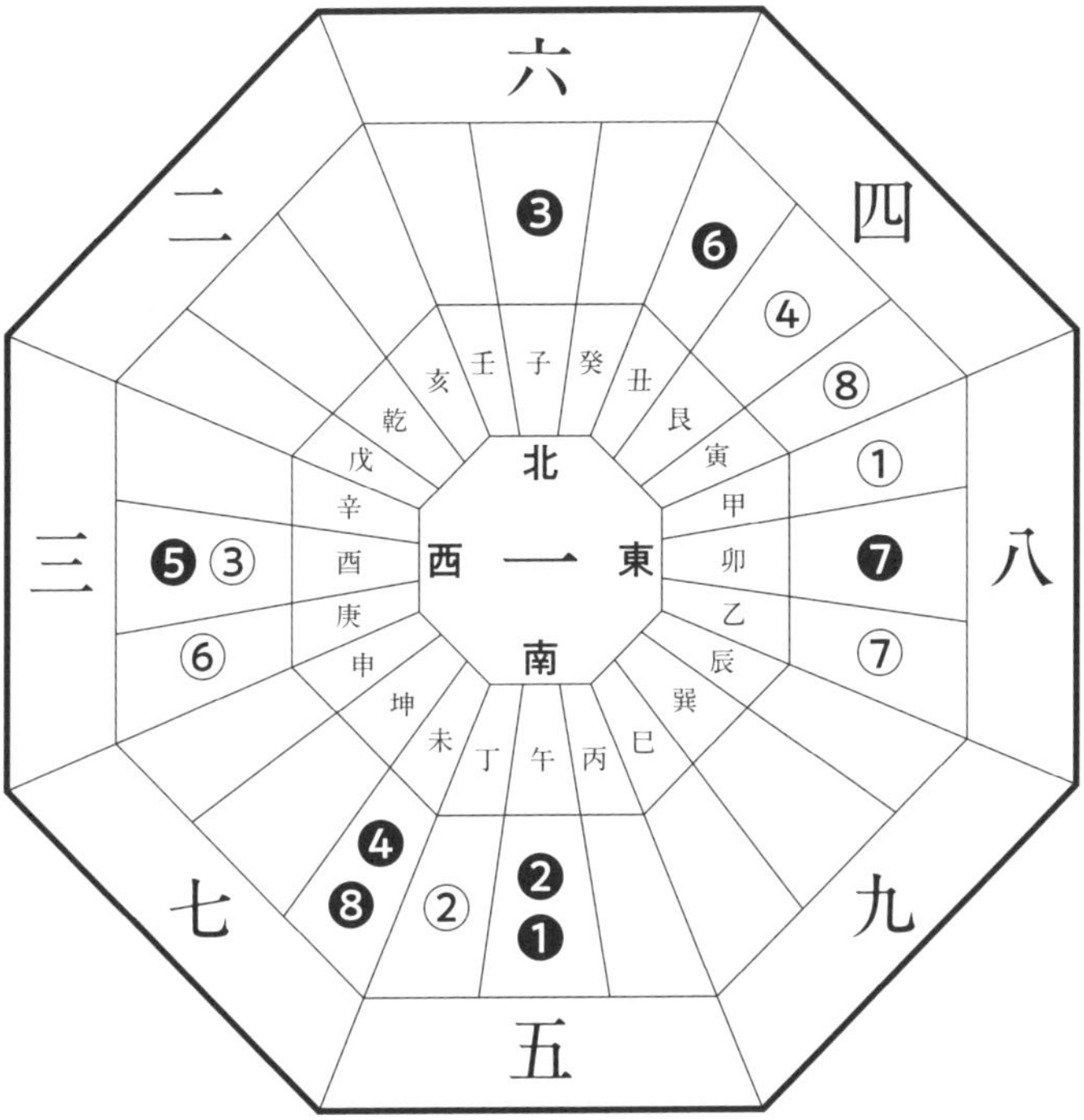

2090年 庚戌年 九紫火星

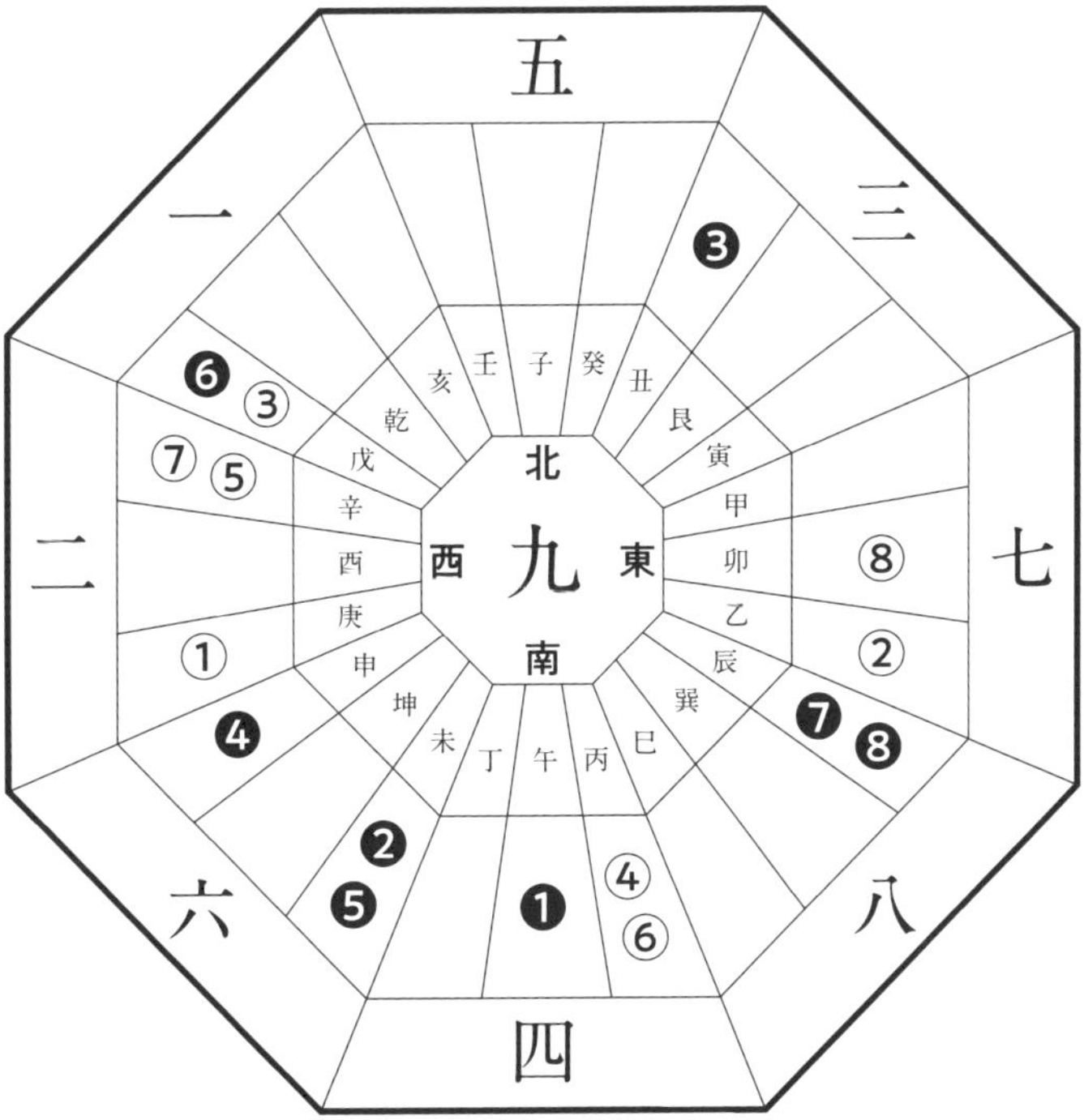

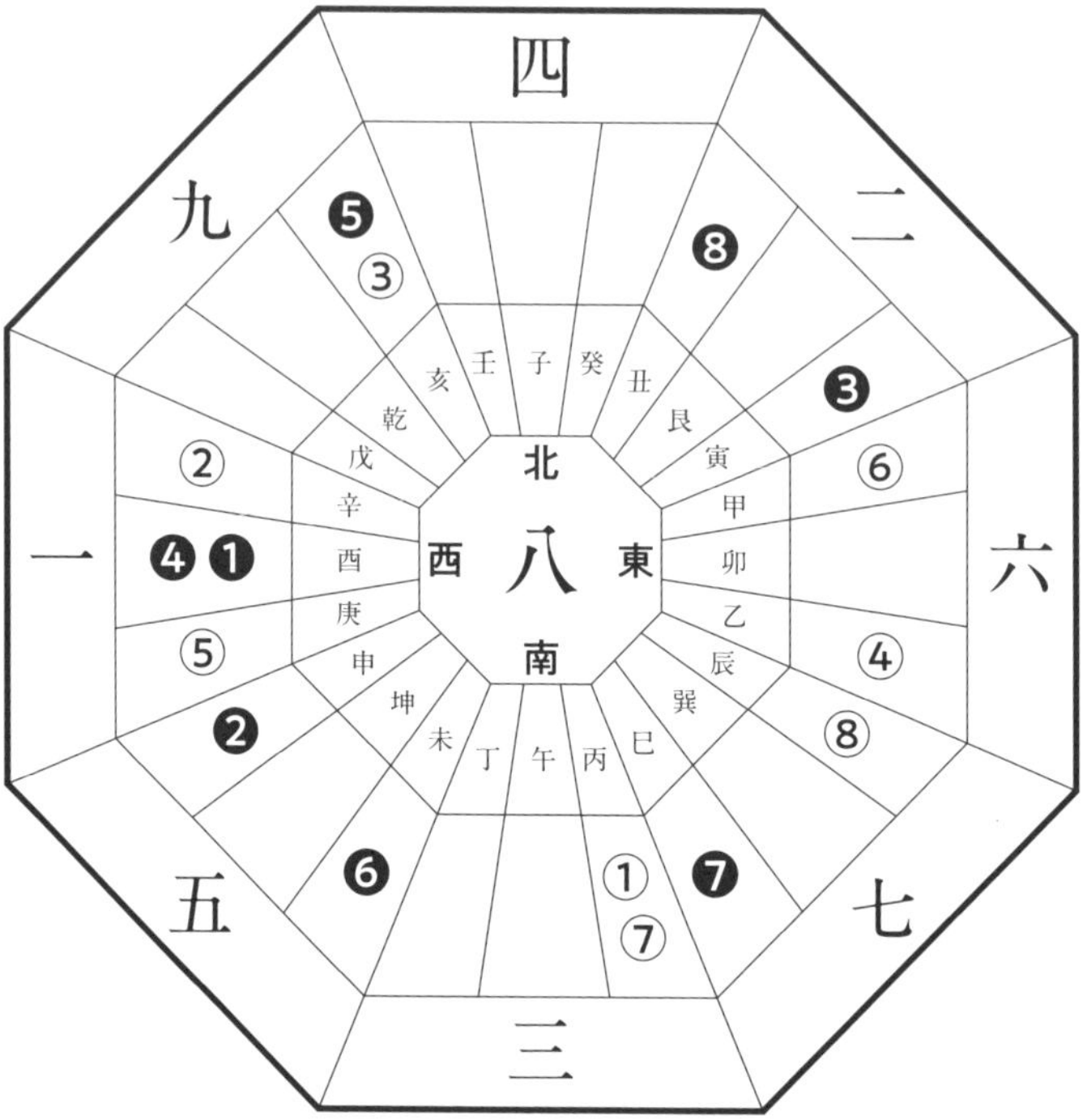

2091年 辛亥年 八白土星

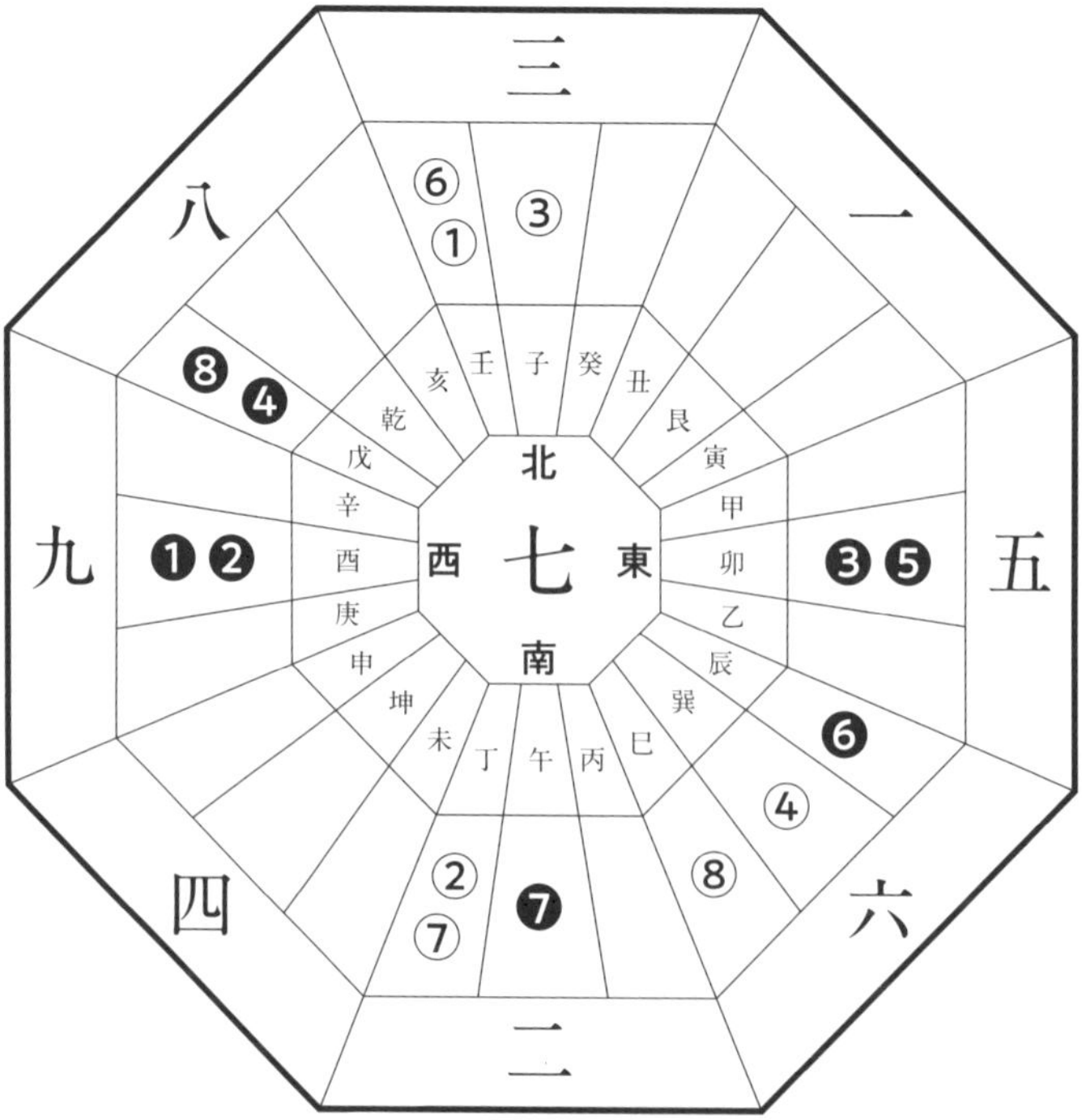

2092年 壬子年 七赤金星

2093年 癸丑年 六白金星

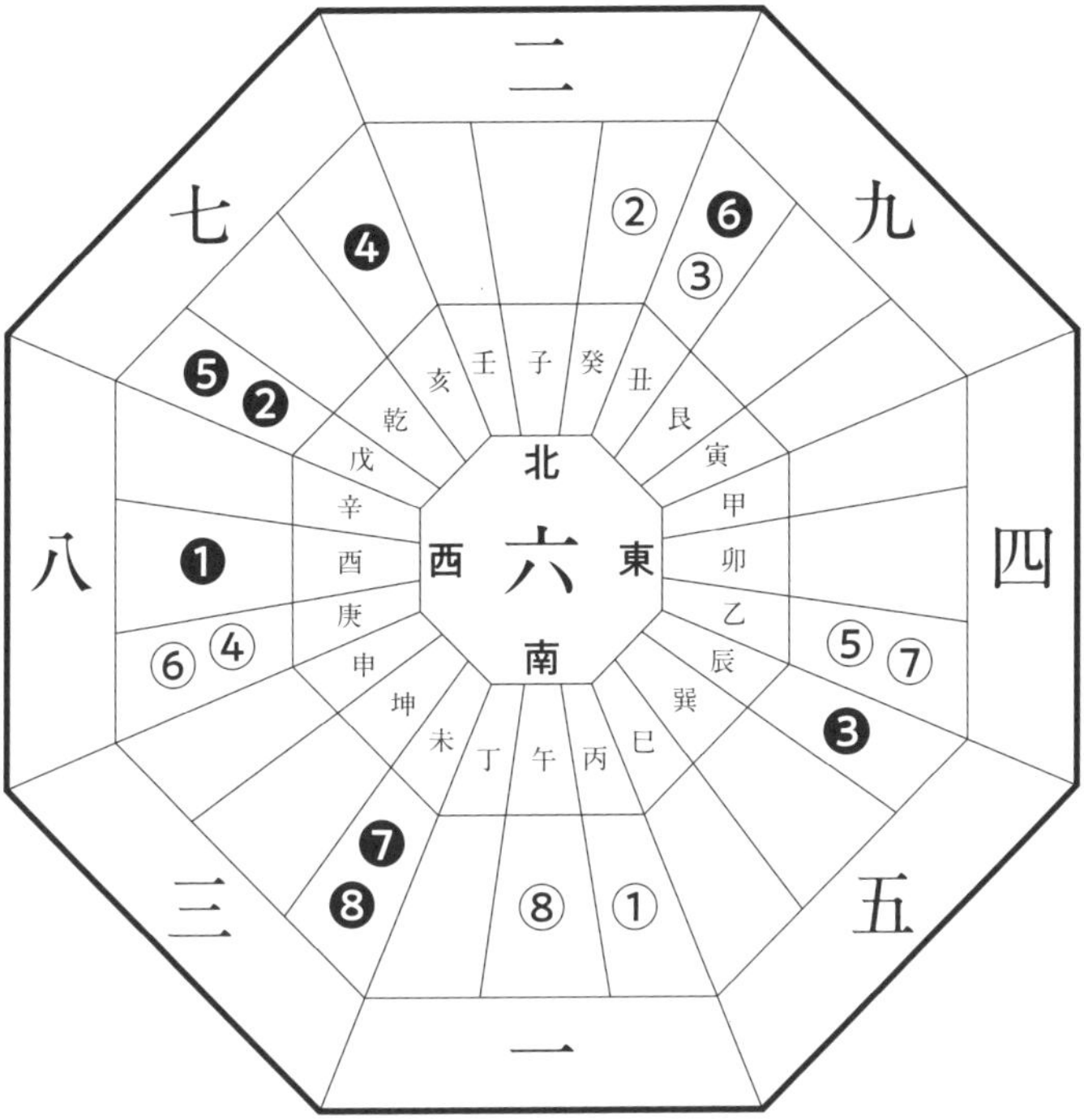

2094年 甲寅年 五黄土星

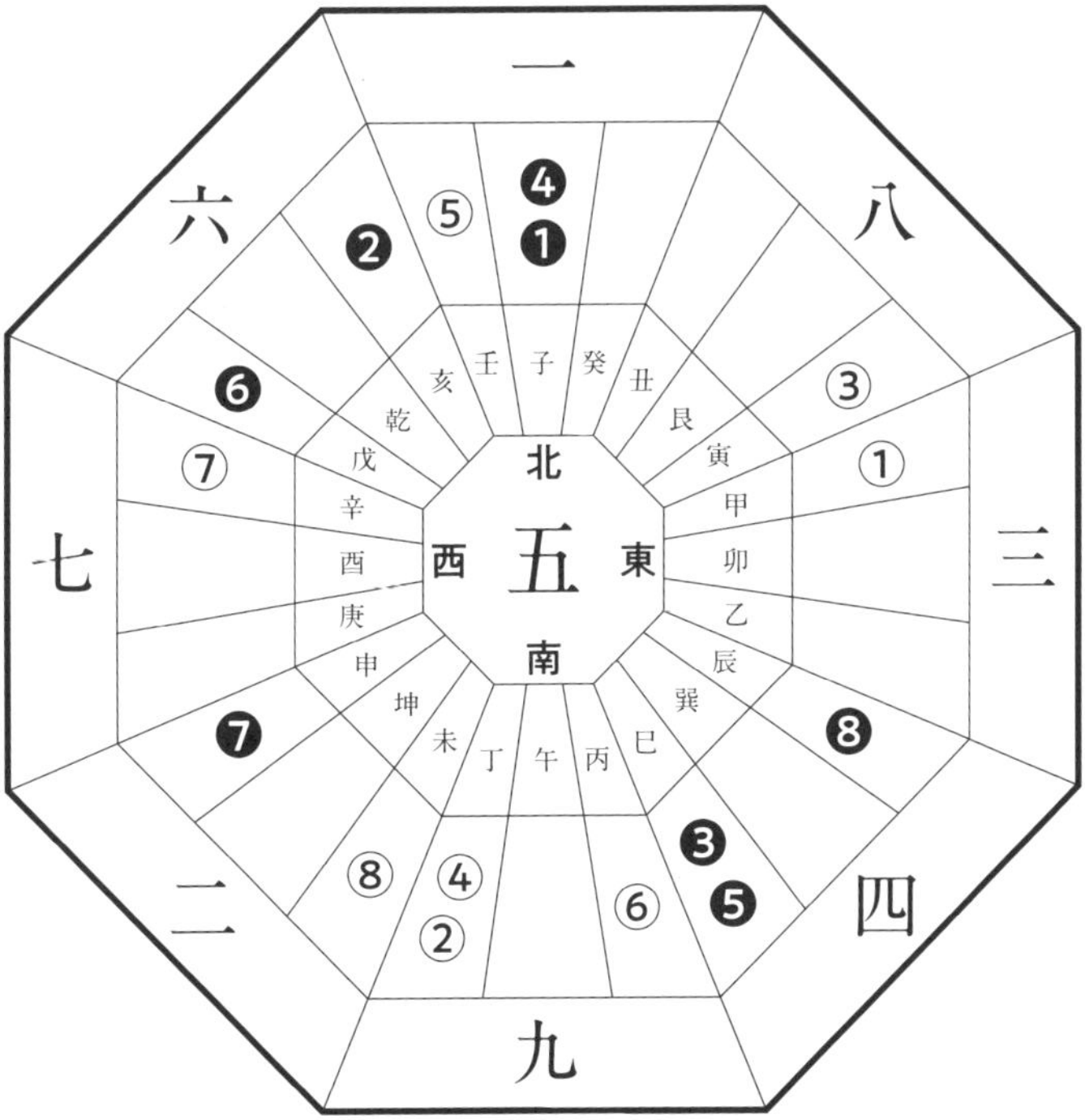

2095年　乙卯年　四緑木星

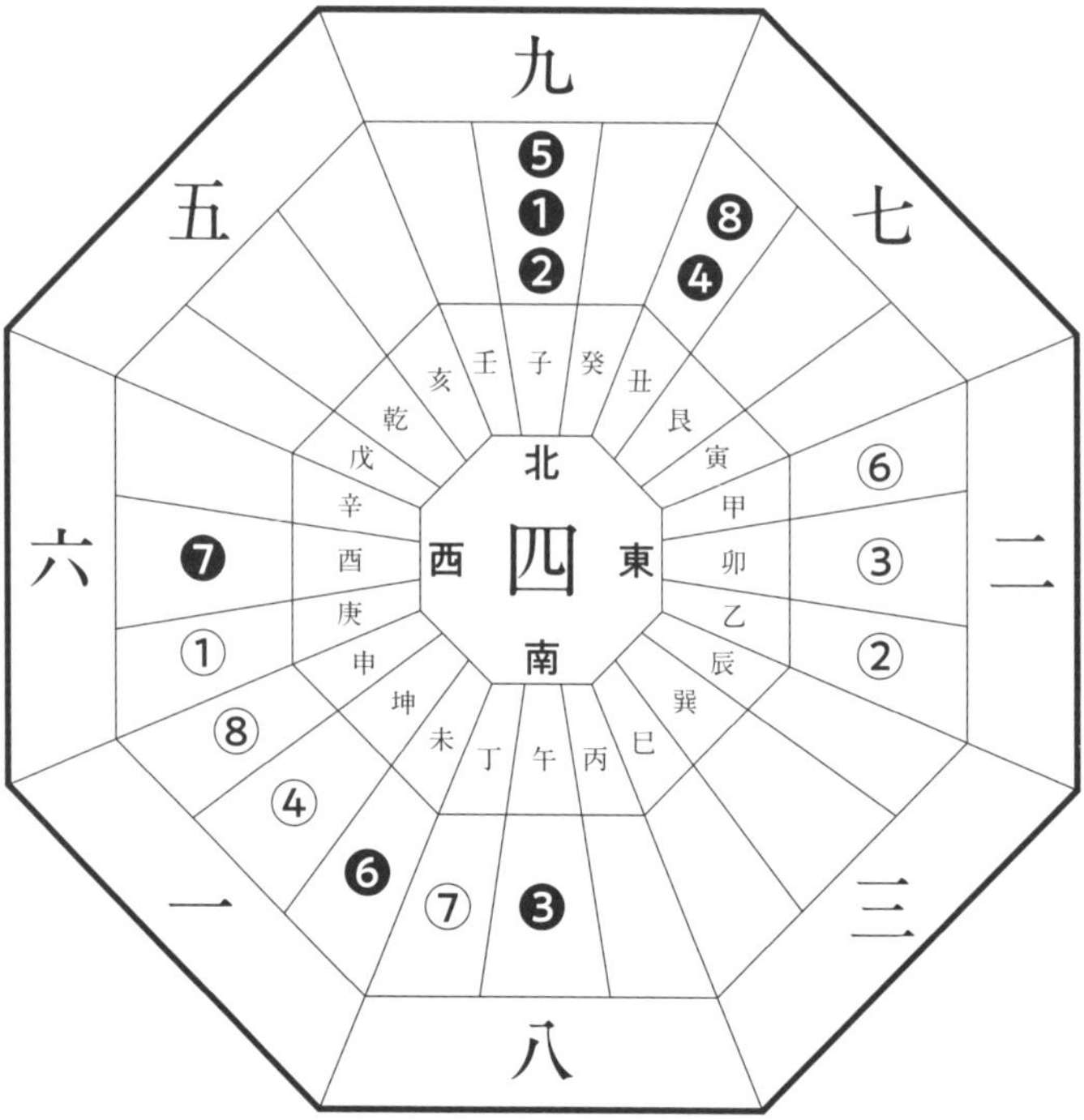

2096年　丙辰年　三碧木星

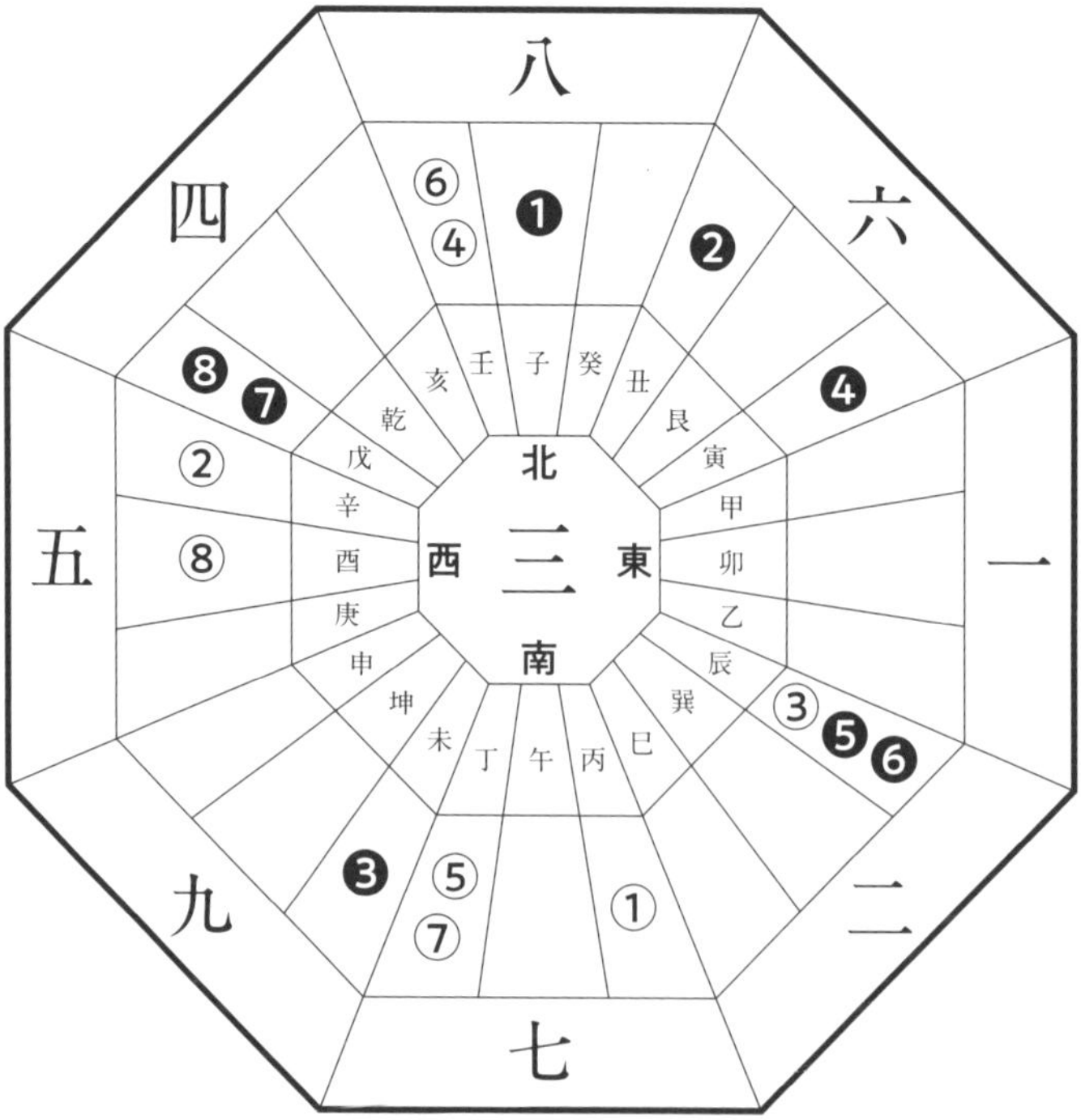

2097年 丁巳年 二黒土星

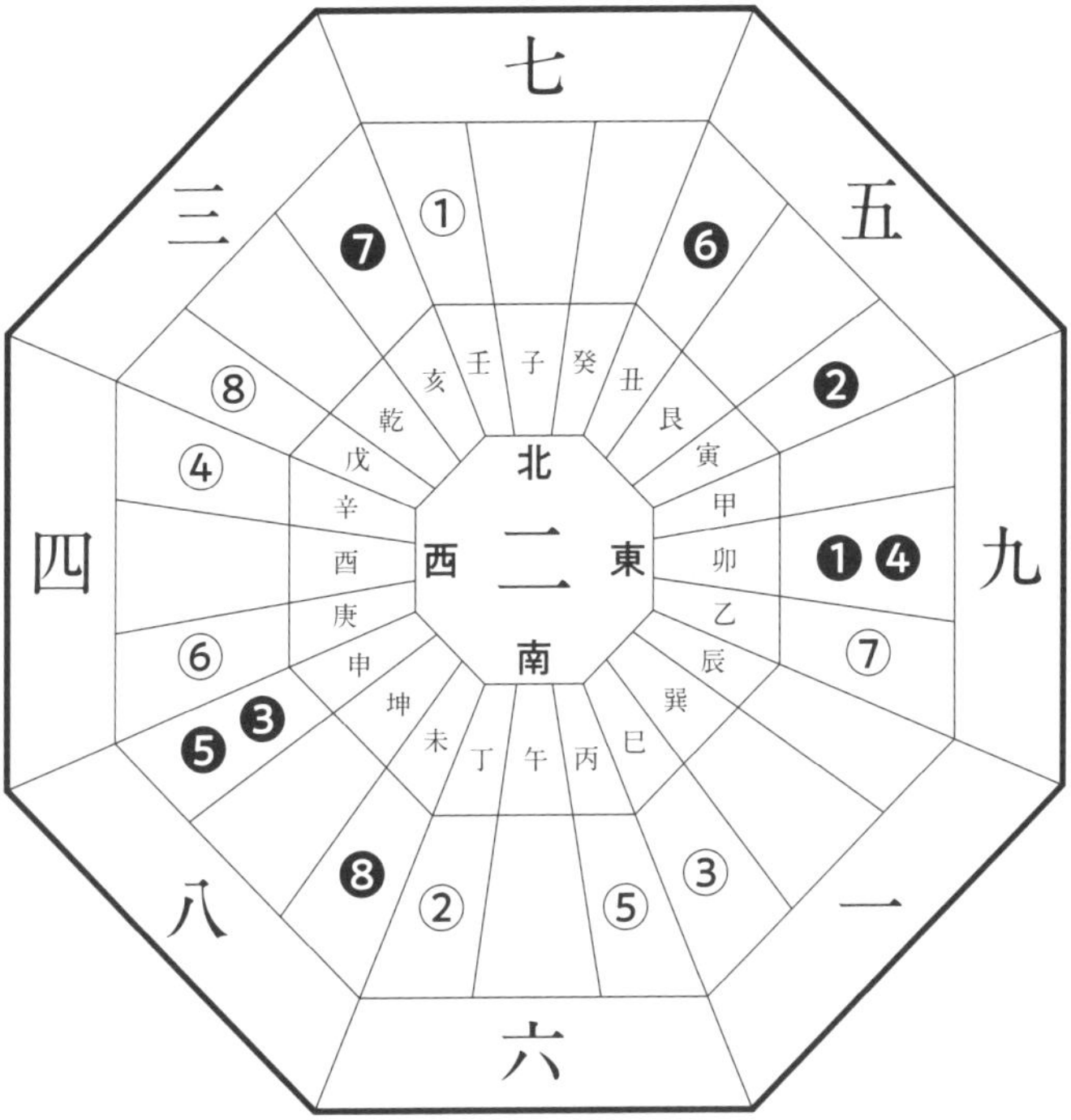

2098年 戊午年 一白水星

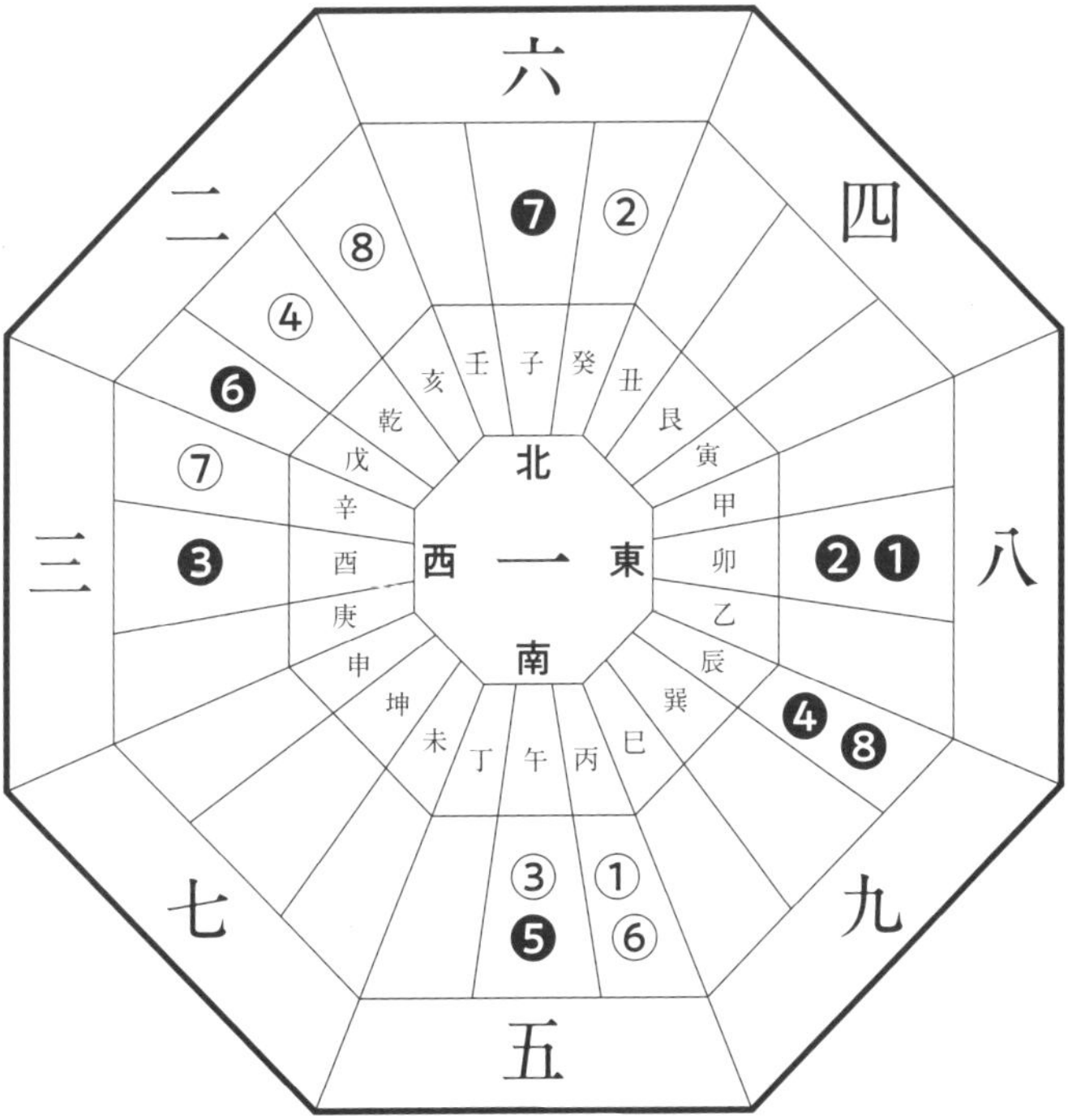

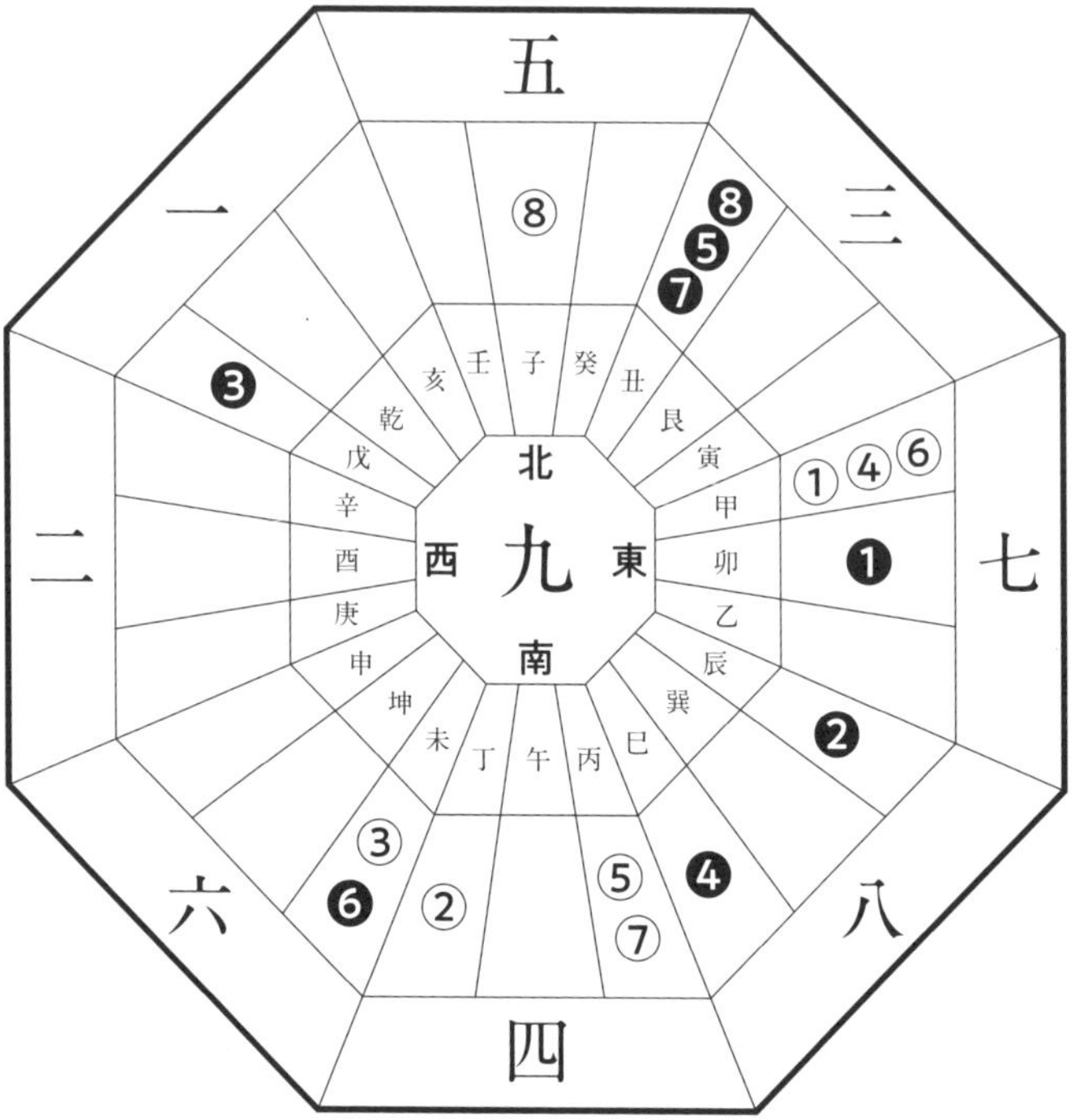

2099年　己未年　九紫火星

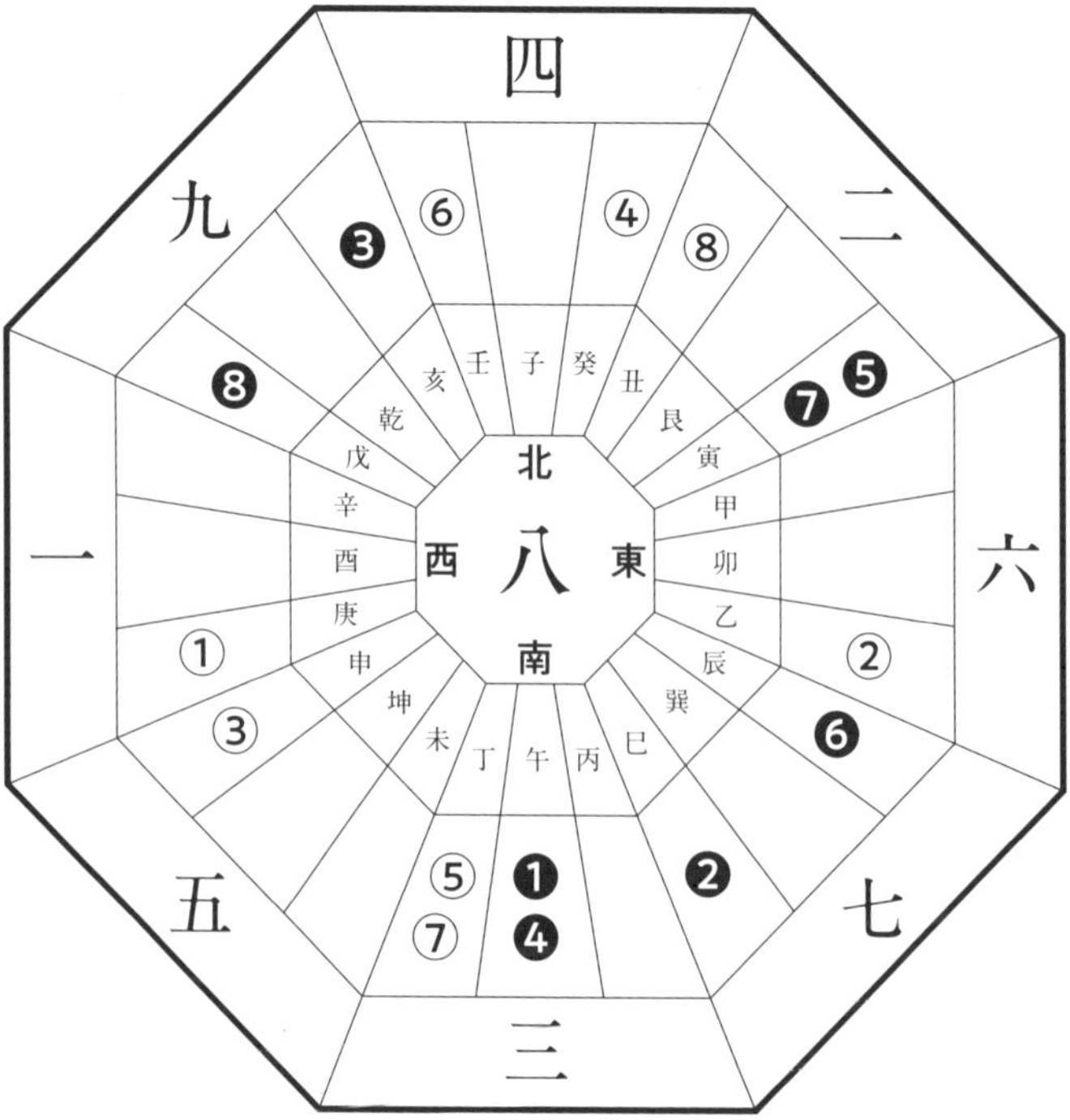

2100年　庚申年　八白土星

2101年　辛酉年　七赤金星

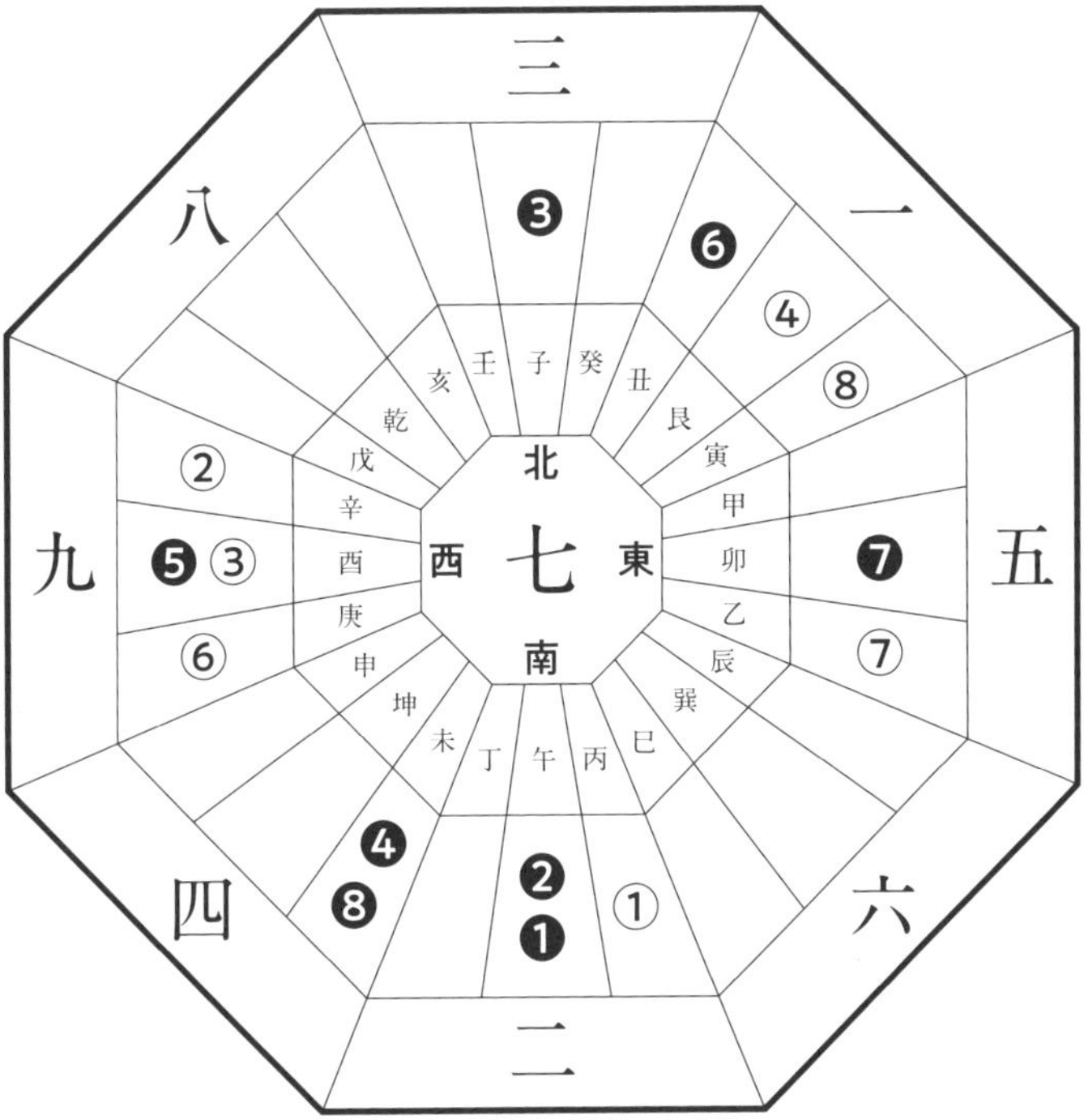

2102年　壬戌年　六白金星

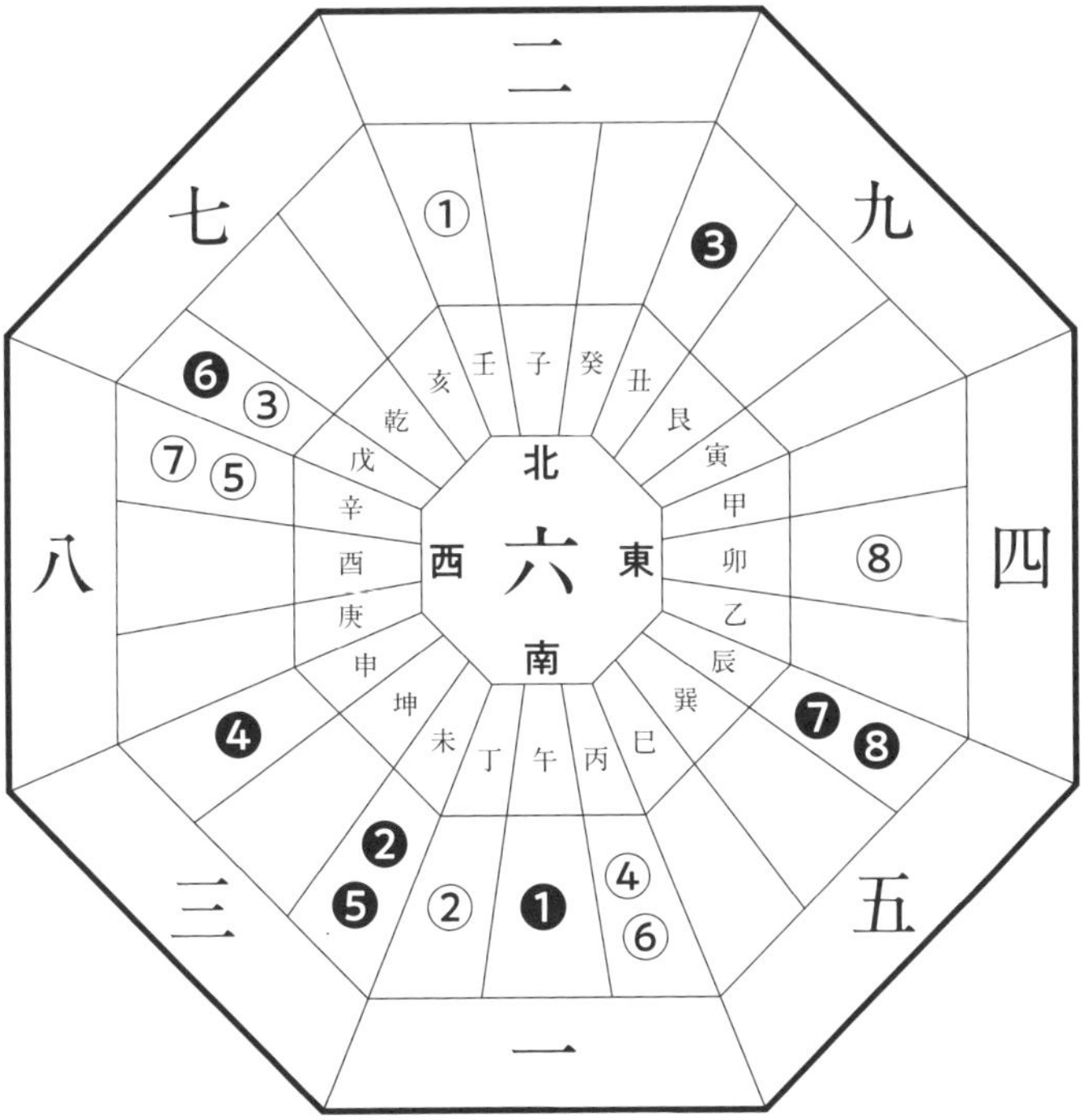

2103年　癸亥年　五黄土星

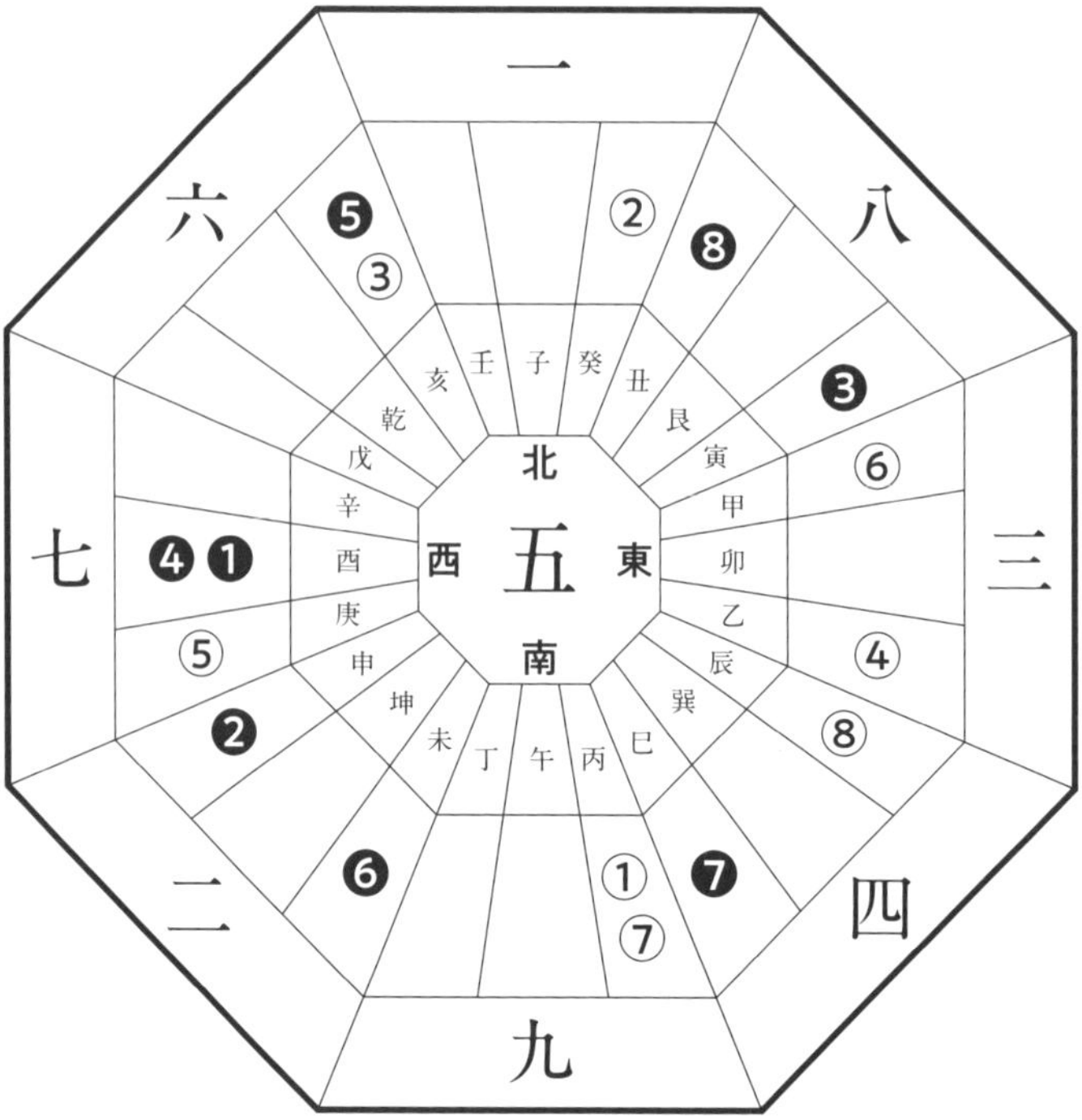

2104年　甲子年　四緑木星

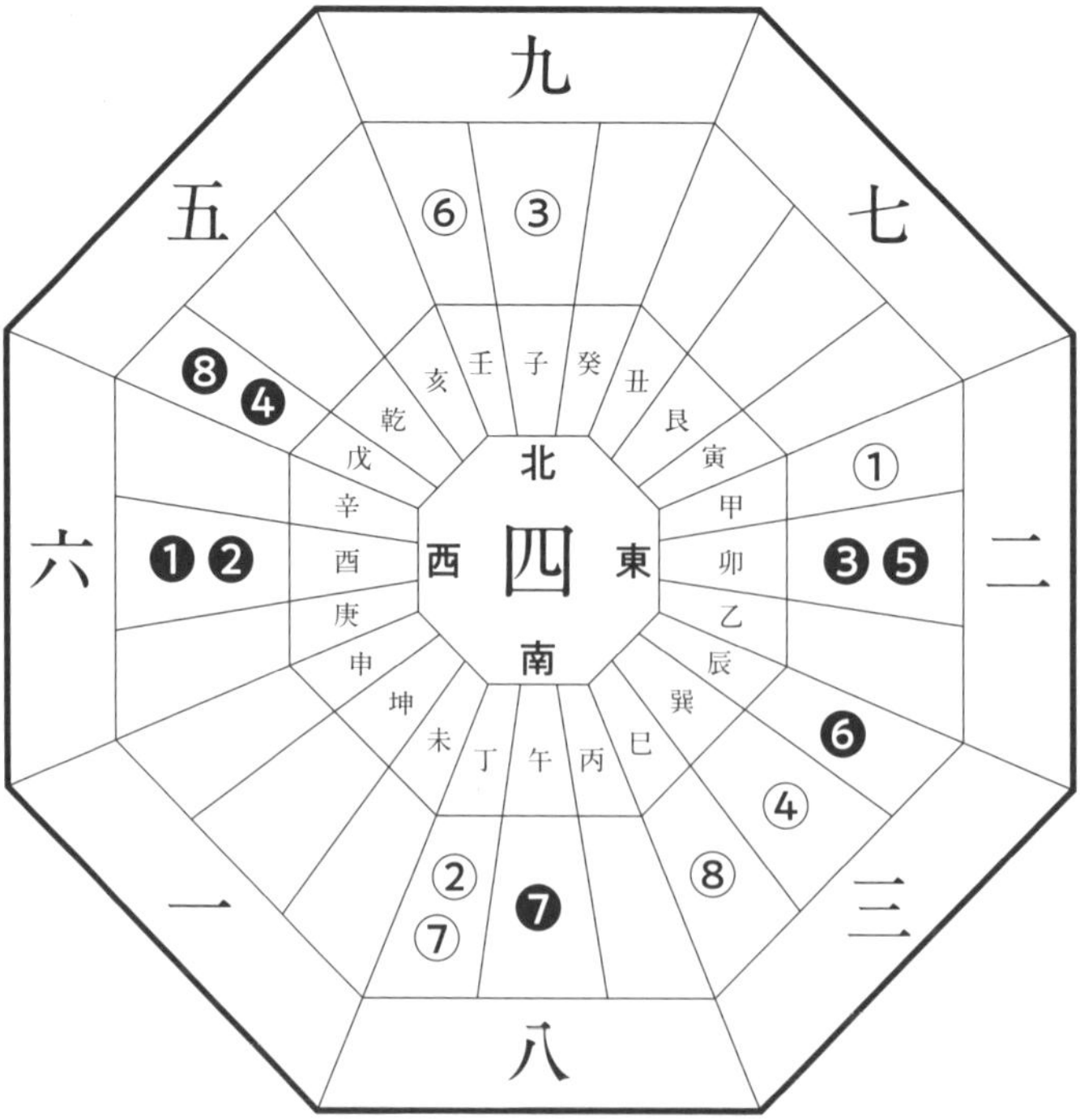

2105年 乙丑年 三碧木星

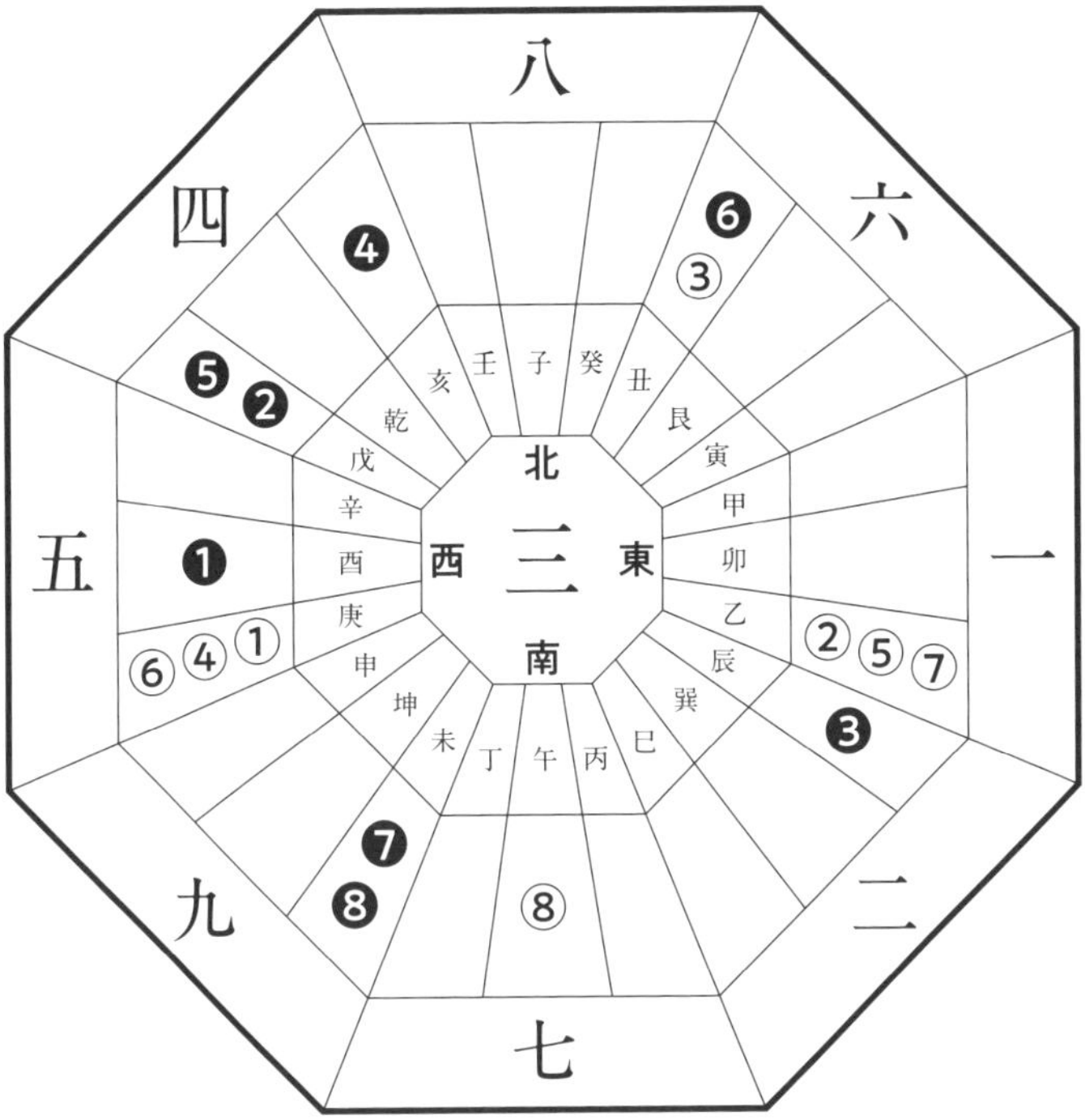

2106年 丙寅年 二黒土星

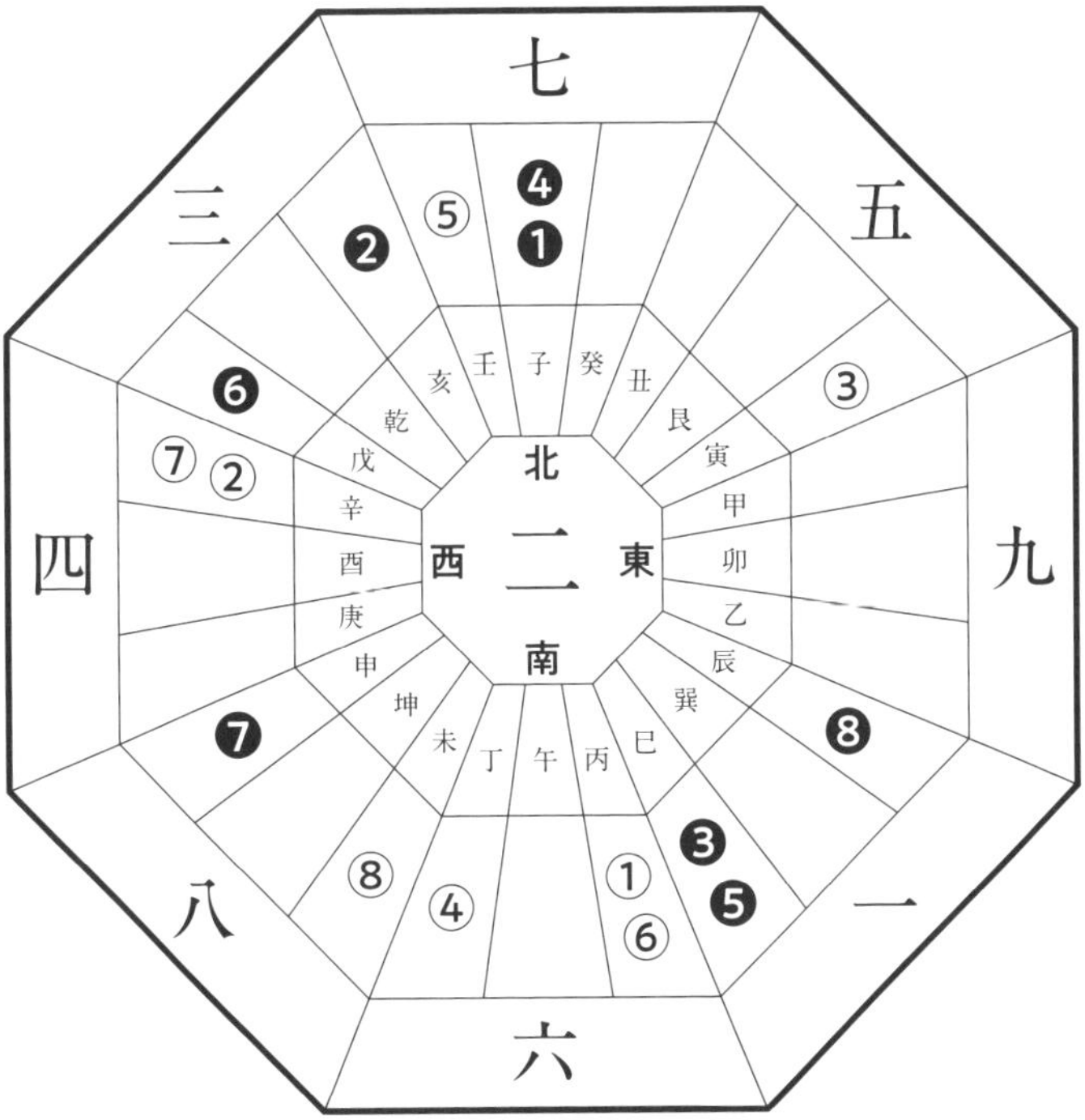

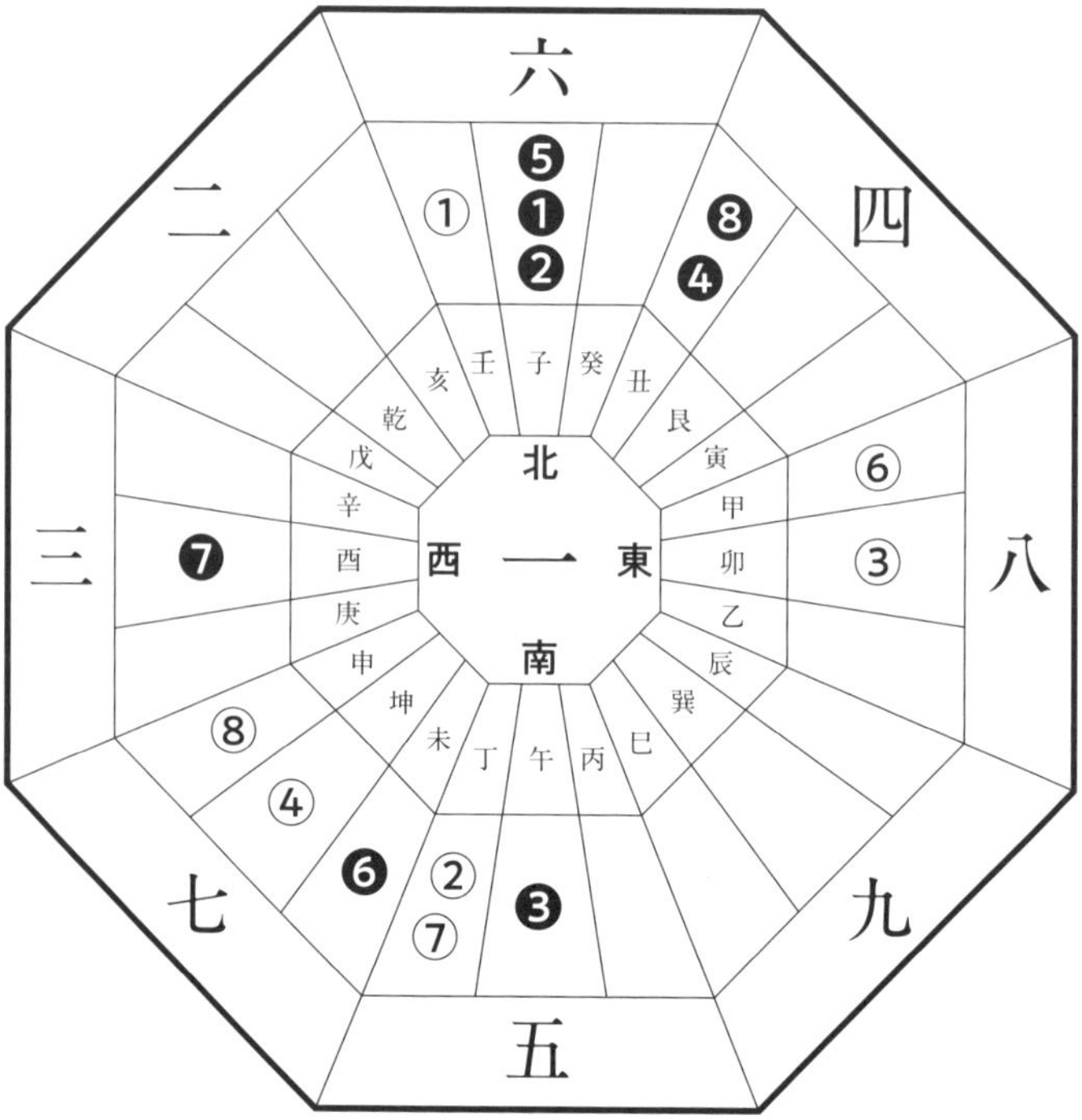

2107年 丁卯年 一白水星

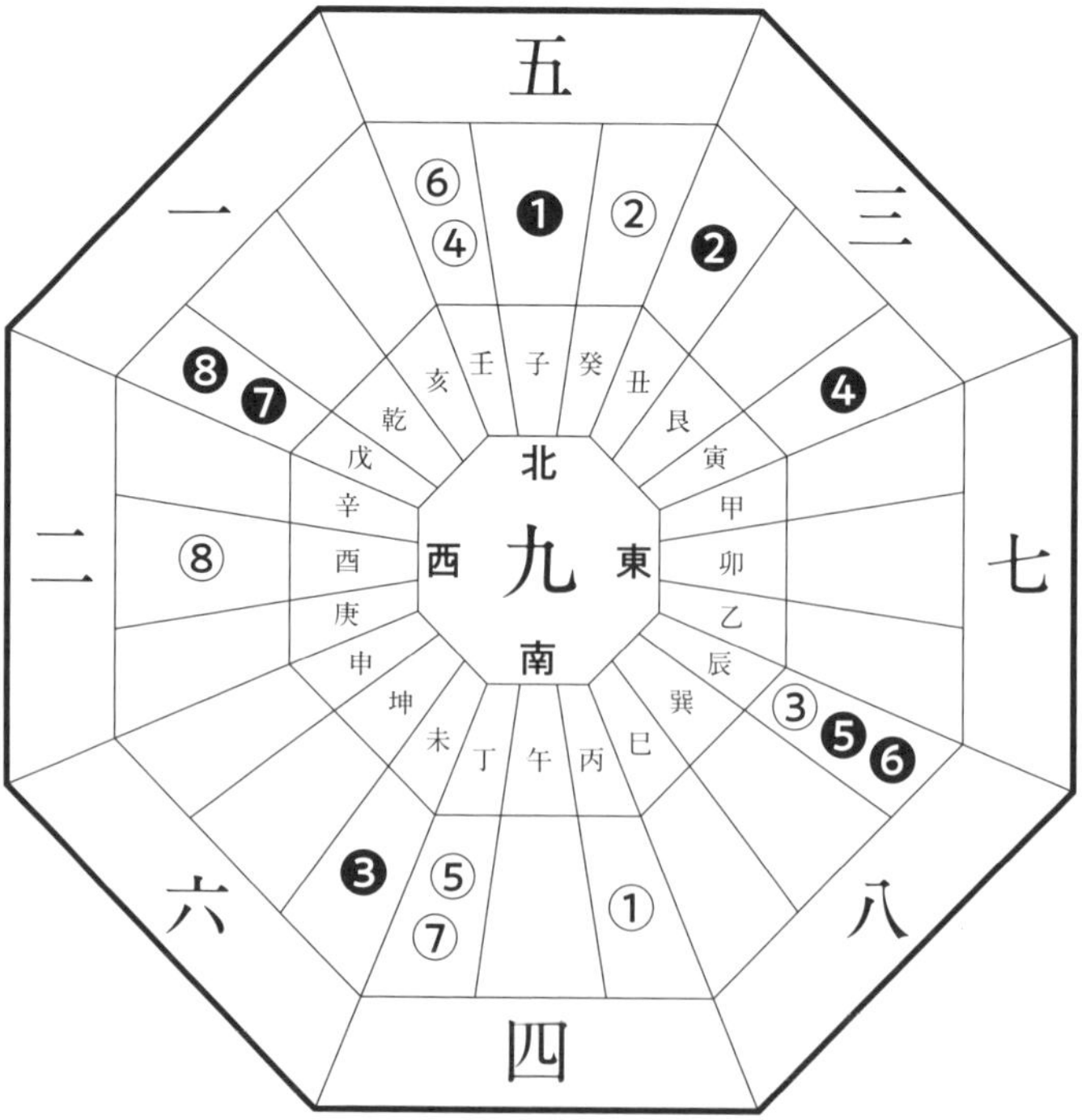

2108年 戊辰年 九紫火星

2109年　己巳年　八白土星

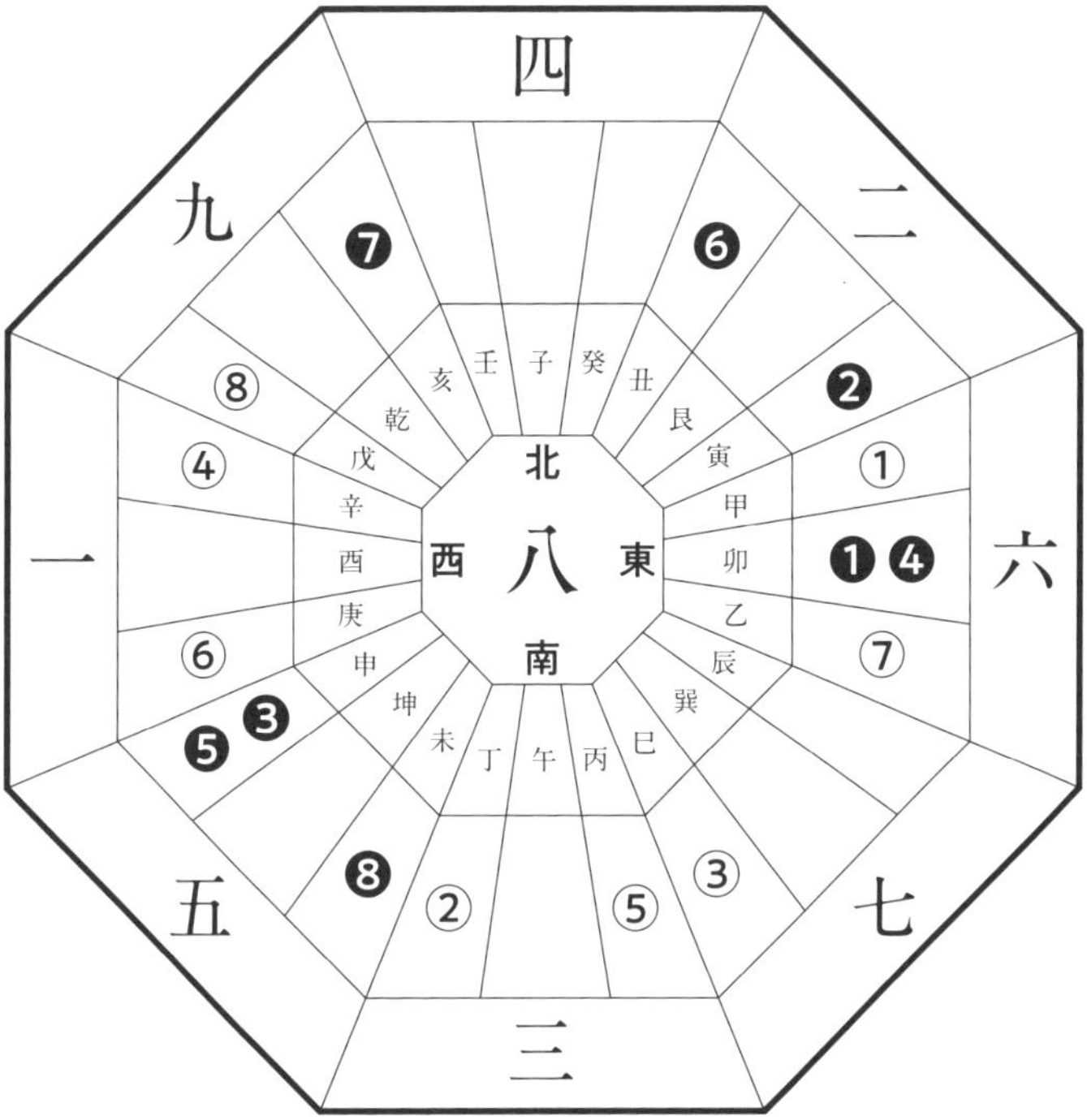

2110年　庚午年　七赤金星

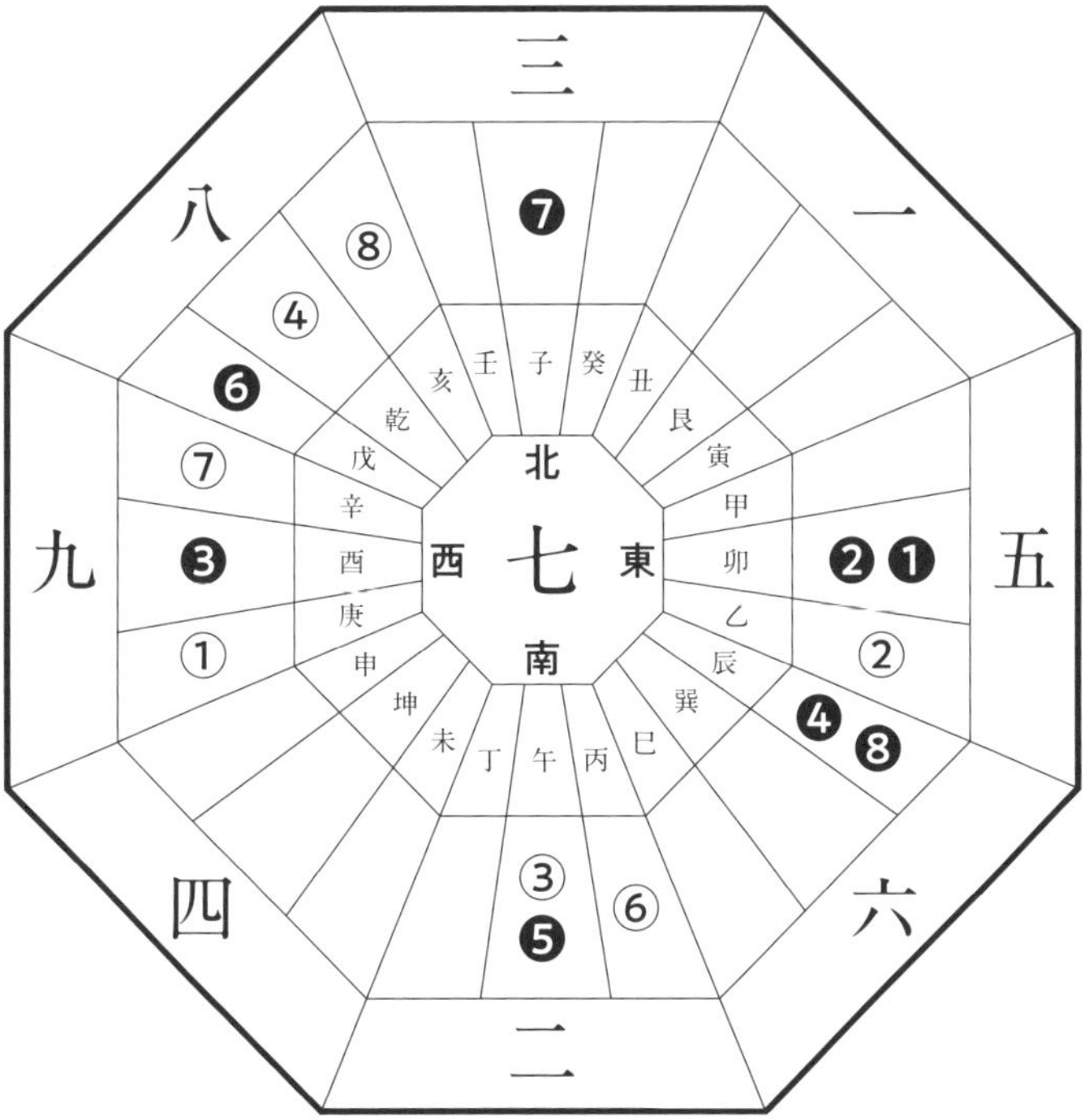

2111年 辛未年 六白金星

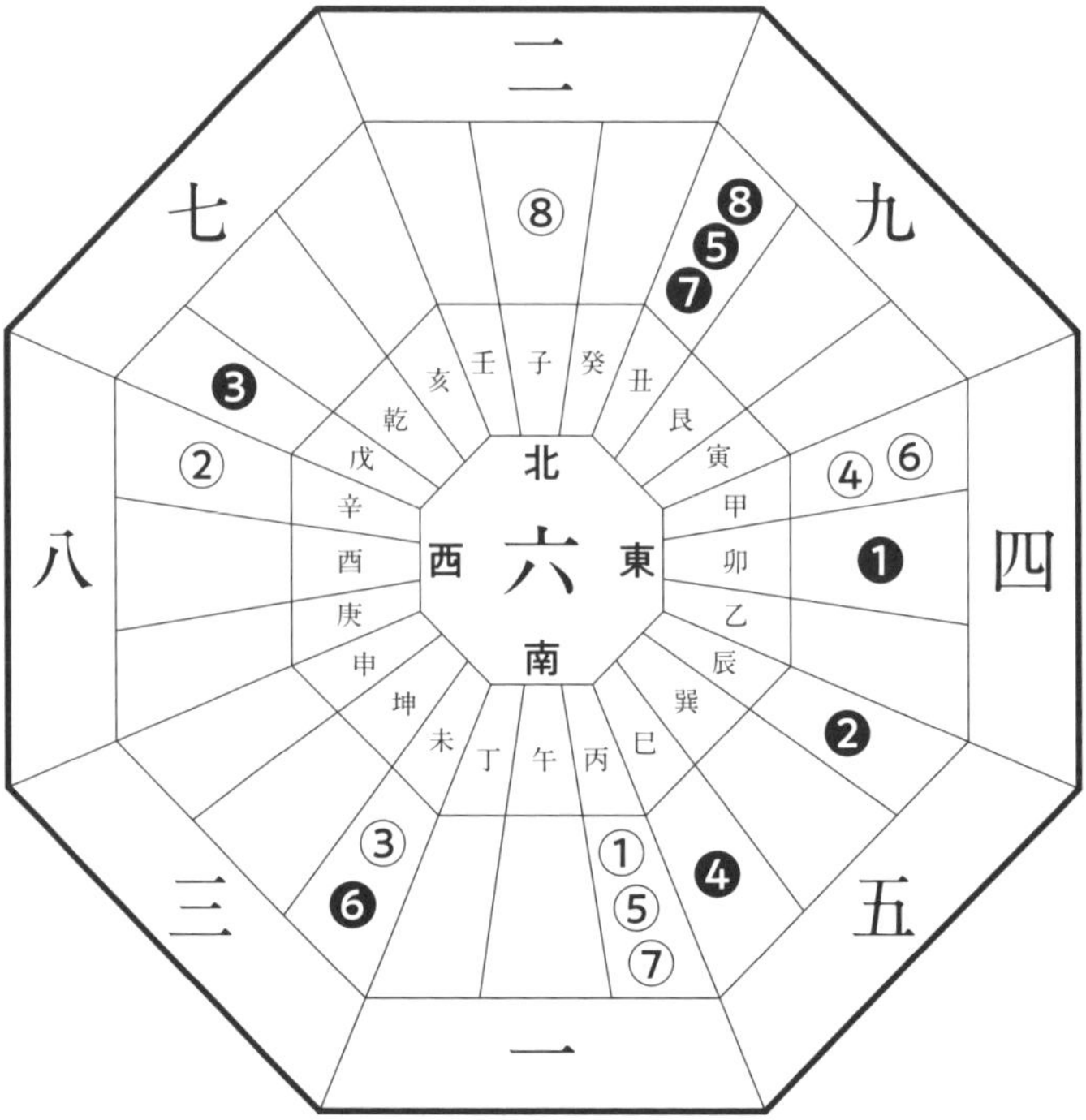

2112年 壬申年 五黄土星

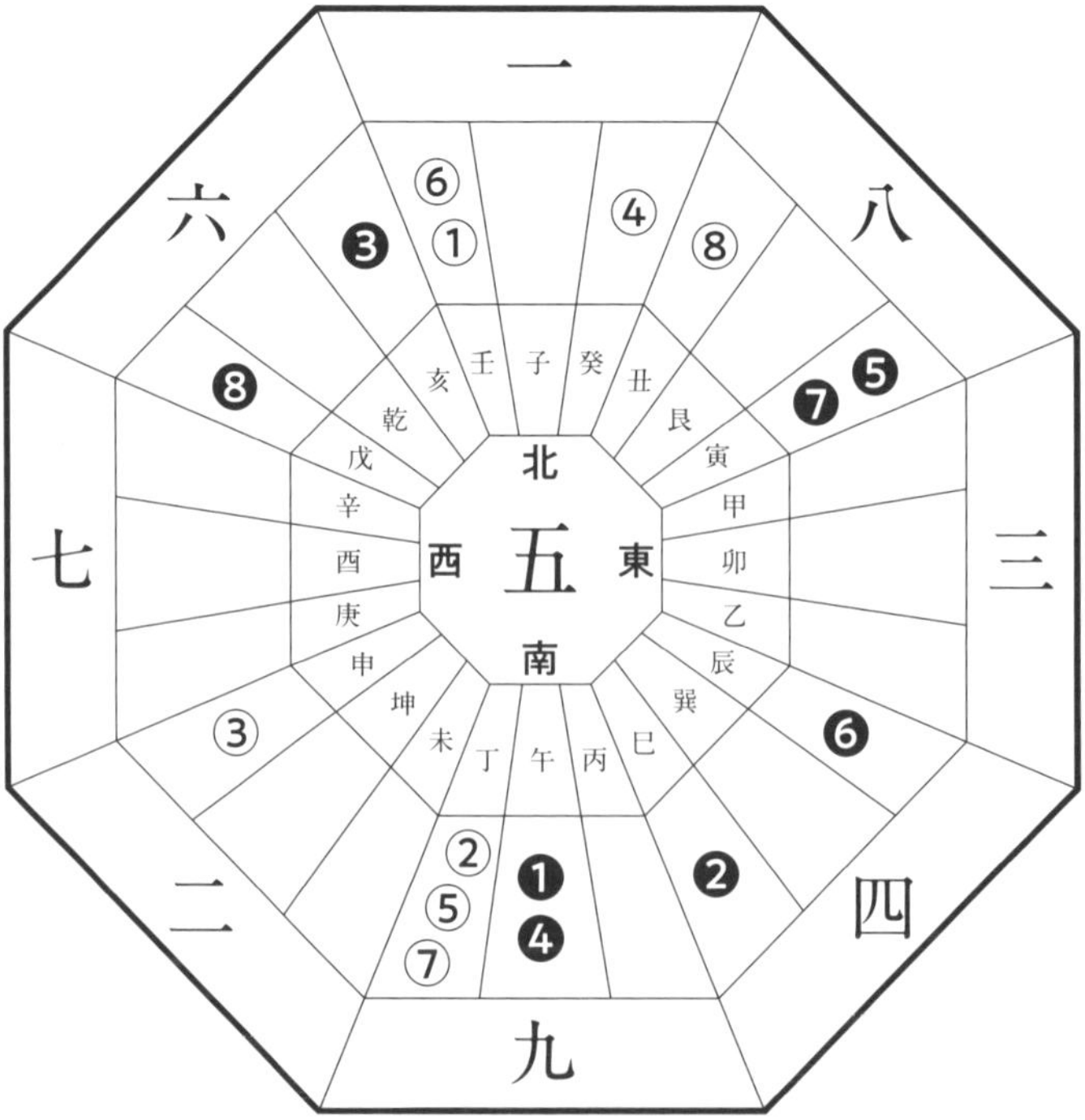

２１１３年　癸酉年　四緑木星

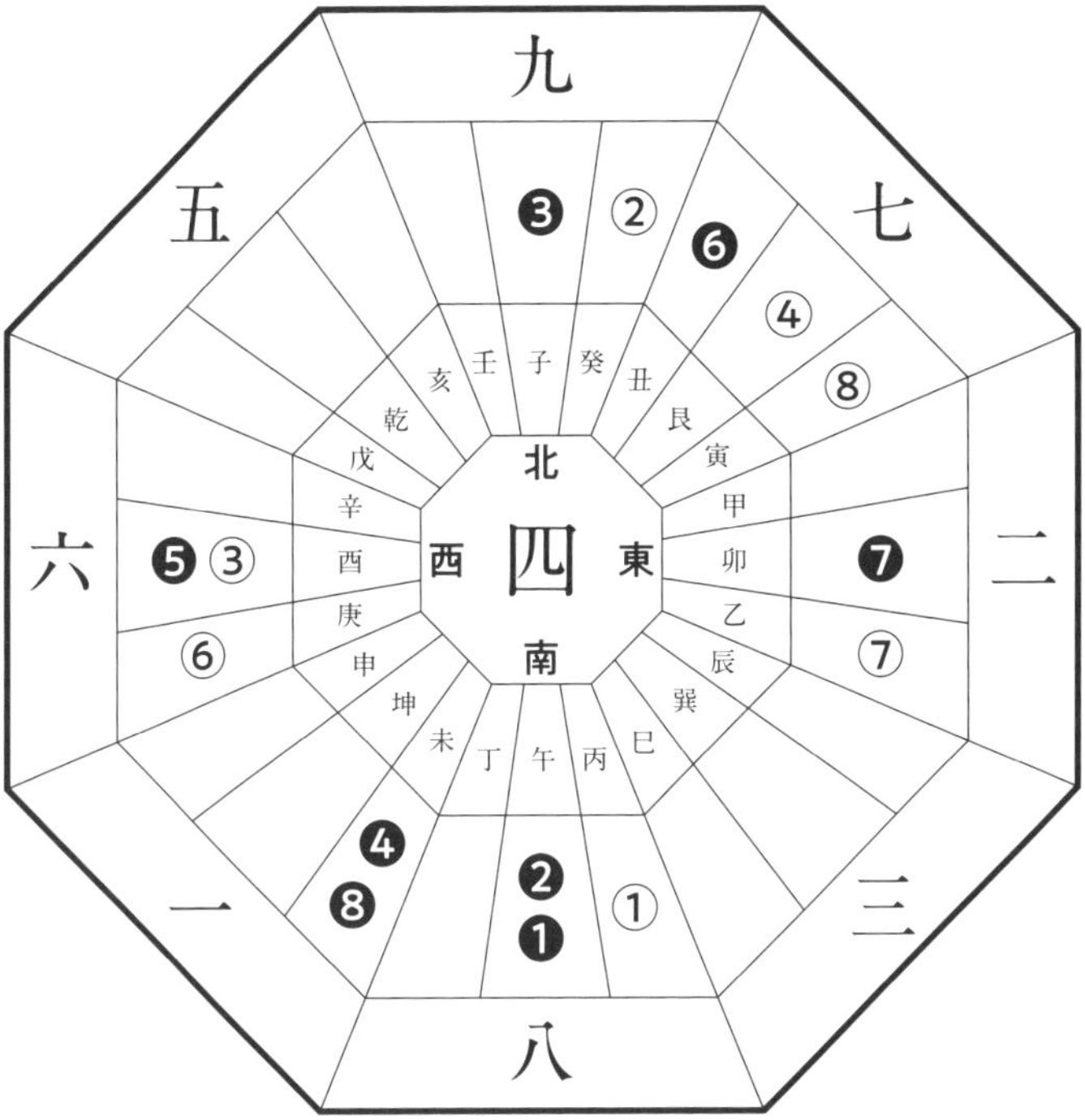

２１１４年　甲戌年　三碧木星

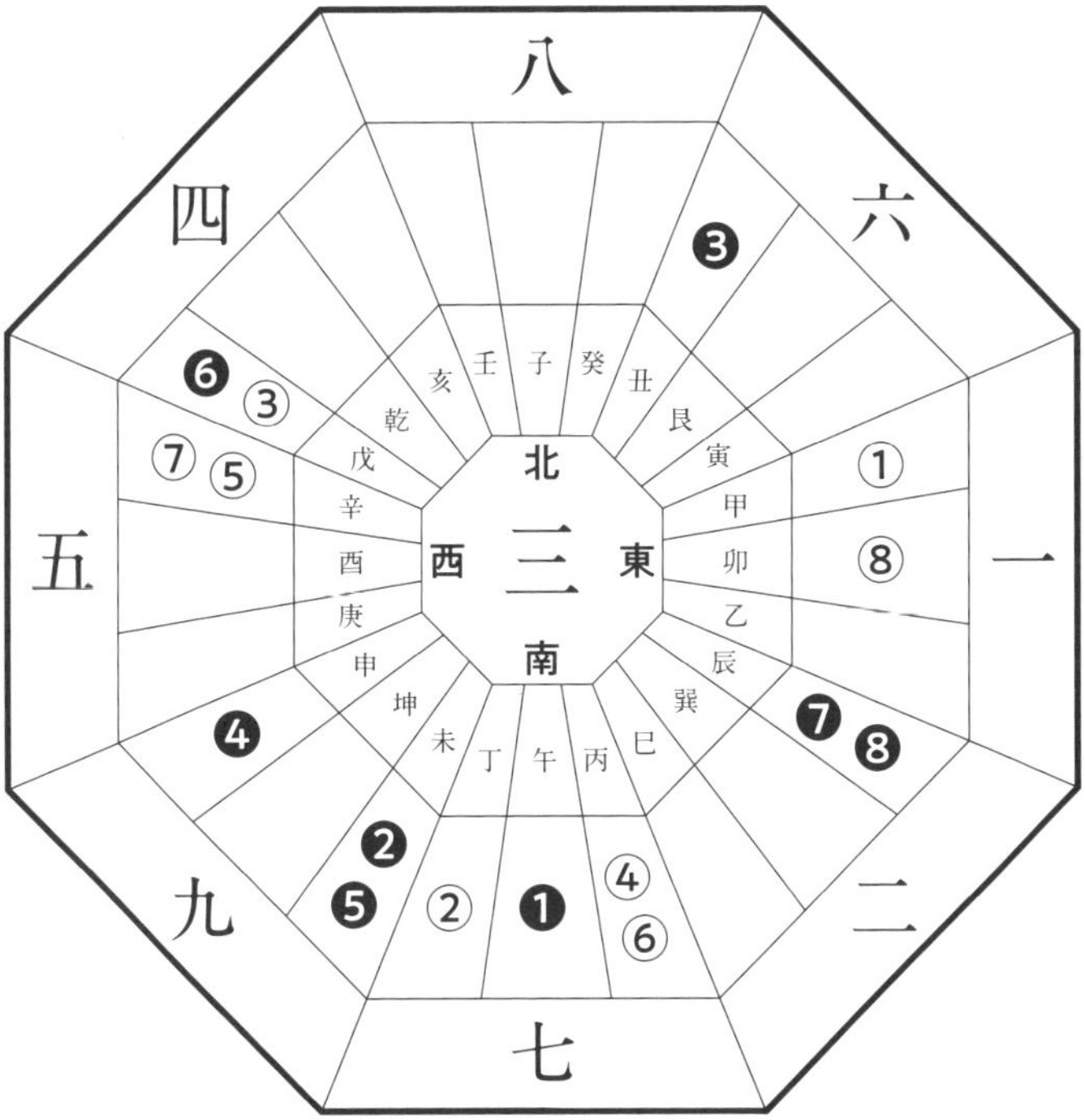

2115年　乙亥年　二黒土星

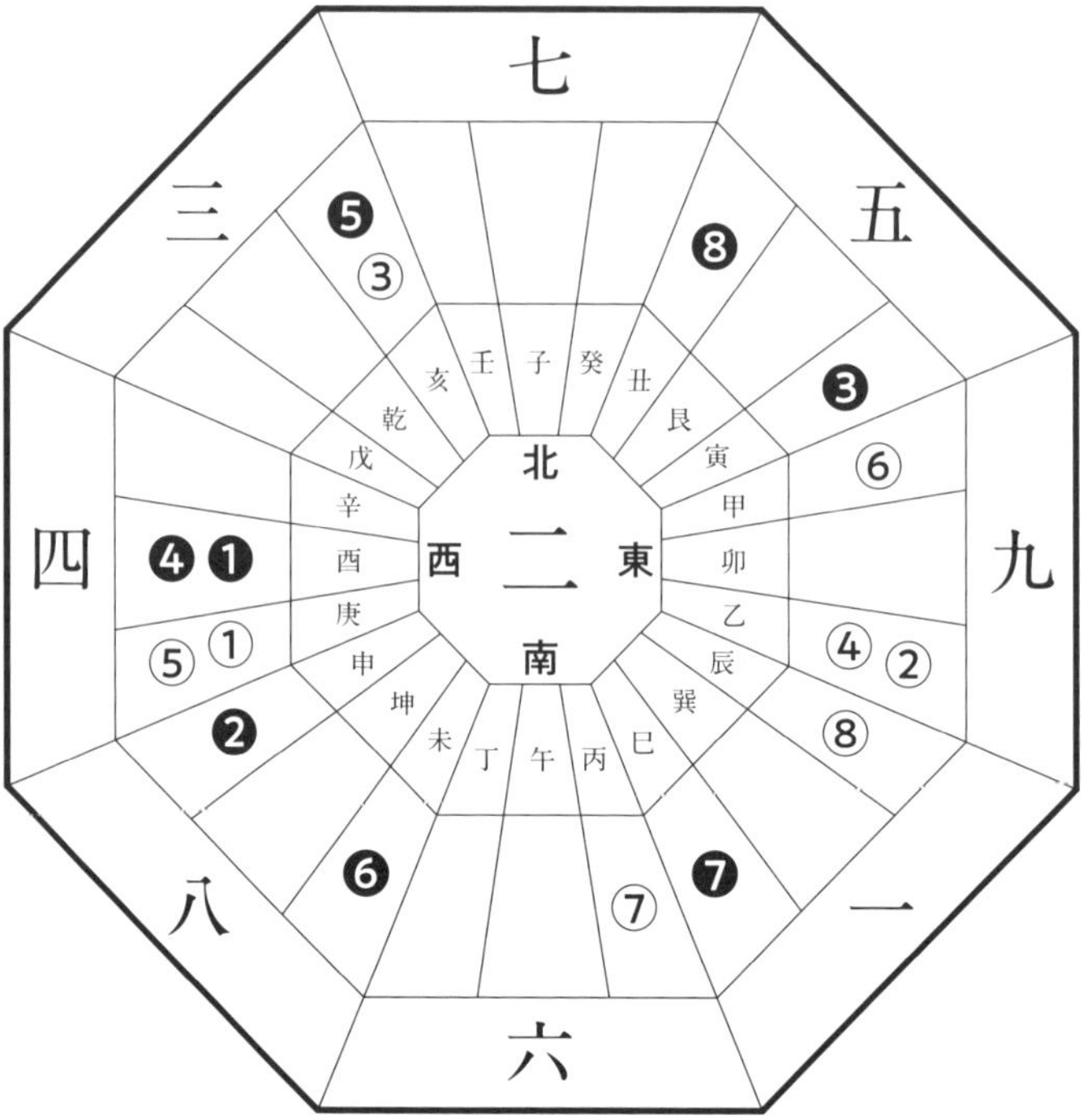

2116年　丙子年　一白水星

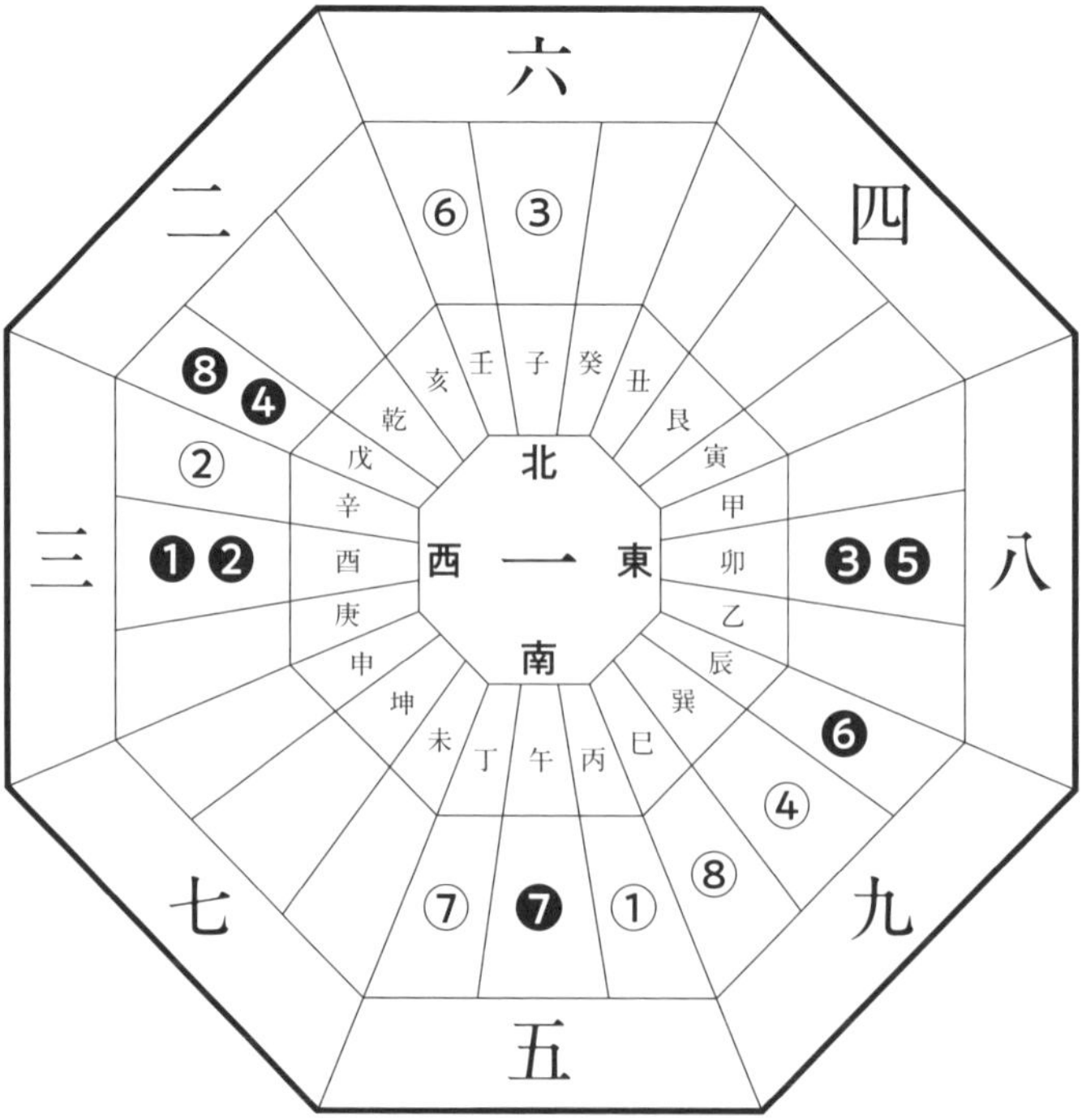

2117年　丁丑年　九紫火星

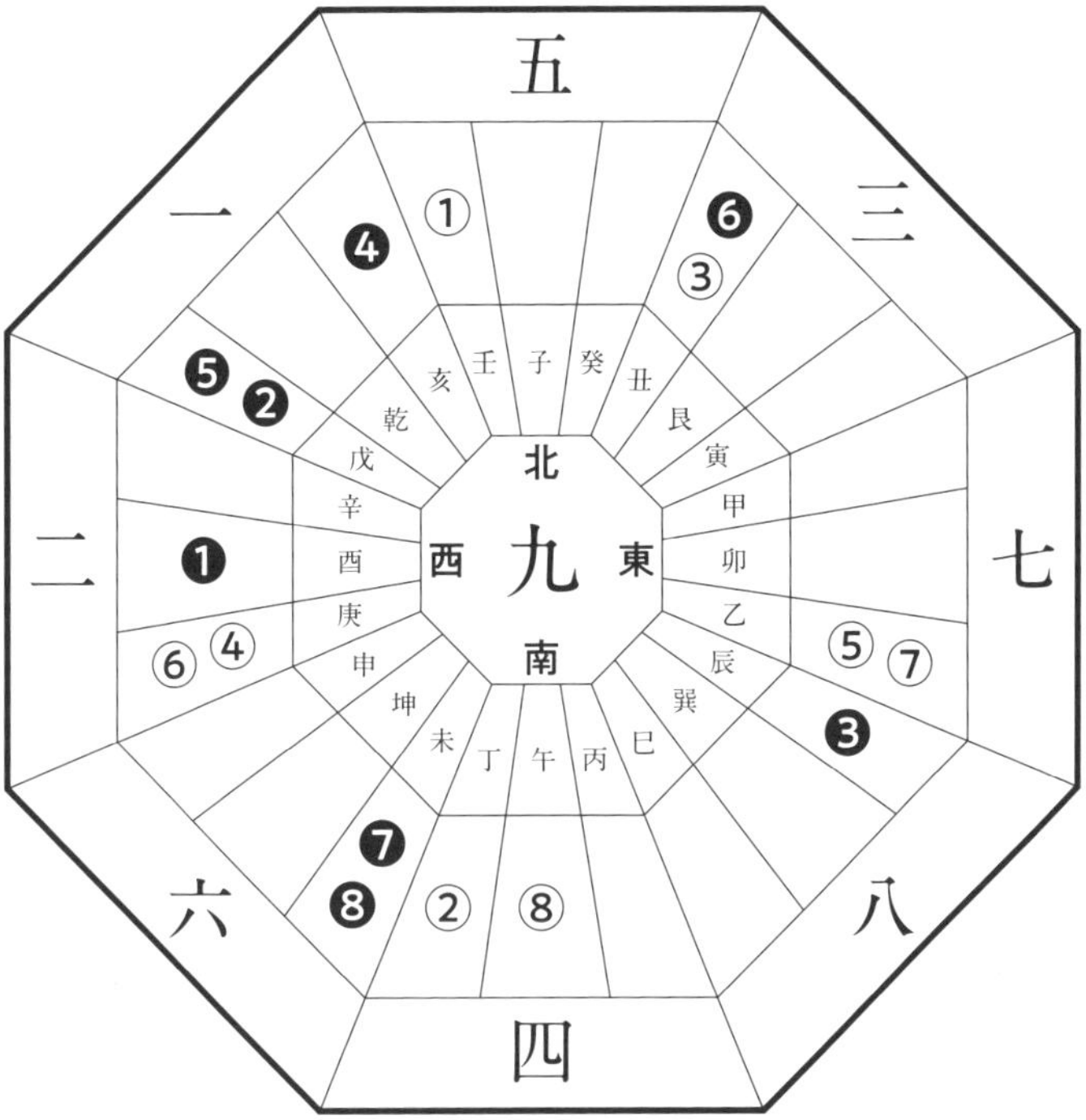

2118年　戊寅年　八白土星

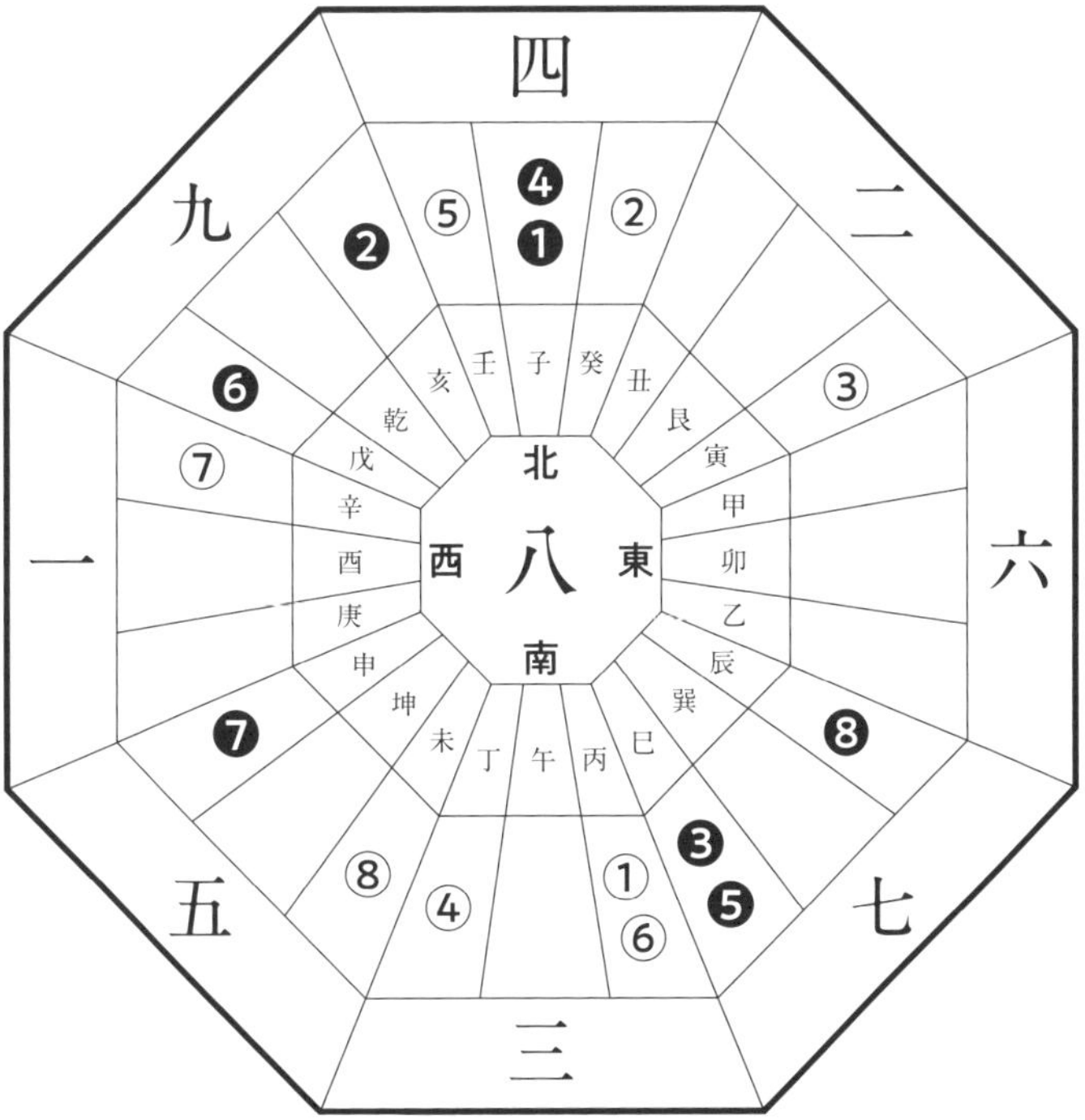

2119年 己卯年 七赤金星

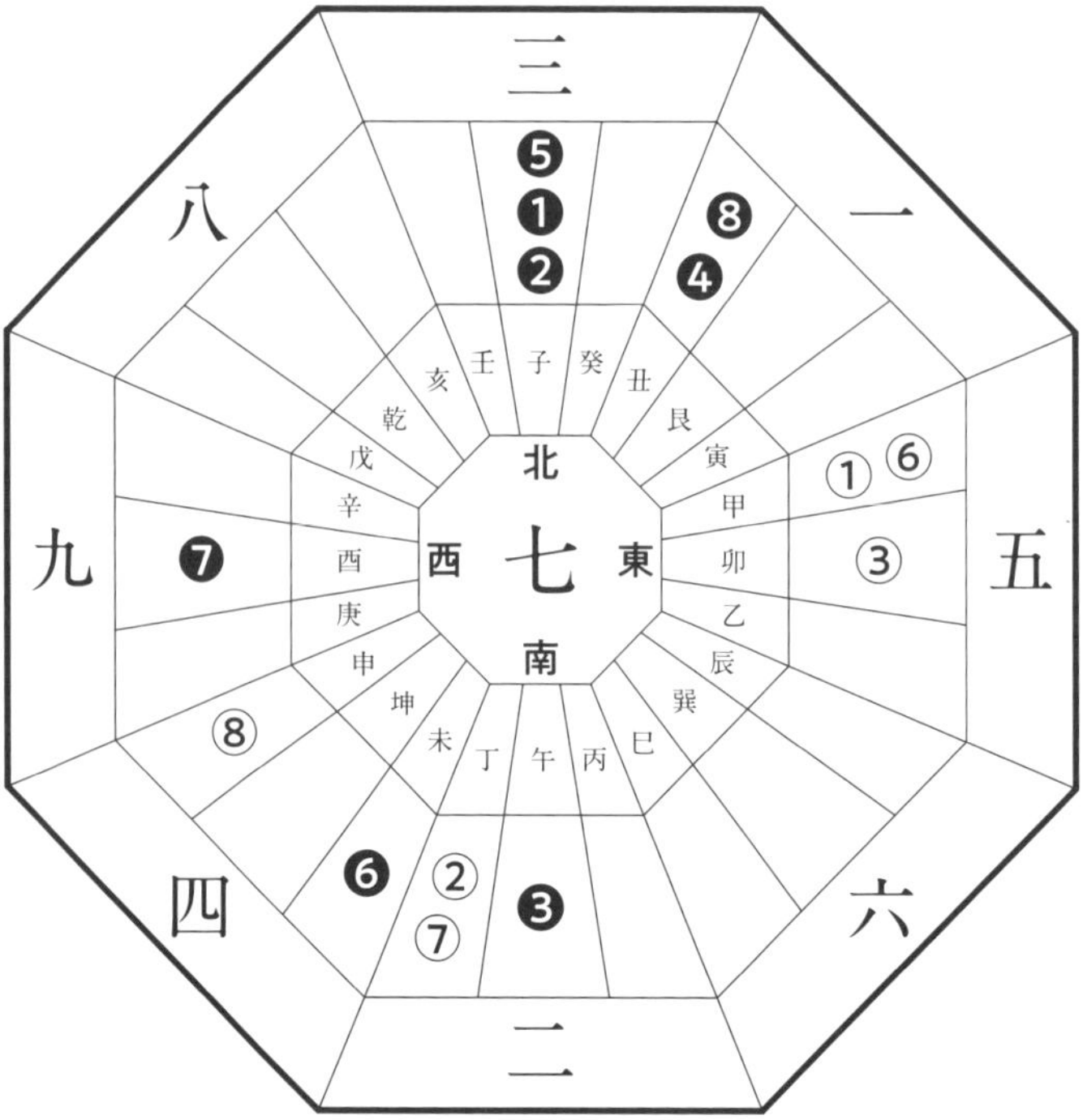

2120年 庚辰年 六白金星

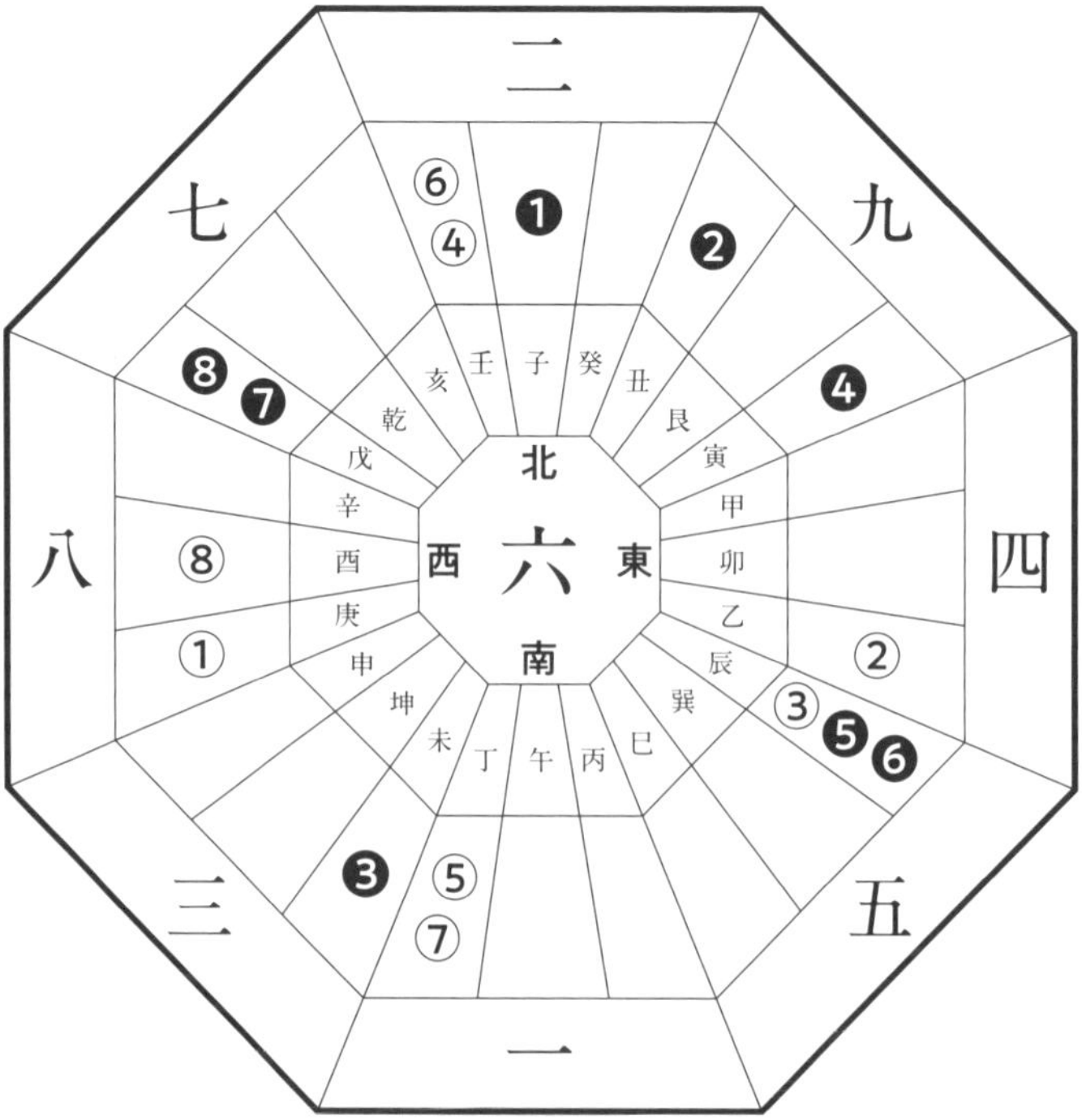

2121年　辛巳年　五黄土星

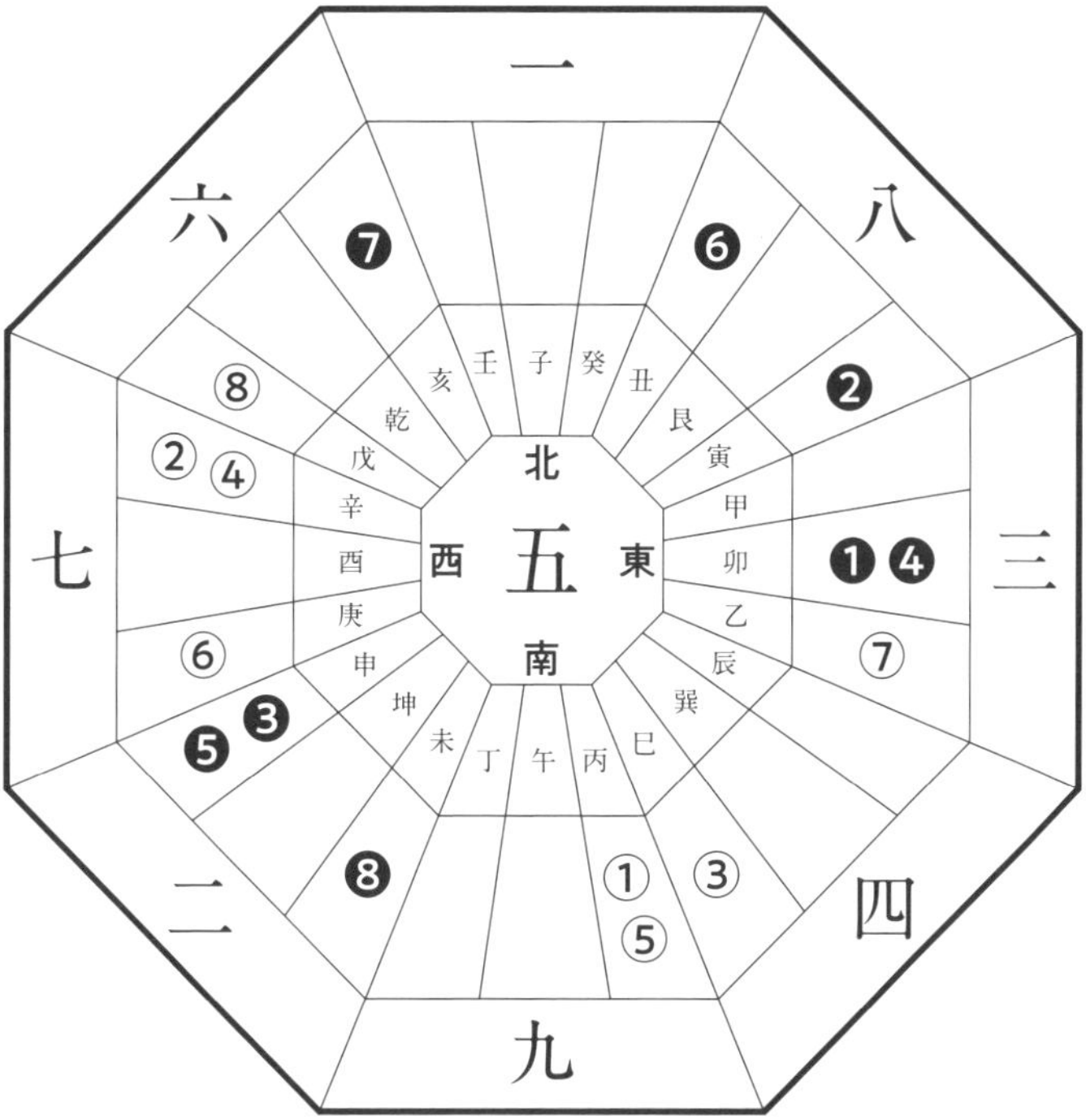

2122年　壬午年　四緑木星

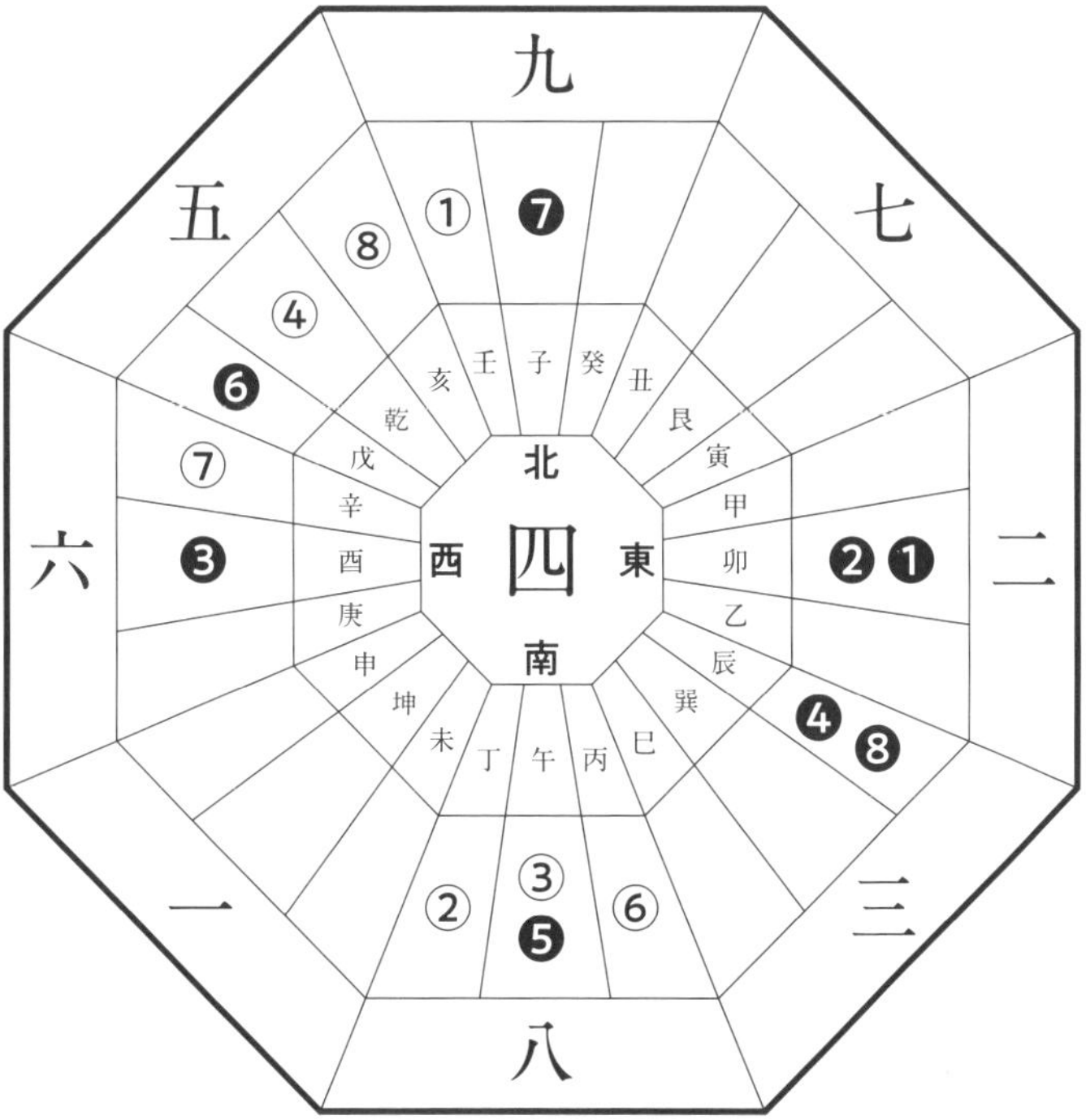

著者紹介

有山　茜（ありやま・あかね）

家相・風水歴32年。執筆活動の傍ら、不動産関連企業のコンサルタントや個人鑑定を手がける。主な著書は『幸運を呼ぶ「家相」のすべて』『プロが教える方位と家相』『家相とインテリア』など。公式ホームページ　http://www.ariyama-akane.com

編集協力：岡本弘美　　本文・カバーデザイン：sakana studio_四方田　努
図版作成：ニシ工芸株式会社

基礎《きそ》からわかる
家相《かそう》の完全独習《かんぜんどくしゅう》

2022年12月10日　第1刷発行

著者
有山《ありやま》　茜《あかね》

発行者
吉田芳史

DTP
株式会社キャップス

印刷所
株式会社光邦

製本所
株式会社光邦

発行所
株式会社日本文芸社
〒100-0003　東京都千代田区一ツ橋1-1-1　パレスサイドビル8F
電話　03-5224-6460（代表）

Printed in Japan　112221125-112221125 Ⓝ01（310085）
ISBN978-4-537-22047-6
URL https://www.nihonbungeisha.co.jp/

編集担当・三浦